JN234922

【農学基礎セミナー】

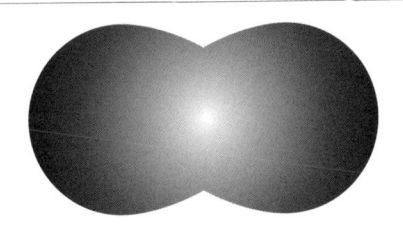

新版
野菜栽培の基礎

池田英男・川城英夫………●編著

農文協

まえがき

　世界で人々が利用している野菜には800以上もの種類があり，日本で私たちが利用している野菜はおよそ150種類とされている。カイワレダイコンやもやし，メタデなどのように，発芽直後の幼植物を利用することがあれば，ホウレンソウやコマツナ，ニラ，ネギなどのようにある程度大きくなった植物体を利用することもある。さらに，キュウリやナス，ピーマン，さやエンドウ，トウモロコシなどのように，未熟果を利用するものや，カボチャ，スイカ，メロンなどのように，熟果を利用するものもある。このように，野菜は，種類によって葉や茎，根，果実，つぼみ，花，種子，さやなど，さまざまな器官が利用されている。

　私たちの日々の食事には，地域や季節を問わず，何らかの野菜が利用されることが多い。野菜は，人間が生きていくのに必須の食品であり，世界中の人びとに広く利用されている。そして，私たちの食生活をゆたかにし，健康を維持するうえでなくてはならないものである。さらに，野菜は私たちの生活にうるおいを与え，心ゆたかなものとするうえでも重要な役割をはたしている。たとえば，育てるよろこびや収穫のよろこびがあり，旬の野菜が味わえる家庭菜園は，多くの人々に親しまれている。そのほか，野菜は年中行事や祭礼，季節をいろどる風物や季語としても欠かせないものである。食品としてだけでなく，皆さんの中には，野菜の花の美しさを実感したことがあるという方もいるだろう。

　この本は，もともと高校の教科書として書かれたものであるが，内容や表現は，農家はもちろん，野菜栽培に関心のある人，家庭菜園で野菜を栽培しようとする人，さらには農学を勉強して公務員試験を受けようとする学生も含めて，多くの方々に利用していただけるようにしてある。欄外に設けたコメントや参考，コラムも，より野菜のことを知るうえで役立つはずである。

　本書によって，私達が日常接している野菜について，その由来，種類と品種，特性，および栽培と利用など，基本的なことがらだけでなく，実際の栽培についても理解していただけると思う。皆さんの生活を豊かにするために，本書を役立ていただければ著者一同望外のよろこびである。

2005年3月　　　　　　　　　　　　　　　　　　　著者を代表して　池田英男

目　次

第1章
野菜の生産と利用　　1

1　暮らしのなかの野菜……………………2
　1　野菜の栽培と利用の広がり…………2
　　(1)　食品としての野菜の栽培・利用……2
　　(2)　多様な野菜の役割と利用…………3
　2　いろいろな野菜とその特徴…………4
　　(1)　野菜の種類と品種…………………4
　　(2)　導入・改良とわが国の野菜の特徴…5
　　(3)　栽培化・改良による野菜の変化
　　　　と特徴…………………………………6
　3　食生活と野菜の役割…………………7
　　(1)　食品としての野菜の特徴…………7
　　(2)　野菜のさまざまな利用法…………7
2　野菜の生産と消費の動向………………8
　1　生産の推移と動向……………………8
　　(1)　おもな野菜の生産の推移…………8
　　(2)　生産の周年化の進展………………9
　　(3)　生産・経営をめぐる動向…………10
　2　消費の推移と動向……………………12
　　(1)　野菜の消費量と消費動向…………12
　　(2)　消費の多様化と輸入野菜の増加……13
　　(3)　流通，販売をめぐる動向…………14

参　考
　栽培化・改良によって失われた特性……………6
　アメリカにみる野菜の消費拡大
　　　―ファイブ・ア・デイ・プログラム…………12
　セーフガード（緊急輸入制限措置）……………13

第2章
野菜の生育と品質　　15

1　種子と発芽………………………………16
　1　種子……………………………………16
　2　発芽……………………………………17
　3　種子の処理と利用……………………18
2　根の発達と肥大…………………………19
　1　根の発達とはたらき…………………19
　2　根部の肥大と肥大促進………………21
3　茎葉の生育と結球………………………22
　1　茎と葉の生育…………………………22
　2　茎葉の生育と結球の促進……………24
4　花芽の分化・発達と果実の肥大………25
　1　花芽の分化と発達……………………25
　2　開花，受粉・受精と果実の発育……27
　3　花芽分化，果実肥大の調節…………29
5　休眠と休眠打破…………………………31
　1　休眠とそのしくみ……………………31
　2　休眠打破の方法………………………31
6　野菜の品質とその管理…………………32
　1　野菜の品質と品質要素………………32
　2　品質を左右するおもな要因…………33
　　(1)　環境・栽培条件と品質……………33
　　(2)　収穫後の品質変化とその要因……36
　3　品質管理の方法………………………37
　　(1)　温度環境の調節による貯蔵………38
　　(2)　フィルム包装………………………39

(3) CA貯蔵……………………………39
　　　(4) 出荷容器・荷姿と輸送……………40

参　考
　肥大根の生育障害―岐根………………21
　バーナリゼーションとディバーナリゼーション…25
　メロンのネット形成……………………29
　キュウリの曲がり果……………………30
　低温環境の管理の注意点………………38
　カット野菜の鮮度保持…………………40

第3章
野菜の栽培と環境管理
41

1　野菜の健全な生育と環境………………42
　1　地下部の環境－土と水，肥料…………42
　2　地上部の環境－光と温度，湿度，ガス…44
　3　生物的環境………………………………47
2　土壌管理と施肥…………………………48
　1　土壌管理…………………………………48
　　　(1) 野菜畑の土壌の特徴…………………48
　　　(2) 野菜が好む土づくりの要点…………48
　　　(3) 土壌管理の実際………………………50
　2　施肥管理…………………………………53
　　　(1) 野菜に必要な養分と施肥……………53
　　　(2) 環境にやさしい施肥の工夫…………54
　　　(3) 土壌診断と栄養診断の利用…………55
　　　(4) かん水同時施肥（養液土耕）の方法…56
　3　生理障害・連作障害とその対策………56
　　　(1) 野菜栽培で発生する生理障害と
　　　　　対策……………………………………56

　　　(2) 連作障害の原因と対策………………57
3　被覆資材の利用…………………………58
　1　ねらいと資材の種類……………………58
　2　マルチ……………………………………59
　3　べたがけ，トンネル……………………60
　4　ハウス，ガラス室………………………61
　5　被覆資材利用の工夫……………………61
　　　(1) 各種資材の組合せ……………………62
　　　(2) 生分解性被覆資材の利用……………62
4　施設栽培と環境管理……………………63
　1　施設環境の特徴－露地とのちがい……63
　2　施設による環境調節……………………64
　3　コンピュータによる環境制御…………69
5　養液栽培技術……………………………70
　1　養液栽培のねらいとしくみ……………70
　2　養液栽培の方式と装置…………………70
　3　培養液の組成と種類……………………72
　4　栽培管理のポイント……………………73
6　有害生物（病害虫，雑草）の管理………75
　1　病害虫防除………………………………75
　　　(1) 防除の考え方…………………………75
　　　(2) 化学農薬によらない防除……………75
　　　(3) 化学農薬による防除…………………77
　2　雑草の防除………………………………78
　　　(1) 防除の考え方…………………………78
　　　(2) 化学農薬によらない防除……………78
　　　(3) 化学農薬による防除…………………78
　3　総合的有害生物管理……………………79

7 果菜類の育苗……80
1 育苗のねらい……80
2 育苗方法とその特徴……81
3 育苗の施設と資材……82
4 育苗管理……83
5 苗の診断・評価……84
6 セル成型苗……85

8 葉茎菜類の育苗……86
1 育苗のねらい……86
2 育苗方法とその特徴……86
3 植付け（移植）方法……88

9 セル成型苗の育成……90
1 セル成型苗の特徴と利用……90
2 育苗の施設・資材・機器と管理……90

参考
光質と野菜の生育……44
土壌有機物の機能……51
無農薬栽培に最も近い施設栽培……74
除草剤利用上の留意点……79
イチゴの空中採苗……81

コラム
施設栽培の誕生と発達……63
「苗半作」……80

第4章
野菜栽培の実際
93

1 ナス科野菜の栽培……94
ナス科野菜の種類と特徴……94
①トマト……96
②ナス……104
③ピーマン，パプリカ……110

2 ウリ科野菜の栽培……116
ウリ科野菜の種類と特徴……116
①キュウリ……118
②メロン……124
③スイカ……130
④カボチャ……136

3 アブラナ科野菜の栽培……140
アブラナ科野菜の種類と特徴……140
①キャベツ……142
②ハクサイ……146
③カリフラワー，ブロッコリー……150
④ダイコン……154
⑤チンゲンサイ，タアサイ……158
⑥メキャベツ，コールラビ……161
⑦クレソン……164

4 マメ科野菜の栽培……166
マメ科野菜の種類と特徴……166
①サヤインゲン……168
②エダマメ……172
③エンドウ……176

5 各種野菜の栽培……180
1 ユリ科野菜の種類と特徴……180
2 キク科野菜の種類と特徴……181
3 セリ科野菜の種類と特徴……182
4 ハーブの種類と特徴……183
①ネギ（ユリ科）……184

②タマネギ（ユリ科）……………… 188
③アスパラガス（ユリ科）………… 192
④レタス（キク科）………………… 196
⑤ゴボウ（キク科）………………… 200
⑥シュンギク（キク科）…………… 203
⑦ニンジン（セリ科）……………… 206
⑧ミツバ（セリ科）………………… 210
⑨セルリー（セリ科）……………… 212
⑩パセリ（セリ科）………………… 214
⑪イチゴ（バラ科）………………… 216
⑫スイートコーン（イネ科）……… 224
⑬ホウレンソウ（アカザ科）……… 228
⑭サトイモ（サトイモ科）………… 231
⑮バジル（ハーブ）………………… 234
⑯ミント（ハーブ）………………… 235
⑰ディル（ハーブ）………………… 236

参　考
　タマネギのセット栽培……………………… 191
　ディルと似たハーブ「フェンネル」……… 236

付表1　いろいろな野菜の特性と利用…… 238
付表2　おもな野菜の栽培のめやすと播種量 ……………………… 240
付表3　野菜栽培に使用できる成長調節物質 ……………………… 242
索　引　……………………………………… 244

第 1 章

野菜の生産と利用

1 暮らしのなかの野菜

私たちの日々の食事には，地域や季節を問わず，なんらかの野菜が利用されることが多い。野菜は人間が生きていくのに必須の食品であり，世界中の人びとに広く利用されている（図1）。野菜とは，食用とする草本の総称であるが，蔬菜，青物ともいわれ，柔軟多汁でおもに副食物に利用される栽培植物を指すことが多い❶。

❶「菜」とは，葉や茎，根を食用とする草の総称で，野菜とは元来，野（山野）でとれる食べられる草を意味した。

1 野菜の栽培と利用の広がり

（1）食品としての野菜の栽培・利用

野菜の利用は，山野に自生する植物（図2）の採取から始まり，しだいに栽培に移していったと考えられる。人類が野菜の栽培を始めたのは，主食となる作物の栽培が定着してきた紀元前5,000～6,000年ころと考えられている。その後，地中海沿岸や南米，中国など，古くから文明の発達した地域を中心にして，さまざまな野菜が成立し，文化交流にともなって世界各地に伝えられた。

わが国では，稲作が普及した縄文から弥生時代以降に，野菜の

図2 いまも山野に自生するフキ

図1 世界中で日々利用される野菜（左：地中海沿岸〈イタリア〉，中：中南米〈グアテマラ〉，右：日本）

栽培が開始されたと考えられており，その後，海外から渡来した野菜も加わって，さまざまな野菜が栽培・利用されるようになった。

これらの野菜は，もともと自家用に栽培され，貴族を中心に利用されてきたが，室町時代以降には販売用の栽培も増えた。江戸時代になると，都市の発達につれて，その近郊で野菜の栽培がさかんになり❶，一般庶民にも広く利用されるようになった。

明治時代にはいると，欧米を中心に数多くの野菜が導入され，近代的な市場も登場し，本格的な野菜生産が開始され，農家経営や地域農業を支える重要な位置をしめるようになった。

(2) 多様な野菜の役割と利用

野菜は，私たちの食生活をゆたかにし，健康を維持するうえでなくてはならないものである。さらに，生活に潤いを与え，心ゆたかなものとするうえでも重要な役割を果たしている。

たとえば，育てる喜びや収穫の喜びがあり，旬の野菜が味わえる家庭菜園は，多くの人びとに親しまれている（図3）。また，野菜は年中行事❷や祭礼，季節をいろどる風物や季語❸としても欠かせない。

最近では，貸し農園や市民農園を利用して野菜を栽培する人びとも増え，野菜の葉や花などを観賞するベジタブルガーデン，香りを楽しむ野菜（ハーブ類）などへの関心も高まっている。

❶江戸・小松村のコマツナ，大坂・天王寺のカブなどの名産品も生まれた。江戸中期ころには，ナスの早出し栽培が始まっている（→ p.63）。

❷正月7日に，スズナ（カブ），スズシロ（ダイコン）などの春の七草を入れたかゆを食べる，冬至の日にはカボチャを食べる，といった習慣がある。

❸俳句，俳諧などで，句の季節を示すために読み込むように定められた語で，「ダイコンの花」は春，「ナスの花」は夏の季語というように野菜に由来するものも多い。

図3　家庭菜園での収穫（ツルムラサキ）

（左と中は共同通信社提供）

2 いろいろな野菜とその特徴

(1) 野菜の種類と品種

　世界で人びとが利用している野菜には800以上もの種類があり，日本で私たちが利用している野菜はおよそ150種類であるとされる。これらの野菜は，種類によって葉や茎，根，果実，茎，つぼみ，花，種子など，さまざまな器官が利用されている。

　野菜は，この利用器官によって，おもに，葉を利用する**葉菜類**，茎を利用する**茎菜類**，地下部の根や地下茎を利用する**根菜類**，果実や種子を利用する**果菜類**などに分類することが多い（図4）。葉菜類と茎菜類をあわせて**葉茎菜類**❶とすることもある。

　また，植物学的な方法（自然分類）によって，ウリ科野菜，ナス科野菜，アブラナ科野菜などに分けることも多い❷。同じ科に属するものは，花の形や性質，病害虫などに共通点がみられる。

❶つぼみや花を利用するカリフラワー，ブロッコリー，ナバナなどの**花菜類**は，葉茎菜類に含めることが多い。

❷植物学的な分類と利用部分や栽培面の特徴などとを組み合わせてウリ類，ナス類，マメ類，菜類，直根類，塊根類，香辛菜，軟化芽もの，などに分けることもある。

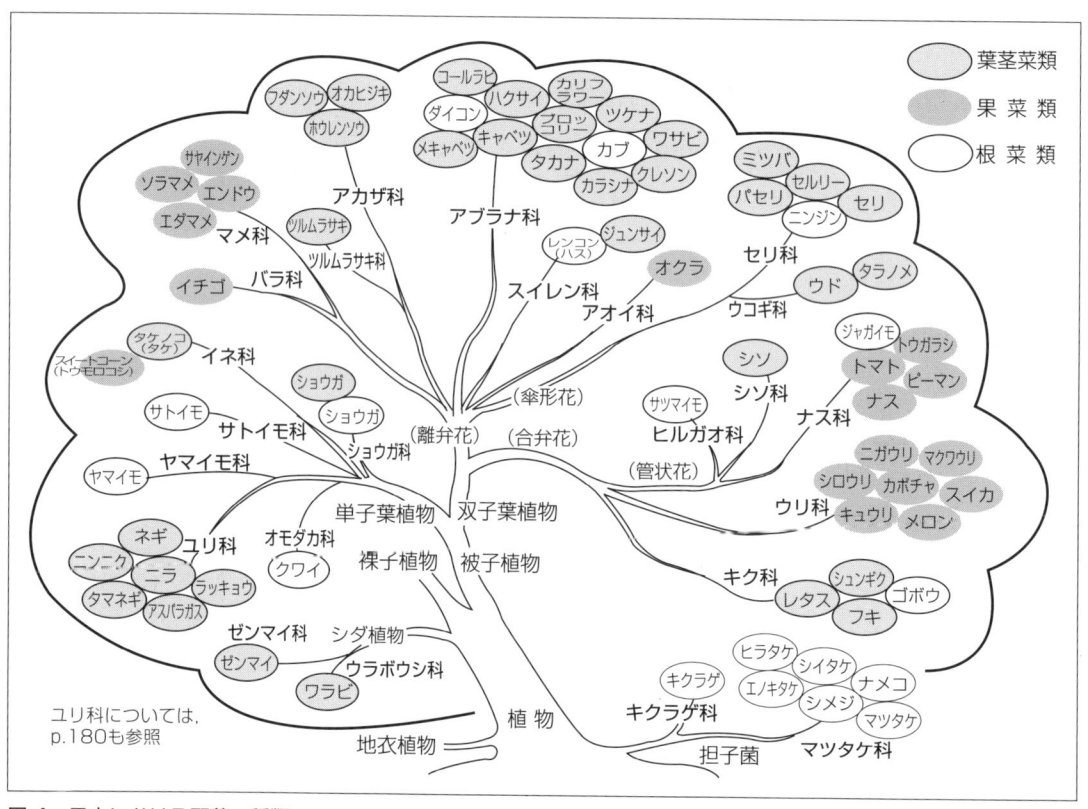

図4　日本における野菜の種類　　　　　　　　　　　　　（野菜試験場，1981をもとに作成）
注　野菜として扱われるものの多くは1・2年生の草本であるが，キノコやタケノコも含めることが多い。メロンやスイカ，イチゴは果物として扱われることも多い。ダイズやインゲンマメ，トウモロコシは，成熟したものは作物として扱われるが，未熟でやわらかいものは，エダマメやサヤインゲン，スイートコーンの名前で野菜として扱われる。

さらに野菜には，同じ種類であっても，葉や果実，根などの形態，早晩性❶や耐寒性，耐暑性などの生態型，病虫害抵抗性，利用器官の食味などの異なる多くの品種（栽培品種ともいう）がある。

(2) 導入・改良とわが国の野菜の特徴

私たちが現在，日常的に利用している野菜のうち，日本原産のものは十数種類❷で，多くは海外の原産で世界各地から渡来したものである。古くはアジア大陸からの渡来が多く，15世紀（室町時代）以降にはアメリカ大陸からの渡来も増え，19世紀（明治時代）以降は欧米からの導入が中心になっている（表1）。

とくに，明治時代には，欧米からトマト，キャベツ，タマネギ，ピーマン，カリフラワーなどが，中国からはハクサイが導入され，わが国の野菜の種類は大きく増加した。その後は，野菜の種類を増やすだけでなく，新しい品種を導入することにも力が注がれた。最近では，中国野菜❸やモロヘイヤ（図5），パプリカ（→ p.110）などが導入されており，その一方で山菜の栽培化も進み，わが国の野菜の生産と消費はさらに多様になっている。

❶ふつう，早生，中生，晩生に分けられ，早生のものほど生育がはやく栽培期間が短い。

❷ウド，オカヒジキ，サンショウ，ジネンジョ，ジュンサイ，セリ，ハマボウフウ，フキ，ミツバ，ミョウガ，ヤマゴボウ，ワサビなど。

❸中国から導入され，日中国交回復の1970年代ごろに栽培・利用が広がった野菜の総称。

図5　栄養豊富なモロヘイヤ

表1　日本における野菜の実用化年代とその原産地（導入先）　　　　（芦澤正和，1989による）

原産地	古代～14世紀	15～18世紀	19世紀～現代
中国，東アジア	カブ，カラシナ，クワイ，ゴボウ，食用ギク，シロウリ，ダイコン，チシャ，ツケナ，ニラ，ニンニク，ネギ，マクワウリ，ワケギ	エダマメ，タケノコ，チョロギ	ハクサイ
熱帯アジア，インド	サトイモ，シソ，ショウガ，トウガン，ナス，ハス，ヤマイモ	キュウリ，ニガウリ，ヘチマ	ツルムラサキ
中近東		エンドウ，ニンジン，フダンソウ，ホウレンソウ	モロヘイヤ
中央アジア	ダイコン，ニンニク，カラシナ	ソラマメ	タマネギ
アフリカ	ササゲ，ユウガオ	スイカ	オクラ，メロン類
南アメリカ		ナタマメ	ジャガイモ，トマト，ペピーノ，セイヨウカボチャ
北・中央アメリカ，メキシコ		サヤインゲン，サツマイモ，トウガラシ，ニホンカボチャ	スイートコーン，ハヤトウリ，ピーマン，ペポカボチャ
ヨーロッパ	カブ，ツケナ	シュンギク	アスパラガス，アーティチョーク，イチゴ，エンダイブ，カリフラワー，キャベツ，ケール，コールラビ，セルリー，チコリー，パセリ，ブロッコリー，メキャベツ，メロン，リーキ，レタス，ワサビダイコン

注　原産地と導入先は必ずしも同じではない（ヨーロッパ原産であるが中国経由で導入されたものなどもある）。

❶ダイコンでは，耕土の深い地域では長根の品種（練馬ダイコンなど）が，耕土の浅い地域では短根で根部が地上部に出る品種（宮重ダイコンなど）が生まれた（→p.154）。

❷遺伝的に異なる個体間の交雑による一代目の子（雑種第一代）のことで，F_1は生育，収量，耐病性，形質の均一性などの点で，両親よりすぐれることが多い。この現象を**雑種強勢**という。

❸栽培種のトウガラシでは，1株当たりの果実と葉の重さが，野生種のそれぞれ500倍と4倍になっているという。このような傾向は，果菜類や根菜類でいちじるしい。

図6　個性ゆたかな在来品種（カボチャ「鹿ヶ谷」）

わが国にはいってきた野菜は，各地に伝えられ，その地域の環境条件に適応したものが定着し，さらに改良が重ねられていった。とくに，気候や地形，土質などの変化に富むわが国では，それぞれの地域の気候や土壌条件などに適応した**在来品種**（地方品種ともいう）が数多く生み出された❶（図6）。

しかし，1950年代以降，育種（品種改良）技術の進展によって，生育がよく収量の多いF_1（エフワン）❷品種の育成が急速に進み，多くの野菜で在来品種にかわってF_1品種が利用されるようになった。

(3) 栽培化・改良による野菜の変化と特徴

多くの野菜は，野生植物のなかから，生育がすぐれ収量が多い，食味がよいなど，利用目的にかなうものを選び出し，長い時間をかけて改良を重ねてきたものである。その結果，現在の野菜は，生育がよくそろう，利用器官が非常に大きい❸，苦味物質が少ない，などの性質をもつようになっている。

その一方で，繁殖能力が低下したり環境の変化や外敵から身を守る機構を失ったりして，人間の手助けがないと，子孫を残せなかったり，病害虫の被害を受けやすくなったりした。つまり，多くの野菜は，人間が適切な栽培管理をしないと，生存を続けたり健全な生育をしたりすることができなくなっているのである。

参考　栽培化・改良によって失われた特性

野生植物は種子が成熟すると，繁殖のために，さやがはじけて種子を飛散させるものが多い。しかし，このような特性は，栽培植物の採種をおこなう場合には致命的な欠陥となるために，種子を飛散させないような株が選抜されてきたため，繁殖能力が低下している。

また，野生植物の種子には，発芽を遅らせる物質を含んでいたり，厚い種皮をもっていたりして，発芽が不ぞろいになる場合が多い。果実の成熟もそれぞれに進んでいく。このような生育の不ぞろいは，急激な環境条件の変化による枯死や，動物による食害を少なくするなど，危険回避の役割をもっている。しかし，栽培植物は，作業を能率的にするために，発芽や成熟がそろうように改良されたため，危険回避の能力が低下している。

さらに，野生植物は外敵から身を守るために，種子や茎，葉などの植物体の表面をかたい殻やとげ，毛などで保護しているものがある。しかし，栽培植物では，栽培管理の妨げとなるため，それらをなくしているものが多い。

3 食生活と野菜の役割

(1) 食品としての野菜の特徴

新鮮な野菜は多くの水分を含み，カルシウムや鉄などのミネラル，食物繊維，カロテン（カロチン）❶やビタミンCなどのビタミン類，などの重要な供給源となる（表2）。また野菜は，し好品としての価値も高く，さまざまな色や香りをもち，食欲を増進したり，食生活をゆたかにしたりする。

近年は，さまざまな病気を予防して健康を維持するはたらきが，野菜にあることが解明されつつある（表3）。

❶可食部100g中に含まれるカロテンが600μg以上のものは緑黄色野菜（有色野菜）という。カロテンは，体内に摂取されるとビタミンAに変化する。

(2) 野菜のさまざまな利用法

野菜の利用法は民族や地域などによって異なるが，ゆでたり，煮たりして食べるのが一般的で，つけものにしたり，加工したりして利用するものも少なくない。日本で多くの人びとが生の野菜をサラダとして利用するようになったのは，第2次世界大戦後のことである。

多くの野菜は多量の水分を含み，そのままでは保存しにくいので，長期間利用するために，古くからさまざまな保存法が工夫されてきた。乾燥によって水分を減らす方法や，腐敗を避けるために低温下で囲ったり，塩でつけたりする方法も多く用いられてきた。最近では冷蔵や冷凍による保存も増えている。

表3 野菜によるおもな生理機能

①動脈硬化の予防（抗酸化性）
　○低密度コレステロールの酸化抑制
②がん予防機能（抗腫瘍性）
　○発がん性物質の排出（食物繊維）
　○発がん性物質の生成阻害
③血圧上昇抑制機能（血圧上昇に関与する酵素の阻害）
④糖尿病予防機能（糖吸収阻害）
⑤メラニン生産制御成分（メラニン生成酵素の活性制御）

（津志田藤二郎『野菜が持つ生理機能』平成11年による）

表2 おもな野菜の栄養成分（可食部100gに含まれる量）　　　（「八訂日本食品標準成分表」より作成）

	カルシウム (mg)		鉄 (mg)		カリウム (mg)		食物繊維総量 (g)		カロテン（β-カロテン当量）(μg)		ビタミンC (mg)
1	パセリ	290	パセリ	7.5	パセリ	1,000	ラッキョウ	20.7	シソ	11,000	赤ピーマン 170
2	モロヘイヤ	260	コマツナ	2.8	ホウレンソウ	690	グリンピース	7.7	モロヘイヤ	10,000	メキャベツ 160
3	シソ	230	エダマメ	2.7	サトイモ	640	シソ	7.3	ニンジン	8,600	黄ピーマン 150
4	コマツナ	170	ソラマメ	2.3	メキャベツ	610	パセリ	6.8	パセリ	7,400	ブロッコリー 140
5	ツルムラサキ	150	ホウレンソウ	2.0	クワイ	600	ニンニク	6.2	シュンギク	4,500	パセリ 120
6	シュンギク	120	サニーレタス	1.8	エダマメ	590	モロヘイヤ	5.9	ホウレンソウ	4,200	カリフラワー 81
7	タアサイ	120	シュンギク	1.7	ニンニク	510	ゴボウ	5.7	西洋カボチャ	4,000	青ピーマン 76
8	クレソン	110	シソ	1.7	モロヘイヤ	530	メキャベツ	5.5	ニラ	3,500	ニガウリ 76
9	チンゲンサイ	100	グリンピース	1.7	ニラ	510	オクラ	5.0	糸ミツバ	3,200	モロヘイヤ 65
10	オクラ	92	チンゲンサイ	1.1	糸ミツバ	500	エダマメ	5.0	コマツナ	3,100	シシトウガラシ 57

注　成人の1日必要量（「日本人の食事摂取基準」による）は，カルシウム550〜650mg，鉄5.0〜6.5mg，ビタミンC 85mgなどとされている。

2 野菜の生産と消費の動向

わが国の農業生産は、昭和30年には、農業総生産額の52%を米がしめており、野菜はわずか7.2%にすぎなかった。しかし、その後の経済の発展とともに人びとの生活も変わり、食生活のなかにしめる野菜の位置も高くなった。それと同時に、イネの作付面積の減少もあって、平成10年には、農業総生産額のうちで野菜は、ついに米を上回って26.1%をしめるまでになった（図1）。

しかし、近年は農業従事者の減少や高齢化、外国からの輸入などによって、野菜の作付面積、生産量ともに横ばい傾向にある。

1 生産の推移と動向

（1）おもな野菜の生産の推移

野菜生産の推移をみると、多くの野菜で作付面積が減少していることがわかる（図2）。しかし、生産量については、トマトやピーマン、イチゴ、ネギ、ニンジンなどのようにあまり変わらないか、レタスのようにむしろ増加している野菜もある。

一方、単位面積当たり収量は、多くの野菜であまり変わらないか増加している。この背景には、新しい品種や資材、技術の開発、畑の基盤やかんがい施設の整備などの努力がある（図3, 4）。

図4 かんがい施設のととのった野菜畑

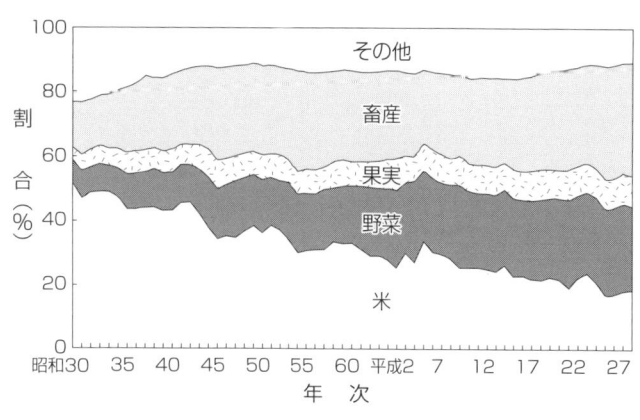

図1 農業総生産額にしめる野菜の割合
（「生産農業所得統計」より作成）

図3 夏野菜の安定生産を支える雨よけ栽培

(2) 生産の周年化の進展

　わが国の野菜生産では，品種改良の進展や **施設栽培**❶ の普及，栽培技術の改良などにより，いろいろな **作型**❷ が開発され生産の周年化が進んでいる。とくに施設栽培は，保温や加温をさまざまなかたちで組み合わせることで，多くの作型を可能にし，野菜生産の周年化に大きく貢献している。

　わが国では，南北に長く標高差も大きい日本列島をうまく利用して，季節によって産地を切り替えながら野菜を消費地に供給する，産地リレーによる野菜の安定供給もおこなわれている。

❶ガラス温室やプラスチックハウスなどを利用した栽培。わが国では，トンネル栽培のように外から手を入れて管理する方式は，統計上は施設栽培のなかに含まれない。

❷品種と環境（栽培環境），栽培技術の組合せによって成り立つ経済的な栽培の体系。露地（普通）栽培，促成栽培，抑制栽培あるいは秋まき栽培，春どり栽培などとよばれる。

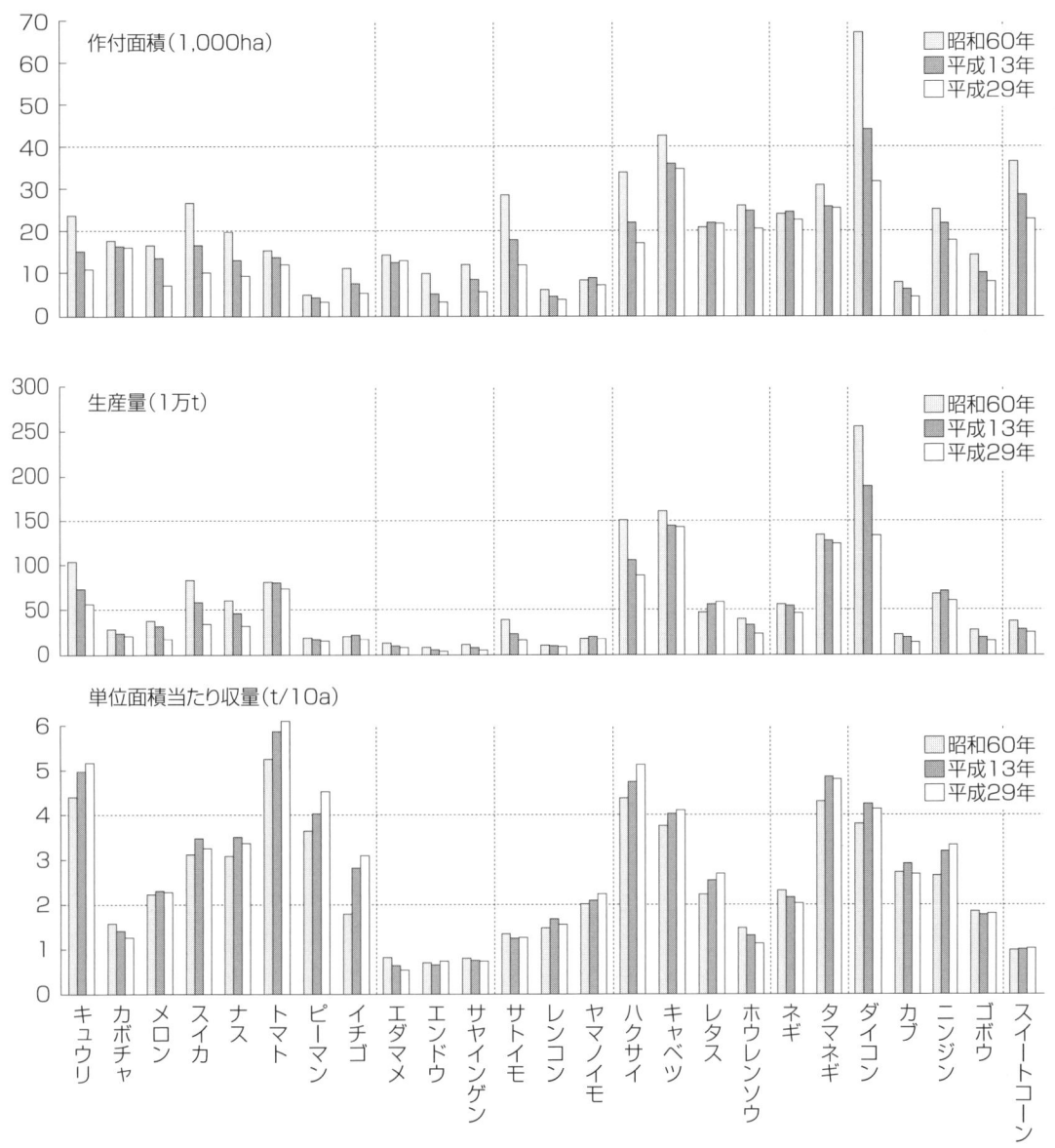

図2　おもな野菜の作付面積，生産量，単位面積当たり収量の推移　　　　（「野菜生産出荷統計」より作成）

2　野菜の生産と消費の動向

施設で栽培される野菜のなかでは、トマトやホウレンソウ、ネギ、アスパラガスなどは栽培面積が増加傾向にある（図5）。イチゴやメロン、キュウリなどは栽培面積が減少傾向にあるが、作付面積に占める施設栽培の割合は高い。

わが国の野菜の施設栽培では、小規模で簡易な施設（パイプハウス）が発達した（表1, ➡ p.58）。近年は、オランダなどの外国から輸入された大規模なガラス温室も、各地に建設されるようになってきた❶。このような施設では、高度な環境制御技術の導入も進められ、生産性の高い野菜生産がおこなわれている。

❶この背景には、わが国の施設建設費が諸外国に比べて割高であることと、従来の施設では生産性があまり高くなく、作業環境もおとることなどがある。

(3) 生産・経営をめぐる動向

わが国の野菜生産は、常に栽培技術の改善や新しい施設・資材、品種の開発を重ねながら発展してきている（表2）。

栽培技術については、収量を高め、安定させるために多くの化

図6　接ぎ木ロボット

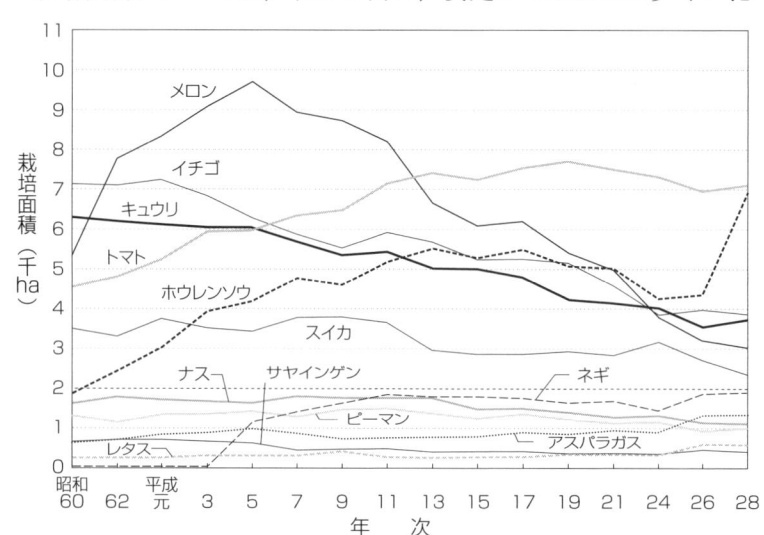

図5　施設野菜の栽培面積の推移　　　　　　　　　（表1と同じ資料より作成）

表2　野菜生産の技術のあゆみ

年代	おもな技術・施設・資材
1800	踏み込み温床、ガラス室
1900	接ぎ木苗、電熱温床、電照栽培、成長調節物質
1950	プラスチック被覆資材、F₁品種、パイプハウス、フィルムマルチ
1960	ポット（ペーパーポット）苗、暖房・換気の自動化
1970	ソイルブロック苗、養液栽培、雨よけ栽培、組織培養苗
1980	べたがけ、セル成型苗、機械移植、複合環境制御、胚培養・やく培養品種
1990〜	接ぎ木ロボット、養液土耕、天敵昆虫、生分解性被覆資材、高度な環境制御

表1　わが国における施設園芸の概況（平成11年）
（農水省野菜振興課編「園芸用ガラス室・ハウス等の設置状況」平成12年による）

	ビニルハウス			ガラス温室		
	野菜	花き	果樹	野菜	花き	果樹
面積（ha）	36,441	7,631	6,969	1,042	1,278	155
農家数（戸）	203,645	48,293	25,537	6,206	8,614	1,529
1戸当たり面積（m²）	1,789	1,580	2,729	1,679	1,484	1,014
棟数	869,677	174,460	81,088	20,520	22,041	12,031
1戸当たり棟数	4.27	3.61	3.18	3.31	2.56	7.87
1棟当たり面積（m²）	419	437	859	508	580	129

学肥料や化学合成農薬（化学農薬）を投入した時代もあった。しかし，最近では，野菜の品質や安全性，環境問題などに配慮し，化学肥料や化学農薬の使用を控えた栽培❶も増えている。また，セル成型苗や接ぎ木ロボット（図6）など，作業の省力化，軽労働化を図る技術の開発・利用も進んでいる。

品種については，野菜の規格化が進み，同時にF_1品種が急速に普及したことなどにより，在来品種は激減した。しかし，最近では在来品種のもつ食味や遺伝資源としての価値などが見なおされ，栽培も増えつつある。同時に「旬の野菜」❷の消費拡大も図られている。植物組織培養によるウイルスフリー苗（→ p.220）の生産や，新品種・新野菜の開発は，生産の安定や消費の拡大に貢献している。この技術は，在来品種や特産野菜の維持・増殖にも役立っている。

経営面での動向をみると，露地野菜作では機械化がかなり進んでいるが，施設野菜作では手作業に依存している割合が高く❸，労働生産性は露地野菜作や稲作より低くなっている（表3）。また，日本とオランダのトマトの施設栽培を比較すると，日本は単位面積当たりの収量が少なく，労働生産性も低いなど，生産効率が低い（表4）。施設栽培においては，今後，管理の自動化や機械化を進め，生産性を高めることが求められている。

❶化学合成農薬や化学肥料などの使用のていどによって，次のように区分されている。
　①有機農産物：化学合成農薬，化学肥料，化学合成土壌改良材の使用を中止して3年以上経過し，堆肥などで土づくりをしたほ場で生産された農産物（図7）。3年未満6か月以上の場合は，「転換期間中有機農産物」という。
　②特別栽培農産物：化学合成農薬の使用回数および化学肥料の窒素成分量が，慣行的におこなわれている場合の5割以下で生産された農産物。

❷それぞれの地域の自然のなかで，適期に適地で無理なく生産され，新鮮で栄養分があって，安全で，おいしい野菜ということができる。

❸経営耕地10a当たりの農業労働時間は，この15年間で稲作では約60%減少して40%以下になり，露地野菜作も約40%減少した。しかし，施設野菜作では約18%減少しただけである（表3）。

表3　農家経営組織別にみた農家経済（単一経営の全国平均）

経営作目	労働集約度		生産性			
	経営耕地10a当たり農業労働時間（時間）		農業労働1時間当たり農業純生産（円）		経営耕地10a当たり農業純生産（千円）	
	昭和61年	平成13年	昭和61年	平成13年	昭和61年	平成13年
稲　作	82	31	689	1,384	56.5	43.1
露地野菜作	311	186	491	1,020	152.7	189.6
施設野菜作	502	410	728	926	365.4	379.4

図7　有機農産物の生産

表4　日本とオランダのトマトの施設栽培における生産性比較　　　　（糠谷，1998による）

		経営規模（ha/戸）	果実収量（t/10a）	労働時間（時間/10a）	労働生産性（kg/時間）	生産効率（労働時間/t）
日本	冬春どり（温室加温）	0.3～0.4	7.3	483	15.0	66.2
	夏秋どり（ハウス無加温）	0.3～0.4	6.3	528	11.9	83.8
オランダ	長期1作型（平均）	1.3	51.0	950	52.6	18.6
	長期1作型（生産者A）	2.0	57.1	720	79.3	13.0

2 消費の推移と動向

(1) 野菜の消費量と消費動向

　日本人の野菜の消費量は,昭和40年代前半をピークにしてその後は長いあいだ,年間1人当たり110kgていどで推移してきた。しかし,平成になったころからは,野菜の消費量が減少傾向にあり,近年の年間1人当たり消費量は100kg[1]前後である（図8）。

　このように,野菜の消費量は全体としては減少傾向にあるが,レタスやブロッコリー,トマト,ピーマンなどの消費量は,あまり変わらないかむしろ増加傾向にある。これに対してダイコンやキュウリ,ゴボウなどは減少傾向にある（図9）。

　また,野菜の消費動向は,年齢によっても特徴があり,高齢者はサトイモやダイコンなどの消費が多く,若齢・中年者はレタスやキャベツなどの消費が多い。このような特徴は,高齢者は野菜を煮ものにして食べる傾向が強いのに対して,若齢・中年者はサラダやいためものにして食べる傾向が強いことを示している。

[1] わが国の野菜消費量は世界のなかでは比較的多いほうで,オランダ,カナダなどとほぼ同水準であるが,ギリシャ,トルコ,韓国では年間1人当たり200kgをこえている。なお,わが国は消費する野菜の種類が世界のなかでも非常に多い。

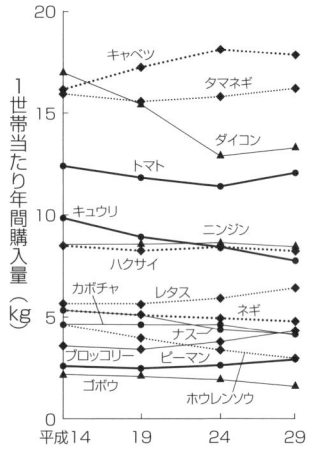

図9　野菜の種類別購入量の推移
（「家計調査年報」より作成）

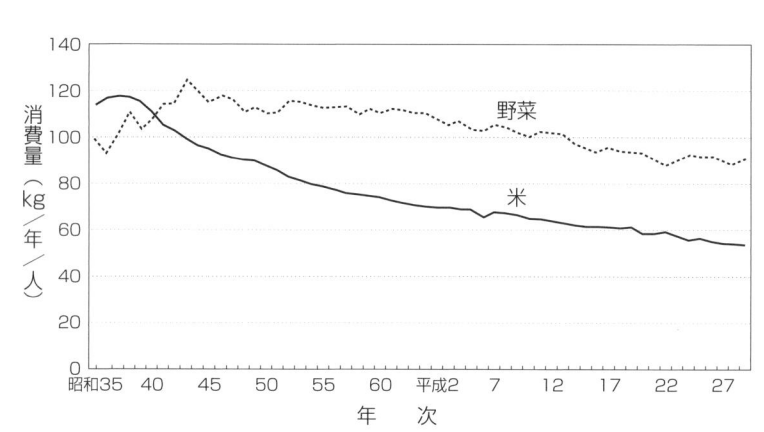

図8　野菜と米の消費量の推移
（「食料需給表」より作成）

参考　アメリカから世界に広がる野菜の消費拡大——ファイブ・ア・デイ・プログラム

　アメリカには,「よりよい健康のために,毎日5単位以上の果物か野菜を食べよう」という取組みがある。このプログラムは,1日当たり5単位以上の果物や野菜を食べれば疾病発症の危険を明らかに減らせるというものである。

　1単位とは,たとえば,Mサイズの果物1個,果物または野菜2分の1カップ,または,100%ジュース4分の3カップなどをいう。これによって,アメリカ人の生鮮野菜の消費量は,ここ数年明らかに増加している。

　こうした取組み（5 A DAY運動）は,世界に広がり30か国以上で取り組まれている。

(2) 消費の多様化と輸入野菜の増加

　野菜は，昭和20，30年代には家庭における重要な食材であり，多くは煮ものやつけものとして消費されていた。しかし近年，人びとの食生活や生活スタイルの変化によって，生野菜の消費が増えるなどの消費方法の変化とともに，消費場所も大きく変化した。

　野菜の全消費量のうち，家庭内で消費される量は半分以下となって，外食産業や中食産業，ジュースや菓子の原料などの加工産業での消費が増加している❶。一方，外国旅行で味わっためずらしい野菜や，贈答用などに高級感のある野菜を求める人びともあり，野菜消費の多様化が進んでいる（図10）。

　野菜の輸入は，生鮮・冷蔵野菜だけでなく，冷凍野菜や調整品・加工品などの輸入も増えている（図11）。とくに，中国（タマネギ，ニンジン，ネギなど），アメリカ（トマト加工品，ブロッコリーな

❶加工・業務用の割合は，増加傾向にあり全体の約6割に達している。また，加工・業務用では国産割合は約7割で，輸入野菜の割合が高くなっている。

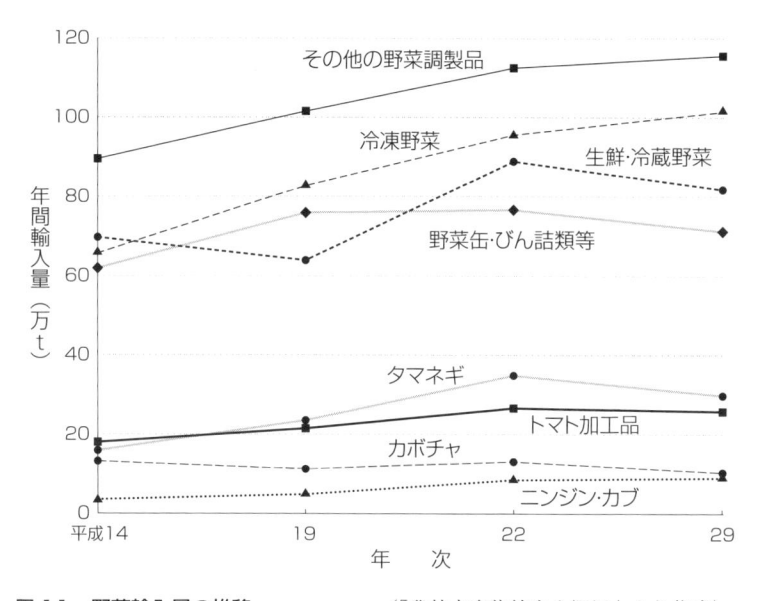

図11　野菜輸入量の推移　　　（「農林水産物輸出入概況」より作成）

図10　贈答用にも利用される国産野菜

参考　セーフガード（緊急輸入制限措置）

　ある国で特定の品目の輸入が急増し，国内の産業に大きな損害を与える可能性がある場合に，国内産業を保護するために，一時的に輸入制限措置を発動することができる制度。とくに，農産物は世界貿易機構（WTO）加盟国の国内農業の利害が複雑に絡みあう分野なので，別枠で「特別セーフガード」の仕組みが設けられており，一定の条件を満たした場合には，期間を限定したうえで，現行より高い関税率を適用することができる。わが国は2001年4月にネギ，生シイタケ，畳表（イグサ製）を対象にしたセーフガード暫定措置をはじめて発動した。

2　野菜の生産と消費の動向

❶ JAS法(農林物資の規格化および品質表示の適正化に関する法律)改正によるもので,すべての生鮮食品について原産地(国産品は都道府県名,輸入品は原産国名)を表示することが義務づけられた。

ど),ニュージーランド(カボチャ)などから大量の野菜が輸入され,日本の野菜生産を圧迫するようになり,あらためて経営や産地の体質強化や,生産・流通コストの低減,生産者と消費者の連携の強化などが求められている。これと関連して,2000年7月からは,輸入野菜は生産国名を表示して販売されるようになった❶。

(3) 流通,販売をめぐる動向

　野菜の流通・販売の場面では,**市場流通**だけでなく,生産者と販売業者との直接交渉による価格決定,産地からの直送販売(**産直**),直売所や朝市などでの消費者への直接販売(**直売**)も広がっている。また最近では,インターネットを利用した販売も増えてきている。

　野菜の品質を長く保つために収穫後から販売までを低温下で管理する**低温流通機構**(コールド・チェーン・システム)が発達し,包装や荷姿,出荷ケースの工夫などによる品質保持技術(図12,→ p.37)の開発・利用も進んでいる。

　さらに,安全性や高品質,信頼性(安心)を求める消費者の声に対応して,化学農薬や化学肥料の使用のていどなどの栽培法❷,生産者名などを表示したり,野菜の栄養価や効能,料理法などの説明をつけたりして,出荷・販売する取組みも増えている(図13,14)。

❷有機農産物については,JAS法の改正によって「有機食品の検査認証制度」が創設され,第三者認証機関の審査を通過しなければ,「有機」表示をすることができなくなった。

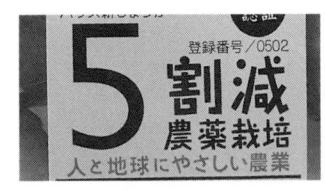

図13　減農薬栽培を示す表示

図12　機械によるレタスのフィルム包装

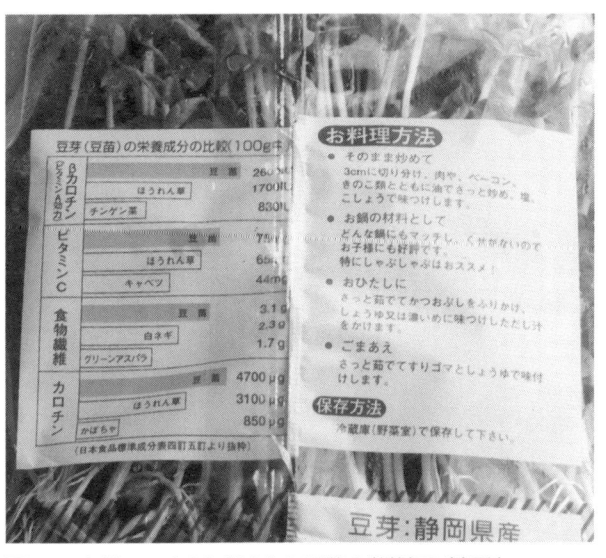

図14　包装フィルムに記された野菜の栄養価や料理法

第2章
野菜の生育と品質

1 種子と発芽

1 種子

種子の構造と機能

種子は有性生殖によって形成される繁殖器官で，**胚**と**胚乳**および**種皮**からなる（図1）。種皮❶は胚と胚乳を保護するため，厚くてかたいものが多い。胚は子葉，胚軸，幼芽，幼根からなる。胚乳には，発芽時の幼植物を育てる栄養分がたくわえられている。

野菜種子には，胚乳のある**有胚乳種子**（トマト，ナス，セリ，ネギ，ホウレンソウなど）と，胚乳のない**無胚乳種子**（サヤインゲン，ダイコン，キャベツ，スイカ，キュウリ，ゴボウ，レタスなど）とがある。無胚乳種子では胚乳が退化し，養分は子葉にたくわえられている。なお，ホウレンソウ，レタス，ニンジン，イチゴなどの種子❷は，乾燥した果皮におおわれている。

種子は，水分が少なく，長期間の乾燥に耐えられる。採種直後の種子では，発芽に適した条件を与えても発芽しないことがあり，このような現象を種子の**休眠**という。

よい種子の条件

よい種子とは，①その品種の遺伝的特性が保たれている，②短い期間にそろってよく発芽する，③病気や害虫におかされていない，④種子以外のものが混ざっていない，などの条件をそなえたものである。

❶アブラナ科野菜の種子には，種皮に水をためることのできる水胞細胞をもつものがある（図2）。この水胞細胞は水分をたくわえ，発芽に役立てていることが確認されている。

❷形態学的には果実である。

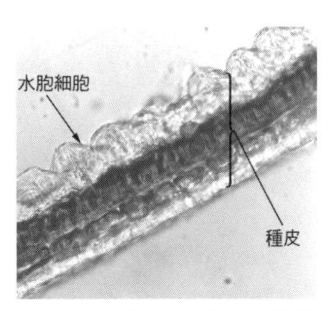

図2 水を含んでふくらんだ水胞細胞（ミズナ）

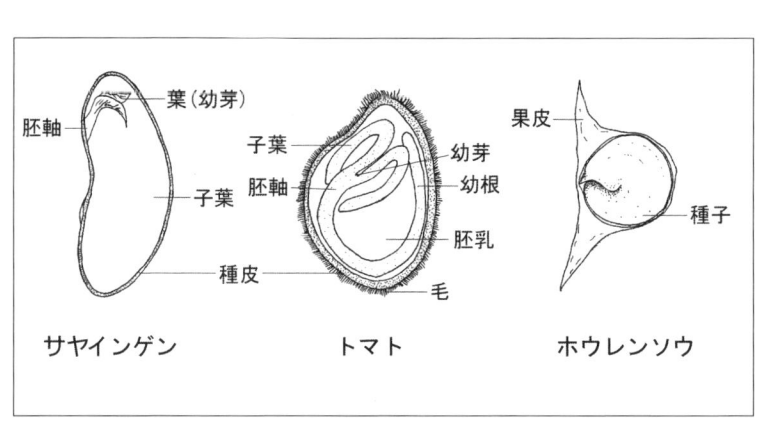

図1 野菜種子の形態

種子のよしあしは，発芽試験によって判定できるが，外見上（品種固有の形態をしている，傷がない，大きくて重いなど）からもあるていど見分けることができる。種子の寿命は野菜の種類，貯蔵条件によって異なる（表1）。よい種子を長く保存するには，低温・乾燥条件で貯蔵する。種子寿命の短い野菜では，毎年，新しい種子を利用（購入）する必要がある。

2 発 芽

発芽の条件　種子が発芽するには，適当な水分と温度（表2）と酸素が必要である。しかし，過湿状態になると酸素が不足して，発芽がわるくなることが多い。

野菜の種類によっては，光も発芽に影響を及ぼす。レタス，ゴボウ，ミツバなどの種子は光があたると発芽が促進され（**好光性種子**），ダイコン，ネギ，ナス，トマト，トウガラシなどの種子は光があたると発芽が阻害される（**嫌光性種子**）。

発芽とその後の生育　発芽の条件がととのうと，芽や根を伸ばし，胚乳の栄養分を利用して成長を開始する（図3）。生育初期の茎葉や根の成長は，子葉の光合成量に大きく影響される。

発芽直後の植物体は，温度や水分などの環境の変化に弱い。果菜類などでは，播種床で発芽させて，育苗したのちに定植する。

表1　野菜種子の寿命

寿命	野菜の種類
1～2年	ネギ，タマネギ，ニラ，レタス，キャベツ，ゴボウ，ニンジン，ホウレンソウ
2～3年	ダイコン，ハクサイ，カブ，スイカ，サヤインゲン，エンドウ
3～4年	キュウリ，カボチャ，トマト，ナス

表2　野菜の発芽適温のめやす

発芽適温	野菜の種類
15～20℃	レタス，シュンギク，ミツバ，セルリー，ニラ，ホウレンソウ，シソ
15～25℃	ソラマメ，エンドウ，タマネギ，ネギ
20～30℃	ダイコン，ニンジン，ナス，ゴボウ，トマト，トウガラシ，サヤインゲン，キュウリ，カボチャ，メロン，スイカ

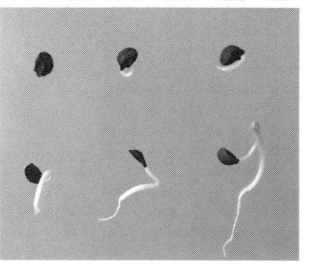

図3　発芽の経過（上：サヤインゲン，下：ネギ）

根菜類や植え傷みしやすいものでは，直接，畑にまいて間引きをおこなうことが多い。育苗の管理，間引きのタイミングなどは収量，品質に大きな影響を与える。

3 種子の処理と利用

種子消毒　種子を介して伝染する病気の発生を防ぐため，種子を消毒する（図4左）。種子消毒には，種子を殺菌剤（ベノミル剤，チウラム剤など）の溶液に浸せきしたり，乾燥状態で加熱したりするなどの方法がある。

発芽促進処理　休眠種子，吸水しにくい種子などの発芽をよくするためには，乾熱処理，吸水種子の低温処理，摩傷処理，果皮除去，ハードニング（吸水と乾燥を繰り返しおこなう），各種溶液（硝酸カリウム，チオ尿素，ジベレリンなど）の浸せき処理，などがある❶。

発芽のさい，吸水の妨げになるような果皮を除去した種子は，ネイキッド種子とよばれ，ホウレンソウ種子で利用されている。

その他の種子処理　非常に小さな種子や毛のあるものは，そのままではまきにくいので，小さな種子では水に溶ける素材で包んで球形に加工したり（被覆種子〈コーティング種子〉，図4中），毛のある種子は毛をとったりする。被覆種子を使えば，播種量が節約でき，機械播種も可能になる。

レタス，ニンジン，ホウレンソウなどでは，種子を封入したテープ（シードテープ❷）も利用されている（図4右）。

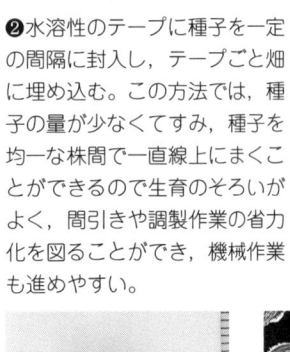

❶ホウレンソウの休眠種子を使用する場合は，乾燥種子を直射日光に数日あてて休眠を破ってから催芽処理（1昼夜水につけたのち日陰干しし，少し芽を出させる）する。あるいは，吸水させた種子を3〜5℃の冷蔵庫で3〜5日間低温処理する。ニンジンでは吸水の妨げになる毛を除いたり，水やジベレリン溶液に浸せきしたりして，休眠種子の発芽をうながす。

❷水溶性のテープに種子を一定の間隔に封入し，テープごと畑に埋め込む。この方法では，種子の量が少なくてすみ，種子を均一な株間で一直線上にまくことができるので生育のそろいがよく，間引きや調製作業の省力化を図ることができ，機械作業も進めやすい。

種子消毒済の種子（スイートコーン）

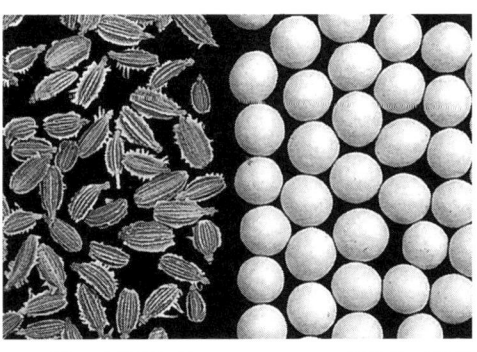

ニンジンの種子（右：コーティング種子〈直径2mm〉）

シードテープ

シードテープによるたねまき

図4　各種の種子処理

2 根の発達と肥大

1 根の発達とはたらき

根のつくりとはたらき

根は，胚の中にあった幼根が伸長した**主根**あるいは種子根，主根から分岐した**分岐根**からなる❶（図1）。根の先端は細胞分裂のさかんな部分で，根冠に保護されている。根の断面をみると，最外層から順に表皮，皮層，内皮，師部（師管を有する），木部（道管を有する）などから構成されている。

養水分は表皮，皮層を通り，道管内にはいり，地上の茎や葉に運ばれる。内皮は中心柱内への養水分の移動を制御する関所のような役割を果たしている。

根は，植物体の支持，養水分の吸収のほか，同化養分をたくわえたり植物ホルモンを合成したりする。

根系の発達

根は伸長と分岐を繰り返しながら発達して**根系**を形成する。

根系の発達は，地温（表1），土壌水分，耕うんのしかた（図2）などの根圏の環境条件に大きく影響される。土壌が過湿であったり，かたくてすき間が少なかったりする状態では，根は地表面近

❶茎や葉などから発生した根を不定根とよぶ。タマネギのりん茎，サトイモの球茎，ジャガイモの塊茎などから発生する根は，いずれも不定根である。種子根がなんらかの原因で傷んだ場合には，それを補うように茎からたくさんの不定根が発生することがある。

表1　野菜の根の生育温度（℃）
（門田）

野菜の種類	根の伸長		
	最低温度	適温	最高温度
トマト	7〜8	26	38
ナス	10	28	38
トウガラシ	8	30	38
スイカ	8〜10	32	38
メロン	10〜12	34	38

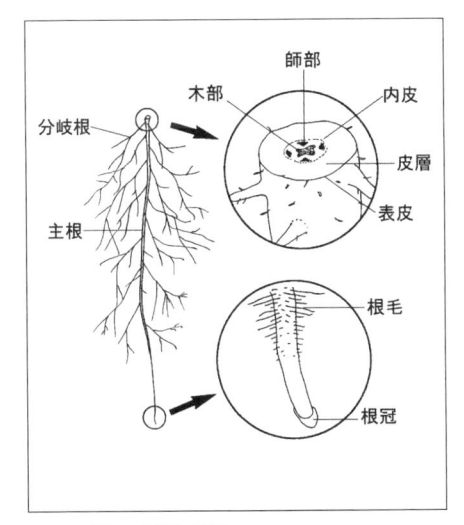

図1　根の形態と構造

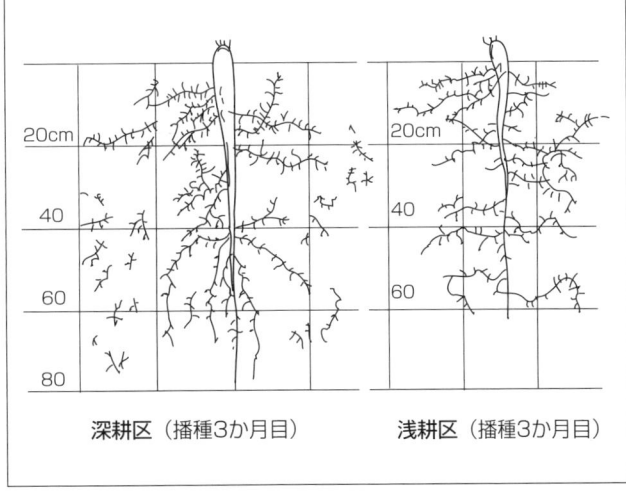

図2　土壌の耕うんのちがいと練馬ダイコンの根系　　（松原ら）

くに形成される。このような根は，土壌の乾燥や気温の変化などの影響を受けやすい。

一般に，ウリ科とユリ科の野菜は根が浅く（浅根性），ナス科，アブラナ科の野菜の根は深く（深根性），ダイコンやニンジンなどの**直根類**は主根が深く伸長するため，深い根系を形成する（図3）。

養水分の吸収

根は，水を吸収するだけでなく，土壌粒子のあいだにある土壌溶液に溶けている養分も吸収する。養水分は，先端部の若い根，とくに根毛の発生が多い部分でよく吸収される❶。

養分の吸収は，根の活性を低下させる低温や酸素不足によっていちじるしく阻害される（表2）。

根が健全であっても，養分が過剰であったり，水分が少なかったりする土壌では，土壌溶液の浸透圧が高くなり，水分の吸収が阻害される。その結果，養分の吸収も阻害される。

❶根から吸収された養水分を地上部にくみ上げるさいの主たる原動力は，葉の蒸散作用による水の流れである。

表2　低温，酸素不足によって吸収がわるくなる養分

原因	吸収がわるくなる養分
低温	硝酸，リン酸，カリウム
低酸素	硝酸，カリウム

図4　木部肥大型，師部肥大型，および環状肥大型の根の断面図
（ダイコン（木部肥大型），ニンジン（師部肥大型），ビート（環状肥大型））

図3　ユリ科野菜（ネギ，左），ナス科野菜（トマト，中），直根類（ニンジン，右）の根系

2 根部の肥大と肥大促進

根部の肥大のしくみ

ダイコン，カブ，ゴボウ，サツマイモなどの肥大根は，おもに木部が肥大したもので，**木部肥大型**とよぶ。形成層輪の外側にある師部は，木部の発達に比べていちじるしく不活発で，ほとんど肥大しない（図4）。

一方，ニンジンの肥大根は，木部，師部ともに肥大したもので，**師部肥大型**とよぶ。

ビートの肥大根は，木の年輪のような模様ができ，**環状肥大型**とよばれる❶。

また，ダイコン，カブ，ニンジンなどは，根と胚軸の両方が肥大し，細い根が生えている部分が根で，それより上が胚軸である（図5）。肥大した胚軸部は地上に伸び出すことがあり，この性質を抽根性という。

根部の肥大促進

ダイコンやニンジン，ゴボウなどの直根類は，まず主根が伸長し，その後肥大する。主根の伸長を確保するためには，①土壌を深く耕す，②適度な土壌水分を保つ，③根が傷むような未熟堆肥や過剰な施肥をおこなわない，④活力の高い種子を用いる，などが必要である。

根部の肥大に対しては，地温，土壌水分，土壌の通気性，施肥，および栽植密度の影響が大きいので，これらの条件をととのえる栽培管理が必要になる。

❶順々に形成層輪が形成され，それぞれの形成層輪において木部と師部が肥大する。

研究
ダイコンやカブの胚軸と根の割合を，根形が長形のものと丸形のものでどれだけちがうか比較してみよう。

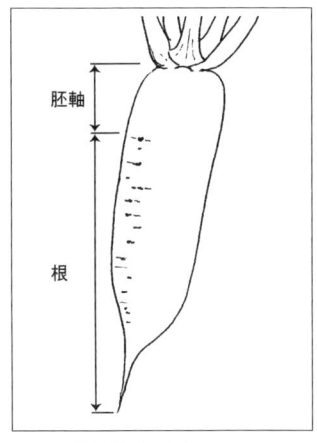

図5 根の肥大部分
注 根の部分の細い根は，収穫後にはなくなっているものが多いが，そのあとは残っている。

参考 肥大根の生育障害——岐根

直根類の主根先端の分岐は，種子の活性が低くて種子根の伸長力が弱い場合，播種位置に近いところに施肥された場合，病害虫によって根の先端などが食害されたり枯死したりした場合，などで発生し，分岐した根が肥大すると岐根となる（図6）。

ダイコンでは，抽根性が小さい品種のほうが，岐根が発生しやすいといわれる。

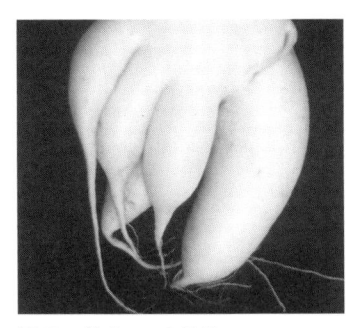

図6 ダイコンの岐根

3 茎葉の生育と結球

1 茎と葉の生育

茎のつくりとはたらき

発芽した種子の幼芽が発達・成長すると、その主軸が茎となる。茎の先端部の頂端分裂組織では、細胞分裂❶が活発におこなわれ、各器官が分化・成長する。ただし、ダイコン、キャベツ、ネギ、タマネギなどでは、葉を分化しても茎はほとんど伸長しない。

茎は植物体を支えるだけでなく、同化養分や根から吸収された養水分の通路になる。また、サトイモやジャガイモの地下茎のように、同化養分をたくわえて肥大するものもあり（図2）、その形態的な特徴から球茎❷、塊茎❸、根茎❹などに分類される❺。

茎（つる）の出方

茎に葉がついているところが節で、各節からは、さらに茎と葉をもつ芽（えき芽、わき芽ともいう）が発生する。節と節のあいだを節間といい、結球野菜のキャベツ、ハクサイなどではいちじるしく短い。しかし、開花時には節間が伸長して抽だい（とう立ち）が起こる。

キュウリやメロンなどのウリ科果菜類では、一般に茎をつるとよび、着花習性（→ p.26）にあったつるの管理（整枝）が重要に

❶頂端分裂組織では、葉、茎（枝）のもとになる芽、花などが分化する（図1）。

❷主茎およびえき芽の基部、あるいはえき芽の先端が球状に肥大したもので、輪状になった節輪があり、保護葉が部分的にあるいは球茎全体をおおうように着生する。

❸地下茎の先端が肥大したもので、節が明瞭でなく、節輪は認められない。

❹地下茎が根のように連なって肥大したもので、レンコンでは肥大した3ないし4つの節間が各節でくびれた状態で連なっている。

❺ヤマノイモ属植物（ナガイモ、ヤマノイモなど）のイモは担根体とよばれることもあり、根と茎の中間的な性質をもつ。

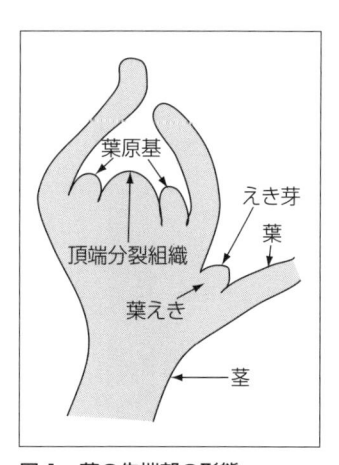

図1 茎の先端部の形態

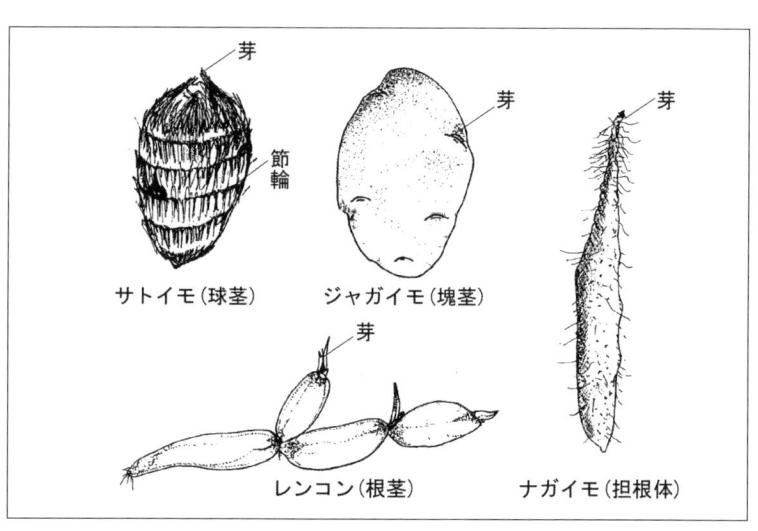

図2 養分をたくわえ肥大した茎の形態

なる。

葉のつくりとはたらき

野菜の多くは双子葉植物で，それらの葉は**葉身，葉柄**，およびたく葉からなり，おもに葉身で光合成をおこなう。スイートコーン，ネギなどの単子葉植物では，葉の基部は葉しょうとよばれ，さや状になって茎を包む（図3）。

トマトやマメ科野菜などの葉は，複数の葉身をもつ複葉で，それぞれの葉身は小葉とよばれる（図4）。キャベツなどの結球葉の心葉やタマネギなどの**りん茎**の貯蔵葉では，光合成がきわめて少しか，あるいは全くおこなわれず，他の葉から養分の供給を受けている。

葉には，日長に反応して花芽形成や塊茎形成をうながすなど，温度，日長，光質などの環境条件を感受して，生育を進めるはたらきもある。

葉の増え方と成長

葉は，頂端分裂組織で順次分化し，葉数を増していく。それぞれの葉は，互いの重なりを避けるような位置につく規則性があり，この配列様式を**葉序**という。葉序は植物の種類によって異なる（図5，6）。

キャベツ，ホウレンソウ，ネギなどは，頂端分裂組織で花芽が分化すると，それ以降は葉を分化しなくなる。トマトやナスなどは，頂端分裂組織で花芽を分化すると，その側方に新たな分裂組織ができて葉を数枚分化したのち，ふたたび花芽を分化する。以後，同様の方法で葉と花芽の分化を繰り返して成長していく。

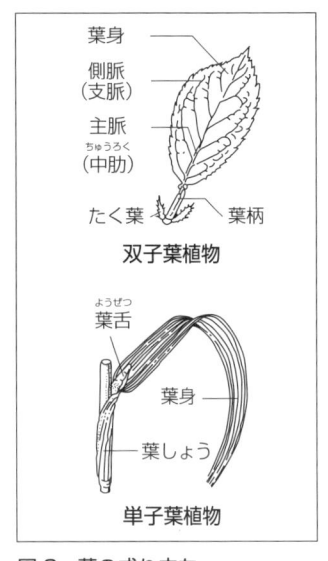

図3　葉の成り立ち

図4　多くの小葉からなるトマトの葉 　　図5　ダイコンの葉のつき方 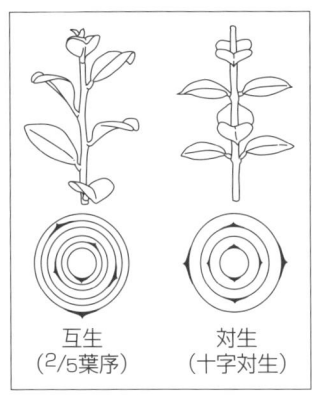　　図6　葉序の例

3　茎葉の生育と結球

2 茎葉の生育と結球の促進

茎葉の生育促進

茎葉の成長は，葉茎菜類だけでなく，すべての野菜の成長に影響を及ぼすので，野菜の種類，作型にあった栽培管理および品種の選択，たねまき時期の決定が重要である。

花芽が分化すると，それ以上の葉数や株の成長が確保できなくなるキャベツやホウレンソウ，ネギなどでは，花芽分化をできるだけおそくする工夫が必要になる❶。カリフラワーやブロッコリーで，大きな花らいをつけさせるためには，低温に遭遇する前に株を一定の大きさまで成長させておく必要がある。

結球のしくみと結球促進

キャベツ，結球ハクサイ，結球レタスなどの**結球野菜**は，生育が進むにつれて，葉数がまず増加して，葉（外葉）の発育が進み（図7），植物体が一定の大きさになると葉は直立し始め，相互に抱合し葉球の形成を始める❷（図8）。

葉球の肥大・充実は，もっぱら外葉からの同化養分の供給によっておこなわれるため，充実した葉球（図9）を得るには，外葉の発育をうながすことが非常に重要になる。

なお，これら野菜の結球現象は遺伝的な性質であり，日長や温度の影響は受けない。

❶葉ネギの分げつは，葉身数を確保する重要な現象で，栄養がわるい場合には分げつ数も減少する。

❷発芽後間もない株の葉は，葉柄があり，葉形比（葉長／葉幅）が大きいが，しだいに葉幅が増して葉形比の小さい葉になる。

図7 外葉の発育（キャベツ）

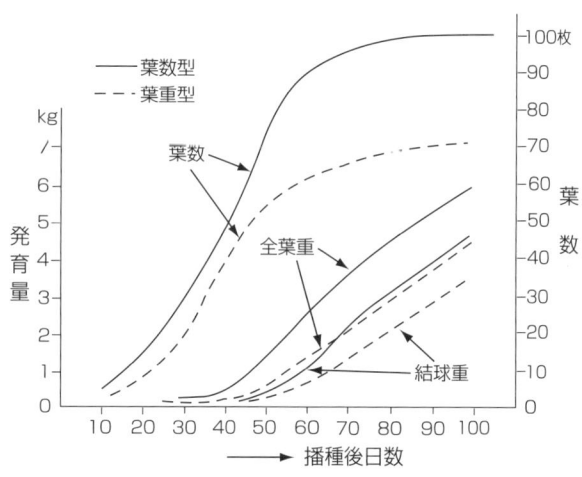

図8 生育にともなうハクサイの葉数と葉重の変化　（幸田）

図9 結球したハクサイの葉

4 花芽の分化・発達と果実の肥大

1 花芽の分化と発達

花芽分化とその条件

植物の花芽分化は，日長や気温❶，栄養条件などに影響される。ハクサイ，ダイコン，カブは種子（催芽種子）が，キャベツ，カリフラワー，タマネギ，ネギ，ニンジン，ゴボウ，イチゴ，キュウリ（雌花），カボチャ（雌花）などは植物体が，それぞれ低温に感応して花芽を分化する。反対に，レタスは高温で花芽を分化をする。

キュウリやカボチャの雌花，イチゴ，シソは短日条件で，ホウレンソウ，シュンギク，レタスは長日条件で花芽分化する❷。前者は**短日植物**，後者は**長日植物**とよばれる（→ p.44）。

一方，トマト，ナス，ピーマンなどのナス科野菜やエンドウを除くマメ科野菜の多くは，花芽分化に特定の気温，日長を必要としない中性植物である。

抽だいと花らいの発達

花芽が発達して野菜が抽だい（とう立ち）すると，直根類では根がかたくなり，結球野菜では葉球がこわれ，商品価値がなくなる。一定の大きさの株が低温感応して花芽分化するものでは，感応のていどが品種によってかなり異なるので，作型によっては，

❶反応を示す日長や温度は植物によって決まっており，これを限界日長あるいは限界温度という。

❷イチゴの花芽分化が誘導されるための条件は複雑で，低温と日長の相互作用を受ける（図1）。さらに，植物体の窒素含量にも影響を受け，窒素レベルが低くなると花芽分化が促進される（→ p.220）。

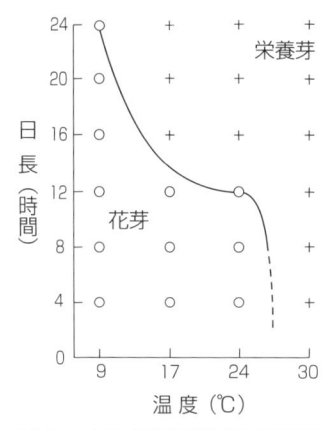

図1 イチゴの花芽形成に及ぼす温度と日長の影響　（斉藤）

参考　バーナリゼーションとディバーナリゼーション

植物が一定ていど以下の低温に長時間おかれると，低温に感応して花芽を分化する現象をバーナリゼーションとよぶ。1929年に，ソビエトのルイセンコはコムギで，またアメリカのミラーはキャベツで，それぞれ発見した。

種子（吸水種子）で感応するものを種子バーナリゼーション，種子（吸水種子）では感応せずに一定以上の大きさの苗になってから感応するものを植物体バーナリゼーションという。春に菜の花が咲くのは，これらの野菜では，冬季の低温に感応して花芽ができるからである。

従来，春には平地でのハクサイ生産は困難であったが，夜間の低温に感応しても昼間の高温でこれを打破することが可能なことから，ビニルトンネルを利用することで春季のハクサイ生産が可能となった。この低温刺激が，その直後に一定以上の高温にあうと消去される現象をディバーナリゼーションという。

播種時期と品種の選定を厳密におこなう必要がある。

カリフラワーとブロッコリーは低温感応させ，発達した花らい（図2）を収穫する。ブロッコリーの花らいの表面には，無数の花芽が形成されている。

着花習性と花の特徴

ウリ科野菜の花には雄花，雌花，両性花の区別があり，野菜の種類および品種によって花のつき方が異なる。たとえば，キュウリは，雄花と雌花のつき方によって，雌性型と混性型，混性・雌性型に分けることができる（図3）。また，雌花が各節に連続的につく節成り型と，雌花が連続してつかない飛び節型に分けることもできる[❶]。このような着花習性は，遺伝的性質であるが，温度と日長の影響を受けやすい。

ナス科野菜は，一定枚数の葉の分化後に花（花房）をつける。トマトでは，ふつう，第1花房は8ないし9節目につき，その後は3葉ごとに花房をつけていく（図4）。トマト，ナス，ピーマン

❶メロンでは，雌花は子づる，孫づるの第1節につき，親づるには雄花がつく（→ p.125）。

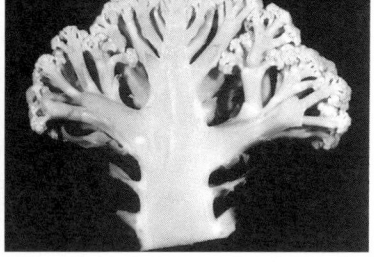

図2 カリフラワーの花らい（左：外観，右：断面）
注　花器は初生突起の段階で成長を停止している。

図3 キュウリの着花習性（藤枝）
注　雌性型は，親づるの低節位から雌花が連続してつく。混性型は，親づるに雄花節（雄花をつける節）と雌花節（雌花をつける節）が混在する。混性・雌性型は，低節位は雄花節で，節が上がるにしたがい雄花節と雌花節が混在し，さらに上位ではすべて雌花節になる。

♂＝雄花　♀＝雌花

図4 トマト（小玉種）の花と果実のつき方

図5 ネギの花（多数の小花が集まっている）

の花はいずれも両性花である。高温条件下や栄養不良条件下では花芽分化が遅れ,第1花あるいは第1花房の着生位置が高くなる。

低温・短日下におかれたイチゴは,茎頂に花芽を形成する。条件がよければ,さらに下位数節のえき芽の頂部にも花芽ができる。

マメ科野菜は,主枝と側枝の葉えきに,花芽ができる。

2 開花,受粉・受精と果実の発育

開花と受粉・受精　果菜類や採種用の栽培では,開花,受粉・受精が正常におこなわれる必要がある。ウリ科野菜の雌花は,ふつう午前中に開花・受粉し,その日のうちにしぼむ。ナス科野菜の花は,2～3日間開花が持続する。

一般に,アブラナ科とウリ科の野菜は,虫媒による他家受精を,ナス科やマメ科の野菜では自家受精を,イチゴとネギ類(図5)は自家受精と他家受精の両方をおこなう❶。

ウリ科野菜の花粉の寿命は数時間と短いため,やくが開いて数時間以内に受粉する必要がある。天候が不良な場合,施設内で昆虫の訪花がない場合などには人工受粉がおこなわれる❷。

❶同じ花内の受粉や同じ個体上の花間の受粉(自家受粉)では受精できないものもあり,この性質を自家不和合性という。

❷種なしスイカは受精しないが,受粉の刺激で果実の肥大が促進される。

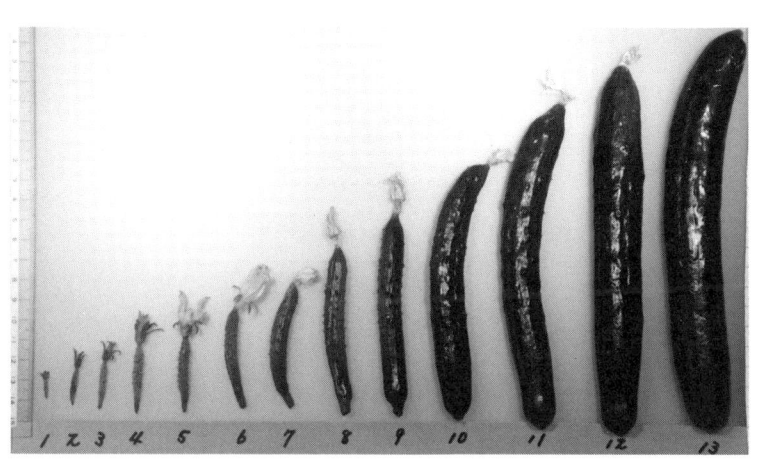

図8 キュウリの子房(果実)の肥大の進み方(左から1日おきの状態)

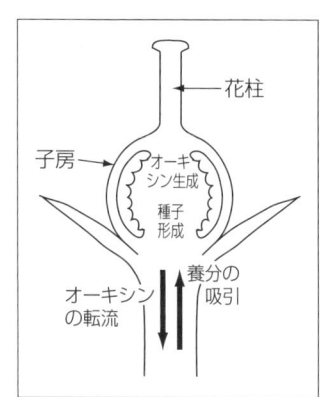

図6 受精・結実とオーキシンのはたらき

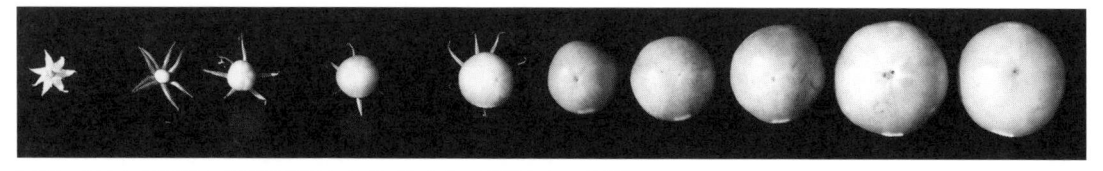

図7 トマトの開花から果実の肥大まで(左から1週間おきの状態)

4 花芽の分化・発達と果実の肥大

種子形成と着果，果実の肥大

受粉・受精し，種子ができると，花柱や子房内のオーキシン（成長調節物質〈植物ホルモン〉の一種）濃度が上昇し，茎葉から養分がよびこまれるようになり，子房（果実）が肥大する（図6, 7）。一般に，果菜類の果実の大きさは，1果当たりの種子数が多いほど大きくなる。キュウリなど**単為結果**[❶]しやすい種類・品種の多くは，オーキシンなどの植物ホルモンの濃度が高く，種子ができなくても果実は肥大する（図8）。

[❶] 受精することなく果実の肥大が起こる現象を単為結果とよぶ。単為結果は自然にも起こり，栽培キュウリは非常に単為結果性が強く，ホルモン処理を必要としない。

果実の種類

果実は子房が発達してできた器官であるが，その成り立ちから**真果**と**偽果**とに分類される。真果は子房と種子だけが果実を構成し，偽果は子房以外の組織も加わって果実を構成しており，それぞれ花の形態に特徴がある（表1）。果菜類には偽果のものも多い。ウリ科野菜などの果肉は子房壁の肥大したものである。イチゴの果肉は，花床（花たくともいう）が肥大したもので，表面に付着している種子のようなもの（→ p.219 図8）が，厳密な意味での果実である。

果実の肥大の仕方

果実の肥大は，子房の細胞数と個々の細胞の大きさに影響される。たとえば，トマトの子房の細胞数は，開花期ころにはすでにかなり増加しており，細胞径は開花後にいちじるしく増大して，果実が肥大する（図9）。したがって，大きな果実を育てるためには，果実肥大期だけでなく，開花期までの栄養条件や気象条件にも十分注意する必要がある。

研究
トマトの開花期における子房の細胞の大きさは，おおよそ20μmであるが，開花後わずか15日後には果心部で160μmにまで肥大する。
開花期の子房や発育段階の異なる果実の果肉組織（中果皮）を，よく切れるかみそりで，できるだけ薄く切り取り，顕微鏡で観察し，果実の肥大にともなう細胞肥大のパターンを調べてみよう。他の果菜類でも観察して，比較してみるのも興味深い。

図9 生育にともなうトマトの子房の細胞数（子房壁放射方向の数）と細胞径の変化 （浅平ら）

表1 野菜の果実の種類

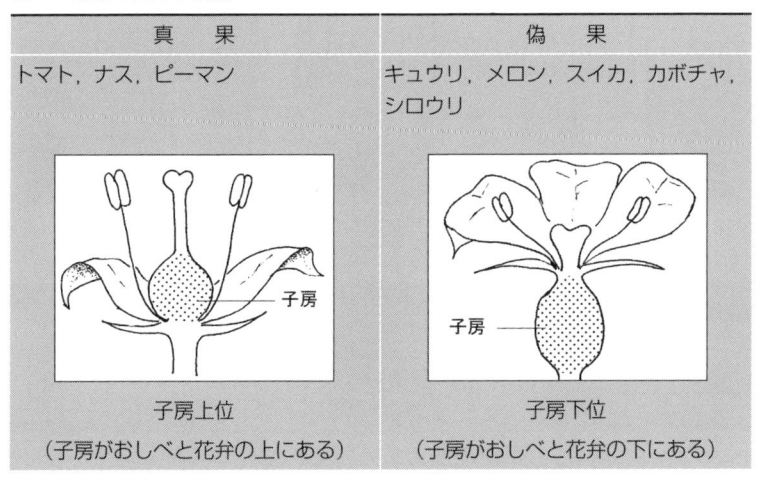

真　果	偽　果
トマト，ナス，ピーマン	キュウリ，メロン，スイカ，カボチャ，シロウリ
子房上位（子房がおしべと花弁の上にある）	子房下位（子房がおしべと花弁の下にある）

3 花芽分化，果実肥大の調節

花芽分化の調節　キュウリ，メロン，スイカなどのウリ科野菜や，トマト，ナス，ピーマンなどのナス科野菜は，花芽分化に特別な日長や気温を必要としない。

イチゴは，およそ10℃以下の低温では日長に関係なく花芽分化する（→ p.25 図1）。温度が高くなるにつれて花芽分化に短日を必要とするようになり，30℃近い高温になると花芽分化しなくなる。

そこで，高温期の高冷地での育苗，育苗段階の低温や短日処理（→ p.221 表5）などによって花芽分化を促進して，開花時期をはやめている。

一方，ダイコンではハウスやトンネルなどで被覆して高温を保つことで，花芽分化を抑制し，作期を拡大している（→ p.156）。

受粉・着果の促進と制限　開花期が低温になるイチゴの作型では，花粉の活性低下によって部分的に受精がおこなわれないために，花床の肥大が不完全になり，種々の奇形果が発生する（→ p.223）。これらの障害の回避には，ハウス内でのミツバチの放飼が有効である。

図11　トマトの受粉をうながすマルハナバチとその巣箱

参考　メロンのネット形成

メロンのネット形成は，表皮細胞の硬化した果実表面で起こる一種の裂果現象で，果肉の肥大に果皮の成長がともなわないことよって生じる。き裂が発生した組織の切り口のやや内側に形成層ができ，この部分から傷口に向かって細胞が増生されてき裂はしだいに浅くなり，最後には果皮よりも盛り上がる（図10）。

ネットの形成は，果実の肥大のよしあしに強く影響される。一般に，果実の肥大がわるい場合には，果皮表面のき裂が少なく，粗い目のネットができる。

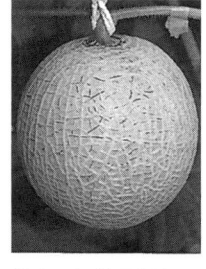

①縦にひびがはいる　②横にひびがはいる　③ネットができる　④ネットの完成

図10　メロンのネット形成

トマト栽培におけるホルモン処理は，単為結果をうながし，着果と果実の肥大促進に効果があるが，近年は，ホルモン処理作業を省き，空洞果の発生を減らすことをねらいとしてマルハナバチ（図11）の利用が広がっている。

メロンやスイカなどの栽培では，高品質の果実を収穫するために，幼果の摘除（摘果）が広くおこなわれている[1]。トマトも品種によっては，乱形果になりやすい1番花や，果実が大きくならないおそく開花した花は，摘除（摘花）するのが望ましい。

[1] 高品質の果実を収穫するための適切な葉数と着果節位は，野菜の種類ごとにほぼ決まっている（→ p.129, 134）。

果実の肥大促進と品質向上

果実の肥大は，葉から送られてくる同化養分量の多少に強く影響されるので，健全な葉の育成と一定量の葉面積の確保が必要になる。しかし，茎葉の過繁茂は，かえって果実の肥大や着色をわるくする。過繁茂による遮光の影響は，日射量の少ないときに大きい。

過剰な水分吸収は，果実の糖度を下げ，品質を低下させる。また，裂果の発生原因にもなる。水分を制限すると糖度は高くなるが，収量は低下することが多い。

ホルモン処理によってトマトを単為結果させた場合，果肉が発達しすぎて，胎座およびゼリー部の発達が追いつかず空洞果が発生しやすくなる（図12）。

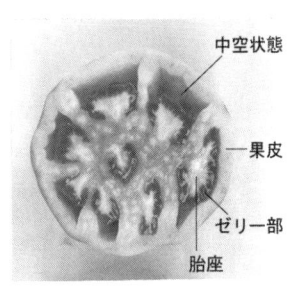

図12 トマトの充実した果実（上）と空洞果（下）の横断面

参考 キュウリの曲がり果

キュウリの曲がり果（図13）は，栽培環境の不良によって同化養分の供給が不足した場合に，子房の心皮間で起こる養分吸収のかたよりによって発生すると考えられ，以下のような特徴がみられる。

①曲がり果の発生は，短形の品種に比べ長形の品種に多い。

②遮光ていどを変えて栽培した場合，遮光ていどが強いほど曲がり果の割合が大きい。

③1株・1果当たりの葉数あるいは葉面積を小さくした場合も，曲がり果の発生が多い。

図13 キュウリの曲がり果

5 休眠と休眠打破

1 休眠とそのしくみ

種子の休眠　種子の休眠の原因には，①吸水や胚の発育を阻害する種皮あるいは果皮の物理的阻害，②胚の休眠，③発芽抑制物質の作用，などがある。キャベツ，ハクサイ，カラシナ，ゴボウ，レタス，ニンジン，ホウレンソウ，シソ，タデなどの種子は，採種後，2～3か月のあいだ休眠する。

株の休眠　イチゴは9～10月の低温・短日条件によって花芽を分化するが，このころからしだいにランナーを出さなくなり，葉は小さく，葉柄は短くなり，ロゼット状態になる。この休眠状態（自発休眠[1]）は，11月ごろに最も深くなる。ただし，休眠期間中でも花芽は少しずつ発育している。その後，一定期間の低温に遭遇したのち，休眠が破れる。

タマネギのりん茎やジャガイモの塊茎も，収穫直後には休眠している。ジャガイモの作付けのはやい栽培では，たねいもの休眠打破が必要になる。

[1] 株の休眠には，生理的に眠っている自発休眠と，生理的な眠りからはさめているが低温のために活動できない状態にある強制休眠（他発休眠）とがある。自発休眠からさめるために必要な低温を低温要求量という。

2 休眠打破の方法

種子の休眠の多くは，吸水種子の5℃前後の低温処理により打破される。休眠打破に必要とされる低温と遭遇期間は，品種によって異なる。

そのほか，変温処理（20～30℃ていど），高温処理，水浸処理，水洗処理[2]，ジベレリン（20～100ppm）・チオ尿素（0.2％）・硝酸カリウム（0.2％）への浸せき処理，果皮と毛の除去処理，などが休眠打破に効果がある。

なお，イチゴの促成栽培では，電照による長日処理をおこない，株が休眠にはいるのを抑制する。

[2] 水浸処理や水洗処理は発芽抑制物質を除く効果がある。

6 野菜の品質とその管理

1 野菜の品質と品質要素

野菜の品質とは　野菜の品質は，本来，野菜がもつ外観，食味，栄養などの多くの特性が複合したものである。とくに，現在の野菜は種類・品種が多く，利用される部位や器官が多岐にわたり，その利用法も多様であるため，それだけ品質要素も多くなり，その評価基準も複雑になる[❶]。

❶品質基準は，それを取り扱う関係者によっても異なるが，最終的には，消費者が利用する段階における食品としての品質基準が求められる。

品質を構成する要素　野菜の品質を構成する要素は，栄養的要素，し好的要素，生体調節機能，安全性，流通特性，加工特性に分類できる（図1）。

栄養的要素　炭水化物やタンパク質，脂質，繊維などの主要成分，ビタミンやミネラルなどの微量成分，アミノ酸や有機酸などの特殊成分，で評価される要素である。野菜の品質の本質的な部分であり，近年は健康維持の面からも高い関心がもたれている。

し好的要素　形状や色などの外観と，味や香り，歯切れのよさなどの食味に関する要素である。多くの野菜で鮮度や熟度は重要な要素で，市場で野菜の価格が決定されるさいに大きく影響する

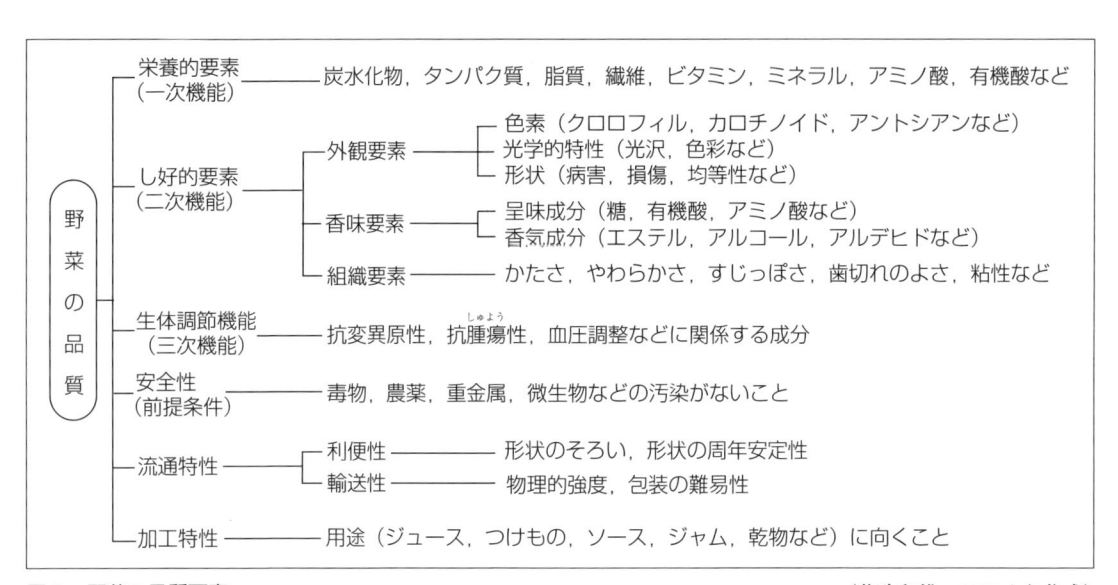

野菜の品質			
栄養的要素（一次機能）		炭水化物，タンパク質，脂質，繊維，ビタミン，ミネラル，アミノ酸，有機酸など	
し好的要素（二次機能）	外観要素	色素（クロロフィル，カロチノイド，アントシアンなど） 光学的特性（光沢，色彩など） 形状（病害，損傷，均等性など）	
	香味要素	呈味成分（糖，有機酸，アミノ酸など） 香気成分（エステル，アルコール，アルデヒドなど）	
	組織要素	かたさ，やわらかさ，すじっぽさ，歯切れのよさ，粘性など	
生体調節機能（三次機能）		抗変異原性，抗腫瘍性，血圧調整などに関係する成分	
安全性（前提条件）		毒物，農薬，重金属，微生物などの汚染がないこと	
流通特性	利便性	形状のそろい，形状の周年安定性	
	輸送性	物理的強度，包装の難易性	
加工特性		用途（ジュース，つけもの，ソース，ジャム，乾物など）に向くこと	

図1　野菜の品質要素　　　　　　　　　　　　　　　　　　　　　　　（茶珍和雄，1992より作成）

（図2）。

生体調節機能　近年，野菜に病気予防などの生体調節機能のあることが明らかにされつつある（→ p.7 表3）。今後，野菜によっては，その成分が重要な品質要素になるであろう。

安全性　農薬や有害生物の付着，あるいは根や葉からの有害物質の吸収や体内蓄積の有無などが問題となることがあり，消費者が高い関心を寄せる要素となっている。

流通特性　野菜は生鮮食料品であり，日もちがわるく，輸送性もおとるものが多い。しかし，流通段階では，果皮がかたく輸送しやすいものや，大きさや形状がそろっていて規格化・販売しやすいものなどが評価される（表1）。

加工特性　それぞれの加工食品や加工目的にあった品質評価がされているが，加工適性や含有成分が重視されることが多い。

2　品質を左右するおもな要因

（1）環境・栽培条件と品質

土壌条件　野菜は，種類や品種によって好適な土壌が異なり，土壌条件❶によって，生育や収量，収穫物の外観や食品成分の含有量，食味などがちがってくる（表2）。

土壌による野菜の品質のちがいは，土壌条件のちがいが根の生育に影響し，その結果がさらに品質に影響を及ぼすためと考えられる。

❶土性や土壌構造，土壌組成，物理性や化学性（→ p.48）などと複雑であり，さらに，マルチングの有無や用水，土壌管理技術なども関与する。

表1　園芸生産物の品質評価の例
（茶珍和雄，1992を改変）

	呼称	好ましい特性
流通段階	商品	輸送性・保存性良好，規格化しやすい，外観良好，商品性が高い，収益性が高い
消費段階	食品	鮮度が高い，食味良好，栄養価が高い，価格が安い，安全である

図2　鮮度が要求されるスイートコーン（左），ホウレンソウ（中）と，熟度が重要なメロン（右）

土壌水分 土壌条件のうちで品質と最も関係が深く，その多少によって，表3に示すような品質のちがいが生じやすくなる。

土壌のかたさ ダイコンやニンジン，ゴボウなどの根の生育は，土壌のかたさの影響を受ける。かたくしまった土壌では，根の生育が妨げられ，根が変形したり，表皮が粗雑になったりして外観を損なう。

土壌養分 トマトの果実はカリウム施用量の増加によって，ビタミンCを含む有機酸や糖の含量が高くなり，着色不良果の発生が少なくなることが知られている。

葉の色は，窒素肥料や土壌温度，水分などの地下部の条件に強く影響されるが，窒素肥料として尿素やアンモニウムを与えたすぐあとでは濃くなることが多い。

地上部の条件

地上部の条件のうちでは，気温や光が品質に直接的に大きな影響を与える要因となる（表4）。

気温 昼温だけでなく夜温も品質に影響を及ぼす。たとえば，イチゴの施設栽培では，昼温が20℃で全糖含量が最も高く，30℃ではクエン酸含量が，20～23℃ではアントシアン含量が高くなる。夜温は低温ほど全糖含量が高く，高温ではアントシアン含量が高まることが認められている。

光 光量が少なくなると，品質が低下することが多い。たとえば，イチゴの促成栽培では，遮光をすると，果実の糖含量の低下がいちじるしい。トマトも遮光によって，全糖やビタミンC含量が低下する（図3）。これら野菜では，曇雨天が数日間続くと果実

表2 野菜の品質と土壌条件
(青木，1988)

	品質要素	窒素	地温	土壌水分
果菜類	外観	◎	◎	◎
	日もち性	△	◎	○
	糖	◎	◎	◎
	酸	◎	◎	◎
	ビタミンC	◎	○	○
葉菜類	外観	◎	◎	◎
	日もち性	◎	○	○
	糖	◎	◎	◎
	酸	△	○	○
	ビタミンC	◎	○	○
根菜類	外観	◎	◎	◎
	日もち性	◎	○	○
	糖	◎	○	◎
	酸	△	○	○
	ビタミンC	◎	○	◎

注 ◎：深く関係する，○：関係がある，△：関係がはっきりしない。

表3 土壌水分と品質

土壌水分	野菜の種類	品質
少ない	ニンジン，カブ，サトイモ，サツマイモなどの根菜類	細長くなりやすく，肌荒れが発生することもある
	キュウリ	曲がり果やしり細果が発生しやすい
	トマト	果皮がかたく，肉質はち密で糖度は高くなるが，しり腐れ果が増加しやすい
	メロン	収穫前に土壌水分を減少させる(水切り)ことが，糖度を高める栽培技術となっている
多い	ニンジン	よく肥大するが，肌はなめらかさを欠き，皮目は大きくなる。ひげ根が多く，外観がわるくなる
	ジャガイモ	不整形で表皮が粗剛となり，淡白な味となる
	トマト	肥大はよいが酸味が強くなる

の食味が落ちることも，よく知られている。したがって，施設栽培では被覆資材の透光性（→ p.58）も品質に影響を与えることになる。

栽培法と収穫時期　果菜類では接ぎ木がおこなわれることが多いが，台木は果実品質に大きな影響を与える。キュウリでは，台木の種類によってブルーム（果粉）や果色が異なる。接ぎ木したスイカの果実は，食味が低下することもある。

果実品質は収穫時期にも強く影響される。たとえば，トマトやメロンでは，熟度が進むと酸度は低下し，完熟期の収穫で糖度が高まる傾向にある。なお，トマトやメロンは，熟度が進むとやわらかくなるので，日もち性や輸送性は低下することになる。

近年，有機栽培への関心が高まっているが，有機栽培で生産されたものと，そうでないもの（慣行栽培）との品質（栄養的要素）の優劣は必ずしも明確ではない（表5）。

作　型　野菜の各作型は，それぞれ栽培条件が異なるため，収穫物の品質も変わることになる。

たとえば，ホウレンソウの全糖含量には季節変化がみられ，気温が低い冬季の作型で高く❶，気温が高い夏季の作型ではおおはばに減少している（図4）。キャベツの糖含量は，春どり栽培や秋どり栽培で高いという結果が得られている。

糖含量と貯蔵性　収穫物の糖含量が高く，アミノ酸やタンパク質の含量が低いと貯蔵性がすぐれる場合が多い。このことは，レタスやキャベツ，タマネギ，ダイコンな

❶積極的に寒さにあてて品質を高める「寒じめ栽培」もおこなわれている。

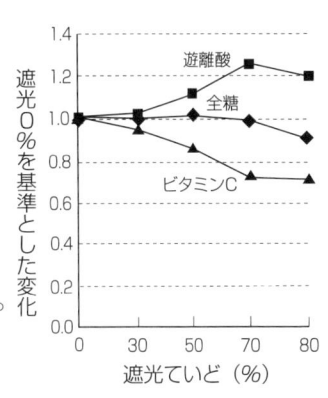

図3　遮光がトマト果実の成分に及ぼす影響

表4　野菜の品質と地上部の栽培条件　（青木，1988）

種類	品質要素	光量	気温	湿度（降雨）	二酸化炭素	被覆資材	品種台木
果菜類	外観	◎	○	○		◎	◎
	日もち性	○	◎	○		◎	◎
	糖	◎	○	△	○	○	◎
	酸	○	◎				◎
	ビタミンC	◎	○			◎	◎
葉・根菜類	外観	○	◎	◎	○	◎	◎
	日もち性	○	◎	○		◎	○
	糖	◎	◎			○	○
	ビタミンC	◎	○			◎	◎

注　◎：深く関係する，○：関係がある，△：関係がはっきりしない。

表5　ジャガイモの栽培法別の成分　（古館ら，1997）

	慣行栽培	有機栽培
デンプン価	14.7	14.8
乾物率	21.8	22.4
ビタミンC含量	15.9	19.3
タンパク質含量	1.76	1.78
アミノ酸含量	663	636
試料数	41 (30)	40 (31)

注　単位は，デンプン価・乾物率：％，ビタミンC・タンパク質・アミノ酸含量：mg/100g。（　）は，アミノ酸含量の調査試料数。

ど，多くの野菜に共通に認められる。とくに，レタスやキャベツなどでは，結球表面葉の糖含量が多いほど貯蔵可能日数が長くなる（図5）。

タマネギでは，糖含量が高く窒素含量が低いものほど，貯蔵中の消耗率が低い。そのようなタマネギは芽が出るのがおそく，腐敗球の発生率も低いので貯蔵性が高い[❶]。

❶ 糖含量が低く窒素含量が高いものは，貯蔵性が低い。このようなタマネギは，多肥あるいは収穫期に近くなってからの窒素の追肥によってもたらされるので，肥培管理に注意する必要がある。

(2) 収穫後の品質変化とその要因

野菜は収穫後も呼吸や蒸散などの生理作用が活発に続くために，米やマメ類などとちがって品質の劣化がはやく，損傷を受けやすい。収穫後の果実や野菜類の品質変化には，呼吸作用，蒸散作用，エチレン作用などが関係している。

❷ 収穫後も野菜は生きているので，貯蔵物質である炭水化物やタンパク質，脂質などを分解してエネルギーを取り出している。

呼吸作用 収穫された野菜には，水分や養分の供給あるいは光の照射などはほとんどないので，活発な成長や構成成分の合成はおこなわれない。したがって，収穫された野菜の呼吸作用[❷]を抑制しないと，品質劣化を促進することになる。

活発な呼吸作用が，野菜の品質保持に及ぼす悪影響は，次のような点である。①貯蔵物質の消耗によって老化がはやまる。②食品としての栄養価が失われる。③甘さなどの品質成分が低下する。④重量が失われる。⑤呼吸によって発生する熱が品質劣化を促進

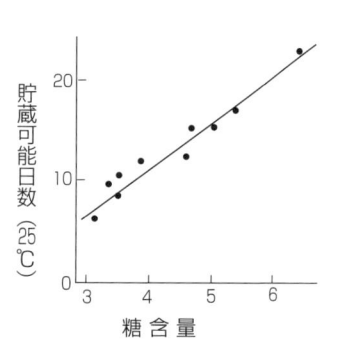

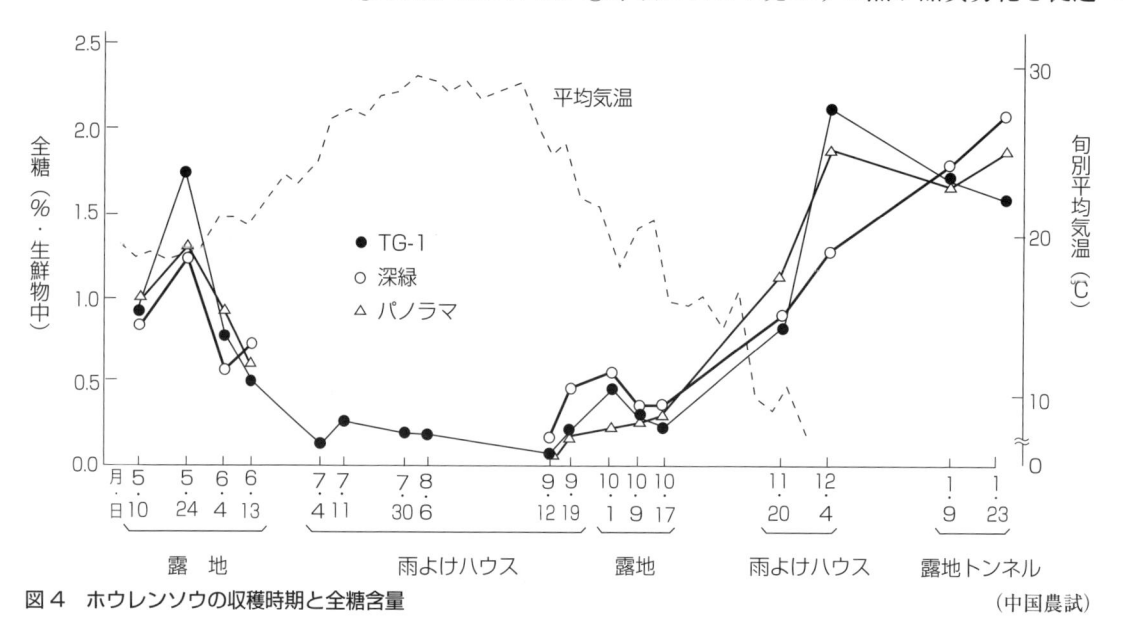

図5 キャベツの結球表面葉の糖含量と貯蔵可能日数
（野菜試・速水ら，1976）

図4 ホウレンソウの収穫時期と全糖含量
（中国農試）

する。

　とくに，呼吸量の多いアスパラガスやブロッコリー，エンドウ，ホウレンソウ，スイートコーンなどは，品質の低下がはやい❶（表6）。

　しかし，呼吸を100％止めることは死をまねくことになるので，じっさいには低温によって呼吸活性を低下させている。

蒸散作用　収穫時の野菜の水分含量は，ふつう80〜95％と多く，みずみずしさを与える重要な品質要素である。収穫後の野菜の蒸散作用は，しおれや重量減少（目減り）を引き起こして品質の低下をまねくので，できるだけ抑制する必要がある。

　一般に，蒸散の多い野菜ほど呼吸活性も高く，貯蔵性は低い（表7）。野菜の種類によって異なるが，収穫時の重量に比べて3〜5％の重量低下があると光沢の減少やしおれがいちじるしくなり，明らかに品質が低下する❷。

エチレン作用　一般に，エチレン❸が野菜の輸送や貯蔵の段階で悪影響を及ぼす作用には，①トマト，メロンなどの追熟促進やスイカの過熟化，②未成熟果実（キュウリ，カボチャなど）や葉菜類の老化や緑色の退色促進（クロロフィルの分解にともなう黄色化），③ニンジンにおける苦味の生成，④キャベツ，カリフラワーなどの葉柄の離脱，などがある。このような現象は，呼吸活性を抑制する条件によって抑えられる。

3 品質管理の方法

　野菜の品質を総合的に高く維持するためには，収穫時の品質をできるだけ長く維持する貯蔵法が必要である。野菜を含む青果物

❶また，野菜の呼吸活性は，一般に，花らいや芽で最も高く，葉身より葉柄，茎より根のほうが低くなる。

❷しかし，軽度の乾燥は野菜の生理活性を安定させたり，微生物の繁殖を抑えたりするので，貯蔵に先立って乾燥処理がおこなわれることもある。

❸唯一の気体の植物ホルモン。

表6　呼吸量による野菜の分類
（単位：mgCO$_2$/kg/hr）
（Kader, 1986を改変）

呼吸量	野菜
5〜10	タマネギ，ニンニク，ジャガイモ，サツマイモ
10〜20	キャベツ，ニンジン，レタス，トマト
20〜40	イチゴ，カリフラワー
40〜60	インゲンマメ，ネギ，メキャベツ
60以上	アスパラガス，ブロッコリー，エンドウ，ホウレンソウ，スイートコーン

表7　野菜の蒸散特性　　　　　　　　　　　（茶珍，1992）

	蒸散特性	野菜	貯蔵性
A型	温度が低くなるにつれて蒸散量が極度に低下する	スイカ，ジャガイモ，サツマイモ，タマネギ，カボチャ，キャベツ，ニンジン	高
B型	温度が低くなるにつれて蒸散量も低下するもの	メロン，ダイコン，カリフラワー，トマト，エンドウ	中
C型	温度にかかわりなく蒸散が激しく起こるもの	イチゴ，セルリー，アスパラガス，ナス，キュウリ，ホウレンソウ	低

のおもな貯蔵法には，図6に示すようなものがある。

(1) 温度環境の調節による貯蔵

❶ 一般に，呼吸量で示される。呼吸量は，環境温度に強く影響され，10℃上昇するにつれて，ふつう，2〜3倍増加する。

低温による品質保持

野菜の生理活性❶や蒸散作用，成分変化などは低温によって効果的に抑制される。しかし，野菜の種類や生理的特性によって低温環境の管理の仕方が異なるので注意する（表8）。

また，収穫後の冷蔵開始が遅れたり，冷蔵中の温度が大きく変化したりすると，品質の保持効果が低くなる。野菜のなかには，低温によって変質，腐敗などの低温障害❷が発生するものがあるので注意する。

❷ 一般に，低温障害は未成熟なもののほうが発生しやすい。

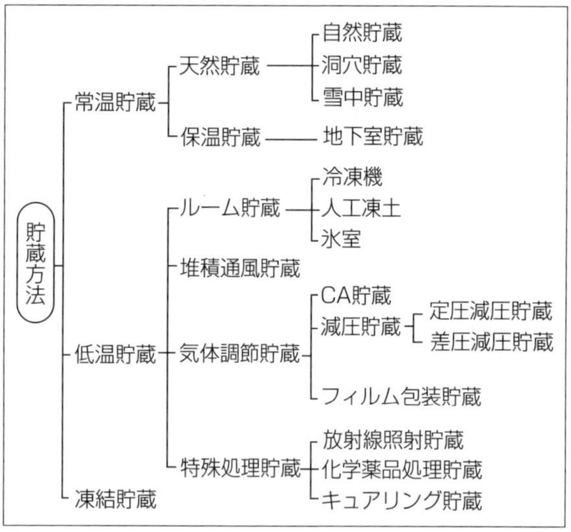

予冷

畑で収穫された野菜は，多くの場合体温がかなり高いので，品質を保持するためには，収穫直後に急速冷却し，中心部まで所定の温度に冷却される。これを**予冷**という。冷却後は消費者の手に渡るまで，低温で流通される。予冷の施設には，真空式，強制通風式，差圧通風式などがある（図7, 8）。

図6　青果物の貯蔵法　　　　　（初谷，1992）
注　自然環境を利用した貯蔵法としては，サツマイモの地穴貯蔵，ハクサイ，キャベツ，イモ類などの埋土貯蔵などがある。これらの方法は，特別の設備を持たないために，環境の温度や湿度の条件と野菜自体の生理的特性に依存するところが大きく，貯蔵期間も限定される。

高温処理

高温は一般的に野菜の変質や腐敗をはやめるが，トマトでは30℃以上の高温処理によって追熟が抑制される場合がある。ジャガイモやタマネギではおよそ30℃以上

参考　低温環境の管理の注意点

低温環境の管理にあたっては，以下に示すような点に配慮する。
　①一般に，野菜の発熱量は果実類より多い。
　②冷蔵庫内では湿度が低下するので，庫内の湿度調整，あるいは包装による水分損失の防止が必要である。近年，冷蔵庫にかわって水分損失の少ない冷温高湿庫の利用が注目されている。
　③冷気が積荷のあいだを循環するように，荷の積み方を工夫する。
　④異なった種類の生産物を同一の冷蔵庫に貯蔵する場合，冷蔵適温，エチレン生成とその影響，生産物の移り香などを考慮する。

で休眠するので，この期間は室温で保存できる。

(2) フィルム包装

野菜の品質低下は，これまでみてきたように，おもに呼吸による成分の消耗と蒸散による目減りによる。そこで，野菜を収穫後すみやかに冷却して呼吸を抑え，包装して蒸発を防止すると，品質の低下をかなり抑えることができる。しかし，呼吸作用や蒸散作用をすべて抑えると，その生命は断たれて品質は保持できないので，生命を失わないていどの包装にする必要がある。

プラスチックフィルムで野菜を密封包装した場合，野菜自身の呼吸によって包装された内部の酸素濃度が減少し，二酸化炭素濃度は増加するために，さらに呼吸が抑制される❶。

(3) CA 貯蔵

空気の組成は，酸素20.93％，二酸化炭素0.03％，窒素78.09％，アルゴン0.93％である。この組成を変換して，低酸素，高二酸化炭素とした気相中で貯蔵するのが，CA (Controlled Atmosphere)

❶フィルム包装のプラスチックフィルムは，鮮度保持剤の一種とみることができる。鮮度保持剤には，皮膜剤（ワックス），エチレン吸収剤，吸湿剤，酸素吸収剤などが利用されることもある。

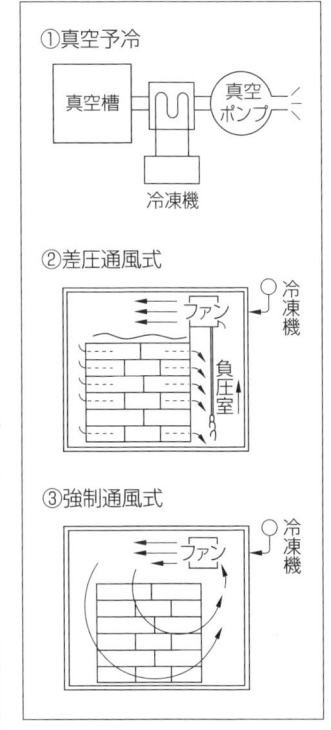

図7 各種の予冷方式
注 真空予冷は予冷時間が短いが（20～40分），設備費が高い。強制通風式は予冷時間が長いが（12～24時間），設備費が安い。差圧通風式は両者の中間的な特徴をもつ。

表8 野菜の貯蔵条件と特性　　　　　　（ASHRAE Guide and Data Book より）

野菜	貯蔵温度 (℃)	相対湿度 (%)	貯蔵可能期間	最高凍結温度 (℃)
アスパラガス	0	90～95	2～3週	-0.6
オクラ	7～10	90～95	7～10日	-1.8
キャベツ	0	90～95	3～4月	-0.9
カリフラワー	0	90～95	2～4週	-0.8
ブロッコリー	0	90～95	7～10日	-0.6
スイートコーン	0	90～95	4～8日	-0.6
セルリー	0	90～95	2～4月	-0.5
レタス	0	95	2～3週	-0.2
ホウレンソウ	0	90～95	10～14日	-0.3
西洋カボチャ（冬季）	10～13	70～75	4～6月	-0.9
キュウリ	7～10	90～95	10～14日	-0.5
ナス	7～10	90	7日	-0.8
トマト（成熟果）	7～10	85～90	2～7日	-0.5
ピーマン	7～10	90～95	2～3週	-0.7
ニンジン	0	90～95	4～5月	-1.4
ダイコン	0	90～95	2～4月	―
カブ	0	90～95	4～5月	-1.1
サツマイモ	13～16	80～90	4～6月	-1.3
ジャガイモ	3～10	90	―	-0.6
タマネギ	0	65～70	6～8月	-0.8
ニンニク（乾燥）	0	65～70	6～8月	-0.8
サヤインゲン	7～10	90～95	8～10日	-0.7

図8 真空予冷施設

❶ CA貯蔵の変法ともいえるものに，MA (Modified Atomosphere) 貯蔵がある。以前は，CA貯蔵と同意義に用いられたこともある。今日では，包装，ラップ，箱の裏張り，荷台のカバーなどを施すことによって，野菜自体の呼吸で気相を変換し，CA効果を期待できるようにした貯蔵を指す。

貯蔵❶である。この場合も，低温状態が前提となる。

野菜のCA貯蔵条件の一例を示すと表9のようである。

(4) 出荷容器・荷姿と輸送

出荷容器は，搬送に便利で，野菜が傷みにくいダンボール箱や発泡スチロール容器などが用いられることが多い。これらには，価格が比較的安い，構造がしっかりしている，断熱性がある，などの特徴がある。

また，野菜のなかには，ネギやグリーンアスパラガスなどのように，収穫後も伸長するものがあるので，これらは成長点が上を向くように箱に詰めて出荷する必要がある（図9）。

箱詰めした野菜は，低温下で管理し，輸送は保冷車でおこなうのが望ましい。

図9 ネギ（葉ネギ）の荷姿

表9 野菜のCA貯蔵条件 （Saltveit, 1985より）

野菜	温度 (℃)	気相	
		O_2 (%)	CO_2 (%)
アスパラガス	0 (1～5)	空気	10～14
キュウリ	12 (8～12)	1～4	0
レタス	0 (0～5)	1～3	0
タマネギ	0 (0～5)	0～1	0
ホウレンソウ	0 (0～5)	7～10	5～10
スイートコーン	0 (0～5)	2～4	5～10
トマト	12 (12～20)	3～5	2～3

注 温度は至適温度で（ ）内は推奨温度域。

参考 カット野菜の鮮度保持

外食産業の急速な発展や消費者のニーズに対応して，近年，一次加工野菜（カット野菜）の生産・販売量がいちじるしく増加し，その種類も多くなっている。

野菜を分割，整形，あるいは切断することは，植物体に傷害を与えることになり，品質保持上，多くの問題を引き起こすことになる。

カット野菜の成分の変化は，切断による代謝変動，製造工程における水洗浄，および包装などによって生じる。さらに，カット野菜では，ポリフェノール物質の増加がみられ，褐変の増加につながる。エチレンの発生が誘導されることもある。

カットキャベツについては，褐変の発生が時間の経過とともに進行する。また，カットレタスでは，切断面の褐変はキャベツ以上に発生しやすく，緑色の退色は貯蔵温度の高い場合にはやく進行する。

このような変化を抑制するために，低温・脱気密封処理は欠かせないものになっている。

第3章
野菜の栽培と環境管理

1 野菜の健全な生育と環境

野菜の健全な生育には，植物の地上部，地下部を取り巻くさまざまな環境要因が，植物にとって好適な状態にあることが必要である（図1）。

1 地下部の環境――土と水，肥料

土

植物は通常，土に根を伸ばして生育している。土は植物を支え，植物に水や養分を供給するだけでなく，根に酸素も供給している。土は，温度や湿度，pHなどの急激な変化を緩和する。さらに，その中にさまざまな微生物を生活させることで，根の生育する好適条件を維持する役目も果たしている。

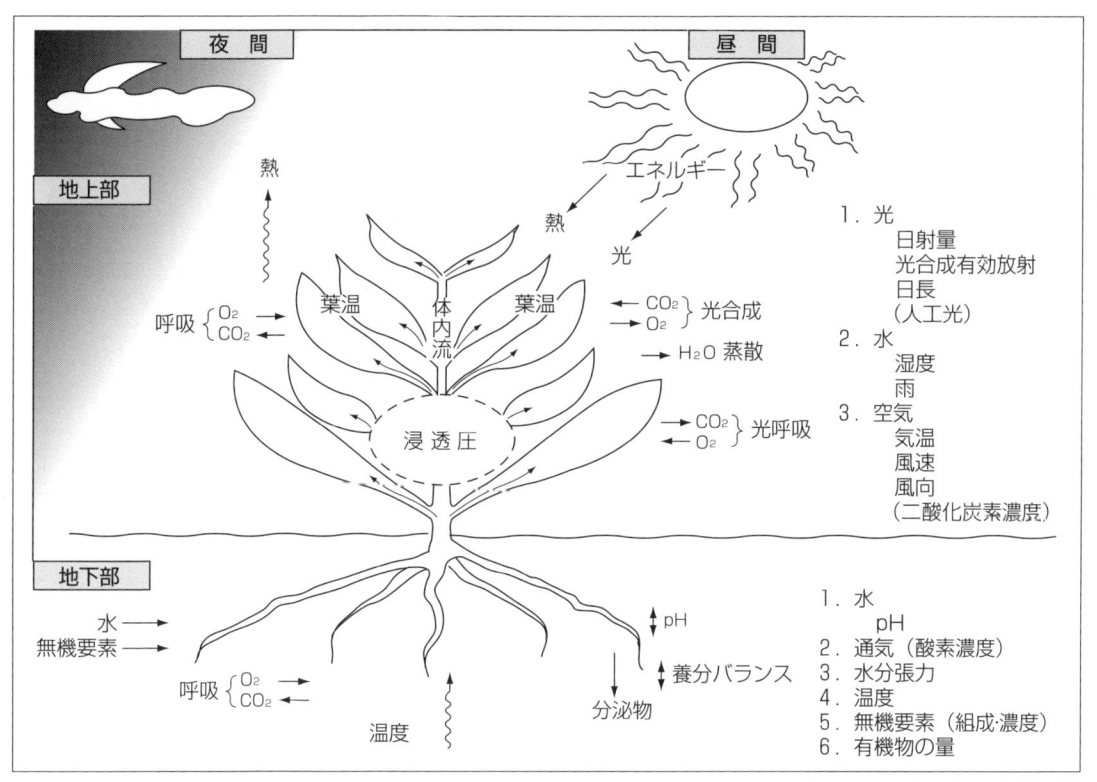

図1 野菜の生育に影響するさまざまな環境要因 （Vestergard，1988を改変）
注 （ ）は施設内の環境要因。

水

植物が必要とする水は，そのほとんどが根から吸収される。水は，土壌中では肥料成分や酸素を溶かして根から吸収できるようにしている。したがって，土壌水分の欠乏は植物体のしおれや養分欠乏を，過剰や停滞は酸素欠乏を，それぞれ引き起こす要因となりうる。また，土壌中の微生物の活性も水分状態に強く影響される。

水は植物体の多くをしめ，植物体内では光合成の原料となり，根から吸収された無機要素や，葉で合成された同化産物などの移動を助けている。また，葉の気孔から水分を蒸発させて（蒸散），葉の温度を調節している。水の移動という点からみると，土壌・植物体・大気は1つのつながり（SPAC❶）となっている。

土壌の水分状態によって野菜の生育は大きく異なる。一般に，生育にとって適正なpF値❷は1.8～3.0の範囲にあるといわれる❸（図2）。また，ほ場の地下水位が高い場合も野菜の生育は阻害されるが，安全のていどは表1に示すようである。

肥料

植物が正常に発芽・生育して開花・結実し，種子を形成するためには，16種類の無機要素が必須である（→ p.53）。肥料としては，とくに窒素，リン酸，カリ（三要素）が重要である。

野菜はイネやムギなどと比べると多くの肥料を必要とする。とくに，窒素やカリウム，カルシウムなどは必要量が多い（表2）。

❶ Soil-Plant-Atmosphere Continuumの略で，土壌－植物体－大気の連続体の意味。

❷ 水が土壌に吸着されている強さを，水柱の高さ（cm）の常用対数であらわした値。

❸ pF1.8～4.2の範囲の土壌水分は植物にとって利用可能であるが，pF3.0～3.3になると水分不足で生育が阻害される。

表1 地下水位と野菜の生育 （荒木，1998）

地下水位	作物	備考
20～30cmで生育良好	サトイモ，ショウガ，キュウリ	千葉農試
20cm以深なら影響なし	ナス，ヤマトイモ，ダイズ，トウモロコシ，ニンニク	
30cm以深	ラッカセイ，ピーマン，コカブ，カボチャ，オクラ，シロウリ，イチゴ，ハクサイ，キャベツ	
40cm以深	シュンギク，ハクサイ，バレイショ，タマネギ，インゲンマメ，ネギ，サツマイモ	
50cm以深	ホウレンソウ，ニンジン，スイカ	
30cm以深	果菜類	茨城農試
40cm以深	ハクサイ	
50cm以深	キャベツ，レタス	
30～50cm	ナタネ，ダイズ	
100cm以深	ゴボウ，ナガイモ	

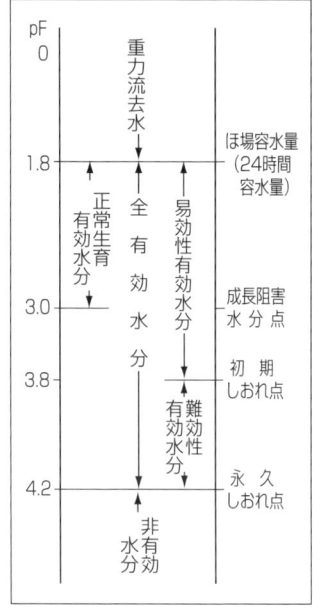

図2 土壌水の分類とpF （土壌物理測定法，1972）

表2 養分吸収特性 （kg/10a）

	窒素(N)	リン(P)	カリウム(K)	カルシウム(Ca)	マグネシウム(Mg)
イネ	10.0	1.8	8.3	1.4	0.6
ムギ	9.0	1.8	5.0	1.4	0.6
キュウリ	20.0	3.1	28.2	16.4	3.6
メロン	19.0	3.5	42.3	28.6	4.2
トマト	26.0	3.1	39.0	15.0	3.0
イチゴ	10.0	2.2	10.8	1.4	1.2
レタス	22.0	1.8	17.4	5.0	1.8
セルリー	18.0	3.9	50.6	10.7	1.2
タマネギ	9.0	1.8	10.0	3.6	1.2

2 地上部の環境——光と温度，湿度，ガス

光

植物はそれ自身で，水と二酸化炭素を材料として，光合成によって必要な栄養をつくり出している。光合成には光が必要であるが，そのていどは野菜によって大きく異なる。強い光を必要とする野菜にはメロン，トウモロコシ，トマトなどが，弱い光でもよい野菜にはミツバ，ミョウガなどがある（表3）。野菜を安定的に生産する1つの方法として植物工場❶があるが，そこでは人工光を利用した栽培もおこなわれている。

光では日長❷も生育に影響する。野菜のなかには，花芽分化が長日条件で起こる長日植物，短日条件で起こる短日植物，日長の影響を受けないもの，などがある（→ p.25）。短日植物のシソなどを施設内で周年生産するためには，夏以降の短日になる時期には，人工光（電照）によって日長を調節する必要がある。

❶植物を工場的に生産する方式で，人工光のみで生産する方式，自然光のみで生産する方式，および人工光と自然光を併用する方式がある。

❷日長といっても，影響するのは夜（暗期）の長さであり，短日植物の花芽分化の抑制は，連続した長い暗期を中断することで可能となる。

表3 野菜の好適光強度

光条件	光飽和点	作物
強い光を好む	210W/m² 以上	メロン，スイカ，カボチャ，キュウリ，トウモロコシ，ナス，ピーマン，トマト，サトイモ，ショウガ，ニンジン
中ていどの光強度でよく育つ	112～210W/m²	キャベツ，ハクサイ，イチゴ，エンドウ，インゲンマメ，セルリー，カブ，レタス，ネギ
弱い光でもよく育つ	56W/m² 以下	ミツバ，ミョウガ，フキ，シソ，セリ，ウド

参考 光質と野菜の生育

光は強さだけでなく，波長のちがいによる光質（図3）が問題となることがある。たとえば，赤色光（R）と遠赤色光（Fr）の比率（R/Fr）は，植物の草丈や節間長に強く影響するので，特別な光源やフィルムなどを利用して人為的にこれを調節することによって，苗の生育を調節することもできる。また，紫外線などの短い波長の光は，プラスチックを劣化させたり，野菜の生育に障害となったりすることがあるが，ナスの果色の発現にはなくてはならない。また，紫外線がカットされると，ミツバチは飛ばない（→ p.61）。

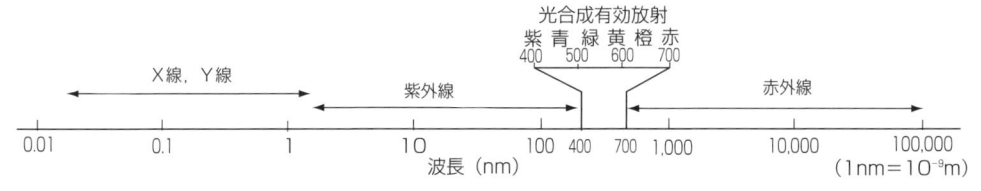

図3 光の波長と光質

温度

温度は，種子の発芽や植物の生育，開花，結実など，さまざまな場面で大きな影響を及ぼす。

生育に好適な気温は野菜の種類によって異なり，高温を好むもの，中温を好むもの，比較的低温でよく育つものなどがある（表4）。また，根の養分や水分の吸収は温度の影響を強く受け，好適な地温も野菜によって異なる（表5）。

野菜栽培では，夏の高温と冬の低温がしばしば問題となるが，温度の影響は地上部よりも根に強くあらわれる。そこで，根域を夏は冷却し，冬は加温すると，生育がかなり改善される（図4）。

温度の影響としては，気温日較差（1日の最高気温と最低気温の差）や昼夜の温度差❶もある。気温日較差があるていど大きいほうが，果実の味や花の色がよくなることが知られている。

温度はまた，花芽分化や休眠にも影響する（→ p.25，31）。

❶花きの施設栽培では，昼夜の温度差（DIF）を調節することで，植物の草丈や発育速度を調節する技術が実用化している。

表4 野菜の生育適温ならびに限界温度 （髙橋，1977，1981）

(a) 果菜類

野菜		昼気温（℃）		夜気温（℃）	
		最高限界	適温	適温	最低限界
ナス科	ピーマン	35	30～25	20～15	12
	ナス	35	28～23	18～13	10
	トマト	35	25～20	13～8	5
ウリ科	温室メロン	35	30～25	23～18	15
	スイカ	35	28～23	18～13	10
	キュウリ	35	28～23	15～10	8
	マクワ型メロン	35	25～20	15～10	8
	カボチャ	35	25～20	15～10	8
バラ科	イチゴ	30	23～18	10～5	3

(b) 葉・根菜類

野菜		気温（℃）		
		最高限界	適温	最低限界
アカザ科	ホウレンソウ	25	20～15	8
アブラナ科	ダイコン	25	20～15	8
	ハクサイ	23	18～13	5
セリ科	セルリー	23	18～13	5
	ミツバ	25	20～15	8
キク科	シュンギク	25	20～15	8
	レタス	25	20～15	8

表5 主要野菜の最適培地温度 （橘，1989）

野菜		最適培地温度（℃）
ナス科	ピーマン	22～25
	ナス	20～25
	トマト	15～20
ウリ科	メロン	18～25
	キュウリ	18～26
バラ科	イチゴ	18～27
キク科	レタス	18～28
アカザ科	ホウレンソウ	18～29
ユリ科	ネギ	18～30
セリ科	ミツバ	18～31

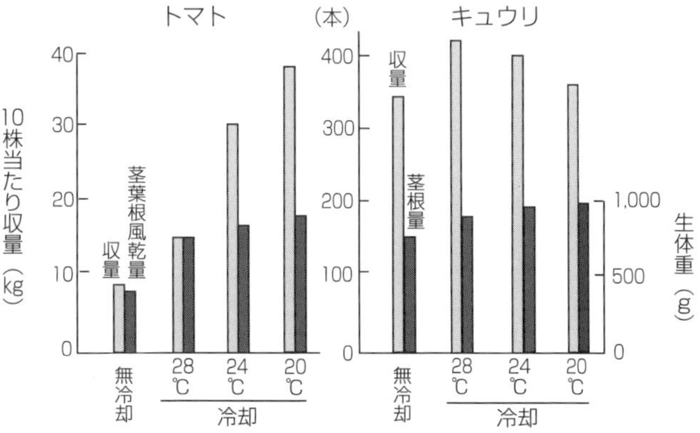

図4 盛夏期における地下部冷却がトマト，キュウリの生育，収量に及ぼす影響 （神奈川園試，1977～78）

❶ある空気の水蒸気圧の飽和水蒸気圧に対する比を百分率で示したもので，空気の乾燥あるいは湿りのていどを示す。ある空気の温度が上がると飽和水蒸気圧は上昇するので，相対湿度は低下する。

❷単位体積当たりの空気中の水蒸気量（g/cm³）であり，温度が変わっても変わらない。

❸大気中において，その温度における飽和水蒸気圧から実際の水蒸気圧を引いた値をいい，大気の乾燥あるいは湿りのていどをあらわす指標。飽差が大きい空気は土壌や洗濯ものなどを乾燥させる能力が高い。

湿　度

空気湿度には，相対湿度❶と絶対湿度❷がある。一般には，75〜85％の相対湿度で光合成速度は最大になる。植物は蒸散によって葉の温度を調節しているが，葉からの水分（水蒸気）の排出は，周辺大気の湿度（飽差❸）の影響を受ける。一般には，空気湿度が低いほうが蒸散は大きくなる。

また，空気湿度は病害の発生に影響し，湿度が高い場合に発生しやすい病気と，湿度が低い場合に発生しやすい病気とがある（表6）。

ガ　ス

一般に，空気中の二酸化炭素濃度はあるていど高いほうが植物の生育は良好である（図5）。施設栽培では二酸化炭素を補給して野菜の生育を促進することがある（表7）。一方，根は呼吸しているので，根域には酸素が十分供給されるようにする必要がある（→ p.48）。

表6　施設内で湿度と関連して発生しやすい病気　　　　　　　　　　（石井）

作　物	乾燥下で発生	多湿下で発生
キュウリ	うどんこ病	べと病，灰色かび病，菌核病，黒星病，つる枯れ病，褐ぱん病，はん点細菌病など
メロン	うどんこ病	べと病，つる枯れ病など
トマト	うどんこ病	葉かび病，はん点病，疫病，灰色かび病，輪紋病など
ナス	うどんこ病	褐紋病，黒枯れ病，灰色かび病，菌核病，すすかび病など
ピーマン	うどんこ病	灰色かび病など
イチゴ	うどんこ病	灰色かび病，菌核病など

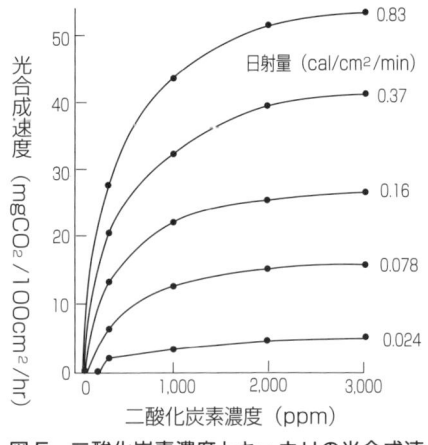

図5　二酸化炭素濃度とキュウリの光合成速度の関係　　　　　　　　　（伊東）

表7　野菜に対する二酸化炭素の施用効果　　　　　　　　（北宅，1992）

野菜	植物体重増加率（％）	収量増加率（％）	備　考
トマト	30〜50	20〜30	開花が1週間促進，弱光下での未熟果減少，果実の数および1果当たりの重量増加
ナス	−	50〜	開花促進，果実の数および1個当たりの重量増加
ピーマン	−	20〜30	果実の数および1個当たりの重量増加
キュウリ	30〜50	20〜30	果実の数および1個当たりの重量増加，生産期間が15〜25％短縮

3 生物的環境

　野菜は他の多くの生物に取り囲まれて生育しており，害虫や病原菌，雑草，害鳥などは，野菜の生育に被害を及ぼす（図6）。そのため，安定した野菜生産のためには，これら有害生物の管理が欠かせない（→ p.75）。しかし，野菜を取りまく生物のなかには，野菜の営みを手助けしたり，有害生物の増殖を抑えたりしているものも少なくない。

　近年，野菜栽培のいろいろな場面で，こうした有用生物が積極的に利用されるようになってきた。古くから，イチゴやメロンの受粉にはミツバチが利用されてきたが，最近では，マルハナバチもトマトやナスの受粉に利用されるようになっている。さらに，天敵昆虫を利用した害虫防除も広がっている（→ p.76）。

　土壌改良や生育の促進などを目的としたさまざまな微生物資材も開発され，広く市販されている。微生物を利用した病害虫の防除も検討され，一部はすでに商品化されている（生物農薬，→ p.76）。

　このように，野菜栽培のなかで有用生物を積極的に利用することは，化学農薬（化学合成農薬）の使用量を減らすことにつながり，環境と人間にやさしい野菜生産が求められている現在，きわめて望ましい方向である。しかし，こうした有用生物の利用にあたっては，導入生物の周囲の生態系に及ぼす影響を十分に配慮する必要がある。また，その効果を高めるためには，天敵やハチの活動を考慮した温度や光の管理や，微生物の活動❶を考慮した土壌管理など，より総合的な管理が必要になる。

❶微生物の活性は，温度や水分，pH，微生物の栄養となる素材などに強く影響されることから，微生物資材を利用しても期待された効果が発揮されない場合がある。

図6　有害生物による野菜の被害（左：キュウリの病害〈うどんこ病〉，中：キャベツの虫害〈モンシロチョウ〉，右：スイートコーンの鳥害〈カラス〉）

2 土壌管理と施肥

1 土壌管理

(1) 野菜畑の土壌の特徴

野菜は，一般に養分吸収量が多く（→ p.43），収量や品質の向上，生育の促進などをねらいとして，多肥栽培されることが多い。このために土壌中の各種養分が過剰になりやすく，塩類集積（→ p.68）を起こしやすい。

畑の土は，酸素が豊富であるために微生物の活動が活発で，有機物の分解がはやい。また，連作を続けると各種の障害が起きやすいことも特徴の1つである。水田転換畑で排水のわるいところでは，湿害❶を起こしやすい。

❶土壌中の空気不足によって起こる生理的な障害。葉のしおれや白化現象，茎の伸長や根の成長阻害，成熟前の老化，などの症状があらわれる。

(2) 野菜が好む土づくりの要点

根が健全に，深く広く伸長し，野菜に適度の養水分を供給できる土壌環境をととのえることが，土づくりの要点といえる。

物理性の改善 　土が適度のやわらかさをもち，透水性，保水性，通気性のよい土にするために，ふつう，耕起や砕土（耕うん）をおこなう。

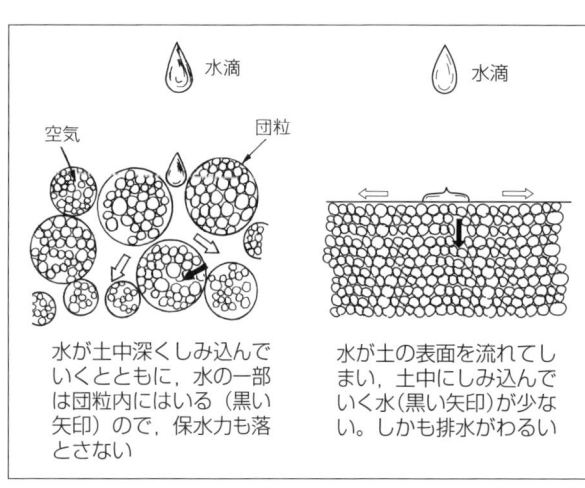

図1　団粒構造（左）と単粒構造（右）のしくみとはたらき（模式図）
（前田正男による）

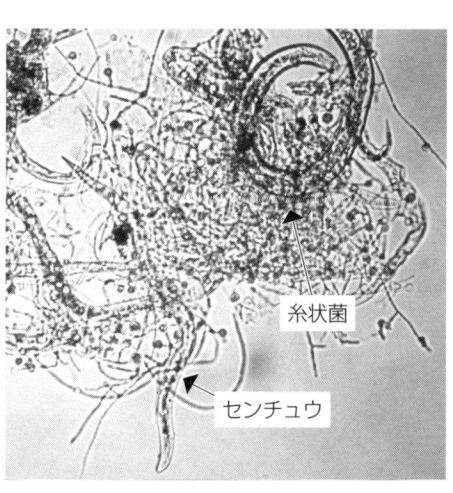

水が土中深くしみ込んでいくとともに，水の一部は団粒内にはいる（黒い矢印）ので，保水力も落とさない

水が土の表面を流れてしまい，土中にしみ込んでいく水（黒い矢印）が少ない。しかも排水がわるい

図2　土壌中の微生物（センチュウを食べる糸状菌）

大型機械の走行により耕盤❶ができた畑では，プラウやサブソイラなどで土の深い層まで耕起しておく。

物理性の改善では，土壌中の土と水と空気の割合❷を適度にすることも重要である。そのためには，土の**団粒構造**（図1）を発達させることである。1つ1つの土壌粒子が結合してかたまりとなった団粒構造❸の土は，保水性，透水性，通気性がよい。有機物や粘質土の施用，適度の耕うんは団粒化を促進する。

化学性の改善

化学性のすぐれる土とは，**養分保持力**（保肥力）があり，適度の土壌酸度（pH → p.52）で，養分が過不足なくバランスよく含まれる土である。

養分保持力の大きな土壌❹は，土壌に保持された養分が緩やかに溶け出すので，土壌溶液中の養分濃度が安定する。一般に，粘質土壌や腐植に富む土壌で，保持力が大きい。保持力を高めるためには，粘質土壌の客土や堆肥の施用などが有効である。

作付け前には土壌診断をおこなって，土壌酸度などを栽培する野菜に適した状態にしておくことが大切である（表1）。

生物性の改善

根が健全に伸びるためには，根をおかす害虫や病原菌が少なく，土壌微生物が豊富な土をつくることも大切である。

土壌中には，ミミズなどの土壌動物や，センチュウ類，各種菌類やカビ類などの多くの微生物が生活している（表2）。これらの微生物の多くは，土の中で有機物を分解し，土壌の団粒化や腐植の形成，養分の無機化などをおこなっている。

畑の中では，植物の根が伸びると根圏がつくられ，その根圏に

---

❶トラクタのタイヤの踏圧などにより，作物の根がおもに分布する作土層の直下にできるち密でかたい土層。作物の根の伸長を阻害したり，多雨時の湿害や土壌侵食の原因となったりする。

❷土壌は，固体，液体，気体の3つの相からなり（それぞれ固相，液相，気相という），これらの容積比を**三相分布**という。三相分布は，土壌のタイプ，乾湿，深さなどによって大きく変化し，作物の生育を左右する。根域の三相分布は，固相率が50％以下（黒ボク土などでは30％以下），気相率が20％以上あることが望ましいとされる。

❸団粒構造に対して，土壌粒子がばらばらの状態にある単粒構造の土は，孔げき率が小さく，土がかたくなりやすい。

❹養分保持力の大きさは，陽イオン交換容量（CEC）であらわされる。土壌粒子は電気的にマイナスの性質を示し，カルシウムやマグネシウムなどの陽イオンを吸着することができる。土壌が陽イオンを吸着できる最大量を陽イオン交換容量といい，この値が大きいほど養分保持力が大きい。

表1 土壌酸度に対する野菜の耐性のていど

低pHに強い (5.0〜6.0)	低pHにやや弱い (5.5〜6.5)	低pHに弱い (6.0〜7.0)
サトイモ，ダイコン，カブ，パセリ，スイカ	ニンジン，ゴボウ，キャベツ，カリフラワー，ブロッコリー，セルリー，トマト，メロン，エンドウ，ソラマメ，インゲン，キュウリ	ホウレンソウ，レタス，タマネギ，ネギ，アスパラガス，トウガラシ，ナス

注 （ ）内の数値は，好適pHの範囲。

表2 土壌中の微生物数（乾土1g当たり）

微生物の種類	深さ		
	0〜5cm	5〜15cm	15〜40cm
細菌	1,900万	1,650万	1,673万
嫌気性細菌	100万	100万	100万
放線菌	325万	300万	65万
糸状菌	6万	6,000	2,500
藻類	1,000	500	0
原生動物	100	20	0

（カナダのチェルノーゼムに存在する微生物数〈Timonin〉，川口ら『土壌学』昭和49年より作成）

❶ある微生物が他の微生物の活動を抑制する作用を抗菌作用という。この場合、抑制する微生物を抑制される微生物のきっ抗菌という。

適応した微生物や小動物が増殖する。そのなかには、野菜の根に被害を与えるものもあるが、土壌中の生物が豊富であれば、土壌病原菌や有害センチュウの増殖が抑えられる❶（図2）。土壌中の生物を豊富にするためには、えさとなる有機物の施用をおこなう。

土壌病害虫の被害が予想される畑では、土壌消毒が必要になる。土壌の種類ごとに、その特徴と改善点を表3に示す。

(3) 土壌管理の実際

輪作　同じ作物を同じ場所で栽培（連作）し続けると、その作物を好む病原菌が増殖して土壌病害の被害が大きくなったり、土壌養分がアンバランスになって、生育がおとろえたり、収量が低下したりすることがある（連作障害、→p.57）。これらを防止するために、他の作物と組み合わせて、一定の順序で繰り返して栽培する**輪作**がおこなわれる。

なお、数種類の作物を同時に栽培する間作（図3）や混作にも、輪作と同じような効果がある。

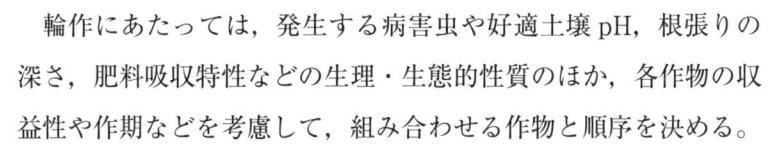

輪作にあたっては、発生する病害虫や好適土壌pH、根張りの深さ、肥料吸収特性などの生理・生態的性質のほか、各作物の収益性や作期などを考慮して、組み合わせる作物と順序を決める。

輪作によって土壌病害を回避しようとする場合、輪作に要する

図3　ウリ科野菜と麦類の間作

表3　土壌の種類と特徴および改善点

土壌の種類		特徴および改善点
砂質土	特徴	保水力や養分に乏しく、乾燥害を受けやすいが、かん水をすれば各種野菜が栽培できる 養分保持力が小さく、施した肥料が流亡しやすく、生育の後半に肥料切れしやすい。一度に多くの肥料を施すと濃度障害を起こしやすい
	改善点	保水力と養分保持力を高める 栽培管理では、マルチングやかん水によって適度な水分を保ち、肥料を何回にも分けて施すことや、緩効性肥料を使うことにより肥料を効率的に効かせる
粘質土	特徴	保水性がよく、水分不足にはなりにくいが、通気性がわるく、根が酸素不足を起こして傷みやすい 養分を保持する力が強いため肥もちがよい
	改善点	有機物の施用や高うねや明きょなどにより、排水性・通気性を高める
火山灰土	特徴	耕土が深くて膨軟であるため、根菜類をはじめ、各種野菜の栽培に適する 土壌粒子がリン酸を吸着する（リン酸の固定）力が強いため、作物がリン酸を吸収しにくい状態になりやすい。土壌中のカルシウムやマグネシウムなどの塩基が流亡して酸性になりやすい
	改善点	石灰質肥料を施用して酸性土壌を改善する。不足しやすいリン酸質肥料を補給する

第3章　野菜の栽培と環境管理

年数は表4の病原菌の生存期間をめやすにするとよい。

田畑輪換 水田を水田状態と畑状態とに交互に繰り返し，イネと野菜やその他の作物を栽培する土地利用の方式を田畑輪換という。水田にしたときのたん水状態と畑にしたときの乾燥状態の繰り返しにより，土壌の理化学性が変化したり，土壌病害虫が死滅したりして，土壌の若返りが図られる。

有機物の施用 有機物の分解がはやい野菜畑で，土壌中の腐植含量を維持するためには，定期的に堆肥などの有機物を施用する必要がある（図4）。

有機物には，原料が稲わらなどの植物性主体のものから，ウシやブタなどの家畜ふん主体のものなど，さまざまな種類がある。それぞれの特性を把握して使用することが大切である。

畑の腐植含量を維持するための有機物の施用量は，稲わら堆肥の場合で10a当たり2tていどがめやすとなる。

緑肥作物の導入 緑肥作物[1]としては，吸肥力の強いソルガムやトウモロコシ，スーダングラスなどのイネ科作物が作付けられる。これらを2か月前後栽培してから，種子が実る前に機械ですき込む。すき込み後は，定期的に耕うんして分解をうながし，1か月ほどおいてからたねまきや定植をおこなう。

一方，土壌中に塩類が集積したハウスでは，緑肥作物を刈り取って茎葉を持ち出せば除塩効果がある。このように利用する場合の

[1] 有機物の補給をおもな目的として，生育中に土壌中にすき込むために作付ける作物。

表4 主要な土壌病原菌の生存期間と輪作所要年限

病原菌	生存期間（年）	輪作期間（年）
フザリウム	5～15	4～6
ピシウム，アファノマイセス	>5	2～3
リゾクトニア	>5	2～3
バーティシリウム	5～15	5～6

（駒田旦『土壌病害の発生生態と防除』昭和63年）

図4 有機物の堆肥化（十分に腐熟させて施用する）

参考 土壌有機物の機能

土壌に施された有機物には，土壌の化学的・生物的・物理的性質に影響して，以下のような植物の生育を良好にする多くの効果がある。

①微生物による分解過程で窒素，リン，硫黄，各種微量要素などに無機化されて，作物の養分になる。

②微生物の増殖をうながして，豊富な微生物相を形成し，土壌病菌などの増殖を抑制する。

③鉄やアルミニウムがリンと結合するのを防止して，リン酸の肥効を高める。

④微量に含まれている植物ホルモンによって，植物の生育を促進する。

⑤腐植物質のはたらきによって陽イオン交換容量を増大し，養分補給能を高め，pHを変化しにくくする。

⑥土壌の団粒形成を促進し，保水性，透水性，通気性を高めて根の伸長に適した環境をつくり，土壌の侵食も抑制する。

緑肥作物は，クリーニングクロップともよぶ。

pHの適正化 土壌のpH[1]は肥料成分の溶解に影響する。また，pHが4以下の強酸性になった場合，水素イオンが直接根のはたらきを阻害するようになる。さらに，酸性土壌では有害なアルミニウムや重金属などが溶出して，野菜の根に害を与えることがある。

作付け前にpHを測定し，pHが低い場合は石灰資材を施用して高め（表5），逆に，アルカリ性土壌でpHを低くするためには，硫黄華(いおうか)などを使用する。

深耕（土層改良） 深耕とは表層から30cm以上の耕起をおこなうことをいい，その方法として，①耕盤をサブソイラなどで破砕するためにおこなう心土耕，②上下の土層をロータリ耕やプラウ耕で混合して土層の均一化を図り，土壌の生産力を高めようとする混層耕，などがある。

作土層の化学性が不良な場合は，耕うんにあわせて石灰やリン酸資材，有機物を施用することによって優良な土層を拡大できる。

不耕起栽培 耕起作業をおこなわない栽培法を不耕起栽培という。耕起作業をしないことによって，省力化できる，土壌構造を壊さない，降雨直後の悪条件化でもたねまきできる，耕起作業による下層土の圧縮が避けられる，などの利点がある。一方で，雑草防除がむずかしい面もある。

土壌消毒 土壌消毒は，土壌病原菌や土壌センチュウを防除するためにおこなわれる。薬剤による方法と熱による方法がある。

薬剤防除 土壌病原菌の防除を目的とするのか，土壌センチュウのみを防除するのか，あるいは両方とも防除する必要があるのか，をよく検討し，防除対象を明確にして適切な薬剤を選択して使用することが大切である[2]。

熱による方法 蒸気消毒や熱水消毒のほか，太陽熱消毒などが

---

[1] pHは水素イオン（H$^+$）濃度の高低をあらわす指標で，pH5.0以下を強酸性，5.0〜5.5を酸性，5.5〜6.0を弱酸性，6.0〜6.5を微酸性，7.0を中性，7.0〜7.5を微アルカリ性，7.5〜8.0を弱アルカリ性，8.0〜8.5をアルカリ性，8.5以上を強アルカリ性という。

研究
石灰や硫黄華を使って，畑の土壌pHが5.0以下の強酸性と6.0以上の弱い酸性になるように調整し，ダイコンやニンジン，ホウレンソウなどを栽培し，その生育を調査してみよう。

[2] くん蒸剤（ガス化して防除効果をあらわす薬剤）を使用する場合は，地温が5℃以上の時期に処理し，ビニルフィルムで被覆するなどして土壌からのガスの揮散を防止する。その後，ロータリ耕でのガス抜きのさい，良質の堆肥や微生物資材などを施用して，土壌中の微生物のはたらきを回復させる。

表5 土壌のpHを1上げるのに必要な苦土石灰の量のめやす (単位：kg/10a)

矯正前のpH	砂土	砂壌土	壌土	埴壌土	埴土	備考
4.9以下	60	120	200	260	340	腐植含量10％以上の場合は，施用量を50％増やす
5.0〜5.4	40	80	120	160	200	炭酸カルシウムの場合は同量，消石灰は75％の施用とする

注 土壌の深さは10cm。pHは水抽出による値を示す。

ある。有害動植物の死滅温度のめやすを図5に示す。

蒸気消毒は土壌中で蒸気を噴出して、熱水消毒は100℃の熱湯を土壌に注入して殺菌する。太陽熱消毒は、夏季に、土壌に十分な水を与えたのち、ハウスでは密閉❶、露地ではマルチングをすることによって土壌温度を上げ、土壌病害虫を死滅させる（図6）。

❶密閉にともなう高温のために外張りビニルフィルムの耐久性が低下するので、ビニルフィルムの張りかえは太陽熱消毒後に実施する。

2 施肥管理

(1) 野菜に必要な養分と施肥

必要な養分　作物の生育にとって必要不可欠な元素を必須元素といい、その必要量に応じて多量元素と微量元素に大別される（表6）。

これらのうち、作物による吸収量が多く通常の土壌では不足しやすい窒素、リン酸、カリを肥料の三要素❷という。カルシウム、マ

❷ 15-15-15 というように表示された肥料には、N（窒素），P_2O_5（リン酸），K_2O（カリ）がそれぞれ 15％ずつ含まれていることを示し、元素としての含有率は、窒素15％，リン6.5％，カリウム12.4％であることに注意する必要がある。

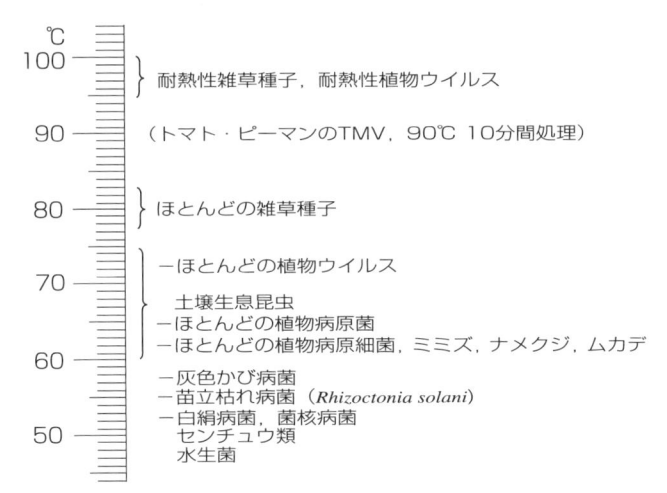

図5　有害動植物およびウイルスの死滅温度（湿熱30分間）
（千葉県「農作物病害虫雑草防除基準」平成12年版より）

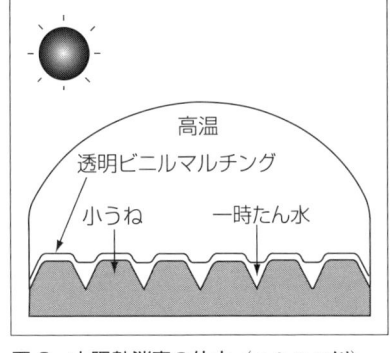

図6　太陽熱消毒の仕方（ハウスの例）
①10a当たり稲わら1,000kg＋石灰窒素20kgを混和する。②小うねを立てる。③ビニルフィルムで全面被覆する。④たん水する。⑤施設を密閉する（7〜8月の1か月間）。

表6　植物の必須元素と植物体含有量

	元素名	植物体含有量（対乾物中％）		元素名	植物体含有量（対乾物中％）
多量元素	炭素（C）	49	微量元素	鉄（Fe）	0.001 〜 0.15
	酸素（O）	43		塩素（Cl）	0.01 〜 0.03
	水素（H）	6		マンガン（Mn）	0.0005 〜 0.15
	窒素（N）	1〜3		亜鉛（Zn）	0.0003 〜 0.015
	カリウム（K）	0.3 〜 6.0		銅（Cu）	0.0003 〜 0.0075
	カルシウム（Ca）	0.1 〜 3.5		ホウ素（B）	0.0003 〜 0.0075
	硫黄（S）	0.05 〜 1.5			
	マグネシウム（Mg）	0.05 〜 0.7			
	リン（P）	0.05 〜 1.0			

（三井進午監修『最新土壌・肥料・植物栄養事典増補版』昭和51年による）

グネシウムも吸収量が多く,不足することが多いので,施肥によって補給する必要がある。一方,微量要素は吸収量が少ないために不足している場合にのみ施すことが多い[1]。

❶ホウ素やマンガンなどの欠乏症が発生しやすい作物や土壌では,毎作施す必要がある。

施 肥　施肥の基本は,作物の生育特性や土壌の特性にあわせて,必要な養分（肥料の種類）を,必要な時期（施肥時期）に,必要な量（施肥量）だけ,必要な場所（施肥位置）に供給することである。

施肥量を求める基本的な考え方は,次の式で示される[2]。

$$施肥量 = \frac{目標収量を得るために必要な養分量 - 養分の天然供給量}{肥料養分の利用率[3]}$$

❷じっさいには,肥料試験,現地の実態などを考慮して決めることが多い。

❸一般に窒素で30〜40%,リン酸で10%,カリで40〜50%とされる。

窒素　施された窒素肥料は,硝酸態窒素に変化して雨水によって流失しやすくなるため,ふつう,元肥と追肥に分けて施す。作物の生育にあった肥効を持続する肥効調節型肥料[4]では,追肥を省略できる。

❹粒状の速効性肥料を合成樹脂などで被覆して,肥料成分の溶出速度を調節（肥効持続期間は30〜360日までの種類がある）した肥料。

リン酸　作物の生育初期の施用効果が高いことや土壌中での移動が少ないので,元肥中心に施す。火山灰土のようにリン酸の固定[5]が起きやすい土では,堆肥と混ぜて施す。

❺リン酸が土壌中のアルミニウムや鉄と結合して,水に溶けない状態になること。リン酸が固定されると作物に吸収されにくくなる。

カリ　一時期に多量に施すと雨水によって流失したり,必要以上に吸収されたりしやすいので,数回に分けて施す。果菜類では結実期に十分効くように施す。

カルシウム・マグネシウム　土壌酸度の矯正もかねて,土壌中の含量が適量になるように元肥として施す。

微量要素　欠乏がみられるような土壌では,元肥として施す。

(2) 環境にやさしい施肥の工夫

環境汚染物質とされる窒素やリン酸などの地下水や河川への流

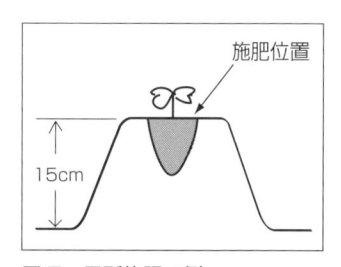

図7　局所施肥の例

図8　有機物の施用と組み合わせたみぞ施肥

入を減らしつつ，収量を確保するためには，野菜の養分吸収効率を高め，少ない肥料成分で健全に生育させる技術が求められる。

施肥量の低減には，土壌診断にもとづく施肥設計や緩効性肥料❶の利用，マルチ栽培などが有効である。養分吸収効率を高めるには，**局所施肥**❷（図7，8）をはじめとする施肥方法を工夫し，肥料養分を効率的に利用できる作付体系（輪作体系の導入など）をとる。また，肥料からの養分溶出の適正化を図るためには，肥効調節型肥料が効果的である。

（3）土壌診断と栄養診断の利用

むだが少なく，適切な施肥をおこなうためには，栽培前の土壌中に残っている肥料分や，栽培中の土壌養分量，作物の栄養状態などを知る必要がある。このために，土壌診断や栄養診断を活用する。

土壌養分量を知るためには，電気伝導度（ＥＣ）❸の測定がよくおこなわれる。ECの値が高い土は，塩類などの養分濃度が高い。土の種類ごとに，EC値をめやすにして施肥量を調節する（表7）。

また，窒素のほかにも施用するおもな肥料養分の分析をおこない，土壌中に残っている養分量については，元肥量から減らすようにする。

❶硫安や硝安などのようにはやく効く速効性肥料に対し，分解が徐々に進み肥効がゆっくりあらわれる肥料（→p.69）。

❷作土層の特定の位置に集中的に施肥する方法で，深層施肥，側条施肥，みぞ施肥などがあり，一般に肥料の利用率が高く，環境に対する影響は少ない。作土層全体に施肥する全面全層施肥は，肥料の利用率が低く，環境に対する影響も出やすい。

❸土壌溶液中の電気の流れやすさ（溶けている塩類の量に比例する）を示し，単位にはdS/m（デシジーメンス・パー・メートル）やmS/cmが用いられる。ECと硝酸態窒素含量はきわめて相関が高いため（図9），ECを測定することにより畑の残存窒素量を推定できる。電気伝導度計（ECメータ）で簡便に測定でき，簡易な土壌診断，残存窒素量などの推定に利用される。

ただし，硫酸根や塩酸根などの塩類が集積した畑では，適用できない。

表7 施肥前EC値による元肥（窒素，カリ）施用量補正のめやす（対基準量）
（藤原ら『土壌診断の方法と活用』1996より）

土の種類	EC（dS/m）値				
	0.3以下	0.4〜0.7	0.8〜1.2	1.3〜1.5	1.6以上
腐植質黒ボク土	基準施肥量	2/3	1/2	1/3	無施用
粘質土・細粒沖積土	基準施肥量	2/3	1/3	無施用	無施用
砂質土	基準施肥量	1/2	1/4	無施用	無施用

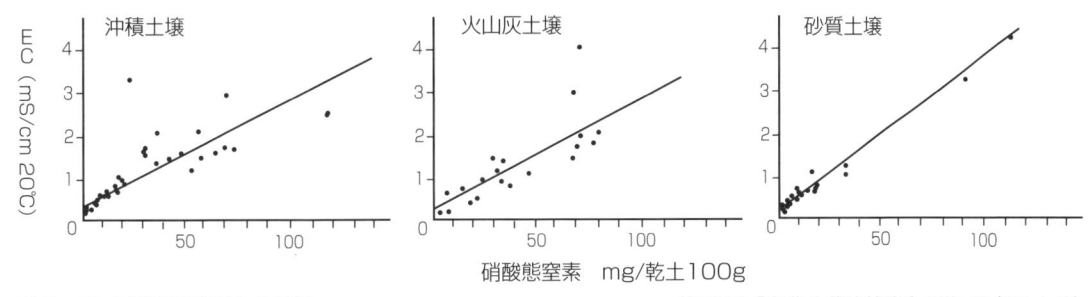

図9 ECと硝酸態窒素との関係 （伊東正『野菜の栽培技術』昭和62年による）
注 ECと硝酸態窒素は土壌，作物の種類などによって変化するため，EC値がいくらのときに施肥量をいくら減らすかの基準表を土壌，作物ごとにつくっておく必要がある。

> **研究**
> pHメータと電気伝導度計（ECメータ）を使って、畑の土壌のpHとEC値を調べ、値が適正値にない場合には、その原因と対策を考えてみよう。

作物の栄養診断は、葉色、葉の大きさ、茎の太さ、新葉の展開ぐあいなどの外観による診断のほかに、葉柄や茎の汁液の無機栄養素濃度を化学的に分析して判断することもおこなわれる。

日々の土壌の養分状態や作物の栄養状態を把握し（リアルタイム診断）、肥培管理をシステム化する方法も開発されている。

（4）かん水同時施肥（養液土耕）の方法

養液土耕とは、通常の土耕で、作物が生育するのに必要な量の養水分を液肥あるいは水で与えることを基本とする栽培法である（図10）。養液栽培よりはるかに装置費が安い、通常の土耕栽培より養分の利用効率が高く施肥量が削減される、土壌の塩類集積を抑制できる、システム化されているので追肥やかん水の労力が削減される、収量が安定する、などの利点がある[❶]。

❶トマト、キュウリ、ナスなどの果菜類での利用が多いが、葉菜類でも利用が拡大している。

> **研究**
> 元肥を施さずに野菜を栽培し、肥料分を液肥で与え、その肥料濃度や与える間隔などを変えて、作物の生育を観察してみよう。

3 生理障害・連作障害とその対策

（1）野菜栽培で発生する生理障害と対策

野菜に発生する養分の過不足に起因する生理障害は、生育の不良や葉色の変化、特定部位の異常や枯死などとして目にみえるかたちであらわれる。養分欠乏は外観的な症状からあるていど診断することができる（表8）。

生理障害は、以前は養分不足に起因するものが多かったが、近年では、養分の過剰蓄積[❷]や、それに土壌消毒が加わって引き起

❷土壌中の過剰な塩類の蓄積によって起こる作物の障害を塩類濃度障害という。塩類濃度障害は水や無機元素の吸収阻害としてあらわれる。

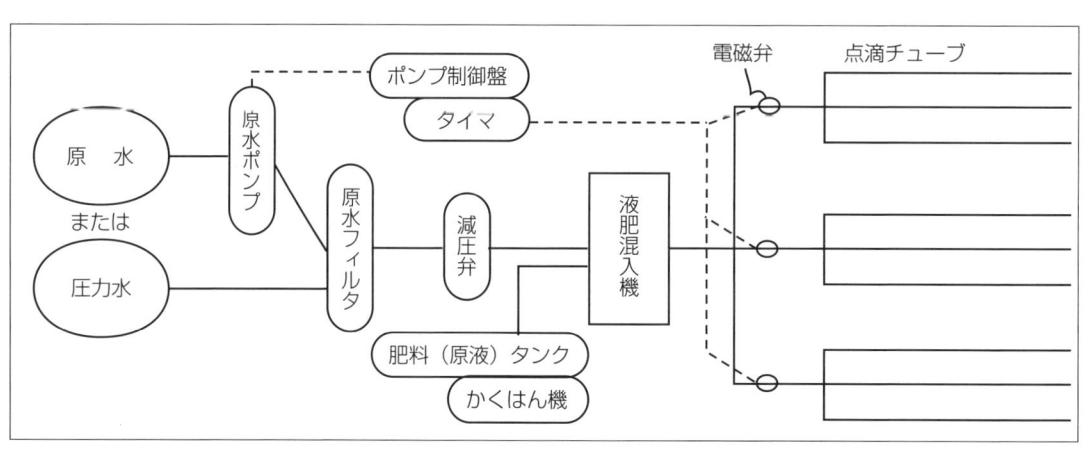

図10　養液土耕の栽培システムの例

こされる養分のアンバランスに起因するものが多い[1]。ダイコンの赤心症（図11）のように温度の影響を強く受ける障害も多い。

生理障害を未然に防止するためには，土壌診断や栄養診断にもとづいてバランスのとれた肥培管理をすることが大切である。塩類が集積した施設では，緑肥作物（→ p.51）を作付けして土壌中の塩類を吸収させる。また，栽培中に生理障害が発生した場合，不足した養分を含んでいる濃度の薄い液肥を応急的に葉面散布[2]することで障害を軽減できることがある。

(2) 連作障害の原因と対策

連作障害には，さまざまな原因があるが，土壌病原菌によるものが多い（図12）。連作をすると，その作物の根を好む病原菌が増殖し，土中に残った根の中で生き残り，これが次作の根や根圏で増殖する，というサイクルを繰り返して病原菌の密度が高まる。この悪循環を断ち切るのが輪作（→ p.50）で，連作障害対策の基本となる。

そのほかの対策としては，良質な堆肥の継続的な施用のほか，耐病性品種の利用，果菜類では接ぎ木（→ p.83）もおこなわれる。

土壌病害虫に対しては，薬剤や熱による土壌消毒（→ p.52）がおこなわれる。また，定期的な土壌診断によって施肥改善をおこない，土壌養分の過不足をなくすことも大切である。

[1] たとえば，土壌消毒によって硝酸化成菌が死滅すると，土壌中にアンモニウム（NH_4^+）が蓄積し，カルシウムの吸収が阻害される。
　カルシウムの吸収が阻害されると，トマトやナス，ピーマンなどの果実ではしり腐れが，レタスやイチゴなどではチップバーンが，ハクサイやキャベツなどでは心腐れが発生する。

[2] 養分を葉に散布して供給する方法。亜鉛，銅，鉄などの微量要素欠乏の早期回復に適している。多量要素では，尿素やカルシウムの葉面散布がおこなわれている。

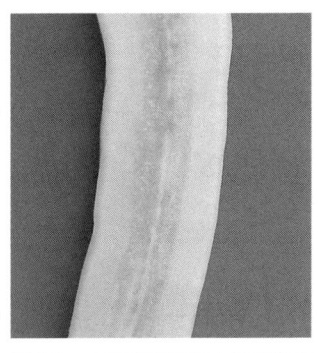

図11　ホウ素欠乏により発生するダイコンの赤心症（高温下で発生しやすい）

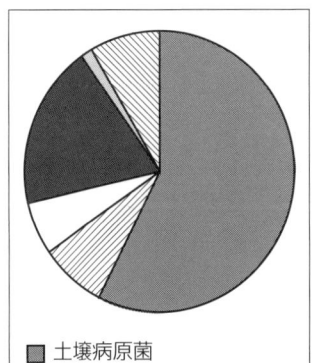

図12　全国アンケートにみる野菜の連作障害の要因（野菜試験場，昭和53年より作成）

凡例：
- 土壌病原菌
- 空気伝染性病害
- センチュウほか土壌害虫
- 土壌の物理・化学性の悪化
- 植物由来の有害物質
- 原因不明

表8　養分欠乏のあらわれ方と欠乏養分

発生部位	症　状	欠乏が考えられる養分
古葉または下葉から発生する	全体に生育がおとろえ，古葉から変色して枯死する 〇株全体が黄化する 〇下葉が黄化する	窒素 リン酸
古葉または下葉から発生する	あるていど生育が進んでから発生する。はじめは外葉や下葉にみられ，上葉に及ぶ 〇下葉の周辺が黄化する 〇下葉の葉脈間が黄化する	カリ マグネシウム
新芽や新葉，上葉に発生する	新芽が枯死しない 〇葉全体が黄色になる 〇葉脈間が黄化する	鉄 マンガン
新芽や新葉，上葉に発生する	新芽が枯死する 〇葉の先端が枯死し，果実がしり腐れを起こす 〇茎がもろくなり，花らいが変色したり，肥大根の肌荒れや内部変色がみられたりする	カルシウム ホウ素

3 被覆資材の利用

1 ねらいと資材の種類

　近年，多くの野菜が周年栽培されるようになっている。これは，被覆資材の利用や品種改良によるところが大きい。被覆資材を利用した栽培（被覆栽培）では，大規模なガラス温室や鉄骨ハウスなども増加しているが，手軽で安価なパイプハウスやトンネル，マルチ，べたがけなどを利用した栽培が広く普及している。

　被覆資材の利用は，野菜の生育に好適な栽培環境をつくり出すことを目的にしており，その効果は作期の拡大，品質や収量の向上，減農薬などにある。

　被覆資材には，光透過率（透光性），保温性，耐久性などが異なる多くの種類がある（表1，2，図1）。したがって，資材の利用にあたっては，用途，栽培品目，被覆期間，地域の気象条件などに応じた資材の選定や組合せが大切になる（図2）。

表1　おもな被覆資材の種類と特性

（日本施設園芸協会『施設園芸における被覆資材導入の手引き』昭和61年により作成）

被覆資材の種類		特性
ガラス	透明ガラス（厚さ3～4mm）	透光性が高く，半永久的に使える
硬質板	ガラス繊維強化ポリエステル（FRP），ガラス繊維強化アクリル（FRA）など	透光性はガラスよりやや低いが，保温性が高く，10年以上使える
硬質フィルム	ポリエステル硬質フィルム（厚さ0.1～0.25mmていど）など	透光性は低いが，耐用年数は5～10年
軟質フィルム	農業用塩化ビニルフィルム（農ビ），農業用ポリエチレンフィルム（農ポリ）（厚さ0.075～0.2mm）など	透光性・保温性が高いものが多く，安価であるが，耐用年数は1～2年と短い

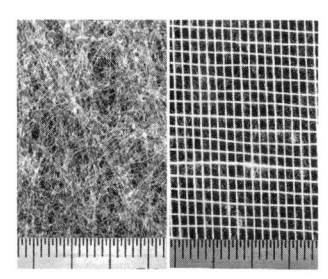

図1　不織布（左）と寒冷しゃ（右）
（最小目盛は0.5mm）

表2　軟質フィルムと不織布の特性　　　　（表1と同じ資料による）

種類	保温性	透光性	防霧性	防霧性	透湿性
農業用ポリエチレンフィルム	△	○	△	△	×
農業用塩化ビニルフィルム	△	○	○	○	×
不織布	△	△	―	○	○
ポリビニルアルコール（PVA）	△	△	○	○	○
ポリオレフィン系アルミ蒸着フィルム	◎	×	×	＊	×

注(1)　◎：すぐれる，○：ややすぐれる，△：ややおとる，×：おとる。
　(2)　＊は本来，防霧性はないが，保温性があるため，フィルム面の温度が下がらず，霧の発生する心配はない。

2 マルチ

マルチとは，プラスチックフィルムやわらなど，土壌の表面をおおう資材，あるいは土壌の表面をおおうことを指す❶（図3）。

効果と資材の特徴 マルチの効果には，地温調節，土壌水分の保持，雑草防除，肥料成分の流亡抑制，土のはね返り抑制，土壌の膨軟性保持，害虫の飛来防止（→ p.76）などがある。現在では，さまざまな資材が開発されているので，使用目的に適した資材を選択する必要がある（表3）。

利用上の留意点 ①フィルムと土壌表面とのあいだに空間ができないように展張（被覆資材を広げて張ること）し，風に飛ばされたり，土壌水分が不均一になったりしないようにする。

②さまざまな規格の有孔マルチもあるので，栽培する野菜の種類や株間に適した規格の資材を選択する。

❶マルチで土壌の表面をおおうことをマルチングともいう。

図3　スイートコーンのマルチ栽培

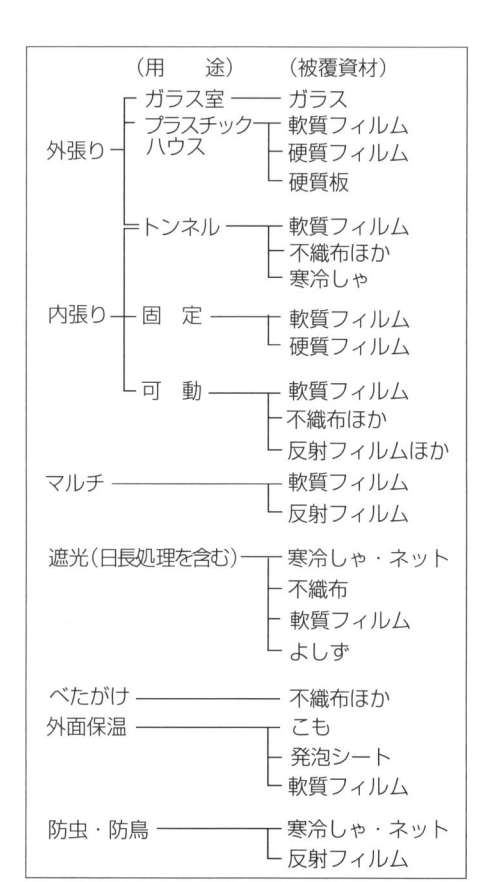

図2　用途と適用する被覆資材

表3　おもなマルチ資材

作用・効果	資材の特徴など
地温上昇	透明ポリフィルム（厚さ0.015〜0.02mm）
雑草防止	黒色ポリフィルム（厚さ0.02〜0.03mm）
地温上昇＋雑草防止	グリーンマルチ プロメトリン混入フィルム エナイド混入フィルム 二色マルチ（中央透明で両側黒色）
反射光利用 地温上昇抑制＋防虫	アルミ蒸着フィルム 三層構造シルバーフィルム 白黒・銀黒マルチ
地温上昇抑制	白／黒　多重構造
反射光利用 防虫	銀線印刷フィルム（地色は黒色と透明の2種類）
植え穴設定	有孔マルチ，作物別各種規格あり
光崩壊性マルチ（廃棄省力）	紫外線で分解する
生分解性マルチ（廃棄省力）	部分的な崩壊は1〜3か月で始まり，土中では2〜6か月で分解

3　被覆資材の利用

③マルチの展張を省力化するためには，マルチャやシーダーマルチャ（図4）などを利用する。

3 べたがけ，トンネル

べたがけとは，被覆資材を栽培作物の上に直接，または，やや浮かせてかぶせる被覆法を指す（図5, 6）。トンネルは，トンネル用支柱をかまぼこ型にさし，その上から被覆資材をかぶせる（図7）。

効果と資材の特徴

べたがけ 最も簡易な被覆法であるが，強い風雨や，厳しい暑さ・寒さなどから作物を保護し，害虫の飛来を防ぐなど，無被覆に比べて多様な効果がある。べたがけ資材としては，不織布や寒冷しゃなど，通気性や透水性をそなえているものが利用される。

トンネル 簡易な被覆法であるが，低温期には積極的な保温による，生育促進，作期の拡大，品質向上などの効果がある。高温期には，雨よけや遮光による，病虫害回避や品質向上などをねらいとして利用されている。トンネル用の被覆資材としては，プラスチックフィルム（農ビ〈農業用塩化ビニルフィルム〉，農ポリ〈農業用ポリエチレンフィルム〉など）や不織布，寒冷しゃなどがある。

利用上の留意点

べたがけ 発芽の安定，初期生育の促進など，使用目的に応じて，適期に被覆を開始したり除去したりすることが大切である。

図4 シーダーマルチャ

図6 べたがけ（レタスの防寒対策）

図7 トンネル栽培（1～3月まきのホウレンソウ栽培）

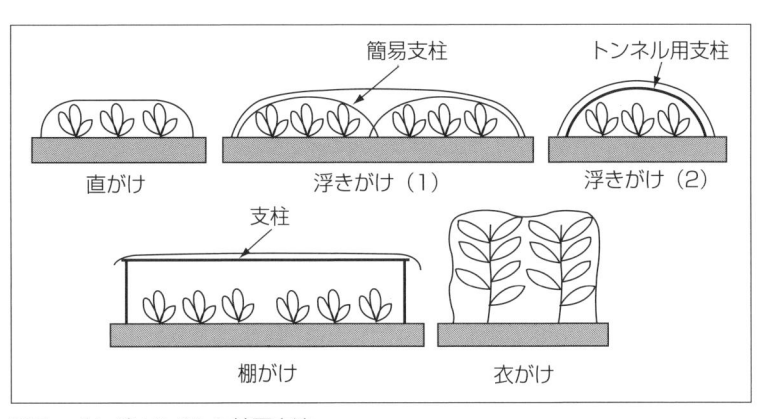

図5 べたがけのおもな被覆方法

トンネル トンネル内の気温が上昇しすぎることがあるので，適切な換気をおこなう必要がある。一定間隔で穴があいていて，そこから換気できる資材もある。

4 ハウス，ガラス室

資材の特徴 ハウス用の被覆資材には，おもに農ビや農ポリ，農PO❶が用いられている。2～3年間展張タイプとやや耐久性を高めた3～5年間展張タイプがある。このほか，10年以上も展張できる硬質フィルム（フッ素フィルム）や硬質板（アクリル板など）がある。

ガラス室の被覆資材には，ふつう板ガラス（フロート板ガラス，強化ガラスなど）が用いられる。

利用上の留意点 ハウス用の被覆資材には，紫外線透過率の異なる種類があり，紫外線は生物にさまざまな作用を示すことが知られている。野菜の種類によっては，この点も考慮して資材を選択する必要がある（表4）。

5 被覆資材利用の工夫

じっさいの野菜栽培では，マルチとべたがけ，トンネルとハウスなど，さまざまな資材を組み合わせた栽培法が工夫され，省エネルギーや省力化が図られている❷。以下に，その代表的なものを

❶農業用ポリオフィレン系特殊フィルム。農POは，農ビと比較して，軽くてべたつかず扱いやすい，汚れにくく長期間利用できる，塩素を含まず環境にやさしい資材である，安価であるなどの特性があり，近年，急速に普及している。

研究
ナスやイチゴの果色の発現には，十分な光（紫外線）が必要である（→p.44参考）。慣行栽培と紫外線不透過型（紫外線カット）フィルムを使用した栽培をおこない，果色を比較してみよう。また，紫外線をカットすると，病害虫の発生が抑えられることも知られている。どのていどの効果があるか調査してみよう。

❷施設の外側を被覆する場合を外張り，施設内に被覆する場合を内張りという。

表4 近紫外線の透過特性による被覆資材の種類と特徴 （内藤に一部加筆）

種類	透過波長域	近紫外線透過率	適用場面	適用作物（適用病害虫）
近紫外線強調型	300nm以上	70%以上	アントシアン色素による発色促進	ナス，イチゴなど
			ミツバチの行動促進	メロン，イチゴなど
紫外線透過型	300nm以上	50%±10	汎用	ほとんどの作物
近紫外線透過抑制型	340±10nm以上	25%±10	葉茎菜類の生育促進	ニラ，ホウレンソウ，コカブ，レタスなど
近紫外線不透過型	380nm以上	0	病害虫防除	ホウレンソウいちょう病，ネギ黒はん病など ミナミキイロアザミウマ，ハモグリバエ，ネギコガ，アブラムシなど

紹介する。

(1) 各種資材の組合せ

マルチ＋べたがけ　おもに春から晩秋までの葉菜類や根菜類の栽培で利用されることが多い（図8）。

マルチ＋トンネル　葉菜類や根菜類では周年的に利用され，果菜類では早熟栽培での利用が多い。

マルチ＋べたがけ＋トンネル＋ハウス　果菜類の無加温半促成栽培で利用が多い（図9，べたがけとトンネルは適時に除去する）。

接ぎ木後の活着養生装置　トンネルには通気性資材（内側）と遮光・遮熱資材（外側）をかぶせ，床には湿度を確保するための不織布マットを敷く（図10）。

(2) 生分解性被覆資材の利用

近年，石油資源由来のさまざまなプラスチック廃棄量が増加しており，焼却場でのダイオキシンの発生や最終処分場の受け入れ限界などが大きな社会問題となっている[1]。

環境にやさしい農業生産が求められているなかで，生分解性機能をもつ被覆資材（マルチ・べたがけ・トンネル用など）の開発が進んでいる。すでに実用化の進んでいる生分解性マルチでは，収穫後にそのままロータリ耕によるすき込み処理ができるなど，省力化栽培にも役立っている（図11）。

[1] 農業用使用済プラスチックにおいても，平成10年12月から「廃掃法」（廃棄物の処理及び清掃に関する法律）により，産業廃棄物管理票（マニフェスト）制度（排出者が廃棄物の収集から処分までの管理をチェックするシステム）にもとづく適正処理が義務づけられた。

図10　簡易な接ぎ木活着養生装置

図11　生分解性マルチ（スイートコーン収穫後のようす，この状態で畑にすき込むことができる）

図8　マルチ＋べたがけの例

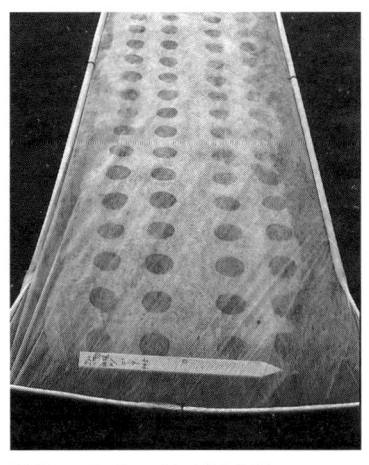

図9　マルチ＋べたがけ＋トンネル＋ハウスの例

4 施設栽培と環境管理

1 施設環境の特徴—露地とのちがい

施設栽培では，光，温度，空中湿度，風速，二酸化炭素（炭酸ガス）濃度などの地上部の環境と，地温，土壌水分，肥料濃度などの地下部（根圏）の環境を，栽培者の意図であるていど調節できる。したがって，気象災害の危険性に常にさらされている露地栽培に比べ，高品質な野菜を安定して長期間収穫することが可能である。さらに，これらの栽培環境を野菜の好適条件に制御できれば，生産性はいっそう高まり収穫物の品質も向上する。

しかし，じっさいの野菜栽培では，いくつかの環境要因が互いに関連しあって，野菜の成長や収量に影響を及ぼしている。ここが施設栽培の環境管理のむずかしいところである。

また，施設栽培は，閉鎖された環境下でなされるため，農薬，肥料，植物成長調節物質などの施設外への移動を抑制することができる。そして，施設の被覆資材や構造を工夫することによって，電力や石油などの使用を減らして，露地で栽培が困難な時期あるいは地域で，野菜を栽培することができる。そのような意味での施設栽培は，省投入資源・持続的農業の1つの栽培様式と考えることができる。

図1 高度化する施設栽培

コラム

施設栽培の誕生と発達

1年のうちではじめてとれた作物は「初物」といい，昔から，たいへんめでたいものとされていた。初物をはやく食べたいという願いが，施設栽培のきっかけとなった。江戸時代，静岡県では，ナスを油紙でおおって寒さを防ぐ工夫をした早出し栽培がおこなわれていた。

明治時代になると，油紙と木で組み立てたペーパーハウス，ガラス板を使ったガラス室などが用いられた。昭和27年ころになると塩化ビニルフィルムを使ったビニルハウスが用いられるようになった。その後，わが国の施設栽培は急速に発達し（図1），現在では施設面積は約5万haに及んでいる（→p.10）。

2 施設による環境調節

種類・構造と環境

施設は，被覆資材や形状によって，いくつかの種類に分けることができる。

被覆資材によって分けると，**ガラス温室**と**プラスチックハウス**に大別できる。

ガラス温室は透光性がよく，室内湿度が比較的低いので，強光や比較的乾燥を好むトマトやメロンの栽培に適している。

プラスチックハウスは，軟質フィルム，硬質フィルム，硬質板のいずれかで被覆されており，湿度が高くなりやすく，多湿を好むキュウリやピーマンの栽培に適している。

一方，施設は形状からは，図2のように大別される。棟が1つの場合を単棟，軒部で連結して複数の棟が連なる場合を連棟といい，それぞれに特徴がある（表1）。

施設は，同一床面積なら，軒が高いほうが昼間は換気❶の効率が高く，作業環境もよいが，建築費が高く，夜間の保温性がおとる。また，内容積の小さい小型施設では，気温変化が激しく，晴天日は高温による蒸れ，低温時は過冷却による低温障害などが発生しやすく，栽培にあたっては細心の注意が必要になる。

❶日中の過度な昇温の抑制，湿度の調節，光合成に必要な二酸化炭素の外気からの補給，などを目的におこなう。

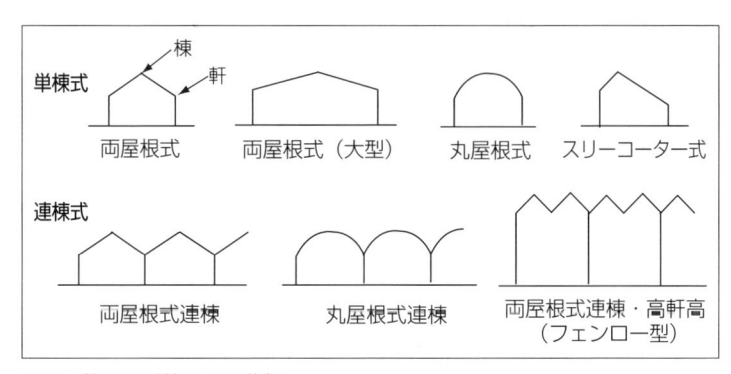

図2 施設の形状による分類

単棟式：両屋根式，両屋根式（大型），丸屋根式，スリーコーター式
連棟式：両屋根式連棟，丸屋根式連棟，両屋根式連棟・高軒高（フェンロー型）

表1 施設の構造による特徴

	単棟	連棟
資材費	多い	少ない
土地利用率	おとる（60～70%）	良好（90～100%）
光の透過	良好	おとる
換気能率	良好	おとる

注　冬季（12～3月）は，東西棟単棟温室の光線透過率が最も高い。

光の調節

光は，野菜の成長に必要な光合成のエネルギーとしてはたらき，さらに，花芽分化などの日長反応（→ p.44）に関係している。

光合成のための光[❶]は，一般に強いほどよいが，冬季は日射が夏季の4割ていどと弱いうえ，被覆資材によって施設内の光はさらに弱められる。光の透過率の低下を防ぐためには，被覆資材の表面の汚れや劣化に注意し，資材の洗浄や張りかえをおこなう。

また，夏季は，強日射により施設内が高温になるため，遮光により気温，地温，葉温の上昇を抑制して，野菜を保護し，品質の向上をはかる[❷]（図3）。

日長反応のための光の調節としては，花芽分化を制御して開花期を調整するために，短日処理（シェード栽培）や長日処理（電照栽培）がおこなわれる。

温度の調節

多くの野菜の生育適温は15～30℃ていど（→ p.45）であるので，施設内の温度は生育温度にあわせて管理する必要がある。

昼間は太陽熱によって施設内に熱が蓄積されて高温になるので，換気により室温を調節する（図4）。夏季には冷房をおこなうこと

[❶]太陽から地球に届く放射，日射または太陽放射という。日射の波長域は約300～3,000nm（ナノメートル）である。光合成のための光の波長域は400～700nmで，これを光合成有効放射（→ p.44 図3）という。

[❷]被覆資材面で反射あるいは吸収された光量の，入射光量に対する比率を遮光率という。遮光率と光透過率とのあいだには，遮光率＝1－光透過率，の関係がある。遮光による昇温抑制効果は，内張りより外張りが，黒色より反射率の高いシルバーや白色の資材のほうが高い。

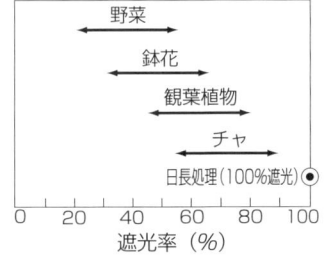

図3 作物による遮光率の範囲
（日本施設園芸協会『被覆資材導入の手引』昭和61年による）

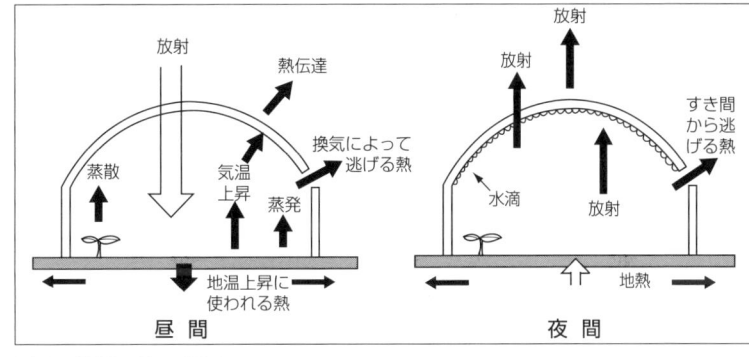

図4 施設の熱の出入り
注　白い矢印ははいる熱，黒い矢印は失われる熱。

表2　暖房方式の比較

暖房方式	長　所	短　所
温風暖房	○施設内に設置するので熱の損失が少ない ○装置が簡単で安価である ○移動しやすい	○施設内温度の変化が激しい ○温度分布が不均一になりやすい ○ガス障害，乾燥障害が発生する場合がある
温湯暖房	○室温の急激な変化が少ない ○施設内の温度分布が均一になりやすい ○作物の近くに放熱管を配置しても障害が少ない	○ボイラ・配管などの設備費が高価である ○施設が移動できない ○配管のために管理作業がしにくい

もある。換気の方法には，天窓，側窓，出入り口を開放しておこなう**自然換気**と，換気扇によって強制的におこなう**強制換気**がある。

夜間は，秋から春先にかけて，外気温が低下するのにともなって施設内も低温になるので，保温や暖房が必要になる。野菜の種類や栽培時期によっては，保温だけでは温度が不足するので暖房が必要になる。暖房の方法としては，**温風暖房**と**温湯暖房**がおもにおこなわれている（表2）。

果菜類は，夜温が高いと上位の茎葉に，より多くの光合成産物が移動し，一時的には収量が多くなるが，根に対する養分の分配が少なくなるために株の老化がはやくなる。このようなことから，日中は光合成をさかんにおこなわせ，日没後は光合成産物の転流を促進し，必要以上の呼吸を抑えて，収量を高めるために，図5

研究
施設栽培しているウリ科野菜やナス科野菜について，その生育適温や限界温度（→ p.45表4）を調べて変温管理をおこない，生育状態や収量，着果周期（→ p.113）にどのていどの差がみられるか調査してみよう。

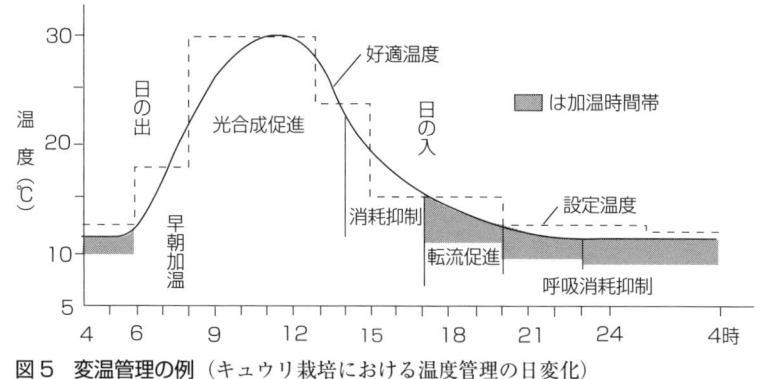

図5　変温管理の例（キュウリ栽培における温度管理の日変化）
（稲山光男『農業技術大系，1 キュウリ』1998による）

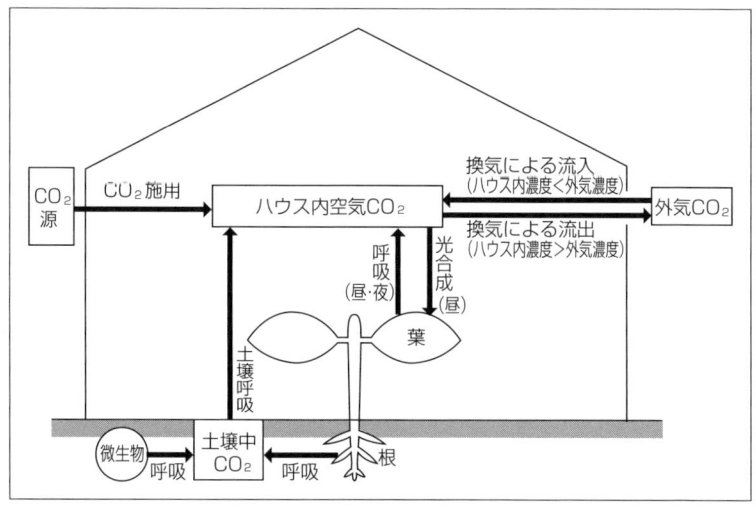

図6　施設内における二酸化炭素（CO_2）の出入り
（北宅善昭『新施設園芸学』1992による）

のような変温管理の温度設定が提案されている。

二酸化炭素の調節　施設には，二酸化炭素（CO_2）が出入りしている❶（図6）。日の出後，野菜により光合成が開始されると，室内の二酸化炭素濃度が徐々に低下し始め，光合成に必要な二酸化炭素が不足する場合がある。とくに，換気がおこなわれない冬季の晴天の朝には，この傾向がいちじるしく，施設内の二酸化炭素濃度は大気中の二酸化炭素濃度（約350ppm）より低くなりやすい。

そこで，換気をおこなうまでの早朝の2～3時間，人為的に二酸化炭素を補給（**炭酸ガス施用**）し，1,000～1,500ppmくらいの濃度に高めると，光合成を促進させて収量を高める効果がある（→p.46）。

二酸化炭素の施用方法としては，液化二酸化炭素や二酸化炭素発生剤などを直接利用する方法と，灯油やプロパンガスなどを燃焼させて発生した二酸化炭素を利用する方法とがある。

湿度の調節　施設内は保温やかん水によって湿度が高くなりやすい（図7）。とくに，冬季の夜間は過湿になりやすく，多湿を好む病害の発生原因となっている（→

❶施設内の二酸化炭素濃度は，土壌への有機物（堆肥や油かすなど）の施用量にも影響される。有機物を多く施用すると，それを分解する土壌微生物の呼吸によって放出される二酸化炭素の量が多くなる。

研究
施設内の多湿条件ではべと病や灰色かび病などが，乾燥条件ではうどんこ病が発生しやすいことが知られている（→p.46表7）。施設内の湿度の測定を継続して，どれくらいの湿度で発生が多くなるか調査してみよう。

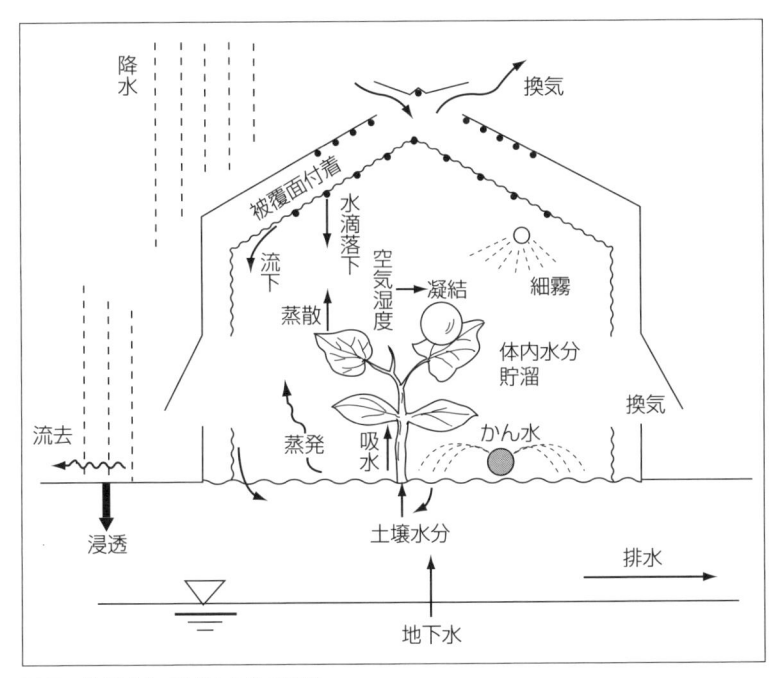

図7　施設内における水分の移動
（稲山光男ら『作型を生かすキュウリのつくり方』1984による）

4　施設栽培と環境管理

p.46 表6)。湿度を下げ,結露を防止する方法として,①夜間や曇雨天の日中に通風（暖房機の送風を利用）する,②保温用内張りフィルムに透湿性・吸湿性のあるものを使用し,外張りフィルムに結露させて排水する,などの方法がある。

また,高温で湿度が低いと,根の吸水速度が葉の蒸散速度に追いつかなくなり,日中に葉がしおれ,果実の肥大がわるくなったり,茎の伸長が抑えられたりする。

とくに,ガラス温室や硬質フィルムハウスなどで,日射透過性や換気性能が高い場合に,施設内が低湿度になりやすい。このようなときは,日中に水を噴霧❶する方法がある。

湿度は,温度や風,土壌水分によって変化しやすいので,換気,通路への散水などの改善により高湿度や低湿度の害を防ぐ。

塩類集積の回避

施設内では,土壌養分の雨による流亡がなく,土中の水に溶けやすい養分や塩類が,毛管水とともに地表に上がってくる。そして,水だけが蒸発するので,根に吸収されずに残った養分や水に溶けていた塩類は,地表面にたまるようになる（図9）。塩類が集積❷すると,野菜の生育に大きな支障が生じる。

塩類が集積した場合には,土の入れかえをしたり,被覆資材を取って雨水にあてるか,水のかけ流しをおこなって塩類を洗い流したりする必要がある。しかし,塩類の洗い流しは,過剰な塩類が地下水に流亡するため,環境保全上好ましくない。

塩類集積を回避するためには,作付け前にあらかじめ土壌養分

---

❶植物体が結露しないように噴霧と停止を繰り返し,断続的におこなう。最近は,細霧用ノズルを温室内全体に配置し,加湿,夏季の冷房（気化冷却）,農薬散布利用を目的とした,多目的利用細霧システム（図8）の導入が増えている。

❷集積する成分は,カルシウム,マグネシウム,カリ,ナトリウム,硝酸,硫酸,塩素などである。

図8 多目的利用細霧システムの例（キュウリの施設栽培）

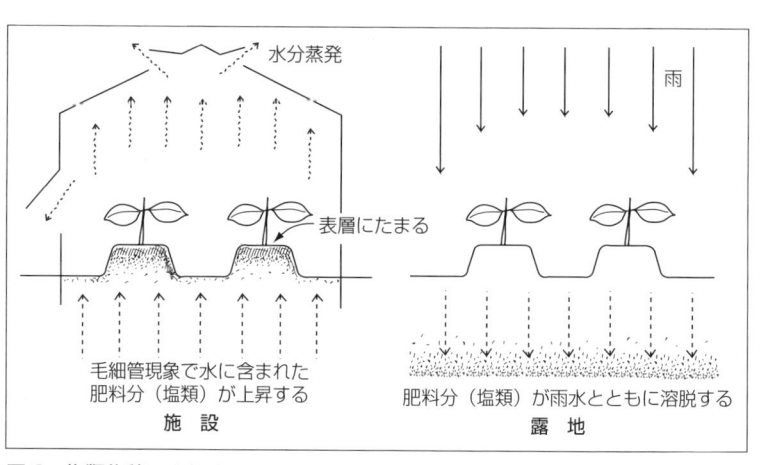

図9 塩類集積のようす

の分析をおこなって施肥量を調節したり，野菜に利用されない副成分を含まない肥料❶や緩効性肥料❷を用いたりする。最近では養液土耕（かん水同時施肥➔ p.56）も取り入れられている。

3 コンピュータによる環境制御

これまでみてきた光，温度，二酸化炭素，湿度などの環境要素は，互いに関連しあいながら，野菜の生育に影響を及ぼしている。したがって，野菜を健全に生育させるためには，1つの環境要素だけでなく，いくつかの環境要素を同時に管理（**複合環境制御**）することが求められる。コンピュータを用いると，複合環境制御を好適・自動的におこなうことが可能になる。

コンピュータによる複合環境制御では，1日の施設内気温をいくつかの時間帯に分けて，時間帯ごとに換気や暖房機の制御をおこなう。さらに，光合成効率を高めるために，日射量に応じて目標管理温度を変化（日射量比例制御❸）させたり，外気温との差を考慮して窓の開閉を調節するなど，ち密な制御ができる（図10）。

このほかに，気象データの収集により，晴れ，曇りなどと感覚的にとらえていた栽培条件を，数値としてとらえることができ，よりよい環境をつくることも可能になる。しかし，コンピュータによる環境制御のためには，その基礎となる野菜の生育や環境についての正確なデータの収集と分析が欠かせない。

❶従来の肥料に含まれていた，硫酸イオンや塩素イオンを副成分として含まないように調製された肥料。土壌のpH低下とEC増大を防ぐことができる。

❷肥料の粒子をポリエチレン，パラフィンワックス，フェノール系樹脂などで被覆し，肥料成分の溶出をコントロールした肥料。水に難溶性・難分解性の化学合成緩効性肥料，土壌中の亜硝酸菌や硝酸菌の活動を抑制して肥効を持続させる硝酸化成抑制剤入り肥料，などがある。

❸1日の日射量が多い（晴天）ときは，夜温を標準管理温度よりも1～2℃高く管理し，日中に葉で生成された光合成産物を，果実や根などに十分転流させる。日射量が少ない（曇雨天）ときは，光合成産物の生成が少なく転流量も少ないので，夜温を1～2℃低く管理し，むだな暖房（熱量消費）を避ける。

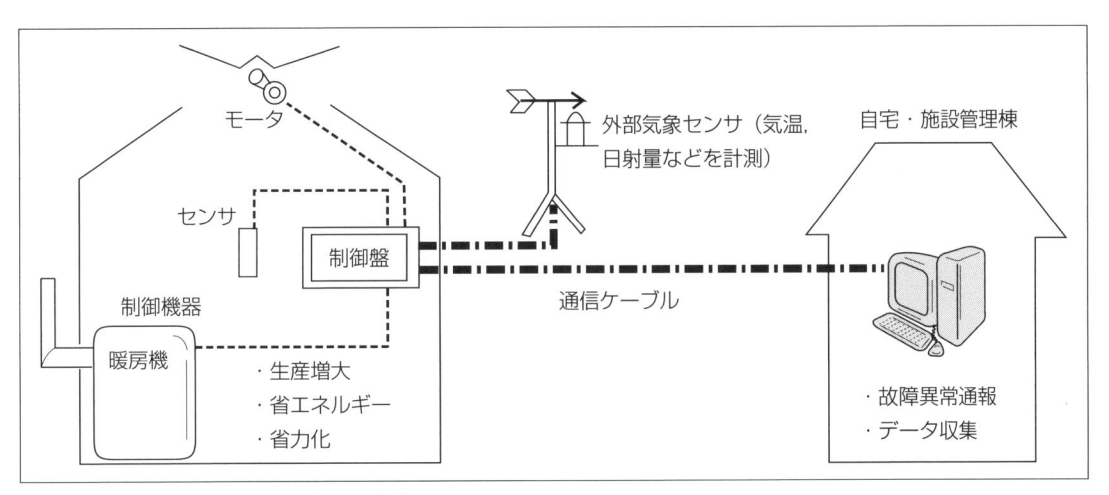

図10 コンピュータによる日射量比例制御の例

5 養液栽培技術

1 養液栽培のねらいとしくみ

養液栽培の特徴 養液栽培は，土を使わずに，成長に必要な養水分を培養液として与え，作物を栽培する方法である。養液栽培には，①根から感染する病気の発生が少ない，②土づくり，かん水，除草といった作業が省ける，③栽培装置の改善によって作業姿勢がらくになる，④病害の発生が減少して薬剤散布の回数が減る，などの長所がある。

また，養液栽培では，⑤作物の成長がはやく，葉菜類では年間の収穫回数が多くなり，収量が増加する（図1）。さらに，⑥培養液の排出を抑えることにより，肥料のむだが少なくなる。

ただし，施設・装置の建設などに多くの経費がかかり，培養液の調整・維持，好適根圏環境の維持などにこまかい管理を必要とする。

基本的なしくみ 養液栽培の基本的な装置には，①培養液を貯蔵するタンク，②栽培ベッド，③培養液を栽培ベッドへ供給する装置がある。酸素を培養液に溶かす装置，培地や培養液の加温・冷却装置，培養液の温度，EC，pHを監視するセンサ，などをそなえているものもある。

2 養液栽培の方式と装置

方式・装置の特徴 養液栽培は，水耕と固形培地耕に大別され，いくつかの方式が工夫されている（図2）。

たん液型水耕 栽培ベッド内に常に多量の培養液が保持されており，栽培ベッドと培養液貯蔵タンクの間を培養液が循環する（図3①）。培養液の量が多いため，培養液の組成・濃度，液温などの変化が小さい。なお，タンクをもたない方式もある。

NFT 栽培ベッドが1/70〜1/100のこう配で傾斜しており，

図1 養液栽培（サラダナ）

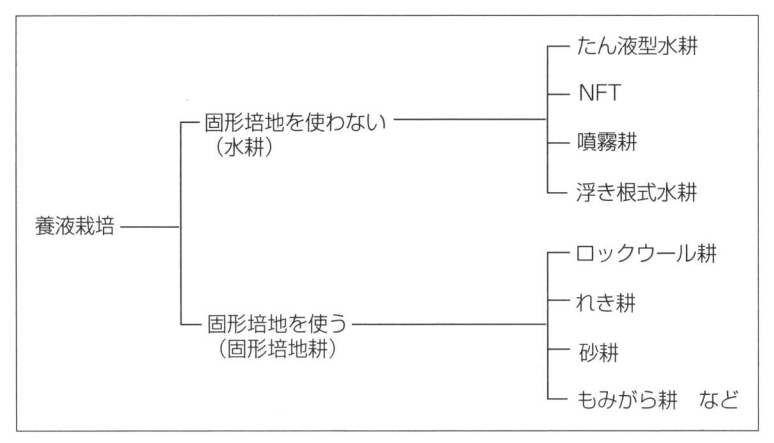

図2 養液栽培の方式

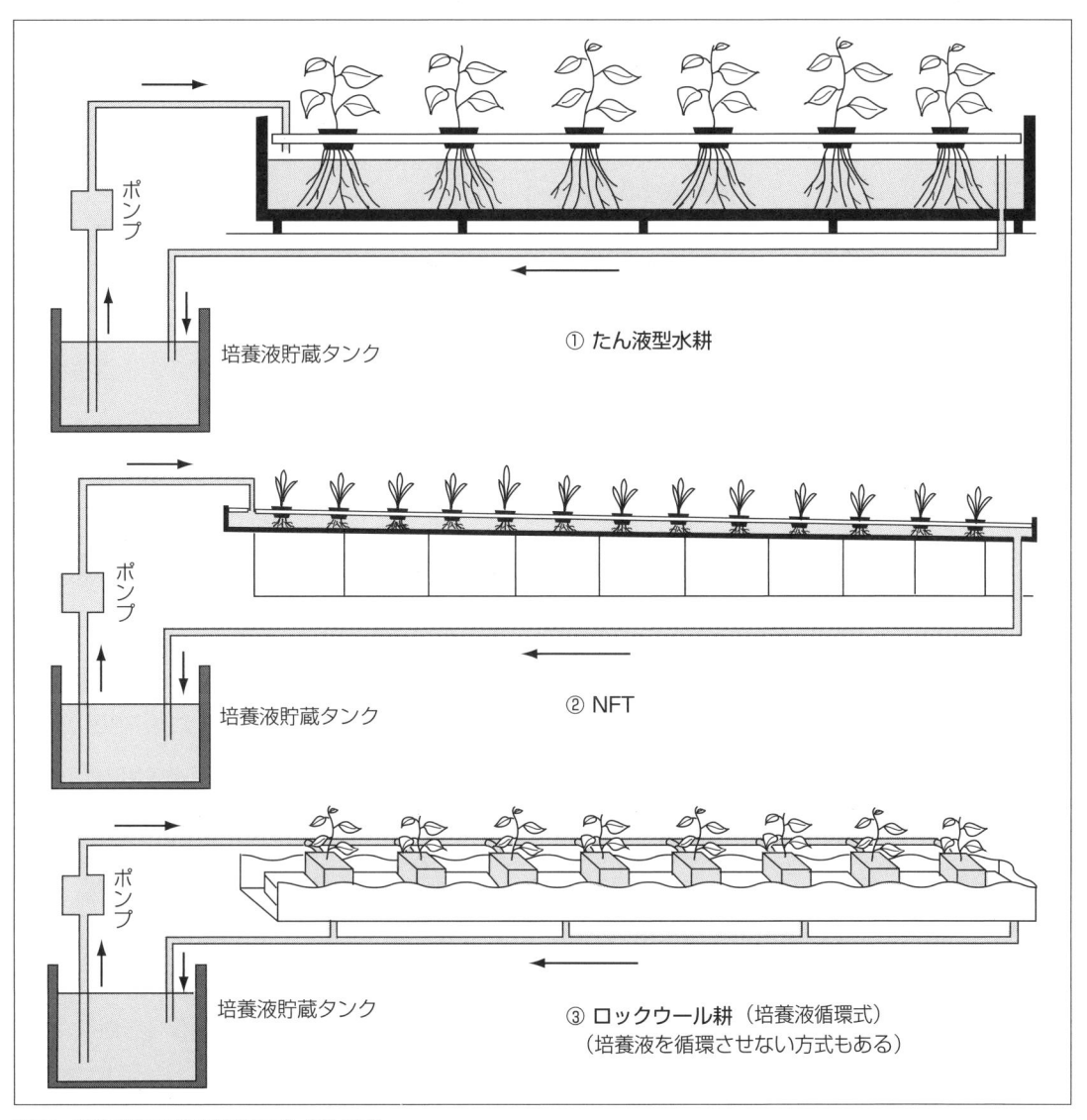

```
養液栽培 ─┬─ 固形培地を使わない ─┬─ たん液型水耕
         │   (水耕)              ├─ NFT
         │                       ├─ 噴霧耕
         │                       └─ 浮き根式水耕
         │
         └─ 固形培地を使う ──────┬─ ロックウール耕
             (固形培地耕)         ├─ れき耕
                                  ├─ 砂耕
                                  └─ もみがら耕　など
```

① たん液型水耕

② NFT

③ ロックウール耕（培養液循環式）
（培養液を循環させない方式もある）

図3 養液栽培の代表的な方式（模式図）

5 養液栽培技術

ベッドの一方から供給された培養液が，栽培ベッドの底面を数cmていどの水深を保ちながら流れる(図3②)。培養液の供給をある一定時間停止させる間断給液法をとると，根が直接空気に触れ，十分な酸素供給ができる。

ロックウール耕 保水性，通気性のよいロックウール[1]を培地にする（図3③）。培地内の水分の調節，育苗や定植時の株の取扱い，培地の更新が容易である。しかし，この培地は岩石を主原料としているために，使用後の処理に問題があるとされている。

その他の方式 空気中におかれた根に培養液を噴霧する噴霧耕，湿ったシート上に根を張らせる浮き根式水耕のほかに，れき，砂，軽石，もみがら，やしがら，パーライト，ピートモス，などを利用した各種の固形培地耕などがある（図4）。

| 野菜の種類と養液栽培の方式 |

野菜の種類によって，適する方式は異なる。たとえば，トマトは，根の環境適応性が広く，種々の方式での養液栽培が可能である。一方，イチゴは，根の酸素要求量が多いので，根やクラウンが水につかるたん液型水耕は適さない[2]。

葉菜類は，たねまき，収穫・調製作業が容易である，根をつけた状態で出荷するものがある，などの理由から，育苗時を除いて固形培地を使用しないたん液型水耕やNFTが適している。

3 培養液の組成と種類

| 培養液の基本組成 |

野菜の種類ごとに培養液が処方されている[3]（表1）。窒素は，おもに硝酸態のかた

[1] 玄武岩や製鉄鉱さいなどを高温で溶解，繊維化，成型したもの。

[2] イチゴなどでは立ったままで作業しやすい高さに設置した高設ベンチは，収穫や葉かきなどの管理作業がらくになる長所がある（→ p.216）。

[3] 園試処方培養液でも，培養液濃度を調節すれば，養液栽培されるほとんどの野菜の栽培は可能である。

図4 いろいろな野菜の養液栽培（左：れき耕の装置，右：もみがら耕の例）

ちで与えられ，培養液成分のなかで最も濃度が高い。アンモニア態の窒素は，濃度が高いと成長が阻害されやすくなるため，濃度は低く設定されているか，もしくは，与えられていない。

鉄は沈殿しやすいので，水によく溶けるキレート鉄とよばれる化合物で与えられる。

培養液の調整・維持

培養液作成のさいは，水量に対して溶かす各塩類の量，溶かす順序を守り（表2），いずれの塩類も完全に溶かす。水道水を使用する場合には，水1,000ℓ当たり2.5gのチオ硫酸ナトリウムを加え，残留塩素を分解させる。できあがった培養液は，濃度やpHを検査してから使用する。

培養液の各養分の濃度やpHは，野菜の成長にともなって変化することが多い（図5）。そこで，栽培期間を通じ，培養液の組成・濃度およびpHを一定範囲内に保つために，1〜2週間に1回の割合で，培養液の分析をおこない，補正する必要がある。補正の方法には，EC制御法とイオン濃度制御法とがある❶。

❶培養液のECを測定し，肥料および水を追加することにより，設定しているECに戻す方法をEC制御法という。各多量要素の濃度を測定し，個々に濃度を修正する方法をイオン濃度制御法という。後者のほうが，培養液の組成・濃度が安定する。

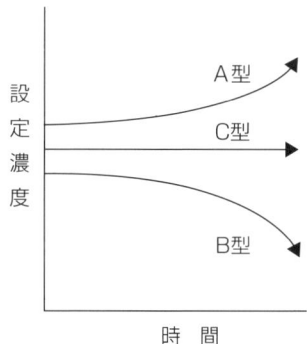

図5 培養液の濃度変化の模式図
注 A型：設定濃度より水を多く吸収する。C型：設定濃度と同じ濃度で吸収する。B型：設定濃度より肥料を多く吸収する。

4 栽培管理のポイント

培養液濃度

培養液濃度は，生育段階や栽培時期によって，変更を必要とすることがある。トマトでは，生育初期にはやや低い濃度で栽培し，徐々に培養液濃度を高くし，果実の肥大と糖度の上昇を図っている。

養分の吸収は水分の吸収量に左右されやすいので，吸水量が少

表2 園試処方標準培養液の作成法（1,000ℓ分）

塩類（肥料）	使用量
①硫酸マグネシウム	500g
②硝酸石灰	950g
③硝酸カリ	810g
④第1リン酸アンモニウム	155g
⑤キレート鉄	25g
⑥微量要素原液（表1）	100mℓ

注 ①から⑥の順に加える。

表1 野菜の養液栽培で使用される培養液の養分濃度（濃度単位：me/ℓ）

作目（処方名）	硝酸態窒素 (NO_3-N)	アンモニア態窒素 (NH_4-N)	リン (P)	カリ (K)	カルシウム (Ca)	マグネシウム (Mg)
トマト（山崎）	7		2	4	3	2
キュウリ（山崎）	13	1	3	6	7	4
メロン（山崎）	13		4	6	7	3
イチゴ（山崎）	12	1.2	3.6	7.2	4.8	2.4
ネギ（千農試）	8	4	6	6	2	2
サラダナ・レタス（山崎）	6		1.5	4	2	1
ホウレンソウ（山崎）	12	1.3	4	8	4	4
園試処方（1/2単位）	8	0.7	2	4	4	2
微量要素（園試処方）	鉄3ppm，ホウ素0.5ppm，マンガン0.5ppm，亜鉛0.05ppm，銅0.02ppm，モリブデン0.01ppm					

なくなる低温期には，高温期に比べ培養液濃度をやや高く設定する。なお，ミツバの養液栽培では，培養液 pH の維持および高温期の病害回避を目的に，高い濃度で管理されることがある。

培養液温度 野菜の種類によって好適根圏温度が異なる（表3）。培養液の温度が低いとリン，カリウム，マグネシウムの吸収が，高いとカルシウムの吸収が阻害されやすい。高温期は根が酸素不足になり根腐れを起こしやすいので，積極的に培養液の冷却や酸素の供給をおこなう必要がある。

また，高温期，低温期いずれの場合も，気温の制御はある範囲にとどめて根圏温度を積極的に制御するほうが効果も大きく経済的である。

酸素供給 養液栽培では，その方式にもよるが，多くの場合，根が培養液中にあり（図6），酸素不足になりやすいので，酸素供給のための工夫が必要になる。根に対する酸素供給量が低下すると，リン，カリウム，マグネシウム，カルシウム，マンガンの吸収が阻害されやすい❶。硝酸態窒素と水分の吸収は，他の養分に比べて，酸素不足による影響が小さい。

病害・生育障害の予防 栽培装置は塩素などで消毒して，栽培期間中は施設内を清浄に保つ。病害株があらわれたときは，すみやかにその株を抜き取り，必要に応じて最小限の薬剤の散布をおこなう。また，養分の過不足による生育異常が起こらないように，培養液は定期的に分析する。

❶とくに，酸素要求量が多いホウレンソウやネギは，酸素が不足すると収量が低下するため，積極的な酸素供給が必要である。

表3　養液栽培の根圏温度
（千葉農試）

作物	根圏温度（℃）		
	低温限界	好適	高温限界
トマト	13	21～24	32
キュウリ	13	23～25	35
ミツバ	8	18～22	28
ネギ	8	22～26	35
サラダナ	8	15～28	35
イチゴ	8	18～20	28

図6　培養液中の根の状態

参考　無農薬栽培に最も近い施設栽培

オランダでは農業の環境負荷を軽減するために，2000年から，温室内で使用した農薬や化学肥料を外部へ排出しないように，閉鎖系で生産することが法律で義務づけられている。このような対応は養液栽培でないとできにくいために，温室の養液栽培化が進んだ。

また，温室で養液栽培をした場合，除草剤や土壌消毒剤を使用せず，天敵昆虫を利用して害虫防除をおこない，ハチによってトマトの受粉をおこなうなどの技術が使われるために，実質的な無農薬栽培に最も近い，と評価されている。

6 有害生物(病害虫, 雑草)の管理

1 病害虫防除

(1) 防除の考え方

　効果的な防除をおこなうためには，発生が予想される病害虫の生態や発生消長（図1），発生条件などを把握する必要がある。そして，病害虫の発生しにくい環境❶をつくるとともに，栽培中は常に野菜の生育を観察して，病害虫の早期発見と的確な診断をおこない，はやめに適切な防除対策をとることが重要である。

　防除にさいしては，化学合成農薬（化学農薬）にたよりすぎず，化学農薬によらない防除法も積極的に取り入れるようにする。

❶病原菌や害虫のなかには雑草をすみかとしているものも多いので，雑草を取り除くことで，病虫害を軽減できることも多い。

(2) 化学農薬によらない防除

病気の防除

　耕種的方法　病原菌に抵抗性を示す品種や台木の利用は，導入が容易で，防除効果も高い❷。また，病原菌が増殖しにくい環境や野菜が強健に育つ環境をととのえることによって，病気を予防できる。施設栽培で発生

❷トマトでは，いちょう病，根腐れいちょう病，葉かび病など，数種類の病原菌に抵抗性をもつ複合耐病性品種の利用が一般化している。抵抗性台木への接ぎ木は，トマトやスイカ，メロン，ナスなどで広くおこなわれている。

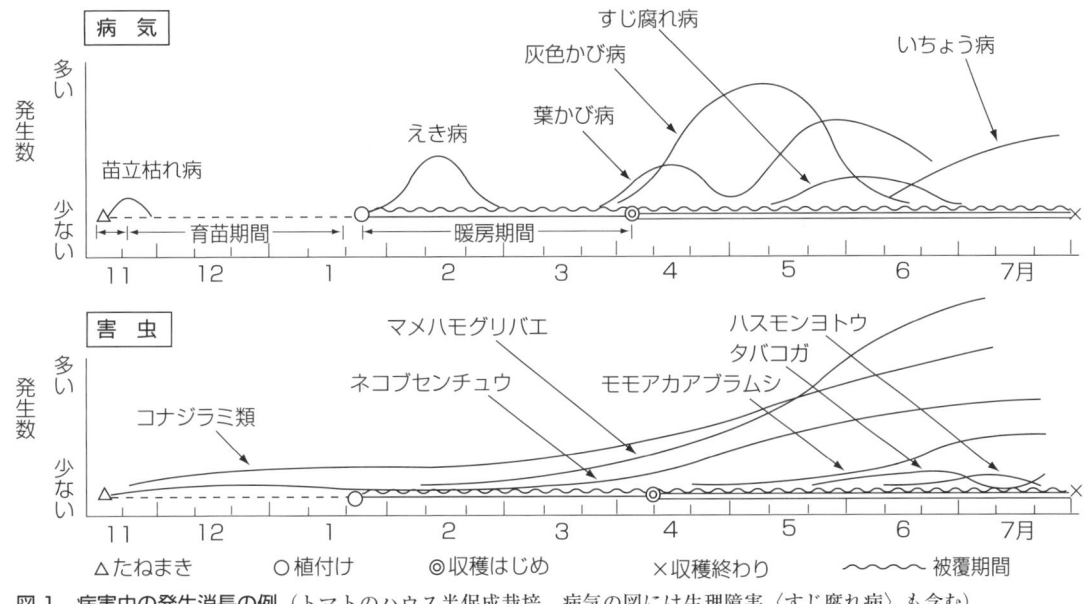

図1　病害虫の発生消長の例（トマトのハウス半促成栽培，病気の図には生理障害〈すじ腐れ病〉も含む）

する灰色かび病は，温度や湿度を制御して，葉面の結露（→ p.67 図7）を防止すると発病をかなり防止できる。

生物的方法 病原ウイルスの弱病原性系統にあらかじめ感染させておくと，病原性系統による感染・発病を防止できる❶。

物理的方法 近紫外線カットフィルム被覆下では，灰色かび病菌の胞子形成が抑制されたり，菌核病の増殖が阻害されたりするため，これらの発病が抑制される。また，紫外線除去下では，アブラムシやスリップスの飛来が少なくなるので，これらの害虫が媒介する病気を減らせる。

害虫の防除

耕種的方法 遺伝的に害虫の寄生が少ない耐虫性品種の利用がある。トマトでは，サツマイモネコブセンチュウ抵抗性品種が育成されて広く栽培されている。土壌センチュウは，マリーゴールド（図2）やエンバクなどを栽培すると，密度を低下させることができる。このようなセンチュウ対抗植物を輪作体系のなかに組み込む。

天敵の利用 害虫を補食したり害虫に寄生したりして死亡させる昆虫類や病原微生物など，天敵の利用が施設栽培を中心に普及しつつある（表1）。病原微生物❷を利用するものには，コナガ，モンシロチョウの天敵細菌からつくられたBT剤❸などがある。

視覚反応を利用した防除法 害虫が特定の色に強く反応し，忌避あるいは誘引される性質を利用する❹。アブラムシ類は，きらきら光る銀白色を強く忌避する性質がある。マルチングに光を強く反射する資材（→ p.59）を用いたり，光反射テープを張ったりすると，周辺からの有翅アブラムシの飛来が減る。

❶トマトやピーマンでは，TMV（タバコモザイクウイルス）やCMV（キュウリモザイクウイルス）の弱毒ウイルスが作製され利用されている。

❷病原菌に対して抑制作用を示す微生物や，害虫の伝染病を起こす病原体などの微生物を素材としてつくられる殺虫剤などを生物農薬という。人畜，魚介類，植物に無害である，天敵昆虫などに悪影響が少ない，などの利点がある。難点は，速効的でない，製品の均一性や安定性に不安がある，こととされる。

❸生物農薬の一種で，バチルスチュウリンゲンシス（*Bacillus thuringiensis*）の産生する毒素を有効成分とする製剤。コナガなどのりん翅目害虫に特異的に殺虫効果を示す。

❹オンシツコナジラミ類は明るいさえた黄色を好むことから，黄色粘着リボンや粘着板を利用した密度抑制がおこなわれる。

図2 土壌センチュウを防除するために作付けされるマリーゴールド

表1 実用化されている天敵昆虫

対象害虫	天敵名
オンシツコナジラミ シルバーリーフコナジラミ	オンシツツヤコバチ
マメハモグリバエ	イセエアヒメコバチ ハモグリコマユバチ
ハダニ類	チリカブリダニ
ミナミキイロアザミウマ ミカンキイロアザミウマ	ナミヒメハナカメムシ ククメリスカブリダニ
アブラムシ類	ショクガタマバエ コレマンアブラバチ

果実吸汁ヤガ類は，黄色蛍光灯のような比較的波長の長い光を昼間と感じる。この性質を利用して，施設栽培では，夜間に黄色蛍光灯を点灯して害虫の飛来を防止している。

フェロモン利用による防除法　ガ類の性フェロモンを人工的に合成したものが実用化されている。この利用法には，大きく分けて，害虫の発生予察に利用するフェロモントラップ❶（図3）への利用と，害虫防除への直接利用❷がある。

物理的遮へいによる飛来防止　害虫が侵入できないこまかい網目のネットやべたがけ資材をハウスやトンネルの外張りとして，害虫の被害を回避する。ウイルスフリー苗の増殖には，アブラムシの侵入を防ぐ目合い1mmの寒冷しゃが利用される。

このほか，害虫の雄を不妊化して放飼する方法❸もある。

(3) 化学農薬による防除

農薬による病害虫の防除は，簡便で効果が高いために最も広くおこなわれている。病気の防除に用いられる農薬は殺菌剤，害虫の防除に用いられる農薬は殺虫剤とよばれる。

病気の防除　大きく分けて，病原菌に感染する前にそれを防ぐ予防と，感染後に進行を阻止する治療とがある。一般に，病気は発病してからでは治療が困難であることから，予防に重点がおかれる。

殺菌剤の効果は，予防効果と治療効果とに分けられる。薬剤の効果は，両者のいずれかに限定されるものではないが，そのどちらかにすぐれていることが多いので，その特性を把握して適切な場面に使用する。

害虫の防除　殺虫剤は，害虫への作用の仕方から消化中毒剤，接触剤，くん蒸剤，浸透移行剤❹などに分けられる。

地上部の茎葉を食害する害虫には，消化中毒剤や接触剤などを茎葉散布する。茎葉内部や果実内に食入する害虫には，卵から幼虫がふ化して食入する前に接触剤を散布する。茎葉部から汁液を吸収する害虫に対しては，浸透移行剤が高い効果を発揮する。

土中に生息して根などを食害する土壌害虫には，たねまきや植

❶雌の性フェロモンが雄のガを強く引き寄せる作用を利用して，合成性フェロモンを大気中に蒸散させ，雄成虫を誘引し，捕獲する「わな」（トラップ）。

❷大量の雄成虫を誘殺して雌成虫との交尾の機会を失わせ，次の世代の出生密度を低下させる大量誘殺法と，高濃度の合成性フェロモンを畑一面に蒸散させて交尾を阻害する交信かく乱法とがある。いずれの方法も，害虫の密度が低いうちから設置することが重要である。

❸放射線を照射して不妊化した雄の成虫を野外に放ち，その雄と交尾した雌の卵を発育途中で死滅させる方法で，放飼を繰り返すと害虫を絶滅させることができる。沖縄や小笠原諸島などのミバエ類は，この方法で絶滅された。

❹土壌に施用して根部などから吸収・移行させ，茎葉部を食害する害虫を防除する。土壌が乾燥していて根から吸収されにくい状態では効果が出にくい。

図3　フェロモントラップ（シロイチモジヨトウの発生予察用）

付け前に，農薬の土壌全面施用やうね内施用などがおこなわれる。

| 農薬散布の留意事項 |

同じ薬剤もしくは同一系統の薬剤を使用し続けると，その薬剤が効かない病原菌（耐性菌）や害虫（薬剤抵抗性害虫）が出現し，畑全体に広がるようになる。これを防止するためには，異なった作用特性をもつ他の薬剤と交互に散布する。

また，特定の害虫を防除するために散布した薬剤が，対象害虫の天敵をも殺してしまい，害虫の多発をまねく（リサージェンスという）こともある。薬剤の選択にあたっては，天敵にも配慮する必要がある。

2 雑草の防除

(1) 防除の考え方

雑草が発生して繁茂すれば，除草に手間がかかるだけでなく減収や品質低下，作業能率の低下などをまねく。とくに，野菜は生育初期に雑草の被害を受けやすい。また，畑の周辺の雑草は病害虫の発生源となることもある。

雑草防除の基本は，畑に雑草の種子を持ち込まない，雑草が小さいうちに防除し，雑草の種子を畑に落とさない，雑草の生育を抑制する条件をつくる，などである。

研究
わら，黒色・緑色・銀色および透明のフィルムでマルチングして，雑草の発生状況を調査・比較してみよう。同時に，地温の測定もおこない，マルチの種類によって地温がどれくらい異なるか調査してみよう（→ p.59）。

(2) 化学農薬によらない防除

わらや黒か緑色の着色ポリフィルムでマルチングをすれば，被覆下の光線量が少なくて雑草の発生や生育を抑制できる。また，栽培中に中耕や培土をおこなうときに，除草も同時におこなえる。

夏作後に作付けをしない場合，定期的に耕起をしておくと，雑草種子は発芽するが，冬の寒さで結実することなく枯れるため，土壌中の種子が減少する。晩夏から初秋の平均気温22～24℃の時期に耕起するとよいといわれる。

(3) 化学農薬による防除

化学農薬による雑草防除は，除草剤が主体になる。除草剤には，

①除草効果が高く，持続期間も期待できる，②簡便で能率的，かつ省力的である，③選択的除草ができる，などの利点がある。

除草剤の効果は，使用薬量，雑草の種類とその生育ていど，土壌や気象条件，除草剤の種類や剤型・散布方法，などが影響する。それぞれの薬剤および使用条件に適した方法で使用する。

3 総合的有害生物管理

化学農薬の過度な使用は，環境問題を引き起こすだけでなく，薬剤抵抗性病害虫の出現をまねき，防除効果の低下という問題をも発生させた。これらの反省に立って，単一の手段だけにたよらず，耕種的防除をはじめとして，各種の防除手段を組み合わせた総合防除が求められている。

これは，病害虫や雑草を根絶するのではなく，多様な防除法によって，経済的な被害が生じるレベル以下に抑えるという考え方（総合的有害生物管理，IPM❶という）である（図4）。そのためには，各種病害虫や雑草ごとに防除を必要とする密度（要防除水準）を明らかにし，発生予察を的確におこなう必要がある。

ヨーロッパの施設栽培では，湿度を制御して病気の発生を，天敵によって害虫を，被害許容水準以下に抑え，これらで抑制できない場合に化学農薬を部分的に使用する，という方法が普及している。

❶ IPMとは，Integrated Pest Managementの略。

```
┌─────────────────┐
│ 経済的被害許容水準の決定 │
└─────────────────┘
         ↓  どのていど発生すると
            経済的被害が出るかの
            決定
┌─────────────────┐
│      発生予察       │
└─────────────────┘
         ↓  発生量の変化の
            的確な予測
┌─────────────────┐
│ 多様な防除法の合理的統合 │
└─────────────────┘
            農薬以外の防除法の
            積極的利用
```

図4　IPMの考え方

参考　除草剤利用上の留意点

●除草効果を上げるための留意点

①畑に生える雑草の種類を知り，発生する雑草に効果のある除草剤を選択する。

②適期に処理する。土壌処理剤は雑草が出芽してからでは効かないものが多い。一方，茎葉処理剤の場合，雑草の処理時期が規定されているので，その範囲で使用する。

③土壌処理剤の場合，地表面に薬剤の処理層を均一に形成させるために，畑の砕土，整地をていねいにおこなう。

●薬害防止のための留意点

①きょくたんな浅まきでは種子が薬剤の処理層にはいって薬害を起こす危険がある。種子は深さ2～3cmにやや深まきにし，覆土をていねいにおこなう。

②砂質土のように薬剤保持力の弱い土壌では，薬量を減らすか使用しない。

③土壌が過湿状態の場合や処理後に大雨が予想される場合は，散布を遅らせるか，控える。

④残効期間の長い除草剤の場合，後作物の発芽や生育にも影響することがあるので，後作物のことも考慮に入れて薬剤を選択する。

7 果菜類の育苗

1 育苗のねらい

　トマトやナスなどの果菜類は，たねまきから収穫までに長い日数がかかる。したがって，本畑に直接たねまきをしていたのでは，収穫が始まるまで，広い面積を管理しなければならず，労力や暖房のコストが多くかかり効率的でない。

　比較的せまい場所（育苗床）で多くの苗を集約的に管理しておけば，本畑では他の作物を栽培したり，植付けの準備をしたりして，本畑を有効に利用できる。

　また，果菜類の花芽は本葉が1～4枚という幼苗時（表1）に形成され，茎葉の発育と同時に花の発達も始まる（図1）。したがって，苗の段階での生育状態が，その後の果実の着生・肥大，ひいては収量に大きな影響を及ぼすことになる。生育のはじめは，植物体は小さく，病害虫や不良環境に対する抵抗力が弱いので，よりよい環境下でよい苗（図2）をつくることが育苗の目標となる。

表1　果菜類の花芽分化期

品目	発芽後日数	展開葉数
キュウリ	10～15日	1.0～2.0枚
メロン	10～15	1.0～2.0
トマト	15～25	2.0～2.5
ナス	25～30	2.5～3.0
ピーマン	30～40	3.0～4.0

図1　花芽分化期の苗（キュウリ）

図2　生育のそろったトマトの苗

コラム

「苗半作」

　育苗に対しては，「苗半作」という言葉が昔からよく使われてきた。苗の良否によって，その作物の栽培成績の大半が決まるという意味である。とくに果菜類では，花芽の分化が育苗期に始まるので，きめこまかい環境調節をおこない，地上部（茎，葉）と地下部（根）のバランスのよい苗を育てることが重要である。

2 育苗方法とその特徴

育苗の方法は，温度管理の仕方により，**温床育苗**と**冷床育苗**に分けられる。

温床育苗は，図3のように苗床枠（フレーム）を設けて，電熱や発酵熱[1]によって積極的に加温し，適当な温度を保って育苗する方法である。おもに冬から春にかけての低温期の育苗に利用される。

冷床育苗は，苗床枠は設けるが，積極的な加温はおこなわずに育苗する方法である。春先，暖かくなってから育苗する場合に利用される。

また，苗床の形式により，**平床育苗**と**ポット育苗**などに分けられる[2]。平床育苗では，苗床枠に直接床土を入れ，これにたねまきしたり，移植したりする。ポット育苗では，軟質プラスチック製（おもにポリエチレン）のポットに床土を入れて育苗する。苗の移動（ポットの間隔を広げる）や定植時の運搬に便利で，植え傷みが少ないため，広くおこなわれている。

[1] 発酵熱を熱源として利用した温床を，踏み込み温床という。古くから用いられている方法で，床土の下に，稲わらや落ち葉などの有機物を踏み込み，有機物が微生物によって分解されるさいに発生する発酵熱（20〜50℃ ていど）を利用する。

[2] 最近では，セル成型苗（→p.85）の利用も増えている。

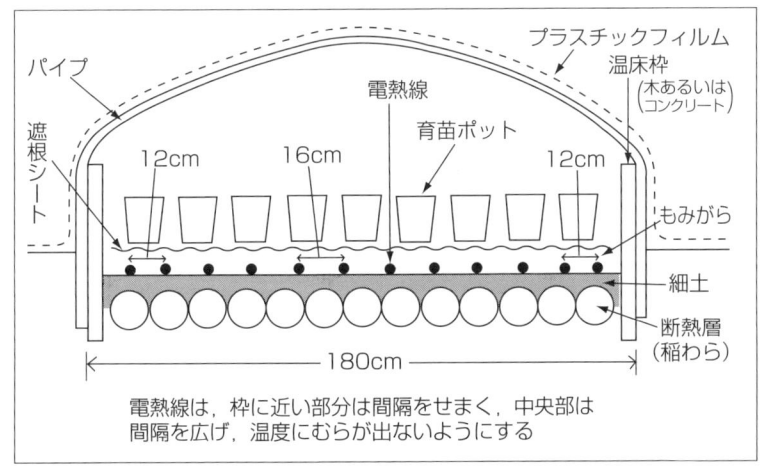

図3 電熱温床（ポット育苗）の例

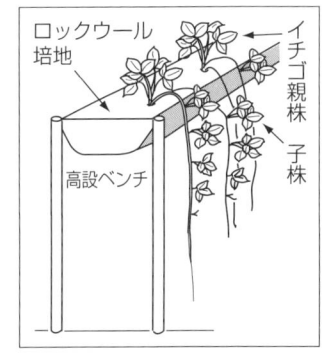

図4 イチゴの空中採苗

参考 イチゴの空中採苗

親株から形成されるランナーから子株を育成するイチゴでは，病害（おもに炭そ病）の伝染防止のために，空中採苗もおこなわれている（図4）。この方法では，ランナーを高設ベンチから空中に垂れ下がるように形成させ，それを採取して育苗する。

3 育苗の施設と資材

育苗施設 温湿度管理が適正におこなえるように,採光性がよく,換気装置,遮光資材(高温期や接ぎ木時に使用),保温・加温設備のととのった専用の施設を設置することが望ましい。本畑10a当たりの育苗施設面積は,苗床面積に通路や加温設備の設置面積を加えると,おおよそ100m²必要である。

床土 床土は,苗の根をよく発達させて良質苗を育成するために,以下の条件をそなえていることが必要である。①排水性,通気性,保水性がよい,②肥料養分を適当量含んでいる,③病原菌や害虫がいない,④野菜の種類に適している,などである。

床土の種類は,そのつくり方によって,図5のように熟成床土と促成床土に分けられる。近年では,均一なものが大量に作製できる,労力が節減できる,有機物が入手困難になってきたことなどにより,促成床土が多く使われている。本畑10aに植える苗を育成するために必要な床土量は,ポット育苗の場合,おおよそ2m³である。

育苗ポット 一般的に黒色ポリポットが用いられる。苗は,育苗期間が長くなると,根がポットの内側に巻きついて老化し,定植後の活着や生育がわるくなる。したがって,野菜の種類や育苗時期(作型)によって,ポットの大きさを使い分ける必要がある❶(図6)。

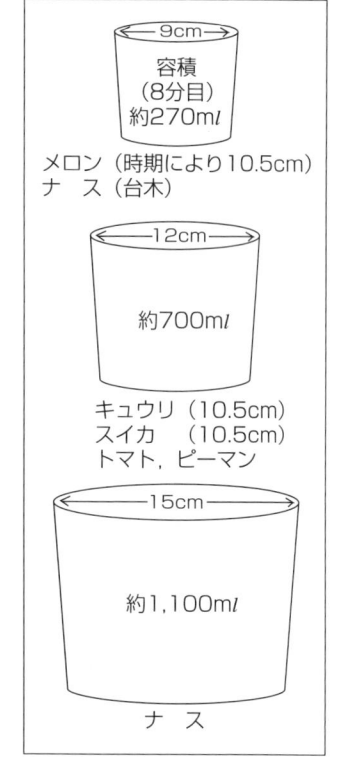

❶同じ野菜でも,高温期は育苗日数が短いので小さいポットを使用し,低温期は育苗日数が長いので大きいポットを使用する。

9cm
容積(8分目)約270ml
メロン(時期により10.5cm)
ナス(台木)

12cm
約700ml
キュウリ(10.5cm)
スイカ (10.5cm)
トマト,ピーマン

15cm
約1,100ml
ナス

図6 野菜の種類と使用するポットの大きさ

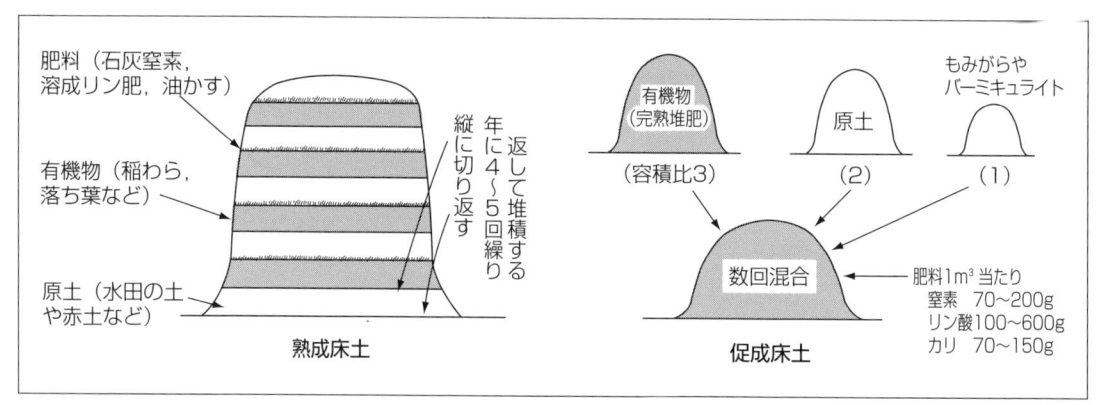

肥料(石灰窒素,溶成リン肥,油かす)
有機物(稲わら,落ち葉など)
原土(水田の土や赤土など)
年に4～5回繰り返して堆積する
縦に切り返す
熟成床土

有機物(完熟堆肥)(容積比3)
原土 (2)
もみがらやバーミキュライト (1)
数回混合
肥料1m³当たり
窒素 70～200g
リン酸100～600g
カリ 70～150g
促成床土

図5 床土のつくり方

4 育苗管理

たねまきと発芽期の管理
種子は,発芽後に葉が重ならないように,播種箱などを用いてすじまきにする。たねまき後は覆土をしてかるくおさえ,十分にかん水をおこなう。発芽をそろえるために,やや高めの28〜30℃で管理する(図7)。発芽後は,温度をやや下げて徒長を防ぐ。子葉が完全に展開したら,密生部分などを間引く(図8)。

移植(鉢上げ)
苗の生育に十分な広さを与え,根の発達をうながすためにおこなう。鉢上げ時期は,キュウリやメロンなどは子葉展開時,トマトやナスなどは本葉2〜3枚時である。葉がこみあってきたら,鉢の間隔を広げる。

接ぎ木
おもに土壌伝染性病害の発生を防ぐためにおこなう。接ぎ木には,図9のような方法がある❶。野菜の種類,栽培時期(作型)などによって,適した

❶セル成型苗の接ぎ木は,従来の接ぎ木とちがって,幼苗時(トマトなどでは本葉2枚ていど)におこなわれる。接ぎ木方法は,チューブを利用した斜め接ぎが多い。

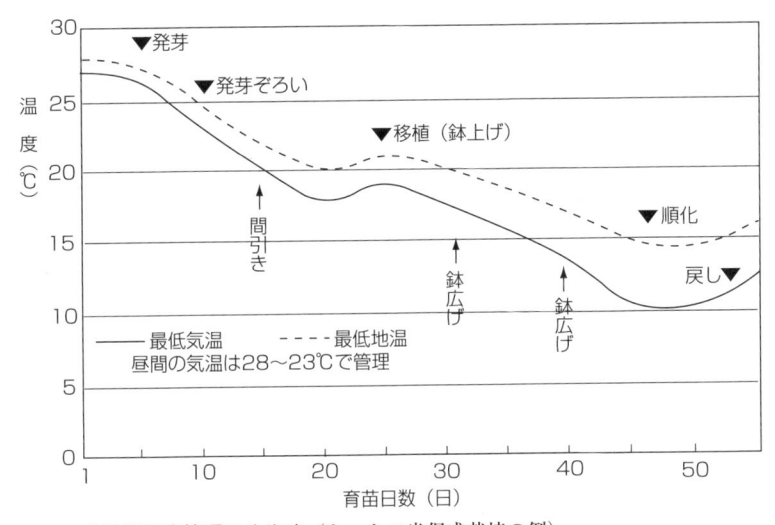

図7 育苗期温度管理のめやす(トマトの半促成栽培の例)

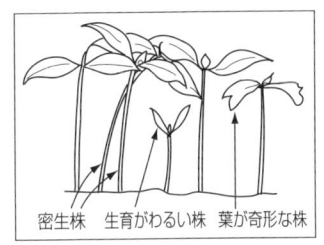

図8 間引きをする株のめやす

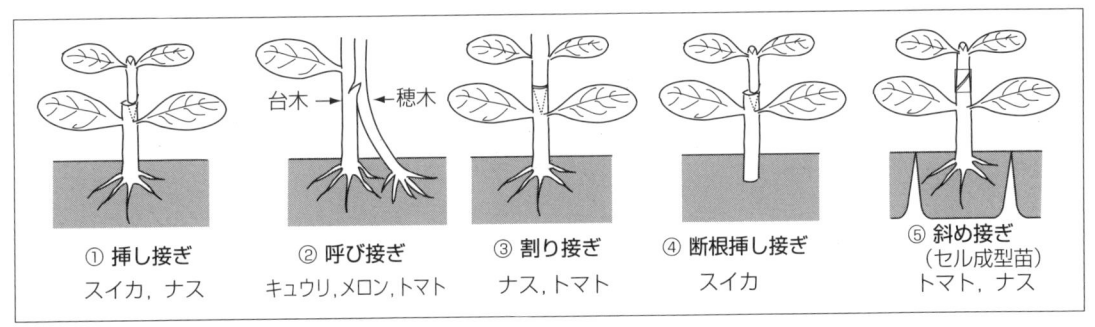

図9 接ぎ木の方法と利用する野菜の種類
① 挿し接ぎ　スイカ,ナス
② 呼び接ぎ　キュウリ,メロン,トマト
③ 割り接ぎ　ナス,トマト
④ 断根挿し接ぎ　スイカ
⑤ 斜め接ぎ(セル成型苗)　トマト,ナス

❶スイカ：ユウガオ，カボチャ
キュウリ：カボチャ
ナス：赤ナス
トマト・メロン：共台
などが用いられる。共台とは，同じ作物のなかで耐病性などのすぐれた品種を指す。

❷順化の効果は，半促成作型（無加温），露地作型，トンネル作型など，定植時期が低温の作型で大きい。

❸この操作を「戻し」という。

方法を用いる。台木には，土壌伝染性病害に対し抵抗性の強い植物や品種❶を使用する。

定植前の管理 苗をそのまま本畑に植えると，苗床と環境条件が大きく異なることから，一時的に苗の生育が停滞することがある。これを避けるため，育苗の最終段階で，順化❷をおこなう。順化では，苗をしめる（硬化させる）ために，強い光にあて，温度を低めに管理し，かん水量もしおれないていどに制限する。また，順化が進んだ苗では，定植の1〜2日前に，温度をやや高めに（→図7），かん水量も多めにする❸。

5 苗の診断・評価

苗の生育のようすや形状，色は，苗を取り巻く環境に左右される。したがって，育苗時には苗の形状や色などをよく観察して管理することが大切である（図10，11）。

毎日の育苗管理のなかで生育診断と苗質の評価をおこない，管理方法を修正しながらよい苗を育成する。

葉色 葉色が薄いときは，光合成活性がおとろえている。とく

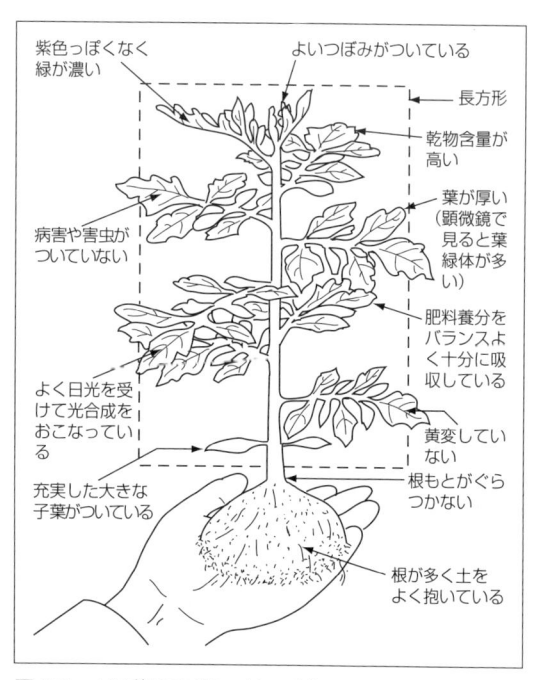

図10 よい苗のすがた（トマト）
（森俊人『トマト百科』1989による）

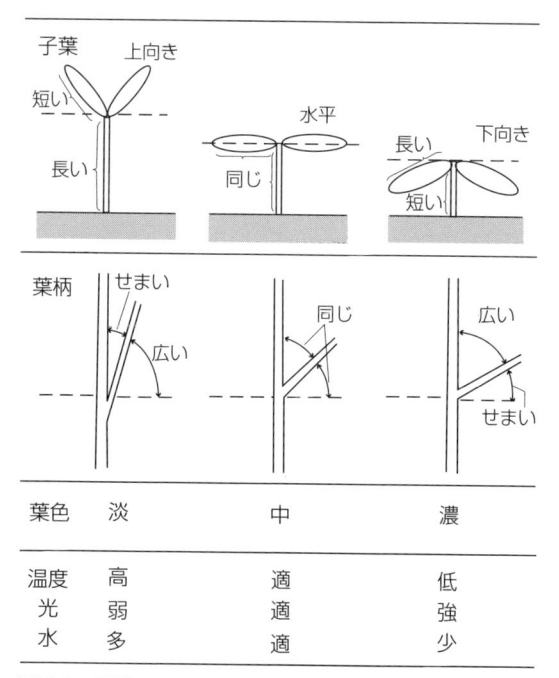

図11 野菜の昼間のすがたと生育条件
（米安晟『野菜作りの新視点』1984による）

第3章 野菜の栽培と環境管理

に，下葉から全体が黄色くなる場合は，窒素が不足している。

葉の大きさ・形 光合成のさかんな葉は，厚くて大きい。葉は大きいが，薄く垂れているときは，日照不足，高夜温，窒素過剰などが考えられる。葉が小さい場合は，養水分の不足，低温などが原因であることが多い。

節間長・葉柄長 節間と葉柄が長いときは，高夜温，日照不足，窒素過剰などが考えられる。反対に，節間と葉柄がともに短い場合は，低夜温や水分不足によることが多い。

6 セル成型苗

セル成型苗の特徴 果菜類のセル成型苗(図12)は，1トレイ(縦約27cm×横約58cm)当たり50穴から200穴のものが用いられる。1セル当たりの床土量は，代表的な72穴角トレイで58ml，128穴角トレイで27mlである。

セルトレイを用いた育苗法は，育苗センターなどで管理がシステム化され，大量に育成される場合に用いられる。

直接定植と二次育苗 セル成型苗を利用する場合には，本畑に直接定植する方法と，ポットへ鉢上げして利用する方法（二次育苗）とがある（図13）。

本畑に直接定植する方法は，定植作業が省力化され，さらに，購入苗を利用する場合には，育苗に関する施設や資材，労力を省くことができる。しかし，若苗定植となるため，本畑での管理作業時間が増加する。また，定植後に草勢が強くなりやすいので過繁茂の生育となる場合が多く，果菜類では果実品質が低下する場合がある。

二次育苗する場合には，根鉢が形成されたら，はやめに鉢上げ（移植）して，苗の状態にあわせた育苗管理をおこなう。

図12 トマトのセル成型苗（購入苗）

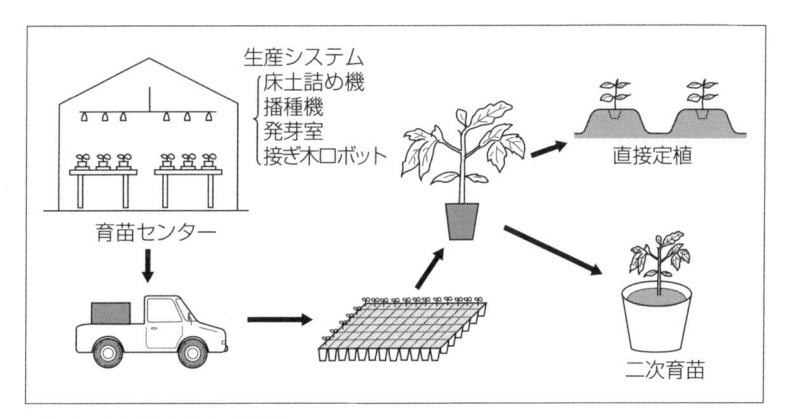

図13 セル成型苗の利用例

7 果菜類の育苗

8 葉茎菜類の育苗

1 育苗のねらい

　葉茎菜類では，レタス，キャベツ，ハクサイ，ブロッコリー，タマネギ，ネギ，セルリーなどで育苗がおこなわれている。育苗のねらいは，次のような点にある。

　①畑での栽培期間を短縮でき，前作の収穫期間を延長させたり，作付け回数を増加させたりすることができる。

　②幼苗期を病害虫や気象災害などから守ることができ，健全な苗を定植することで生育がそろう。

　③種まき，育苗，植付けといった一連の管理作業システムの機械化によって，おおはばな省力化がはかれる。

2 育苗方法とその特徴

各種の育苗方法　葉茎菜類の育苗では，各種の方法が工夫されており，セル成型育苗やペーパーポット[1]育苗（図1），地床育苗（図2），ポット育苗，ソイルブロック育苗などがおこなわれている。

[1] 紙を原料とした底なしの連結ポット。

図1　セル成型育苗（左：レタス）とペーパーポット育苗（右：ネギ）

セル成型育苗やペーパーポット育苗は，育苗や植付け作業の省力化・機械化が図れることから急速に普及し，購入苗の利用も増えている。しかし，育苗システムの導入あるいは苗の購入には，かなりの経費がかかり，とくに，セル成型苗は，植付け適期のはばがせまい。

地床育苗[1]やポット育苗，ソイルブロック育苗[2]は，苗の植付け（図3）に多くの労力を要するが，育苗の経費があまりかからず，植付け適期のはばが広い。このほか，二次育苗的なポット育苗（→p.85）もおこなわれている。

セル成型育苗　葉茎菜類のセル成型苗は，野菜の種類にあわせて，1トレイ当たり100〜300穴ていどのものが用いられている。従来の地床苗（キャベツ，ブロッコリーなど）に比べて，植付け時の苗の大きさがかなり小さくなる（図4，5）ことから，同じ日の播種では収穫日が遅れることが知られている。このため，地床苗と同じ時期に収穫したい場合には，

[1] 畑の一部に苗床をつくって育苗する方法。

[2] 土と堆肥，肥料を混合し，水を加えて練りかためた培地（床）にたねまきして育苗する方法。ハクサイでは植え傷みを防ぐため古くから練り床育苗がおこなわれている。最近ではホウレンソウでもおこなわれている。

図2　地床育苗（キャベツ）

図3　レタス苗の定植作業（手植え）

図4　葉茎菜類のセル成型苗（左からキャベツ，ブロッコリー，チンゲンサイ）

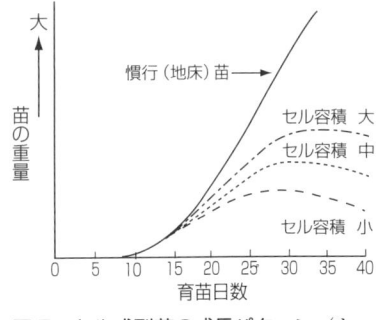

図5　セル成型苗の成長パターン（キャベツの例）

8　葉茎菜類の育苗

播種日を数日（2～5日）はやめる必要がある。

ペーパーポット育苗

ペーパーポットには，紙の連結部がのりづけされていて，定植時に1ポットずつ分離して植え付けるタイプ（図6）と，各ポットがチェーン状につながっており，1列につなげて植え付けるタイプとがある。チェーン状ペーパーポットとその簡易移植機を用いた植付け方は，図7のようである。

3 植付け（移植）方法

植付けにあたっては，苗に十分なかん水をおこなうと同時に，野菜の種類に応じた適正な深さや角度を確保することが重要である。とくに，セル成型苗では根鉢が地表面に見えないように植え

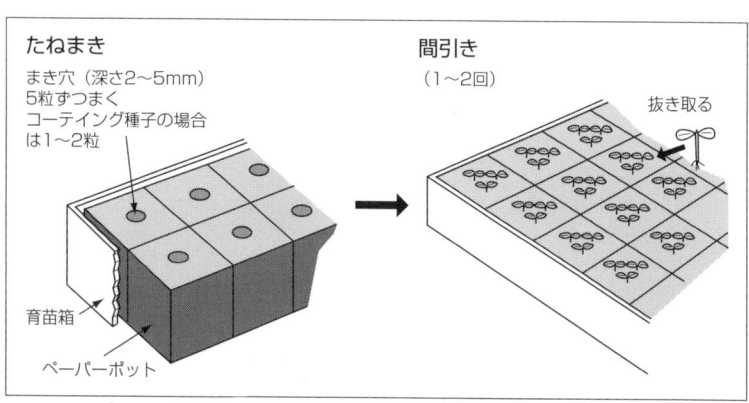

図6　ペーパーポット苗（左：ハクサイ）と育苗の例（右：レタス）

図7　チェーン状ペーパーポットによるネギの植付け

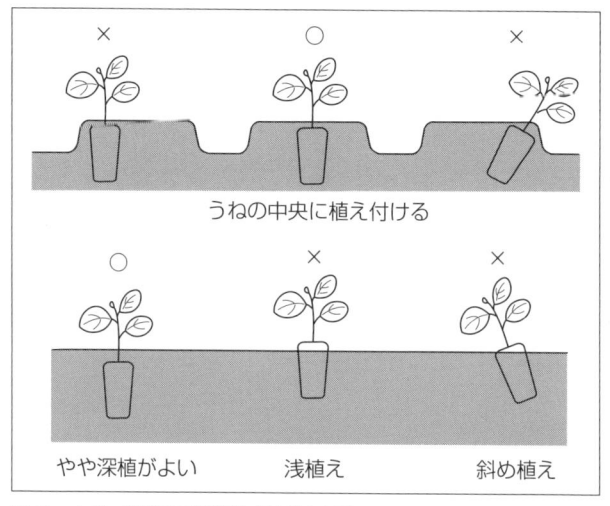

図8　セル成型苗の適切な植付け方法

付け，乾燥を防ぎ，活着をうながす❶（図8）。

　植付けの方法には機械植えと手植えがあるが，それぞれの特徴や注意点は以下のとおりである。葉茎菜類ではセル成型苗の普及とともに機械植えが増えている。

機械植え　機械植えの利点は，作業時間の短縮と労力の軽減，作業姿勢の快適化にある。移植機には，全自動移植機（図9）と半自動移植機（図10）とがある❷。

　機械植えでは，苗の草丈が重要になる。たとえば，キャベツでは，全自動移植機の適切な草丈は9〜13cmであるが，半自動移植機では9〜18cmていどまで可能である。ネギ，セルリー，ニラなどは，地上部を途中で切りそろえるトッピング（せん葉，図11）によって草丈を均一にして，移植しやすくしている。

手植え　手植えの場合，植付け時に足腰を曲げた姿勢が多くなり，体への負担は大きい。しかし，全自動移植機のように，専用セルトレイの選択や苗の草丈に対する制約などの問題はない。露地栽培などでは，植付け位置（株間）の目印をつけてからおこなう必要がある。

❶セル成型苗の定植畑は，いつでもかん水できるように，かん水施設をそなえておくことが望ましい。

❷全自動移植機では，機械に対応した専用のセルトレイを利用する必要がある。

図9　全自動移植機による植付け

図10　半自動移植機による植付け

図11　トッピングしたネギのセル成型苗

8　葉茎菜類の育苗

9 セル成型苗の育成

1 セル成型苗の特徴と利用

　セル成型苗とは，セルトレイ（小型の育苗鉢が相互に連結した容器）で育成された苗のことで，いろいろな野菜でその利用が増えている。その育苗の特徴は，以下のような点にある。
　①苗生産から植付けまでの機械化生産システムが確立している。
　②苗が小さく持ち運びが容易で，輸送性にすぐれる。
　③苗1本当たりの所要面積が少ないため，小面積で効率的な育苗ができる（図1）。
　④根鉢が形成されており，移植しやすい。
　⑤育苗に多くの施設，資材や機器を要する。
　⑥密植状態で育成されるため，苗が軟弱になったり徒長したりしやすい。
　⑦1セル当たりの床土が少ないため，苗が老化しやすく，植付け適期のはばがせまい。

2 育苗の施設・資材・機器と管理

施設・資材・機器　セル成型苗の育成には，次のような施設，資材や機器が必要になる。

　セルトレイ　プラスチック製と発泡スチロール製があり，大きさは縦約27cm，横約58cmの規格ものが多い（図2）。セル数は野菜の種類や育苗期間などによって50～300穴のものがある。

　用土，肥料　用土（培地）は，保水性と排水性がよく，作業の効率化のためには軽いものが望ましい。そのため，ピートモスを主体にバーミキュライト，赤土，川砂，活性炭などを混合したものが多い。市販の用土も数多く出回っており，小規模な育苗には便利である。肥料としては，液体肥料や微粒緩効性肥料が用いられる。

図1　セル成型苗の生産施設

育苗温室 セルトレイの底から根が出ないようにして根鉢を形成させるために，地面から離したベンチで育苗をおこなう❶。一般に，育苗温室内のベンチを用いるが，ブロックと直管パイプなどを組み合わせた簡易なベンチでも育苗できる。

かん水装置 均一なかん水が必要なため，おもに自走式頭上ミストかん水が利用されている（図3）。

種子と播種機 セルに種子を効率的にまくためには，播種機が必要で，手動播種機と自動播種機がある。機械播種で1セルに1粒ずつまく場合は，とくに良質の種子を用いる必要がある（図4，5）。

このほか，専用の機器としては，培地詰め機，発芽器（発芽室），移植機などがある。

セル成型苗の育成は，育苗センターなどで大量におこなう場合と，個人でおこなう場合とでは，施設や機器の仕様や価格が大きく異なるので，たねまき量や労力に応じたものを選択することが大切である。

❶セル底部が十分空気にさらされると根鉢が形成されやすい。これをエアープルーニングという。

図2 各種のセルトレイ（左：発泡スチロール製，右：プラスチック製）

図3 ミストかん水装置

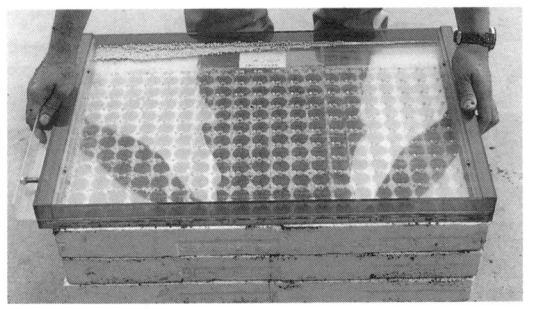

図4 手動播種機（個人用，押し板で培地に穴をあけたのち，播種板で播種しているところ）

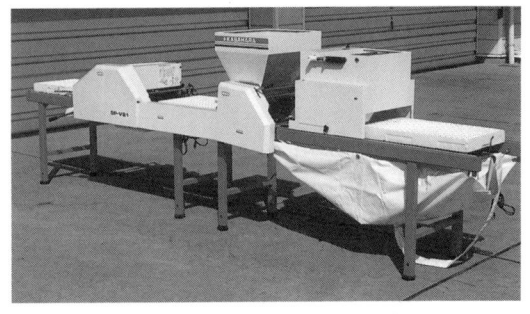

図5 自動播種機（コーティング種子専用）

育苗管理

よいセル成型苗の条件は，①病虫害の発生がなく健全である，②軟弱徒長しておらず，適度な草丈である，③葉が厚く，幅が広い，④根鉢の形成がよい，⑤下葉の黄化や根の褐変がない，⑥均一性が高い，などである（図6）。

セル成型苗を生産する作業手順を図7に示した。発芽室などで均一に発芽させ，日あたりや通風のよい環境で管理し，健全で充実したそろいのよい苗づくりを基本とする。

セル成型苗の生産では，おもな作業は各種の機器を利用することによってかなり自動化することができる。しかし，じっさいの育苗では，かん水量を低温期より高温期に多くしたり，苗の成長とともに多くするといった管理が必要になる。つまり，野菜の種類，栽培時期，生育段階，生育状態に応じて温度，光，養水分などをこまかく調節することが大切になる。

苗の貯蔵

苗の貯蔵とは，植付け適期に達した苗あるいはそれ以前の幼苗を，そのままの状態で短期間あるいは長期間たくわえておくことである。貯蔵の意義は，おもに天候が不順で定植できない場合の苗質維持や，育苗施設の有効利用（施設稼働率の向上）などにある。一般に，0～5℃の低温暗黒条件で風をあてないように貯蔵する。

図6 よい苗の条件（キャベツの例）

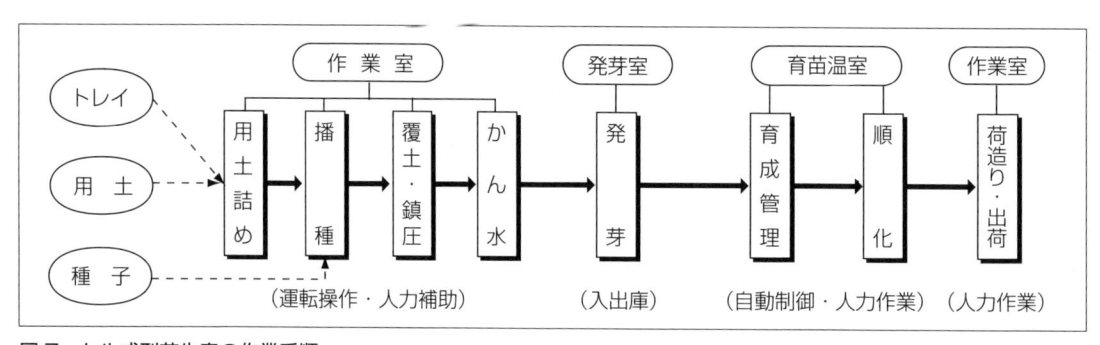

図7 セル成型苗生産の作業手順

第4章

野菜栽培の実際

1 ナス科野菜の栽培

ナス科野菜の種類と特徴

(1) 種類と原産・来歴

　ナス科の植物は，ナス，トマト，タバコ，ペチュニアなどを含み，世界に約90属2,000種がある。その特徴は表1のとおりである。野菜として利用されるものには，ナス，トマト，トウガラシ（ピーマン），ジャガイモなどがある。

　ナス科野菜は，おもにアメリカ大陸やアジアの熱帯地方を原産地とし，健全な生育には強い光を必要とするものが多い。わが国への導入はナスを除いて比較的新しく，トマトやピーマン，ナスの栽培・利用が本格化するのは明治以降である。

表1　ナス科植物の特徴

植物分類	双子葉植物，合弁花類
種子	有胚乳種子
葉	互生し通常単葉
花	両性花，自家受粉
果実	子房上位，真果

(2) 形態と育ち方の特徴

　ナス科野菜の花は，おしべとめしべをそなえた両性花（図1）で，一般に，自家受粉によって受精・結実すると，子房が発達して果実（真果）ができる。しかし，低温時や施設内の栽培では，

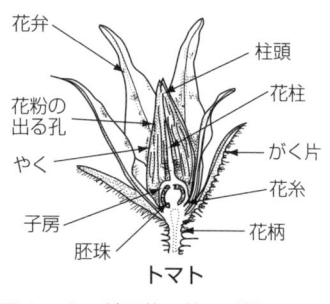

図1　ナス科野菜の花の形態

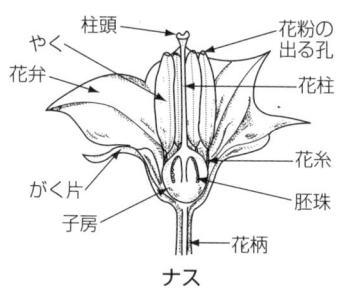

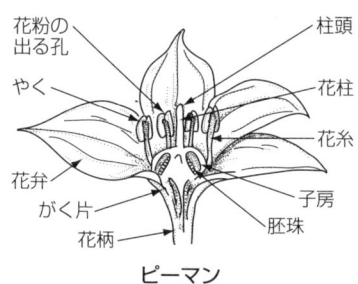

ホルモン処理によって単為結果（→ p.28）をうながしたり，花粉媒介昆虫を利用したりすることもある。種子は種皮，胚乳（はいにゅう），胚からなる有胚乳種子で，胚は種子の中で湾曲している（図2）。

ナス科野菜は，栄養成長と生殖成長が同時に進行していく。発芽後，子葉が展開し，次々と本葉が分化・成長するとともに，並行して茎や根も伸長・肥大していく。本葉2～4枚のころには第1花の花芽分化が始まり，その後は，葉を2～3枚分化するごとに次々と花芽をつけながら成長していく。

(3) おもな病害虫と障害

ナス科野菜に発生する病害虫では，ウイルス病，青枯れ病，アブラムシ類，苗立枯れ病などが大きな被害をもたらす（表2）。また，栽培環境や生育が不良になると生理障害果も発生しやすい（→ p.102，109，114）。

ナス科野菜は，連作障害のでやすい野菜の1つであり，連作を避け，積極的に輪作（→ p.50）を取り入れることが望ましい。

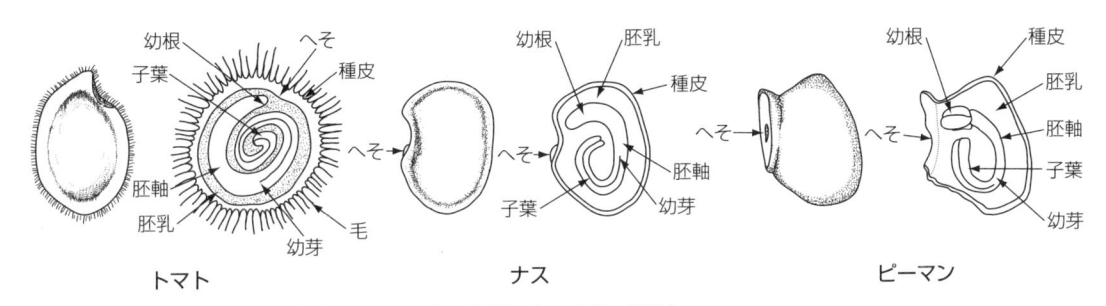

図2 ナス科野菜の種子の形態（それぞれ，左：外観，右：内部の構造）

表2 ナス科野菜のおもな病害虫

	病気																害虫									
	モザイク病(TMV)	モザイク病(CMV)	黄化えそ病(TSWV)	青枯れ病	苗立枯れ病	褐色根腐病	かいよう病	うどんこ病	灰色かび病	褐紋病	えき病	いちょう病	半身いちょう病	半枯病	輪紋病	葉かび病	はん点病	オオタバコガ	ハスモンヨトウ	タバコガ	アブラムシ類	ハダニ類	トマトサビダニ	チャノホコリダニ	テントウムシダマシ	マメハモグリバエ	アザミウマ類	コナジラミ類
トマト	○	○	○	○	○		○		○		○	○	○			○		○		○	○	○	○		○	○	○	○
ナス		○	○		○	○		○	○			○	○								○	○					○	○
ピーマン	○	○	○	○					○	○	○			○			○				○	○					○	○

注 ㋝㋝㋝は，病原がそれぞれウイルス，細菌，糸状菌（カビ）であることを示す。

ナス科・果菜
トマト

学名 *Lycopersicon esculentum* Mill
英名 tomato
原産地 南アメリカ，熱帯や亜熱帯のアンデス高原地帯
植物分類 ナス科1年草（熱帯では多年草）
利用部位 果実
利用法 生食，煮込み，ソース，ケチャップ，ジュースなど
豊富な成分 カリウム，カロテン
主産地 熊本県，千葉県，茨城県，愛知県

茎には白い軟毛があり，土に接すると不定根が出やすい。葉は多くの小葉からなり，深い切れ込みがある。節間に花房をつけ，数個の黄色の花が咲く。花は径約2cm，がく片と花冠は6～7片に裂ける。

1 野菜としての特徴

わが国への導入は18世紀初期と推定されているが，野菜としての利用は明治にはいってからで，一般に広く普及したのは1930年代以降である。ビタミンや無機質に富み，生食用だけでなく加工・調理用としても重要な野菜である（表1）。

最近の生食用トマトでは，糖度，酸味，肉質および香りなどの食味が重視されるようになり，完熟❶させてから収穫・出荷する品種（完熟トマト）や糖度の高いミニトマト，中玉（ミディ）トマトなどが育成され，それらの生産が増えている（図1）。また，加工用品種に加え，調理用品種の改良・育成も進んでいる。

❶完熟したものは日もち性は低下するが，糖度や香りが高く，うま味のもとになるグルタミン酸も多い。

表1　おもな食品成分（可食部100g中）

水分	94.0g
炭水化物	4.7g
灰分	0.5g
カリウム	210mg
カルシウム	7mg
カロテン	540μg
ビタミンC	15mg
食物繊維総量	1.0g

（「八訂日本食品標準成分表」による）

図1　トマトのおもな種類・品種（左：完熟系，中：ファースト系，右：小玉系）

2 生育の特徴

トマトの生育経過（一生）は図2のようで，栄養成長と生殖成長が並行しながら生育を続ける。たねまきから収穫開始までの期間は，作型によって異なるが，夏季の栽培では約120日，育苗期間は約60日である。収穫期間は目標とする花房の段数で異なる。

生育に適した環境は，表2のとおりである。

生育と環境

温度 生育適温は比較的高いが，低温にもよく耐える。高温下では，花数も少ないうえに落花が多く，着果や肥大もわるくなって小果となりやすい。一方，低温下では，生育は遅れるが，花の発育は良好で充実した大きな花となる。また，日中と夜間の温度較差が大きいと，品質のよい果実ができる❶。

光 強い光を必要とし，光が不足すると軟弱徒長し，花数が少なく，花質も落ちる。また，落花も多くなる。果実肥大期の光不足は，空洞果（→p.30），すじ腐れ果など（→p.102）の原因となる。

土と水分 土に対する適応性は広いが，過湿には弱い。耕土が深く排水のよい有機質の多い土が適する。

❶昼間の光合成が不足な場合は，夜間温度を低くして，エネルギーの消耗を防ぐことが大切である。

表2　生育に適した環境

発芽適温	24〜30℃
生育適温	昼間20〜25℃ 夜間8〜13℃
開花・結実，成熟の適温	昼間20〜25℃ 夜間10〜18℃
光飽和点	7万ルクス
好適土壌pH	5.5〜6.5

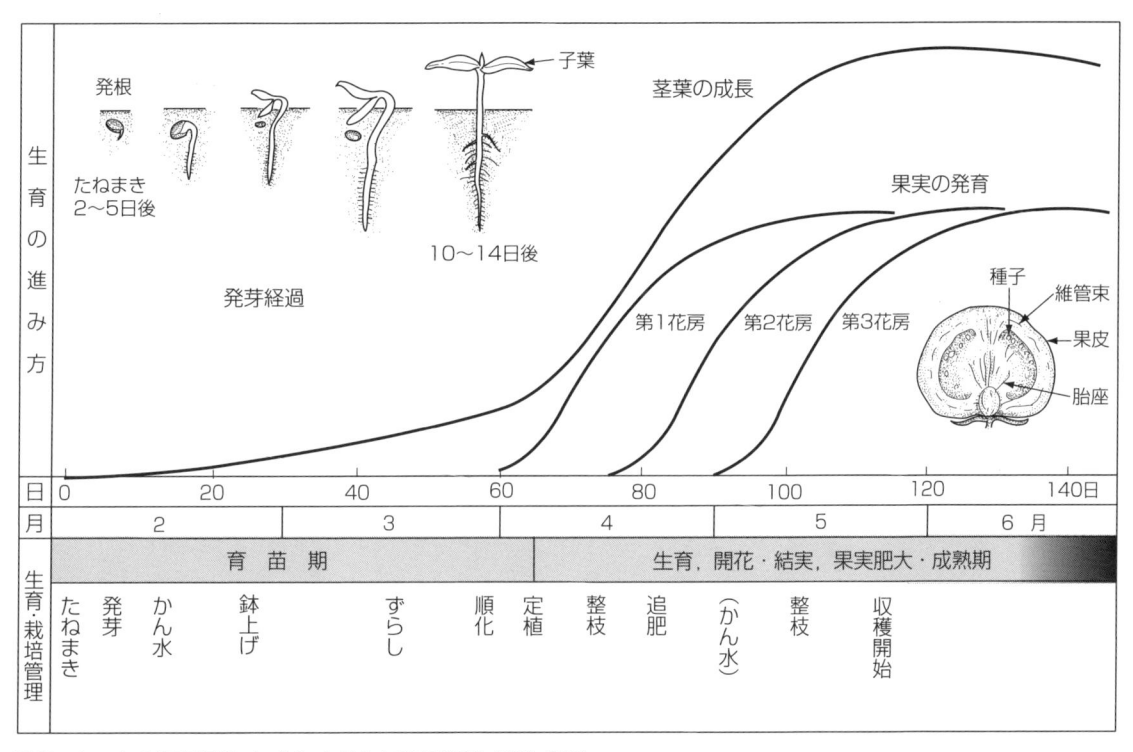

図2　トマトの生育経過（一生）とおもな栽培管理（早熟栽培）

着花習性

トマトの着花習性は図3のとおりである。普通型トマトの第1花房は第8〜10節の節間につき，以後，3葉ごとに花房をつけ，それぞれに5〜10花をつける❶。葉と花の発生位置は約90度ずつずれているので，果実はほぼ同じ方向につく（図4）。

心止まり型では，第1花房着生後，1葉または2葉ごとに2〜3花房をつけると心止まりとなる。側枝も同様の生育をする。

花芽分化

主枝の成長点は，葉を8〜9枚分化すると花芽に変化し（頂花芽），第1花房が分化する。このときの苗の大きさは，たねまき後約25〜30日，本葉2〜3枚である（図5）。頂花芽があるていど発育すると，新しい成長点から葉を3枚分化し，ふたたび花芽を分化して第2花房となる。このような繰り返しで花芽の分化を続ける。第1花房の位置や花数は，環境や栄養条件によって左右される❷。

したがって，育苗期の適切な管理が大切になる。

❶品種や，育苗期の環境や栄養状態によっては，第1花房の着生位置は第6〜15節の場合もある。また，第2花房以後も1〜2葉あるいは4〜6葉間隔になることもある。

❷高温や栄養不良，光不足では，着果節位が高くなり花数も少ない。一方，低温で栄養条件がよいと節位が下がり，花数も多い。

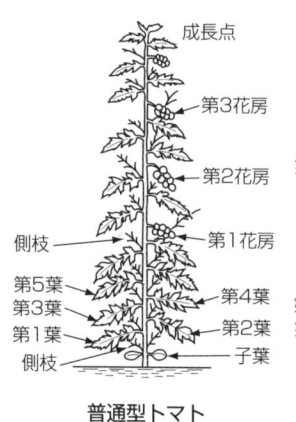

図3　トマトの草姿と着花習性

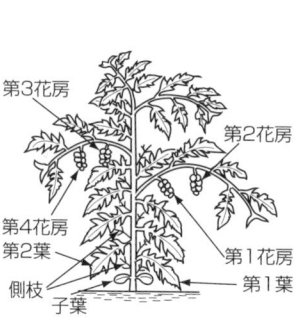

図4　トマトの着果状態（ほぼ同じ方向，高さについている）

図5　花芽分化の初期の経過と花房

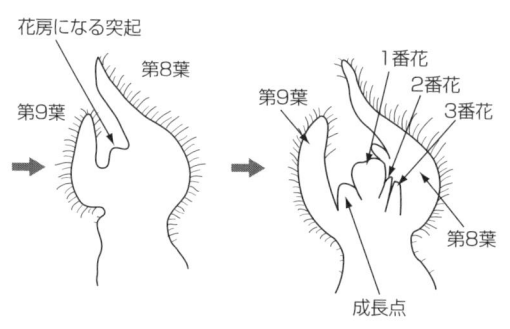

果実の発育

第1花房の第1花は，たねまき後55〜60日で開花する。トマトの花は，両性花で自家受粉し，好適な環境下で受精・結実する❶。昼温が30℃をこえる高温が続いたり，光や土壌水分が不足したりすると，落花が多くなる。

果実は発育するにつれてカロテン（カロチン）とリコピン（黄色や赤色の色素）が増加し，葉緑素が減少して着色が進む（図6）。成熟に要する期間は，気温の高い夏季は開花後およそ30〜40日であるが，冬季にはその2倍ていどを要する。

❶花粉の発芽は15℃以上でおこなわれ，25℃が適温である。35℃以上だと花粉が発芽しない。このため，低・高温期はホルモン処理が必要になる。

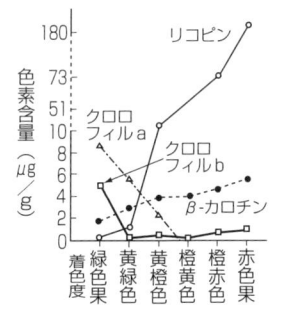

図6　果実の着色度と色素含量の変化（Edwardら 'Food Technol.Aust.19' 352, 1967)

3　栽培管理

▶**作型と品種**◀　トマト栽培は，周年生産体系が確立されている。おもな作型と品種は，図7のとおりである。

ミニトマト栽培も一般のトマトと同様の作型が発達している。

作型 \ 月	1	2	3	4	5	6	7	8	9	10	11	12	おもな品種　（）内は台木品種
露地栽培													豊福，豊将，サンロード，サターン，瑞光，ささやき，フローラ，強力改良東光，さきたまFTVR〈ミニトマトの品種〉ミニキャロル，サンチェリーエキストラ，キャロルセブン，アクアミニー，チェリーピンクなど（他の作型にも用いられる）
早熟栽培（トンネル）													
雨よけ栽培													桃太郎，桃太郎8，まごころ，瑞光102，瑞栄，強力米寿，サターン，ときめき2号（アンカーT，ヘルパーM，LS-89，BF興津101）
ハウス抑制栽培													メリーロード，桃太郎，桃太郎8，強力麗玉，至福，瑞栄，ハウス桃太郎（バルカン，PFNT，新メイト，ジョイント）
半促成栽培													ハウス桃太郎，サンロード，瑞光102，タイムリー，ハウスおどりこ（ジョイント，新メイト，マグネット，耐病新交1号）
促成栽培													ファーストパワー，愛知ファースト，おおみや163，ハッピーロード，ろくさんまる，ハウス桃太郎，瑞光102（バルカン，影武者，ドクターK）

● たねまき　○ 定植　△ トンネル　⌂ ハウス　▬ 収穫

図7　トマトのおもな作型と品種

注　露地栽培：資材費がかからないが，果実の肥大や成熟が梅雨や高温などの自然条件に大きく影響される。
　　早熟栽培：露地よりはやく出荷できるため収益性は高まるが，作業性はおとる。
　　雨よけ栽培：病害虫の発生や裂果が少なく，高品質の果実が生産される。8〜10段どりが多い。
　　抑制栽培：パイプハウスでは全期間無加温で，大型ハウスでは栽培後期加温で，8〜10段どりが多い。
　　半促成栽培：栽培条件がよいので，高品質多収となる。栽培の最も多い作型で，6〜10段どりが多い。
　　促成栽培：栽培期間が長く高度な技術が必要で，土壌病害に対する抵抗性品種の利用や接ぎ木栽培も多い。

加工用品種の栽培は，寒地や高冷地での露地栽培が多い。トマトの作型や種類に対応した品種の選択が必要である[❶]。

▶たねまきと育苗◀ 種子は10a当たり60〜80mℓ準備する。床土には，もみがらくん炭やピートモスを使うと，鉢上げのとき根を傷めない。トロ箱などに床土（厚さ5〜6cm）を入れ，表面を平らにして，条間6cm，種子間隔1cmでまく。覆土後，十分かん水し，新聞紙などをかぶせて乾燥を防ぐ（図8）。

育苗管理は，図9のようにおこなう。発芽後は光を十分あて，生育が進むにつれて夜温を低くしていく。ふつう，1.5葉期に3〜4号のポットに鉢上げをする。

▶畑の準備◀ 排水性の向上，塩類集積の防止，土壌病害の防止の3点にとくに留意する。土づくりをよくおこなって根圏を広げ，土壌の通気性を高めるとともに土壌水分の変動を少なくする[❷]。

生育にともなう養分吸収量の変化は図10のとおりである[❸]。施肥例を表3に示したが，肥料ぎれせず，過繁茂にならないような

---

❶ 露地栽培では，いちょう病やウイルス病（TMV）に抵抗性があり，裂果の少ない品種，雨よけや抑制栽培では，いちょう病，ネマトーダ，青枯れ病，TMVに抵抗性のある品種，促成や半促成栽培では，いちょう病やTMVに抵抗性のある品種が望ましい。

ミニトマトでは，裂果しにくく，糖度7度以上で，病害虫抵抗性のある品種が望まれる。

❷ 施設栽培では，水田化やたん水処理をおこなうように努める。

❸ 窒素，カリ，カルシウムは第1花房着果期以降に吸収がさかんになる。1,000kgの果実を収穫するのに必要な養分の吸収量は，N: 3.0kg, P_2O_5: 0.8kg, K_2O: 5.0kg, CaO: 3.2kg, MgO: 0.4kgとされている。

研究
トマトの果実の大きさや品質には，土壌水分が大きく影響する。低水分区と慣行区を設けて栽培を続け，果実の肥大の進み方や糖度を調査してみよう。

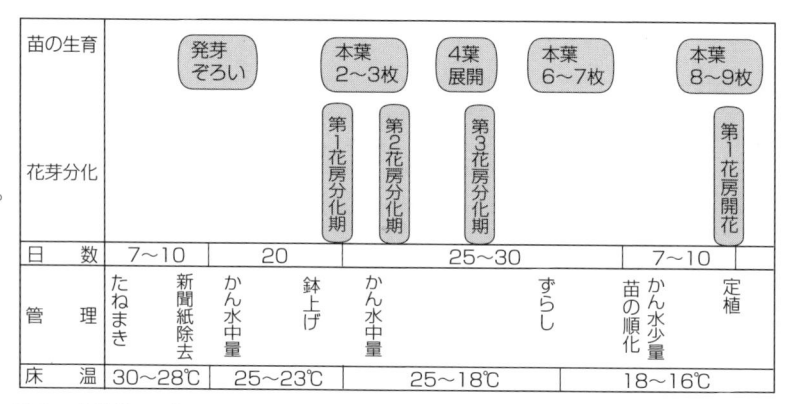

苗の生育	発芽ぞろい	本葉2〜3枚	4葉展開	本葉6〜7枚	本葉8〜9枚
花芽分化		第1花房分化期／第2花房分化期	第3花房分化期		第1花房開花
日数	7〜10	20	25〜30		7〜10
管理	たねまき／新聞紙除去	かん水中量	鉢上げ／かん水中量	ずらし	苗の順化／かん水少量／定植
床温	30〜28℃	25〜23℃	25〜18℃		18〜16℃

図9 育苗管理の概要（露地栽培）

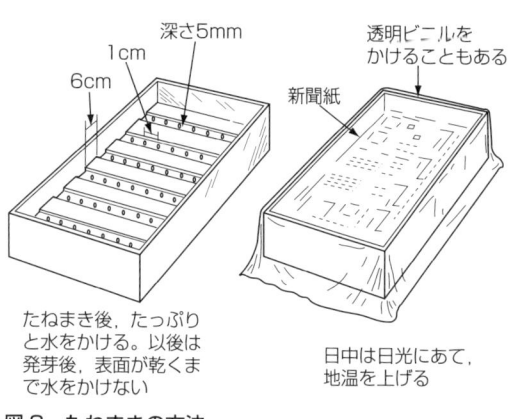

図8 たねまきの方法

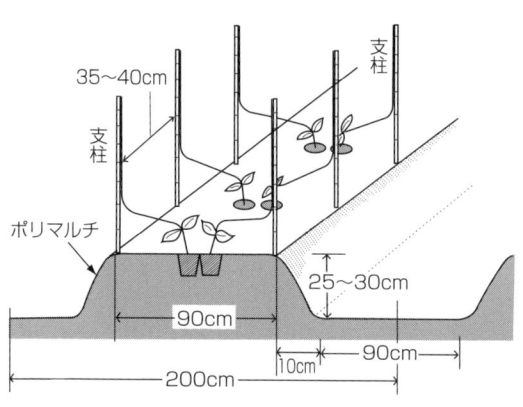

図11 うねと定植方法の例

施肥量とする。施肥法には，全面施肥❶，全面施肥とみぞ施肥を組み合わせる方法❷などがある。地下水の高い場合は高うねとする。ポリマルチは，うねの表面と密着するようにする（図11）。

▶**定　植**◀　低温時には，定植前にポリマルチをして地温を高めておく。露地栽培では晩霜の心配がなくなってから，曇天無風の暖かい日におこなう。各作型の栽植距離は，表4を標準とする。

植付けは，植傷みを抑えるために，根鉢に十分かん水し，苗をていねいに抜き取って，深植えにならないように注意する❸。

▶**整　枝**◀　直立1本仕立てにすることが多い。芽かきは，晴天の日を選んで，えき芽ができるだけ小さいうちにおこない，傷口を小さくする❹（図12）。目標とする段数の花房が開花したころには，その上の葉を2枚残して摘心をおこなう。

▶**着果促進**◀　低温期や高温期には落花防止と着果促進のためにホルモン処理（図13）をおこなうが，つぼみに処理したり重複散布したりすると，空洞果になりやすい。施設内では，受粉作業

❶初期生育はおうせいであるが，後半の生育が維持しにくい。

❷肥料の半量を全面散布後，定植床の中央に幅40cm，深さ50cmのみぞを切り，みぞと盛り土に残りの肥料を均一に施して埋め戻す方法で，長期間の栽培に向く。

❸花房を通路側にして，株もとが少し高くなるようにする。また，植え穴には，アブラムシ類やコナジラミ類，マメハモグリバエの防除のため，浸透性殺虫剤を散布することもある。

❹梅雨明け後は，強光による果実の日焼けや裂果を防ぐため，えき芽の葉を1枚残して芽かきし，葉で果実をおおうとよい。

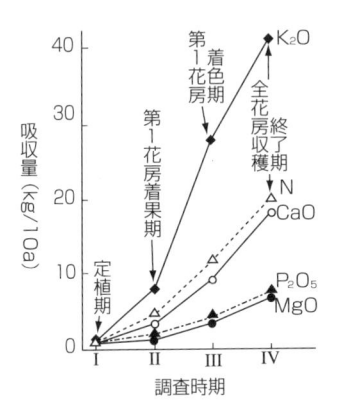

図10　半促成トマトの時期別養分吸収量の変化　　（武井ら）

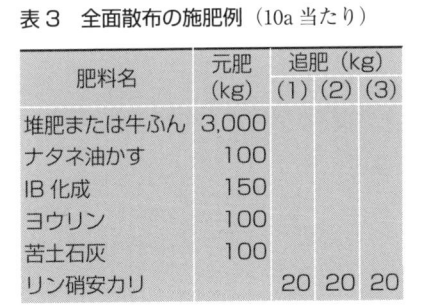

表3　全面散布の施肥例（10a当たり）

肥料名	元肥(kg)	追肥(kg) (1)	(2)	(3)
堆肥または牛ふん	3,000			
ナタネ油かす	100			
IB化成	150			
ヨウリン	100			
苦土石灰	100			
リン硝安カリ		20	20	20

注　半促成栽培。全量の成分量は，窒素36.5kg，リン酸54kg，カリ29.8kg。

図13　ホルモン剤の散布方法

注　4-CPAの50〜100倍液を1花房に3〜4花が開いたとき散布する。空洞果防止のためには，ジベレリン5〜10ppmを混用散布する。

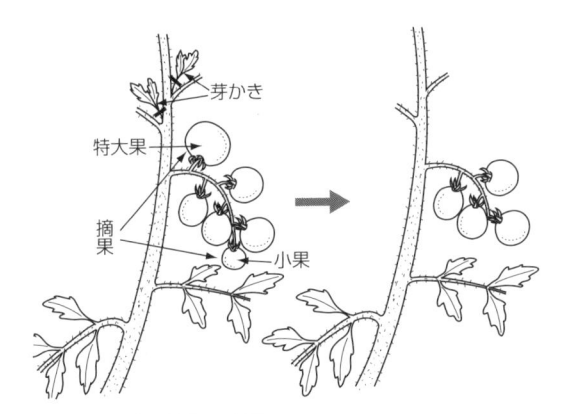

図12　整枝と摘果の方法

表4　トマトの各栽培における栽植密度

作型		栽植距離(cm)	10m²当たり本数
促成・半促	越冬長期	130(1条×35)	22
	普通	180(2条×35)	32
トンネル早熟		180(2条×40)	28
露地（含雨よけ）		180(2条×45)	25
ハウス抑制		180(2条×35)	32
加工用栽培		180(1条×55)	10
低段密植		180(2条×25)	44

注　栽植距離は通路を含めたうね幅（条数×株間），うねの上の条間は50〜80cm。

❶ 外国産はツチマルハナバチ，国産はオオマルハナバチが市販されている。1群で対応する面積は，普通トマトで10a，ミニトマトで5aである。

研究
ホルモン処理区（4－CPA，ジベレリン）とマルハナバチ利用区を設けて比較試験し，着果率や果実品質（表5）を調査・比較してみよう。

❷ 露地栽培では，梅雨明け後，必要に応じてかん水をおこなうことが多い。施設栽培では，乾燥しやすく，かん水の必要性が高いが，過湿になると徒長したり，病気が発生したりしやすくなる。

❸ ウィルス病や疑わしい株は，他の株にふれないようにして，はやめに抜き取り焼却する。

❹ ふつう，開花後40～50日で着色が始まり，50～60日で成熟するが，低温期の栽培では成熟までの期間が長くなる。

の省力化のためにマルハナバチ利用が実用化している❶（表5）。

▶**摘果・摘葉**◀　摘果は，樹勢に応じて，1果房当たり4～5個をめやすに形と発育のよいものを残す（➡図12）。摘葉は，はやすぎると果実の肥大に影響するので，第1花房の収穫が終わったころ，花房から下は摘葉して株もとの通風をよくする。

▶**水分管理**◀　過繁茂を抑えて根群を発達させるために，第1花房の肥大開始までは乾燥気味に管理する。果実の肥大期には水不足にならないように，表土が湿っているていどに管理する❷。かん水は晴天日を選んでおこなう。

▶**追　肥**◀　最初の追肥は，第1花房の収穫期ころをめやすにおこない，2回目以降は15～20日おきに樹勢をよくみておこなう。

▶**生理障害果対策**◀　トマトの生育は，環境条件や栄養条件に影響されやすく，生理障害果が発生しやすい。土壌管理など，事前の対策を十分におこなう（図14，表6）。

▶**病害虫防除**◀　各種の病害虫（➡p.95表2）の発生がみられるが，とくに表7の病害には注意を要する。栽培環境の改善や適期防除に心がけ，化学農薬によらない防除（➡p.75）にも努める❸。

▶**果実の肥大と収穫**◀　果実の肥大は開花後30日ころまで急速に進み，その後，肥大速度はにぶり，成熟が進む❹（図15）。

表5　マルハナバチによる受粉が着果および品質に及ぼす影響
（1992年）　　　　　　　　（「農耕と園芸」1999年3月号より）

処理区	着果率(%)	空洞果発生率(%)	比重	糖度(Brix)	酸度(%)
マルハナバチ区	93	0	1.06	6.3	0.59
ホルモン区	80	33	1.07	5.9	0.35

注　各処理区とも着果は10株調査。果実品質は平均気温20℃の室内に2日間放置後10果調査。空洞果のマルハナバチ区は18個，ホルモン区は28個調査。

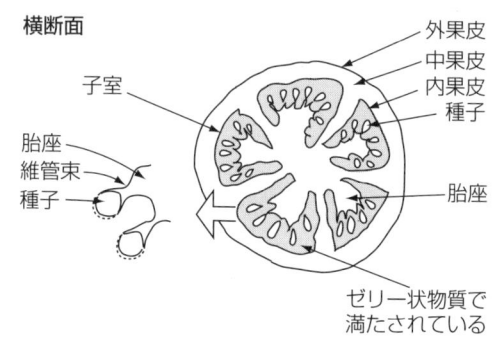

図15　成熟した果実の構造

乱形果　空洞果　裂果　すじ腐れ果　しり腐れ果　窓あき果

図14　おもな生理障害果

（加藤徹）

トマトの果実は収穫後も熟度が進む（**追熟現象**という）が❶，食味のよい完熟期の収穫が多くなっている。収穫果は，大きさと外観の良否によって等級分けされて出荷される。

▶**栽培の評価**◀ トマトは，土地生産性の高い作目であるが，こまかい栽培管理と多くの労力を要する（図16）。標準的な収量は，施設栽培で8t/10aくらいである。

近年では，糖度の高い完熟トマトやミニトマトなど，食味のよい高品質果実の安定生産が求められている。これらの点について評価し，次の栽培に生かすようにする。

❶かつては出荷，輸送，販売などの期間の追熟を考慮して催色期から半熟期のあいだに収穫することが多かった。

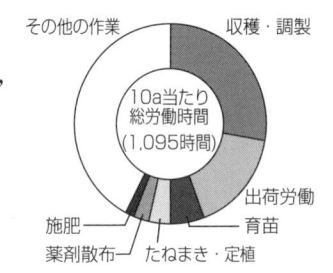

図16 施設栽培の作業別労働時間（「平成11年野菜・果樹品目別統計」による）

表6 トマトのおもな生理障害果とその対策

生理障害	病状，原因，発生作型	対　　策
しり腐れ果	石灰欠乏症であるが，石灰があっても，窒素の過剰や高温，乾燥などによって根が弱っている場合に，石灰の吸収が妨げられて起こる。幼果時に，果実の果頂部が水浸状となり，やがて円形の黒褐色となって腐る	着果した花房の周辺の葉を中心に石灰を葉面散布するのが最も有効である。また，有機質肥料や緩効性肥料を主体とした土づくりをおこない，根群を発達させる。高温期は地温の上昇を防ぐマルチ資材を活用する
裂果	同心円状裂果と放射状裂果の2種類に大きく分けられ，果皮に裂け目ができる障害である。作型は露地，雨よけ，ハウス抑制，収穫期は梅雨期と秋雨期，に発生が多い。大きな原因は，土壌成分の変化である	抵抗性品種の利用やマルチングの利用など，土壌の乾湿を小さくする工夫が必要である
乱形果	花こん部の裂開や裂開部の2次肥大により，果形を乱した奇形である。原因は，育苗期や栽培期における低温および窒素過剰による花芽分化の異常である。無加温の雨よけ栽培に発生が多い	平均15℃の温度管理に努め，苗は過繁茂の栄養成長型にしない
空洞果	ハウス栽培に多い。子室内のゼリー部分の発達がわるく，果実の子室内部に空洞が発生する。原因は，30℃以上の高温で光線が弱かったり，つぼみにホルモン処理をおこなったりすると発生が多い	適温管理や採光に努め，トマトトーンとジベレリンの混用散布を適時におこなう
すじ腐れ果	果肉部分を中心にした，維管束部分の褐変が維管束に沿ってすじ状にあらわれ，その部分だけは着色不良となる。原因は，低温や光線不足，窒素の過剰施肥，ウイルス感染，タバココナジラミなどである。ハウス栽培に多い	発生しにくい品種を選び，肥培管理や採光に努める

注　このほかに，心腐れ果，アミトマト果，異常茎などの生理障害がある。

表7 トマトのおもな病気と対策

種類	症状と発生条件	防除法
えき病	低温で雨の多い時期にトマトの各部位に発生する。露地栽培ではとくに発生が多い。発病部分は暗褐色となり，腐敗する。いったん発病すると，薬剤散布をしても防除しきれない場合がある	予防的防除に心がける 薬剤散布
灰色かび病	葉，花弁，果実などに灰白のカビを生じ，株が枯死することもある。低温・多湿で発生し，ハウス栽培で発生が多い。露地栽培では育苗期や梅雨期に発生することがある	ハウスの保温と換気，発生前薬剤散布
青枯れ病	株全体がしおれ朝夕に一時回復するが，やがてしおれたまま枯死する。土壌中の病原菌（細菌，→ p.95）が根から侵入し，茎の道管や根をおかす。夏の高温時に発生が多い	輪作，床土消毒，接ぎ木，発病株の焼却
半身いちょう病	発病初期は，葉が部分的にしおれて上側に巻く。発病部分から黄化し始めて枯れ上がる。株の片側に発病したり，株全体が枯死したりすることはない。山間地の露地栽培に多い。連作すると発生しやすい	土壌消毒 抵抗性品種の活用 接ぎ木栽培

ナス科・果菜
ナス

学名　*Solanum melongena* L.
英名　eggplant
原産地　インド
植物分類　ナス科1年草（熱帯では多年生のかん木となる）
利用部位　果実
利用法　つけもの，煮もの，揚げもの，焼きなすなど
豊富な成分　カリウム
主産地　高知県，福岡県，熊本県，群馬県

茎は黒紫色で，葉茎に灰白色か黒紫色の毛が生え，ときにとげがある。葉は長さ15〜25cm，幅8〜15cm。花は径3〜4cm，紫色の浅い皿形で5〜7片に裂け，下向きに咲く。

1 野菜としての特徴

　わが国へは，7世紀ころインドから中国をへて伝えられたといわれている。10世紀ころには栽培が広まり，さまざまな果形の地方色ゆたかな品種が発達し，江戸時代初期には，早出し（促成栽培）が始まるなど，重要な野菜の1つになった（図1）。

　栄養価は高くない（表1）が，独特の風味があり，調理の幅も広く，日本人の食生活に欠かせない野菜である❶。栽培は比較的容易で，露地栽培も広くおこなわれている。

❶果皮の色は黒紫色が一般的であるが，一部には緑色や白色のものもある。

表1　おもな食品成分（可食部100g中）

水分	93.2g
炭水化物	5.1g
灰分	0.5g
カリウム	220mg
カルシウム	18mg
カロテン	100μg
ビタミンC	4mg
食物繊維総量	2.2g

（「八訂日本食品標準成分表」による）

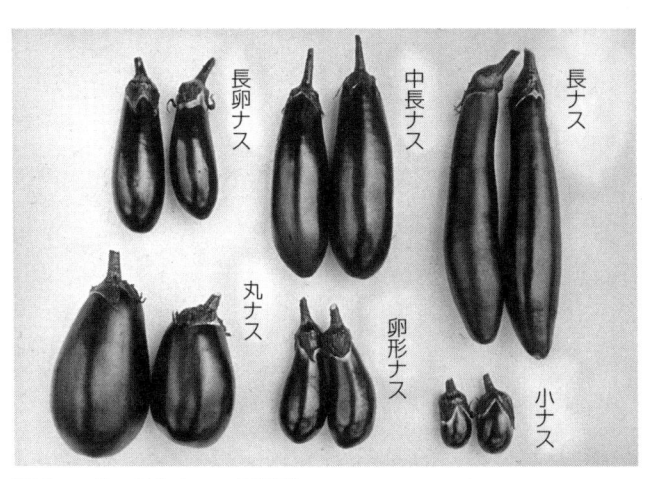

図1　いろいろなナスの品種群

2 生育の特徴

ナスの生育経過（一生）は図2のようで，トマトと同様に，栄養成長と生殖成長が並行しながら成長する。たねまきから収穫開始までの期間は約120日で，育苗期間は80日前後である。

生育と環境　生育に適した環境は表2のとおりである。

温度・光　ナスは高温と強い光を好む。温度が不足すると，受精能力のない花粉（不稔花粉）が発生したり，果実の肥大がわるくなったりする。光が不足すると軟弱徒長し，落花が多くなり，果実の品質も低下する❶。

土と水分　ナスは乾燥に弱く，多肥を好むので，有機質に富む耕土の深い土が適する。根は縦に伸び，主根を中心とした根群が形成される。排水不良地では，根の先端が障害を受けやすい。

健全な生育と果実の発育には，多くの水分を必要とし，高温乾燥期には，とくに水分の保持に努める必要がある。

着花習性　主枝の第1花の着生は第7〜9節❷の節間で，第2花以後は，2葉ごとに着生する。

❶ナスの果皮は紫外線によって着色するので，栽培期間中は，整枝・誘引，摘葉をおこなって，樹冠内部まで光線がはいるようにすることが大切である。

❷品種や育苗管理などによって，第6〜7節（早生種）から第12〜13節（晩生種）くらいまで変化する。

表2　生育に適した環境

発芽適温	25〜30℃
生育適温	昼間23〜28℃ 夜間13〜18℃
開花・結実適温	25〜30℃
光飽和点 光補償点	4万ルクス 2,000ルクス
好適土壌pH	6.0〜7.0

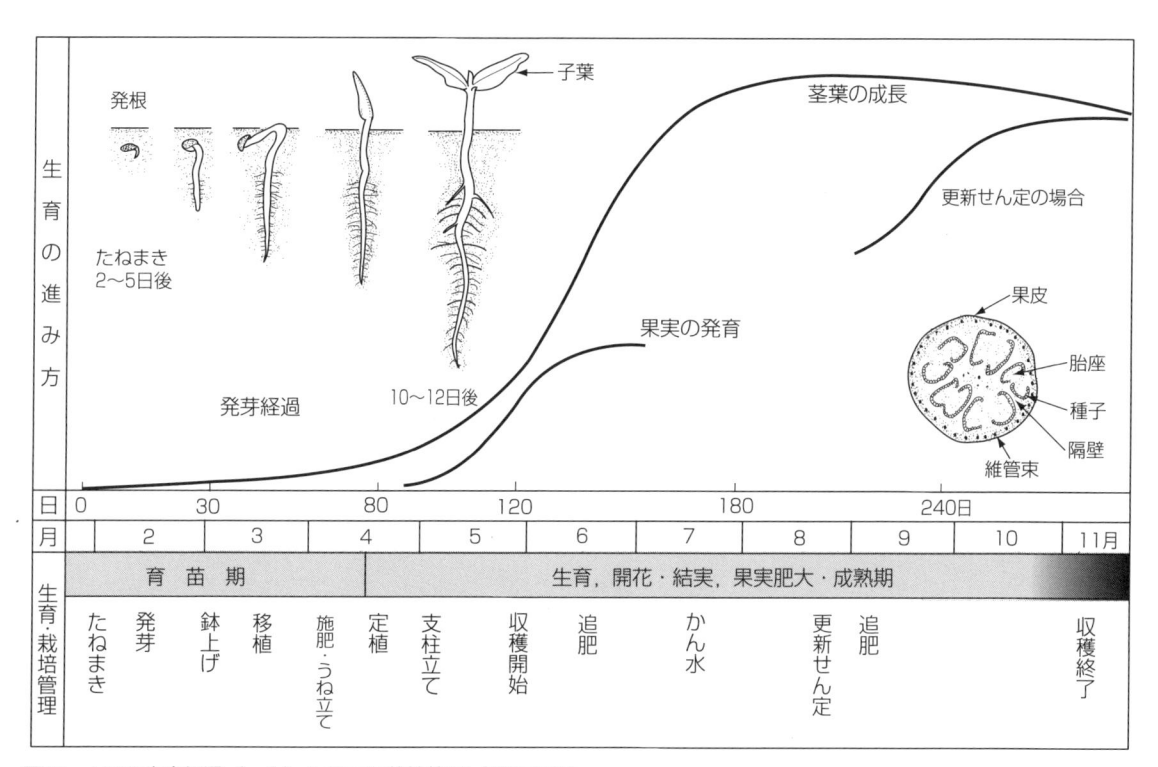

図2　ナスの生育経過（一生）とおもな栽培管理（早熟栽培）

1　ナス科野菜の栽培

> **研究**
> ナスの花をよく観察して，長花柱花，中花柱花，短花柱花を見つけ，それぞれの着果率を調査・比較してみよう。

❶第1花のつく位置は，栄養条件や環境条件などに左右される。強光下で栄養条件がよいと花芽分化が促進され，第1花の節位が下がる。

❷開花前日から開花後2～3日間は受精能力があるが，開花前後の温度が15℃以下や，35℃以上になると，受精できずに落花する。こうした場合に着果や肥大を促進するには，ホルモン処理が必要になる。

主枝の第1花の直下の葉えきからえき芽が伸びて第1側枝となり，その下の葉えきからえき芽が伸びて第2側枝となる（図3）。第1側枝と第2側枝は，第2葉と第3葉の節間に第1花を分化し，主枝と同様に2葉ごとに第2花，第3花を着生する。

花芽分化 主枝の成長点は，葉を7～9枚分化すると花芽を分化し，第1花になる❶。このときの苗の大きさは，本葉2～3枚（たねまき後約30日）である。第1花の分化後，新しい成長点が発生し，2葉分化すると花芽を分化する。これが第2花で第1花の分化から5～6日目である。生育中は，このような繰り返しで花芽を分化し続ける。

果実の発育 ナスの花は，株の栄養状態によって，長花柱花，中花柱花，短花柱花になる（図4）。両性花で自家受粉❷をする。果実の発育は，開花5日後ころから急速になり，約30日後には品種固有の果形になる（図5）。

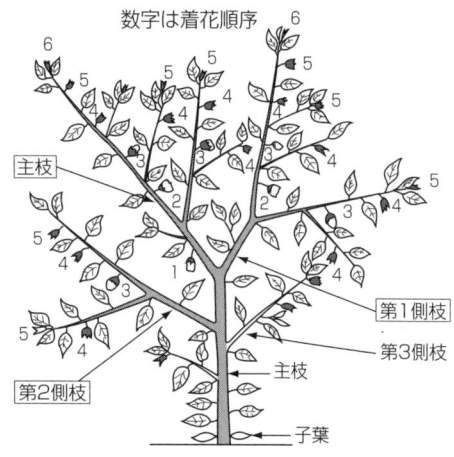

図3　ナスの着花習性　　　　　　（柿崎，1924）
注　黒い部分は3本仕立てにした場合の枝。第3側枝より下の側枝ははやめに摘み取る。

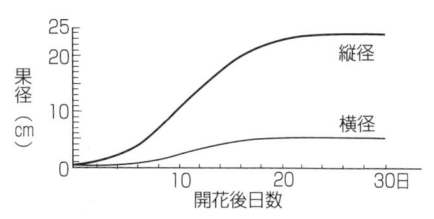

図5　果実の発育の仕方（品種：長崎長）
（狩野，1957）

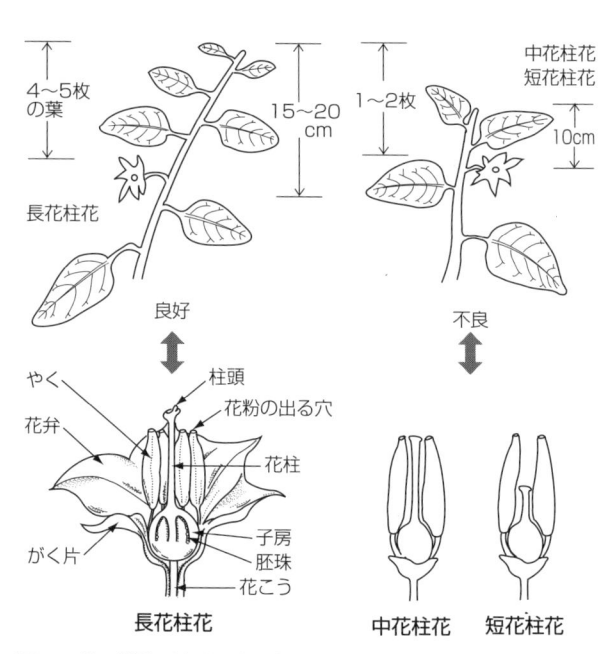

図4　花の構造（斎藤隆），素質と開花位置（藤井，1954）
注　長花柱花は花こうが太く，花柱は長く大きい。容易に受精して結実する。中花柱花は長花柱花よりも結実率は低下し，短花柱花はほとんど落花する。中花柱花や短花柱花は，肥料不足，日照不足，乾燥などにより株の発育が弱ってくると多くなる。

3 栽培管理

▶**作型と品種**◀ ナスは高温性で栽培期間が長いので，比較的作型の分化は少ない。おもな作型と品種は図6のとおりである❶。

▶**たねまきと育苗**◀ 種子は10a当たり40〜60ml（台木は20ml）を準備する。床土は，育苗が長期になるので，有機質に富んだ保水・排水のすぐれたものを用いる。変温操作❷をおこなうと，発芽がそろう。発芽後はかん水を控えめにして管理する❸。

ポット育苗では，本葉2〜3枚のときに，根を切らないように注意して，4〜5号のポットに鉢上げする❹（→p.83）。活着までは高めの温度で管理し，活着後は換気して丈夫な苗に育てる。混みぐあいをみて鉢のずらしをおこない，定植7〜10日前から順化にはいる。本葉8〜9枚に仕上げる。

▶**接ぎ木育苗**◀ 青枯れ病，半身いちょう病，半枯れ病などの土壌伝染性病害を防ぐために，接ぎ木がおこなわれている❺。台木の種類によって，病害抵抗性に強弱があるので台木の選択に注意する。

❶ナスの品種には，京都の賀茂ナスをはじめ，それぞれの地方に特有の品種が数多くあるが，現在は中長形や長卵形のF₁品種が主流である。

❷発芽適温は25〜30℃であるが，昼間30℃，夜間20℃で管理する。

❸昼温は25〜27℃，夜温は18〜20℃とする。

❹平床育苗では，本葉1.5〜2枚のときに移植（9×9cm）し，本葉4〜5枚で鉢上げする。

❺接ぎ木の方法には，割り接ぎ，挿し接ぎ，よび接ぎがあるが，ナスでは割り接ぎ（→p.83）が広く普及している。

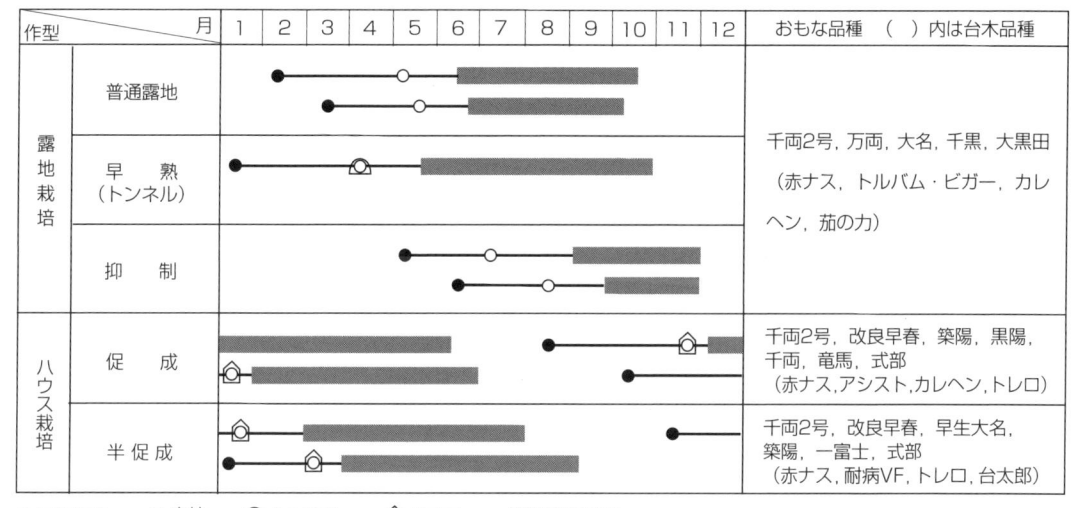

作型		月	1	2	3	4	5	6	7	8	9	10	11	12	おもな品種　（）内は台木品種
露地栽培	普通露地				●	○		▭▭▭	▭▭▭	▭▭▭	▭▭▭				千両2号，万両，大名，千黒，大黒田（赤ナス，トルバム・ビガー，カレヘン，茄の力）
	早熟（トンネル）		●		⌂○		▭▭▭	▭▭▭	▭▭▭	▭▭▭					
	抑制						●	●○	○		▭▭▭	▭▭▭			
ハウス栽培	促成		⌂▭▭▭	▭▭▭	▭▭▭	▭▭▭	▭▭			●	○		⌂▭		千両2号，改良早春，築陽，黒陽，千両，竜馬，式部（赤ナス，アシスト，カレヘン，トレロ）
	半促成		⌂○	▭▭▭	▭▭▭	▭▭▭	▭▭▭	▭▭▭		●					千両2号，改良早春，早生大名，築陽，一富士，式部（赤ナス，耐病VF，トレロ，台太郎）

● たねまき　○ 定植　⌂ トンネル　△ ハウス　▭ 収穫

図6 ナスのおもな作型と品種

注　露地栽培：最も基本的な作型は普通露地栽培であり，晩霜のおそれがなくなってから定植する。トンネル早熟栽培は，普通露地よりも2〜4週間はやく定植し，晩霜のおそれがなくなってからトンネルを除去する。抑制栽培は，秋ナスの収穫も目標にする。土壌病害を回避するために接ぎ木栽培がおこなわれている。

ハウス栽培：促成栽培は，夏から晩秋までにたねまきし，冬季間暖房して，12〜6月まで収穫する。半促成栽培は，3〜5月の出荷をねらう作型で，定植期は十分な保温を必要とする。ハウス栽培では，接ぎ木やホルモン処理による着果・肥大の促進および草勢管理が大切である。

❶施肥量は作型によっても異なるが，10a当たり成分量で窒素30〜37kg，リン酸15〜20kg，カリ27〜35kg，石灰40〜48kgが標準である。

❷露地栽培で，うね幅100cm，株間60cmの1条植えとすると，10a当たり約1,700本の苗が必要である。

❸V字型整枝は早熟・普通栽培にも取り入れられている。

▶畑の準備◀　ナスは生育期間が長く，草勢の維持に多くの養分を必要とする❶。堆肥や有機質肥料を十分に施し，肥料切れしないようにする。早熟栽培の施肥例を表3に示す。根張りは縦型であるから，深く耕し，排水のわるい畑は高うねにする（図7）。

▶定　植◀　定植には，17℃以上の地温が必要である。うね立て整地後にポリマルチをする。露地栽培は，晩霜の心配がなくなってから植え付ける。栽植距離は，品種，作型，整枝法，収穫目標などによって異なる❷。畑の周辺には防風ネットを張るとよい。

▶整　枝◀　主枝の1番花の下から出た側枝2本を伸ばし，3本仕立て，または2本仕立てとする。それより下位から発生したえき芽ははやめに整理し，また支柱を立て誘引して（図8）採光と風通しをよくする。

ふつう，側枝には1〜2花着生させて1葉上を摘心する❸。収穫したら下部の1〜2葉を残して切り戻しをおこなう（図9）。

▶着果促進◀　低温期の栽培では，着果・肥大の促進を図るた

表3　早熟栽培の施肥例（10a当たり）　　　　（前田正男）

種類	全量(kg)	元肥(kg)	追肥（kg）				
			1回	2回	3回	4回	5回
堆肥	2,000	2,000					
苦土石灰	50〜100	50〜100					
硫安	40	40					
ヨウ成リン肥	40	40					
過リン酸石灰	40	40					
塩化カリ	55	20	5	10	10	10	
尿素	50		10	10	10	10	10

注　全量の成分量は，窒素30kg，リン酸15kg，カリ30kgていど。堆肥は除く。

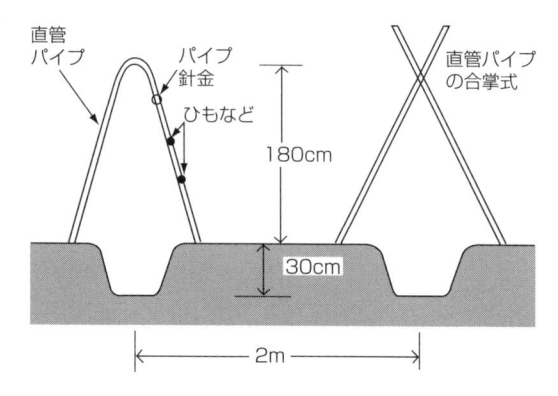

図7　うねのつくり方と支柱の立て方

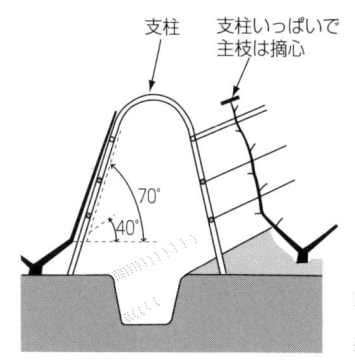

図8　主枝の配置の仕方の例

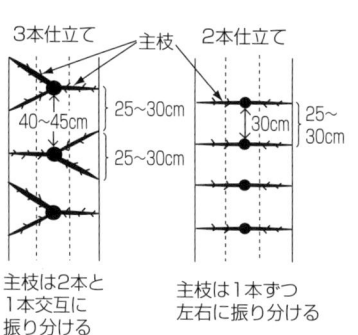

図9　V字型整枝での側枝の整理の仕方

めに，ホルモン処理❶やマルハナバチの利用をおこなう。

▶**更新せん定**◀　露地栽培や半促成栽培で，秋ナスの収穫を目標とする場合は，7月下旬〜8月上旬に更新せん定をおこない，新しく発生した側枝からふたたび結実させる（図10）。

▶**生理障害果対策**◀　生理障害果には図11のようなものがある。栽培環境の改善に努めて，発生を防止する。

▶**病害虫防除**◀　各種の病害虫が発生する（表4，→ p.95表2）。適期防除や化学農薬によらない防除（→ p.75）にも努める。

▶**収穫・品質保持**◀　ナスの収穫果は，蒸散作用がおうせいで，収穫後，急速にしなびが進行して品質が低下する。また，表皮はやわらかくて傷つきやすいので，収穫時や収穫後の扱いに注意が必要である。予冷やフィルム包装などによって鮮度保持に努める。

▶**栽培の評価**◀　収穫・出荷，育苗などに多くの労力を要する（図12）が，栽培期間が長いため，労力は分散される。標準的な収量は，早熟トンネル栽培で6〜7t/10a（施設栽培では13t/10aにも及ぶ）である。栽培管理，収量，品質などが適切であったかどうか評価し，次の栽培に生かすようにする。

❶ 4-CPA，50倍液を標準に開花当日に1花ごとに噴霧処理をする。

研究

梅雨明けのころ，更新せん定をおこない，側枝の発生状況や収量を調査し，無せん定のものと比較してみよう。また，せん定のていど（強せん定と弱せん定）を変えて比較してみよう。

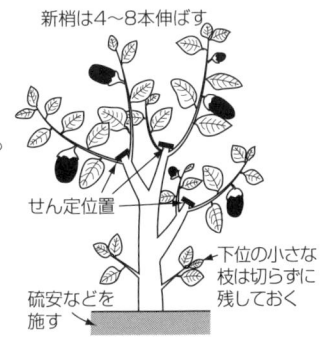

図10　更新せん定の仕方とその後の生育

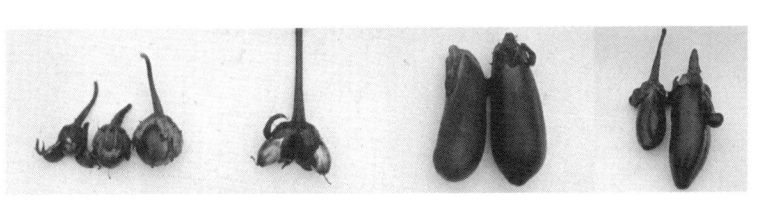

図11　ナスの生理障害果（左から，石ナス，双子ナス，つやなし果，舌出し果）
注　石ナス：果皮がかたくて光沢のない果実。開花期前後の低温やきょくたんな高温による受精障害で発生。ホルモン処理によって防止。
　　つやなし果：果皮につやがなく，かたくなる果実。梅雨明け後の高温乾燥期に発生が多い。開花後15日以後の果実の水分不足で発生。十分なかん水が必要である。
　　双子ナス，へん平果，舌出し果：低温，多肥，多かん水などが重なって，花芽が栄養過剰になったときに発生。

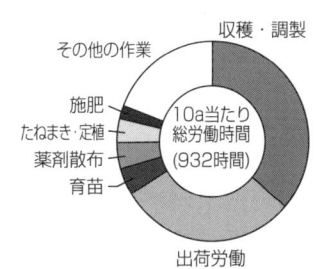

図12　露地栽培の作業別労働時間（「平成11年野菜・果樹品目別統計」による）

表4　おもな病害虫と対策

	症状と発生条件	防除法
褐紋病	葉に円形，長円形のくぼんだ同心円状の輪紋を生じる。茎や果実もおかされる。高温多湿のとき発生する	種子消毒，発生前から予防散布，発生後の集中薬剤散布，輪作
黒枯れ病	ハウス栽培で特有の病害で，葉に黒褐色の病はんができ落葉する。茎や果実もおかされる。高温多湿のときに発生する	病原菌は薬剤に弱い。換気に努め，施設内を高温にしない
半枯れ病	下葉から発生し，葉脈が黄変し，しだいに広がって葉の半分が枯れる。病原菌の最適温度は28℃前後であり，高温期によく発生する。連作畑や酸性土に発生が多い	土壌消毒 輪作 接ぎ木苗
ハダニ類	高温・乾燥の好適条件では繁殖がいちじるしい。初期症状は葉に白っぽいかすり状のはん紋ができる。多発すると，葉は黄化し落葉する	殺ダニ剤の輪用散布と計画的散布

ナス科・果菜
ピーマン
パプリカ

学名 *Capsicum annuum* L.
英名 sweet pepper
原産地 中央アメリカおよび南アメリカの熱帯地方
植物分類 ナス科1年草
利用部位 果実
利用法 生食（サラダ），いためもの，揚げもの，焼きもの
豊富な成分 カロテン，ビタミンC
主産地 宮崎県，茨城県，高知県，岩手県

茎は多数枝分かれして，葉えきから細長い1～2本の花柄を伸ばし，白色の花がやや下向きに咲く。花冠は径15mm内外，浅い皿形で深く5片に裂ける。

1 野菜としての特徴

トウガラシの一品種群で辛味のない甘味種を，わが国ではピーマンとよんでいる❶。明治時代に欧米から導入されたが，本格的に普及したのは昭和30年代以降である。特有の香りがあり，ビタミンA・Cを多く含み，栄養価の高い野菜である（表1）。

ピーマンの種類は多いが（図1），色の多様なカラーピーマンの登場によって，そのイメージが変わりつつある。パプリカ❷（大形完熟ピーマン）は，香りが少なく甘味があって食べやすい。

❶欧米ではアマトウガラシという。日本のシシトウ（シシトウガラシ）もこの群に属する。

❷最初はハンガリーから輸入された平形の赤ピーマンにつけられていた名称であったが，オランダからの輸入の増加にともない，大形完熟ピーマンのよび名に用いられるようになった。色彩が豊富（赤色，オレンジ，黄色，紫，白，黒，茶など）で，料理のいろどりにも利用される。

表1 おもな食品成分（可食部100g中）

水分	93.4g
炭水化物	5.1g
灰分	0.4g
カリウム	190mg
カルシウム	11mg
カロテン	400μg
ビタミンC	76mg
食物繊維総量	2.3g

（「八訂日本食品標準成分表」による）

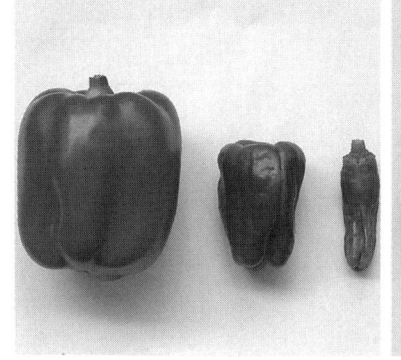

図1 ピーマンのおもな種類（左：外観，右：断面，いずれも左からパプリカ，大形種，小形種）

2 生育の特徴

ピーマンの生育経過（一生）は図2のようで，トマトやナスと同様に，栄養成長と生殖成長が並行しながら生育を続ける。

ナス科野菜のなかでは比較的生育がはやく，収穫期間は5か月前後に及ぶこともある。

生育と環境

生育に適した環境は，表2のとおりである。

温度 ナス科野菜のなかでもとくに高温を必要とする植物であるが，種子は比較的広い温度範囲で発芽する。発芽をよくするには，変温のもとにおいたほうがよい。

健全な生育のためには，昼夜の温度較差のあることが望ましい。花芽分化期は，やや低めの温度のほうが，花数が多くなる。高温下では株や花の生育はよくても，落花が多くなる。低温下では受精がおこなわれにくい。

光 果菜類のなかでは弱光に最も耐えられる。しかし，光が不足すると株の栄養状態がわるくなり，落らいや落花が多くなる❶。一方，株の生育が不良で光が強すぎると，日焼け果（→図9）が

❶冬季のハウス栽培では，十分に光をハウス内に受け入れて光合成量が増えるように，株間，整枝，誘引などに注意を払う。

表2 生育に適した環境

発芽適温	20～30℃
生育適温	昼間25～30℃ 夜間15～20℃ 地温22～25℃
光飽和点	3万～4万ルクス
好適土壌pH	6.0～6.5
好適土壌pF	1.5～1.7

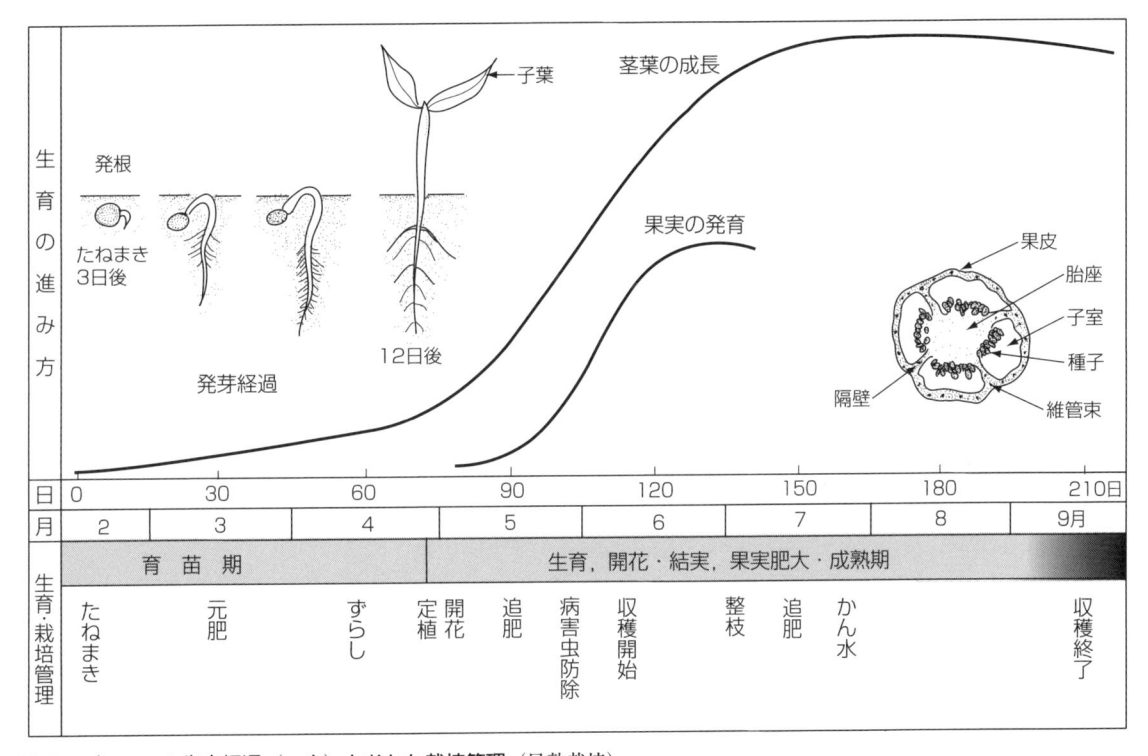

図2 ピーマンの生育経過（一生）とおもな栽培管理（早熟栽培）

発生する。

土と水分 土に対する適応性は広いが，根域が比較的せまくて浅いので，乾燥や過湿に弱い。通気性や保水性のよい有機質に富んだ土が望ましい。乾燥や過湿を繰り返すと，生育や果実の肥大がいちじるしく不良になるので，過不足にならないようなかん水が必要となる。

花芽分化と着花習性 ピーマンは，葉を10～13枚分化すると，第1花の花芽を分化する。このときの苗の大きさは，本葉3～4枚（たねまき後約35日前後）である。

第1花の基部から2～3本の側枝❶が出る。葉を1枚分化してそれぞれの枝の成長点が花芽になり，これが第2花になる。その後も同じように，各節に花芽を次々に分化する（図3）。

果実の発育 ピーマンの花には，ナスと同様に長花柱花，中花柱花，短花柱花（図4）がある❷。第1花は，花芽分化後約30日で開花する。自家受粉を主とし，花粉が風や花粉媒介昆虫によって運ばれて受精・結実する。

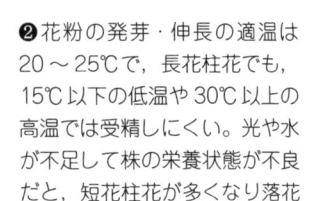

❶同時に発生する側枝は，1本は太く，ほかは細くなる性質がある。

❷花粉の発芽・伸長の適温は20～25℃で，長花柱花でも，15℃以下の低温や30℃以上の高温では受精しにくい。光や水が不足して株の栄養状態が不良だと，短花柱花が多くなり落花しやすい。

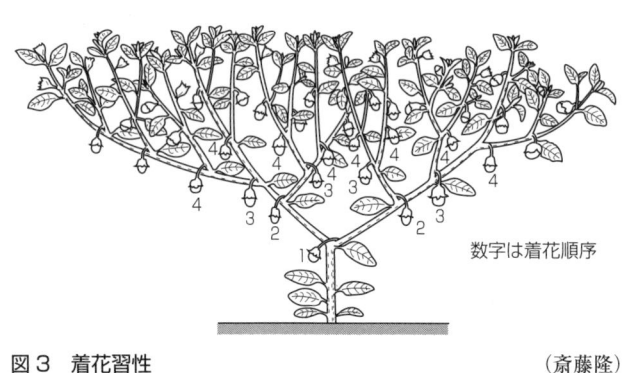

図3　着花習性　　（斎藤隆）

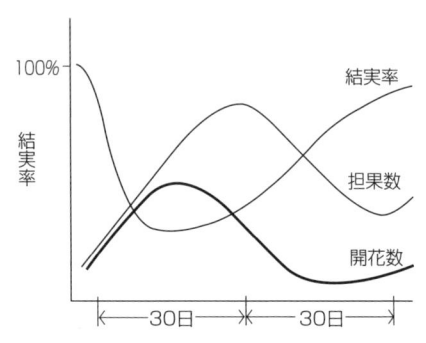

図5　ピーマンの着果周期（模式図）

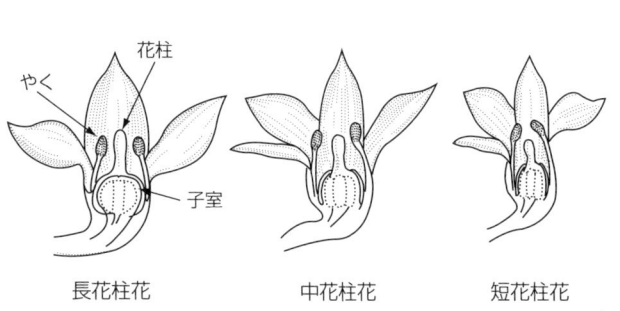

図4　ピーマンの花型（断面図）

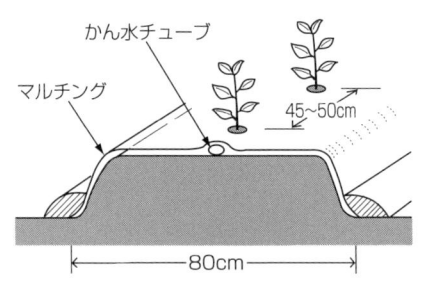

図7　うねのつくり方と定植の仕方（ハウスでの例）

果実は肥大・成熟するにつれて，緑色から赤色などに変化するが，緑色の未熟なものを収穫することが多い。

着果周期 ピーマンには，着果数の多い時期と少ない時期の繰り返し（**着果周期**）がみられる❶（図5）。株の栄養状態が不良で根の活力が低下すると，着果周期は大きくなる。着果周期を小さくするには，株の栄養状態をよくするとともに，株の負担をできるだけ小さくすることが大切である。

❶1つの株に結実した果実の数（担果数）が増えると，新たに発育してくる花が短花柱花となり，結実がわるくなり，開花数も減る。その後，担果数が少なくなると，長花柱花となって結実がよくなり，開花数も増える。このような着果周期が約1か月おきにみられる。

3 栽培管理

▶**作型と品種**◀ ピーマンのおもな作型と品種は図6のとおりである。F₁品種が中心で❷，最近は，病害に対して複合抵抗性をそなえた品種も実用化されてきた。

また，カラーピーマンは，オランダからの導入品種のほか，国産品種も育成されて国内での生産も増えている。

▶**たねまきと育苗**◀ 保水性や通気性のよい床土を準備する。種子は10a当たり70～80ml用意し，1昼夜浸種してからまくと

❷わが国では，昭和30年ころまでは，アメリカから導入された大形の甘味種であるカリフォルニアワンダーが栽培の中心品種であった。昭和31年に育成された「緑王」は，わが国最初のF₁品種である。

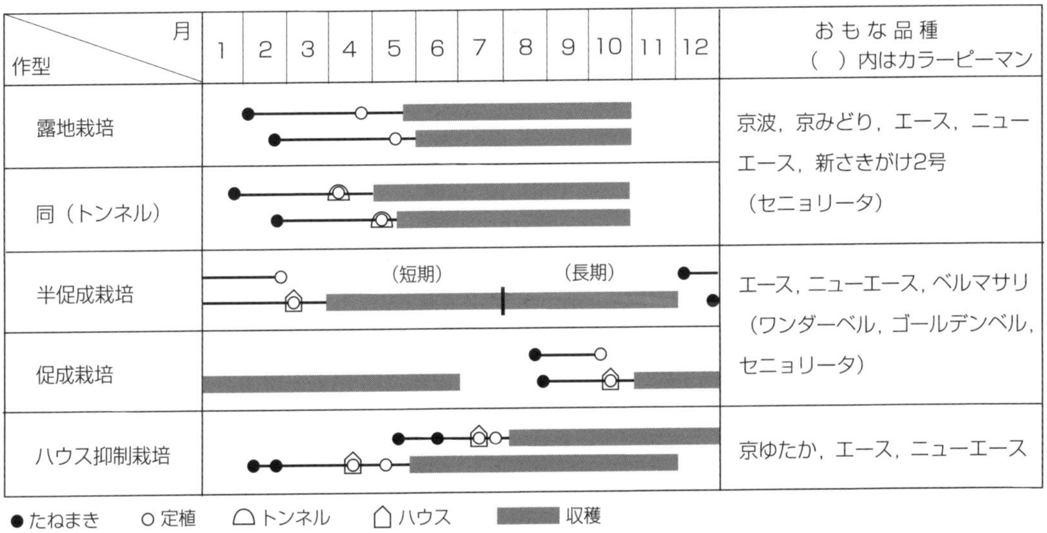

作型＼月	1	2	3	4	5	6	7	8	9	10	11	12	おもな品種 （ ）内はカラーピーマン
露地栽培		●―○			▓▓	▓▓	▓▓	▓▓	▓▓	▓▓			京波，京みどり，エース，ニューエース，新さきがけ2号 （セニョリータ）
同（トンネル）	●―	―○	△		▓▓	▓▓	▓▓	▓▓	▓▓				
半促成栽培	○		⌂	（短期）▓▓	▓▓	▓▓	（長期）▓▓	▓▓	▓▓	▓▓	●		エース，ニューエース，ベルマサリ （ワンダーベル，ゴールデンベル，セニョリータ）
促成栽培						▓▓	●	―○	⌂	▓▓	▓▓	▓▓	
ハウス抑制栽培					●	―○	⌂	▓▓	▓▓	▓▓			京ゆたか，エース，ニューエース

●たねまき　○定植　△トンネル　⌂ハウス　▓収穫

図6 ピーマンのおもな作型と品種
注　台木用の品種には，ベルマサリ（TMV〈タバコモザイクウイルス〉-P系と青枯れ病の複合対応），ベルホマレ（TMV-T系とえき病の複合対応），スケット・C（青枯れ病とえき病の複合対応）などがある。
　露地栽培・トンネル（早熟）栽培：TMVにかかりやすいので，抵抗性のある品種を選ぶ必要がある。
　半促成栽培：育苗期が日照の少ない時期になるため，落らい・落花が多くなり初期の収穫が少なくなりやすい。そのため，株間を広げて光がよくあたるようにする。
　促成栽培（とくに大果系品種）：温度や光の管理に注意し，生育が進み，多くの枝が出てきたら整枝をおこない，光が十分あたるようにする。

発芽がそろう。発芽までは，地温を30℃に保ち十分な湿度を与えると，6～7日で発芽する。

発芽後は，やや低めの温度で管理する❶。本葉2枚のころ，1回目の移植または鉢上げをする。移植苗は，本葉5～6枚（移植後約30日）のときに4号のポットに鉢上げをする。活着後は，床温をしだいに下げ，定植1週間前からは，かん水を控え，苗の順化をおこなう。

▶畑の準備と定植◀　肥料には比較的鈍感で，多肥による徒長や落花は少ない❷。施肥量は作型や土質によって異なるが，促成栽培の例を表3に示す。栽植距離は表4のとおりで，長期の作型ほど疎植にする。

育苗日数40～90日，本葉12～13枚，1番花の開花前後が定植適期である。定植方法は図7のようであるが，第1分枝がうねの方向と直角になるようにすると，主枝の誘引が容易になる。

▶整枝・誘引◀　第1果のついた節から出る2～3本の分枝を主枝として伸ばす。これより下の分枝は，はやめにかき取る。露地では支柱を立て，ハウスではひもでV字形やU字形に誘引する❸

❶昼温27～28℃，夜温22～24℃，地温25℃くらいに下げる。

❷10a当たり5～10tの果実生産に要する養分吸収量は，窒素25～30kg，リン酸3～6kg，カリ30～40kg，カルシウム10～15kg，マグネシウム3～6kgといわれている。

❸第1分枝，第2分枝のうちで太い分子を主枝として誘引していく。これに生じる側枝を外側のものは3～4果，内側のものは2～3果でせん定する。

表3　促成栽培の施肥例（10a当たり）

肥料の種類	総量(kg)	元肥(kg)	追肥(kg)		
			1回	2回	3回
苦土石灰	150	150			
BMヨウリン	80	80			
鶏ふん	300	300			
IB化成S1号	160	160			
リン硝安カリ	30		30		
NK化成	90		30	30	30
硫マグ	60	60			

注　全量の成分量は，窒素37.6kg，リン酸39.3kg，カリ35.5kg。

表4　作型と栽植距離

作型	うね幅(cm)	株間(cm)	10a当たり本数
促成	180	45～50	1,100～1,200
半促成	130～150	45～50	1,500～1,600
トンネル早熟　長期	120	45	1,800
抑制　短期	80～100	45	2,200～2,600

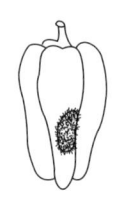

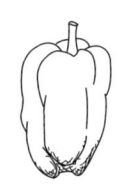

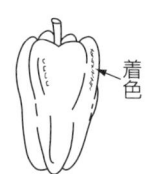

図8　4本主枝（U字形）整枝法

図9　生理障害果（日焼け果，しり腐れ果，着色果，石果）

（図8）。ハウス栽培では，主枝の内側から伸び出す分枝は徒長するので，2～3葉を残して摘心する。収穫の終わった側枝は1節を残して切り返す。

▶生理障害果対策◀　日焼け果，しり腐れ果，着色果，石果な5 どが発生しやすい（図9）。対策としては，土壌改良，かん水，整枝，温度管理などが大切である❶。

▶病害虫防除◀　トマトやナスと共通の病害虫が多い（→ p.95 表2）が，えき病，軟腐病や炭そ病，ミナミキイロアザミウマなどの被害が多い（表5）。

10 えき病，ウイルス病，青枯れ病などに対しては，複合抵抗性のある台木を利用した接ぎ木栽培がおこなわれている。適期防除を心がけ，化学農薬によらない防除（→ p.75）にも努める。

▶果実の肥大と収穫◀　ふつうのピーマンは，開花後約20日で約25～50gていどの大きさになったころに収穫する。完熟果は夏
15 季で開花後約50日で収穫となる。収穫直後は光沢があるが，時間の経過とともに光沢を失う。収穫果は，カビの付着・伝染防止，鮮度保持のために，ふつうポリ袋による包装や予冷をおこなう。

▶栽培の評価◀　ピーマンは収穫・調製に，とくに多くの労力を要する（図10）。標準的な収量は，露地栽培で4～5t/10a（施
20 設栽培では10～11t/10a）ていどである。着果周期を小さくしたり生理障害果の発生を抑えたりして，安定した収量や品質を確保できたかどうか評価し，次の栽培に生かすようにする。

研究
いろいろな品種を用いて，開花数，結実数，担果数を調べ，品種間の着果周期のちがいおよび着果周期を小さくする対策について考えてみよう。

❶日焼け果は，土壌水分が不足して直射日光があたると発生しやすい。かん水や適切な整枝が大切である。しり腐れ果の発生は，トマトのしり腐れ果と全く同様である。着色果は，秋に気温が低下してくると，果実の表面にアントシアニン系色素があらわれる。石果は，開花後15℃以下の低温が続くと発生する。果実の発育には昼温より夜温が影響するので注意する。

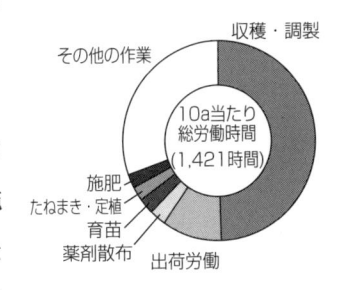

図10　施設栽培の作業別労働時間（「平成11年野菜・果樹品目別統計」による）

表5　ピーマンのおもな病害虫と防除法

種類	症状と発生条件	防除法
えき病	茎がおかされると暗緑色に変色し，軟化して折れることが多い。葉や果実にも発生。高温多湿により発生しやすい	抵抗性台木に接ぎ木 株もとの排水に注意 早期に薬剤散布
軟腐病	おもに果実に発生し，果肉が軟化腐敗し落下することがある。連作や軟腐病の発生した畑に発生が多い	輪作 早期に薬剤散布
炭そ病	果実は，はじめ水浸状の小はん点を生じ，拡大すると輪紋を生じる。熟果に被害が多い。葉は，はじめ黄色の小はん点を生じる。降雨が多い場合に発生する	種子消毒 早期に薬剤散布
ミナミキイロアザミウマ	新葉はちぢれ一部褐変する。果実では変形し，へこんだ部分が黒褐色になる。雑草繁茂地や栽培期間の長いハウスで発生が多い	施設内は青や黄色の粘着トラップで早期発見 連続的に薬剤散布

2 ウリ科野菜の栽培

❶果肉を、みそ汁の具や細長く切って乾燥した「かんぴょう」として利用する。

❷たく葉が変化したものと考えられており、各節（葉えき）から1本ずつ伸長し、物にふれると刺激を受けて、急速に湾曲・成長して巻きつく。

ウリ科野菜の種類と特徴

(1) 種類と原産・来歴

ウリ科の植物は、おもに果実（果肉）を食用にするキュウリ、スイカ、メロン、カボチャ、シロウリ、ユウガオ❶、トウガン、ハヤトウリ、レイシなどの野菜、ヒョウタン、ヘチマなどの工芸作物を含み、野生種を含めると約100属850種が知られている。その特徴は表1のとおりである。

ウリ科野菜は、温帯から熱帯までの広い範囲を原産地とし、高温・多日照を好むものが多い。最も古い栽培植物の1つで、わが国への渡来も古く、マクワウリやシロウリなどは弥生時代にはすでに栽培されていた。

表1　ウリ科植物の特徴

植物分類	双子葉植物、大部分は合弁花類
種子	無胚乳種子
茎葉	大部分はつる性で、葉は互生し単葉
花	単性花（雌雄異花同株が一般的）、1日花
果実	子房下位、偽果

注　1日花：ほとんどのものは早朝に咲き、午後には閉じるが、ユウガオやカラスウリの仲間は、夕方に開いて翌朝に閉じる。

(2) 形態と育ち方の特徴

ウリ科野菜は巻きひげ❷をもったつる性（茎そのものは巻きつかない）のものが多い。花はふつう、雄花と雌花が別々の単性花

キュウリの雌花と巻きひげ

メロンの雌花

カボチャの雌花

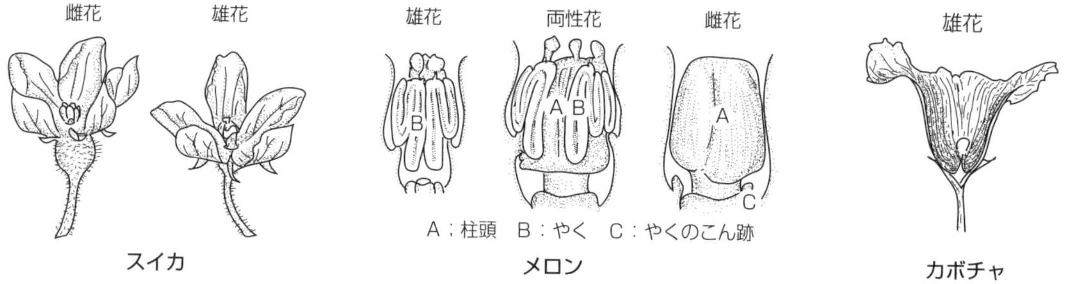

スイカ　雌花　雄花

メロン　雄花　両性花　雌花
A：柱頭　B：やく　C：やくのこん跡

カボチャ　雄花

図1　ウリ科野菜の花の形態

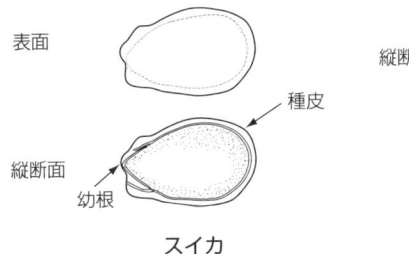

となることが多く（図1），花粉媒介昆虫による他家受粉をおこなう。種子は，子葉が発達した無胚乳種子で（図2），子葉には脂肪分の高い養分がたくわえられている❶。

ウリ科野菜の多くは中性植物で，苗が一定の大きさ（本葉数枚）のときに花芽分化し，栄養成長と生殖成長が並行して進む。性（雄花，雌花，両性花）の決定は遺伝的なものであるが，環境条件（日長，温度など）にも影響される（→ p.26）。

❶このため，種子はナッツ，油料などに利用されてきた。

(3) おもな病害虫と障害

ウリ科野菜の病害虫は種類が多く，とくに，うどんこ病，はん点細菌病，つる枯れ病，つる割れ病，ウイルス病，アブラムシ類，ウリハムシなどの発生が多い（表2）。つる割れ病などの土壌病害を防ぐためには，連作を避け，接ぎ木や土壌消毒をおこなう必要がある。カボチャやユウガオは病害虫に強く，低温でもよく伸長するため，スイカやメロン，キュウリの台木（→ p.84, 127, 133）としても利用される。

図2 ウリ科野菜の種子の形態

表2 ウリ科野菜のおもな病害虫

	病　気											害　虫					
	モザイク病（CMV）	モザイク病	メロンえそ斑点病（ウイルス病）	はん点細菌病	褐斑細菌病	苗立枯れ病	べと病	炭そ病	うどんこ病	つる枯れ病	つる割れ病	えき病	褐色腐敗病	立枯れ病	ワタアブラムシ	ジャガイモヒゲナガアブラムシ	ウリハムシ	ネコブセンチュウ	アザミウマ類	ハダニ類
	㋻	㋻	㋻	細	細	糸	糸	糸	糸	糸	糸	糸	糸	糸						
キュウリ	○		○	○	○	○	○	○	○	○	○			○	○	○	○	○	○
メロン		○		○			○	○	○	○	○				○		○	○	○	○
スイカ		○					○	○		○	○				○		○	○		
カボチャ	○			○			○		○						○					

注　㋻細糸は，病原がそれぞれウイルス，細菌，糸状菌（カビ）であることを示す。

ウリ科・果菜
キュウリ

学名 *Cucumis sativus* L.
英名 cucumber
原産地 インドのヒマラヤ山麓からネパール付近
植物分類 ウリ科1年草
利用部位 若い果実
利用法 つけもの，ピクルス，酢のもの，サラダ，いためものなど
豊富な成分 ビタミンC，カロテンなど。苦味物質を含む
主産地 群馬県，埼玉県，福島県，宮崎県

植物体全体に粗毛がある。茎は長く伸び巻きひげではい上がる。葉は浅く裂ける。花は黄色で雌雄の別がある。果実は若いうちは緑，成熟すると黄褐色になり，長さ60〜90cmにもなる。

1 野菜としての特徴

わが国には10世紀以前に中国から渡来していたが，各地に普及し始めたのは江戸末期から明治初期といわれている。果実の形やいぼの色（白いぼの華北型と黒いぼの華南型が代表的），着花習性などが異なる種類・品種が改良されている（図1）。

キュウリは世界的な主要野菜で加工・加熱して広く利用されているが，日本では未熟果を収穫して生食，各種つけものなどに利用することが多い。果実の95%以上は水分であるが，特有の香気や苦味があり，ビタミンCを多く含んでいる（表1）。

表1 おもな食品成分（可食部100g中）

水分	95.4g
炭水化物	3.0g
灰分	0.5g
カリウム	200mg
カルシウム	26mg
カロテン	330μg
ビタミンC	14mg
食物繊維総量	1.1g

（「八訂日本食品標準成分表」による）

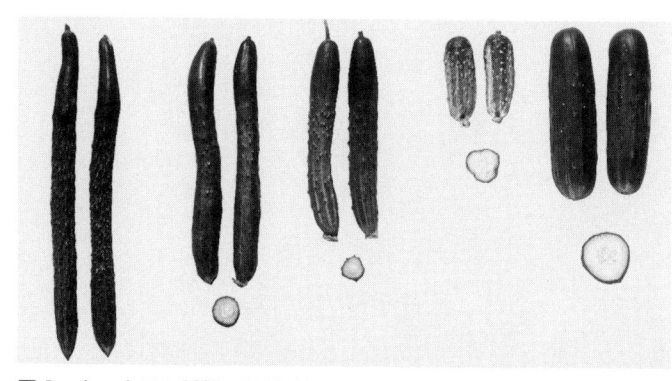

図1 キュウリの種類・品種（左から，四葉〈スーヨー〉，白いぼ，黒いぼ，ピックル群，スライス群）

2 生育の特徴

キュウリの生育経過（一生）は図2のとおりである。たねまきから収穫までの日数は約80日で、果菜類のなかでは生育がはやい。

生育と環境　生育に適した環境は表2, 3のとおりである。

温度　本来は高温を好む野菜で、低温下では生育が妨げられるが[1]、日本の盛夏期はむしろ高温すぎる。自然環境下で栽培しやすいのは、春から夏にかけてである。

光　キュウリはトマトのような強い光を必要としないが、光が不足すると、収量や品質が低下する。

土と水分　キュウリの根は浅根性のため、乾燥には弱い。有機物と土壌水分が十分であれば、砂壌土から埴壌土の範囲で生育がよい。土壌酸度は、弱酸性を好む。

着花習性　キュウリの花は、雌花（図3）と雄花に分かれており（雌雄異花）、それらが同じ株に着生する雌雄同株である。性の決定は環境条件に影響されやすいが、その感受性や雌花の着生能力は、種類・品種によって遺伝的

[1] 地温12℃以下では、ほとんど生育しない。

表2　生育に適した環境

発芽適温	25〜30℃
生育適温	昼間23〜28℃ 夜間10〜15℃
好適地温	20〜23℃
好適土壌pH	5.5〜6.5

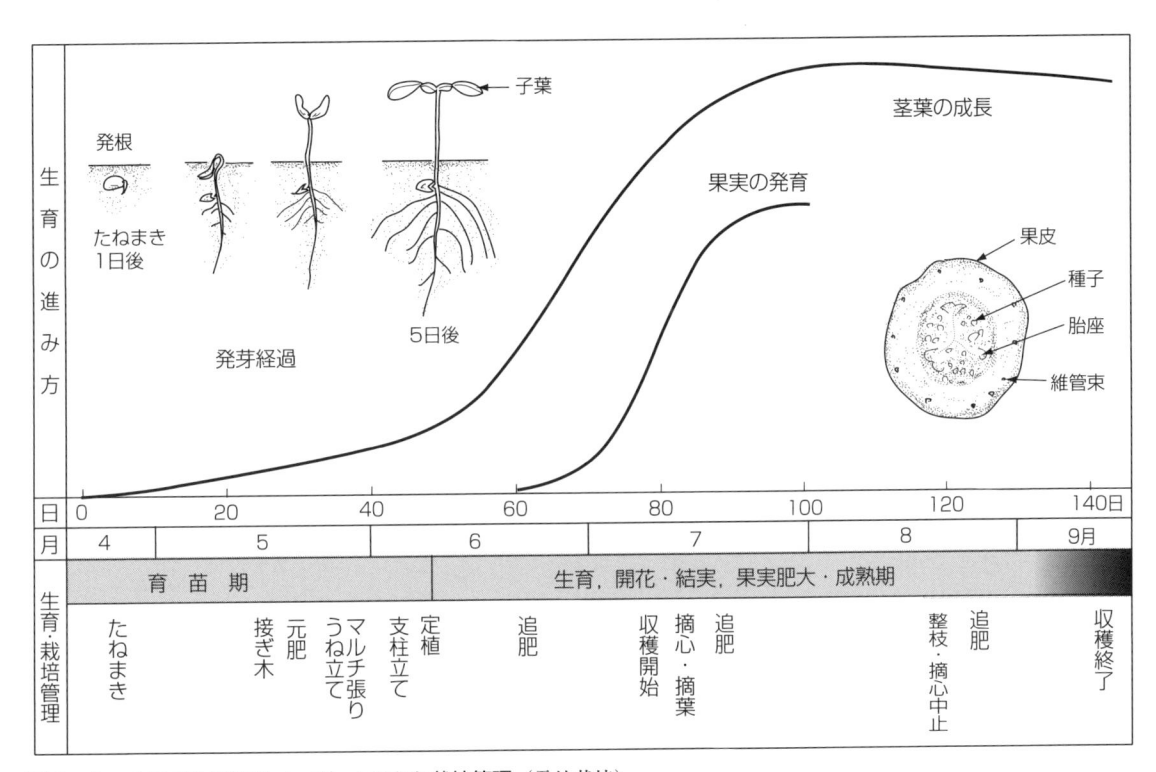

図2　キュウリの生育経過（一生）とおもな栽培管理（露地栽培）

に異なる（→ p.26 図3）。環境条件についてみると，夜温13〜15℃の低温，日長7〜8時間の短日条件で雌花が多くなる（図4）。

雌花のつき方（着花習性）は，節成性親づる型，節成性親づる・子づる型，飛び節性親づる・子づる型，飛び節性子づる型の4つの型に分けられる（図5）。

果実の発育

キュウリの花は雌雄異花で，自然条件下での受粉は虫媒による他家受粉である[1]。しかし，単為結果性（→ p.28）が強く，受粉・受精しなくとも結実する性質がある。果実は，開花3日目から15日ころまで急激に伸長する（図6）。果実の発育には，夜温は低め（気温13〜15℃，地温18℃くらい）のほうが適している。果実の95％以上は水分であり，土壌水分は果実の肥大に重要な役割を果たしている[2]。

[1] キュウリの開花は早朝5時半〜6時ころに始まり，7時前後に完全に開花する。花の寿命は比較的短く，その日の午後にはほとんどしぼんでしまう。

[2] 果実の肥大期に水分が不足すると，果実の肥大がいちじるしくわるくなったり，曲がり果やしり細り果などの変形果を生じやすくなったりする。

表3 キュウリの発芽温度と平均発芽日数
（稲川利男ら）

温度（℃）	発芽率（％）	平均発芽日数（日）
10	0	—
15	80	7.7
20	83	4.6
25	90	2.7
30	91	2.2
35	89	2.3
40	14	3.3

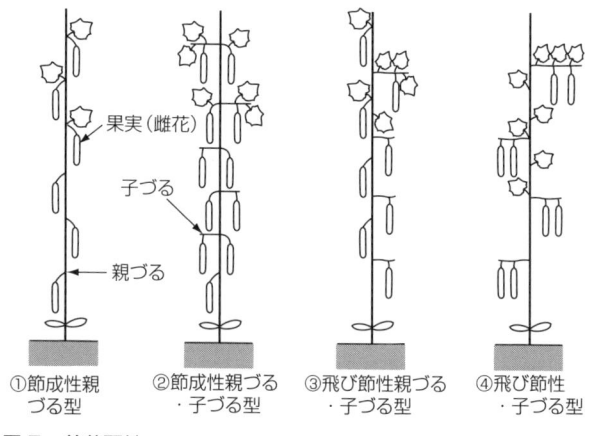

図5 着花習性
①節成性親づる型　②節成性親づる・子づる型　③飛び節性親づる・子づる型　④飛び節性・子づる型

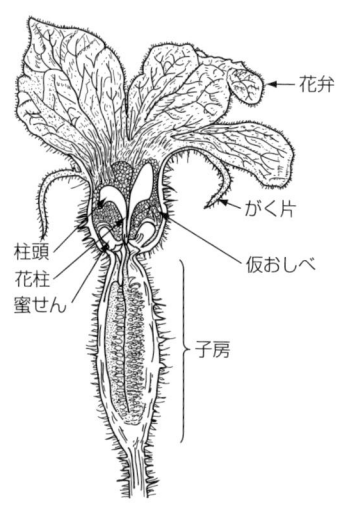

図3 キュウリの雌花
（ジュドソン，1928）

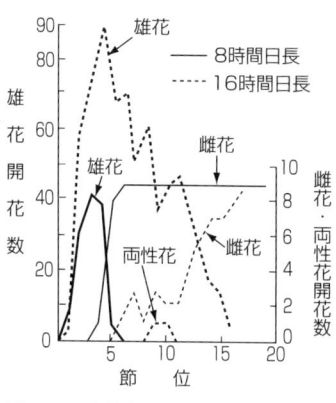

図4 日長条件と雌花・雄花の発現
（加藤徹らによる）
注　子葉節を0節とする。

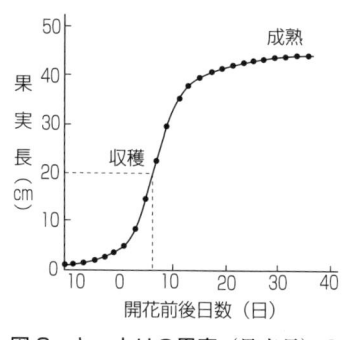

図6 キュウリの果実（果実長）の発育過程　（金浜耕基による）
注　品種：ときわ光3号P型，たねまき：3月29日，調査果実：5月28日〜6月1日開花。

3 栽培管理

▶作型と品種◀　おもな作型と品種は，図7のとおりである。近年では果色が濃緑で，果実の表面に果粉（ブルーム）❶が発生しないブルームレス台木❷に接ぎ木した栽培が多い。

▶育　苗◀　床土は腐葉土などの有機物を十分に含んだものがよい。たねまきは図8のようにおこなう。子葉が完全に展開し（図9），本葉が開き始めたら，移植（鉢上げ）する（図10）。

▶畑の準備◀　定植の2週間前ころに，元肥や石灰を施してよく耕うんし，うね（栽培床）をつくる（➡図13, 14）。地温の上昇・調整，水分の蒸発防止，雑草の発生防止，茎葉の汚染防止，病害虫の防止などのために，マルチを利用するとよい。

❶果面にあらわれる白い粉状の物質で，その主成分は糖類，ケイ酸，カルシウムである。高温（とくに高夜温）や多湿の条件で発生が多くなる。

❷カボチャ台が用いられ，接ぎ木したキュウリの果実には果粉がみられない。おもな台木品種には，ひかりパワー，ニュースーパー雲竜，ゆうゆう一輝などがある。

作型		月	1	2	3	4	5	6	7	8	9	10	11	12	おもな品種
夏キュウリ	晩春まき栽培 初夏まき栽培 夏　まき栽培 晩夏まき栽培														奥路，夏すずみ，つや太郎，つばさ，なつさと，南極1・3号，北宝2号，新北星1・2号，北輝皇，鈴成四葉，近成四葉，ときわ地這，近成山東
早熟	トンネル栽培 露地栽培														
促成	ハウス促成栽培① 　〃　　　② 温室促成栽培														シャープ1・103，グリーンラックス，アンコール8・10，よしなり
半促成	ハウス半促成栽培 トンネル半促成栽培														シャープ1，アンコール10，さちなり
抑制	ハウス抑制栽培① 　〃　　栽培② 露地抑制栽培														オナー，なおよし，オーシャン，アンコール10，北進

●たねまき　○定植　⌒トンネル　⌂ハウス　▬収穫

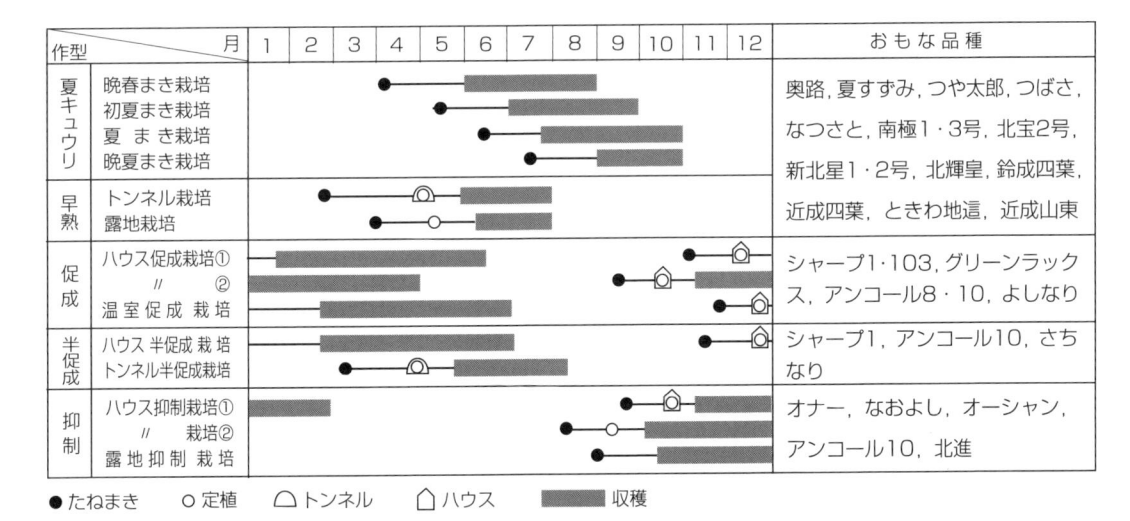

図7　キュウリのおもな作型と品種
注　たねまき・定植・収穫の時期は，各作型とも15〜30日の幅がある。

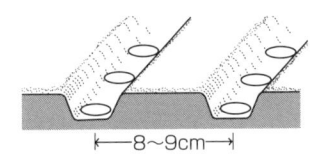

図8　たねまきの方法
注　まきみぞの深さ0.5〜0.8cm，株間1.5〜2cmとする。種子の長辺をみぞと直角におくと，図10のように子葉の方向がそろう。

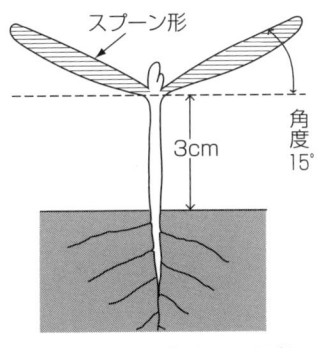

図9　理想的な子葉展開のすがた

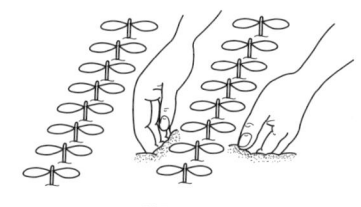

図10　移植の苗取り
注　うねの両方から指先を深くさし込んで根を切らないよう掘り上げ，ていねいに1本ずつ離して移植する。

❶よい苗とは，茎が太く本葉が大きい，節間がつまっている（徒長していない），根が十分に張っている，病害虫におかされていない，子葉が傷んでいない苗である。

❷生育状態をみながら，栄養成長と生殖成長とのバランスを考慮して，適期に適量を施す。

研究
開花から収穫，さらに成熟までの果実の長さや重さおよび種子の発育の変化を調査してみよう。収穫量が多くなり不整形果が出始めたら，収穫したすべての果実を果形別に区別して，不整形果の割合を求め，その発生原因と対策を考えてみよう。

▶**定　植**◀　本葉3～4枚の苗が定植に適している❶（図11）。根鉢をくずさないように注意して植え付ける（図12）。定植後は，十分にかん水する。栽植様式の例を図13に示す。

▶**施　肥**◀　元肥は堆肥や有機質肥料を十分に施し，追肥は収穫開始後10日間隔をめやすに，少量ずつ分けて施す❷（表4）。

▶**支柱立て**◀　支柱栽培が多く，直立式，合掌式，ネット式などの方式がある（図14）。強度や作業性を考慮して設置する。

▶**誘引と整枝**◀　通風や採光をよくして果実品質を高め，管理作業をしやすくするために欠かせない。整枝法は着花習性や栽培環境などによって異なるが，一例を図15に示す。

▶**摘　葉**◀　黄色に老化した葉や病害虫におかされた葉を除く。下葉を除きすぎると樹勢の低下をまねきやすいので注意する。

▶**病害虫防除**◀　各種の病害虫（→ p.117 表2）が発生しやすい。とくに樹勢が低下したときや，梅雨期のような不良環境下で発生が多くなるので注意する。適期防除を心がけるとともに，化学農薬によらない防除にも努める（→ p.75）。

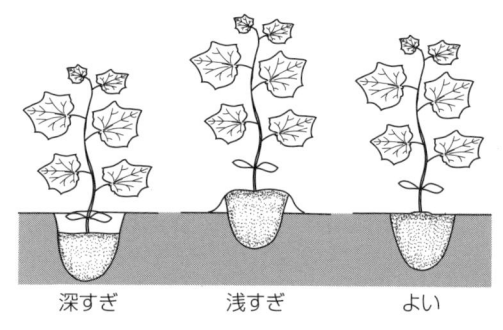

図11　定植苗
よい苗は葉が充実しており，葉先のとがりが鮮明である
すでに十数個の雌花が分化している
（藤井平司）

図12　定植の深さ
深すぎ　浅すぎ　よい

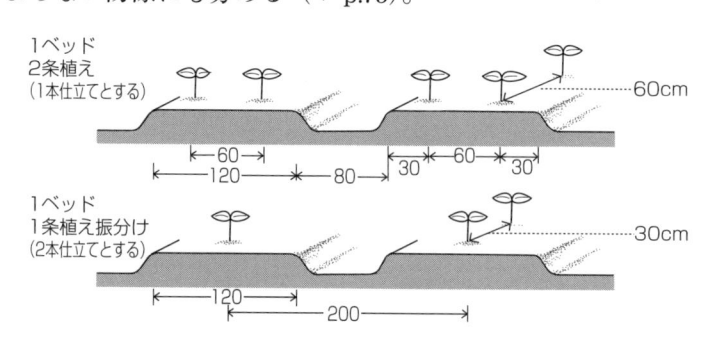

図13　栽植様式と栽植密度
注　3.3m² 当たり5.5株植えの例。疎植にする場合は株間を広くとる。

表4　施肥例（10a 当たり）

肥料名	元肥(kg)	追肥(kg)	成分 (kg)		
			窒素	リン酸	カリ
堆　　　　　　肥	4,000				
苦　土　石　灰	160				
油　　か　　す	150				
鶏　　ふ　　ん	150				
重焼燐またはダブリン	80			28.0	
IBリン加安604	120		19.2	12.0	16.8
過　　　　　　石	20			4.0	
尿素硫加安666		40	6.4	6.4	6.4
リン硝安カリS646		80	12.8	3.2	12.8
液肥源48号		100	20.0	12.0	16.0
合　　　　計			58.4	65.6	52.0

▶**不整形果**◀ 樹勢の低下や栽培環境の悪化（養水分の過不足，日照不足など）によって，曲がり果（→ p.30），しり太り果などが発生する。適切な追肥・かん水，誘引・整枝などに心がける。

▶**収　穫**◀ 果実の重さ100g，長さ20cmを目標に収穫するが，収穫初期や不良環境下では若どり（70～80g）する。収穫は，果実の鮮度を保つために，果温の低い時刻におこなう（図16）。

▶**品質保持の技術**◀ 収穫後の果実の温度が高いと急速に品質が低下する。収穫後は，品質保持のために低温下（貯蔵適温は10～13℃，表5）におく。

▶**栽培の評価**◀ キュウリ栽培では，高い収量を安定的に上げることが経営の安定にとって重要になる。標準的な収量は9～10t/10aである。また，果実の成長がはやく，鮮度が重視され，収穫・調製に多くの労力を要する（図17）。

こうした点を考えて，品種・作型の選択，施肥，整枝などについて評価し，次の栽培に生かすようにする。

表5　収穫果の貯蔵性に及ぼす貯蔵温度の影響
（大久保ら，1965）

貯蔵温度 （℃）	市場性保持 期間*（日）	貯蔵可能期 間**（日）
0～2	11	24
3～5	15	17
11～13	21	42
25～27	9	20

注　＊：貯蔵開始から市場性が失われるまでの日数。＊＊：貯蔵開始から食用に耐えないとみなされるまでの日数。

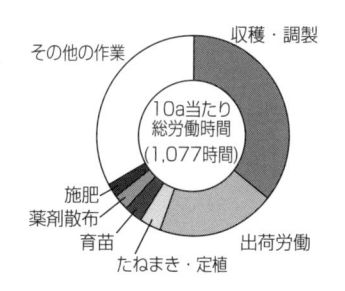

図17　施設栽培の作業別労働時間　（トマト図16と同資料）

図14　うね立てとトンネルがけ（単位：cm）

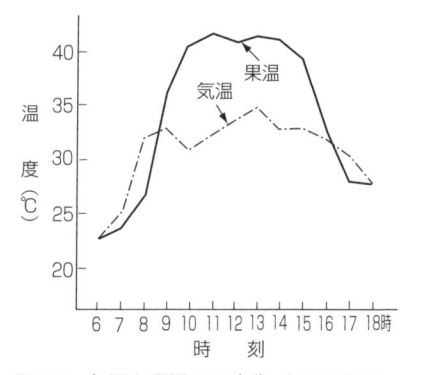

図16　気温と果温の日変化（8月13日）
（藤井，1961）

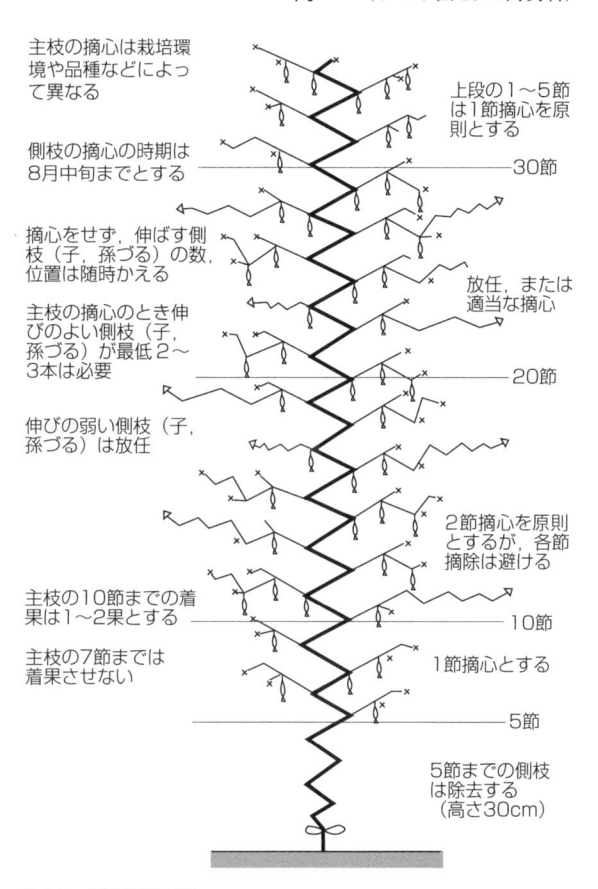

図15　整枝法の例

ウリ科・果菜
メロン

学名　*Cucumis melo* L.
英名　melon
原産地　アフリカ，西アジア
植物分類　ウリ科1年草
利用部位　果実
利用法　生食，ジュース，シャーベットなど
豊富な成分　炭水化物，ビタミンCなど
主産地　温室メロン：静岡県，愛知県，高知県，ハウスメロン・露地メロン：熊本県，茨城県，北海道

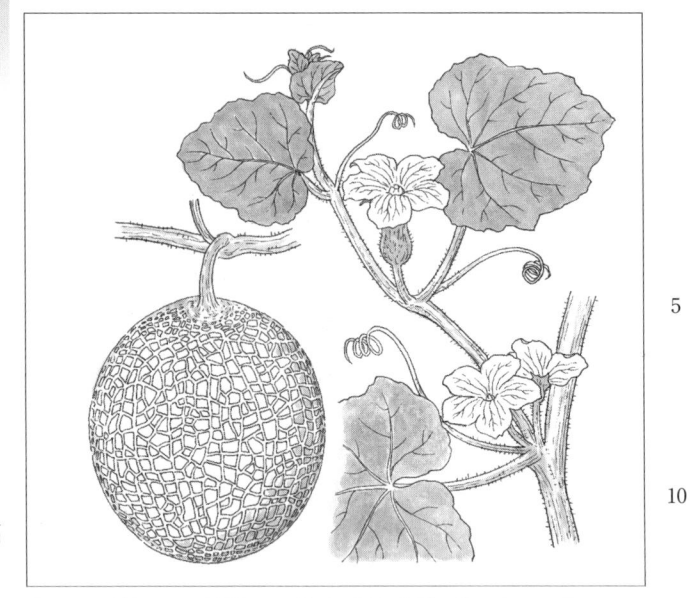

❷

茎はみぞがあって毛が多い。葉は円形か卵形で径10〜15cm，へりは波状。花冠は黄色で5片に裂け，径約2.5cm。雌花，雄花，両性花がある。ネット型の果実面には，き裂ができコルク化し網目になる。

1 野菜としての特徴

❶西洋系には網メロン，冬メロン，東洋系にはマクワウリ，シロウリなどがある。

　メロンは，西洋系メロンと東洋系メロンに大別される❶。また，ハウスメロン，温室メロン，露地メロン，マクワウリに分類されたり，ネット型とノーネット型に区分されたりする（図1）。

　西洋系メロンは明治時代に日本に渡来し，温室メロンを代表するアールス・フェボリットはイギリスから大正時代に導入された。東洋系メロンは古く（弥生時代）から渡来している。これらをもとに改良が重ねられ，ハウスメロンや露地メロンが生れた。現在の主要品種には，糖度が高く（表1），芳香のあるものが多い。

表1　おもな食品成分（温室メロン，可食部100g中）

水分	87.8g
炭水化物	10.3g
灰分	0.7g
カリウム	340mg
カルシウム	8mg
カロテン	33μg
ビタミンC	18mg
食物繊維総量	0.5g

（「八訂日本食品標準成分表」による）

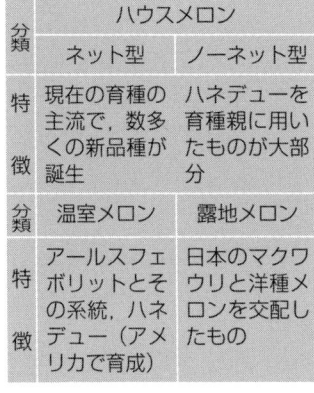

分類	ハウスメロン	
	ネット型	ノーネット型
特徴	現在の育種の主流で，数多くの新品種が誕生	ハネデューを育種親に用いたものが大部分
分類	温室メロン	露地メロン
特徴	アールスフェボリットとその系統，ハネデュー（アメリカで育成）	日本のマクワウリと洋種メロンを交配したもの

図1　メロンの分類と特徴（写真は左から，ハウスメロン，マクワウリ，ハネデュー）

2 生育の特徴

メロンの生育経過（一生）は図2のとおりである。他の果菜類と同様に栄養成長と生殖成長が並行して進むが，摘心や摘果などによって茎葉の成長や着果が制限されるため，着果後は生殖成長が主体になる。たねまきから収穫までの期間は，作型によって異なるが，ハウス栽培では約130日で，育苗期間は約40日である。

生育と環境

生育に適した環境は表2のとおりである。

温度・光 メロンはウリ科野菜のなかでも高温を好み，多くの光を必要とする。とくに花芽の分化や発達には光や温度が影響し，光不足や30℃以上の高温になると雌花の着生がわるくなる。

土と水分 根は浅根性で，地下10～25cmのところに広く分布し，多くの酸素を必要とする。排水性や通気性のよい土が適し，土壌水分の多少は果実糖度の増加やネット発生にも影響する。

着花習性

メロンの雌花❶は，ふつう，親づるにはつかず，子づる・孫づるの第1節に1花ずつ

❶通常，雌花とよばれる花のなかには，めしべのほかにおしべをもつものもあり，これは正確には両性花である（→ p.116 図1）。

表2 生育に適した環境

発芽適温	28～30℃
生育適温	昼間25～28℃ 夜間18～20℃ 根　20～25℃

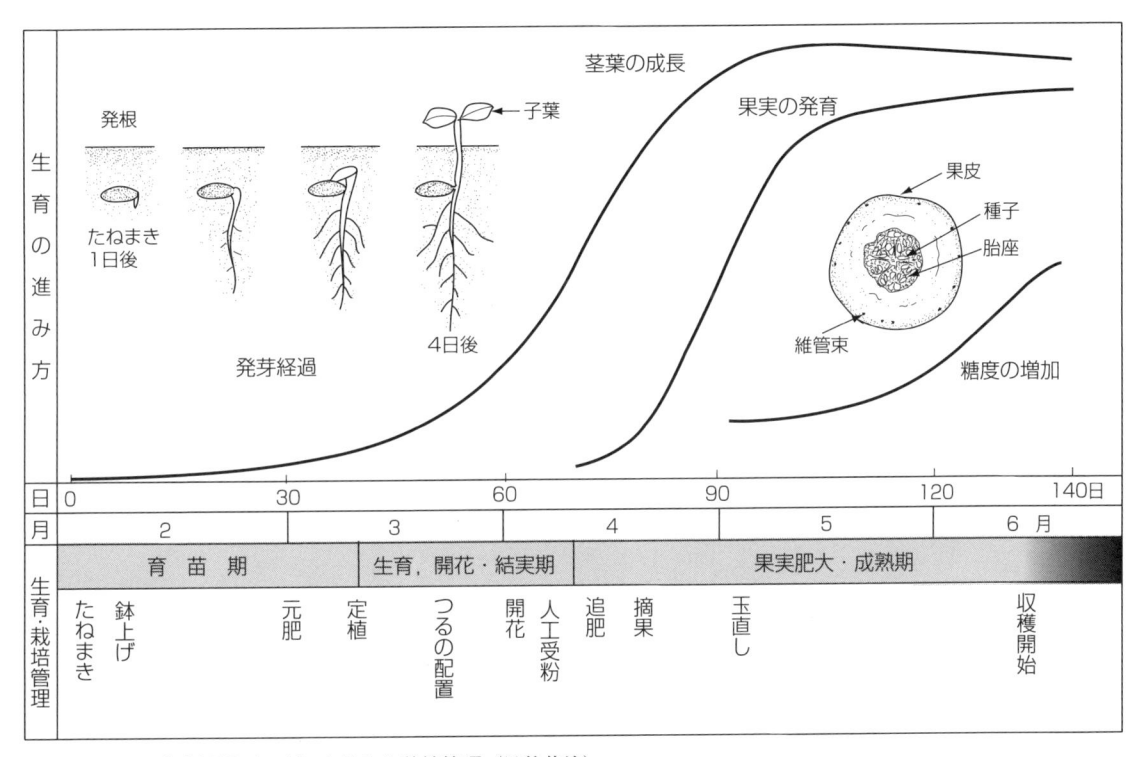

図2 メロンの生育経過（一生）とおもな栽培管理（早熟栽培）

❶ マクワ型メロンは，孫づるの第1〜2節に雌花がつき，その先には，雄花だけがつく。

❷ 露地栽培では，大部分がミツバチの飛来によって受粉がおこなわれる。

❸ 夏作で短く，冬作で長く，春作と秋作はその中間である。

つき，雄花は親づるや雌花のつかなかった子づる・孫づるの各節につく❶（図3，4）。花芽分化の開始は，雄花が本葉1枚のころ，雌花が本葉5〜6枚のころである（図5）。

果実の発育　温室やハウス内での着果には，人工受粉やミツバチによる受粉が必要である❷。受精後の子房は，急速に肥大し始め，15〜20日ころまでさかんに肥大し，その後，果実の成熟が進み糖度が上昇する（図6，15）。ネット型では，開花2週間後ころからネット形成がはじまる（図7，➡ p.29）。開花から成熟までの日数は，30〜60日である❸。

3 栽培管理

▶作型と品種◀　おもな作型と品種は，図8のようで，ハウスメロン，露地メロンを中心に品種改良が進んでいる。作型にあっ

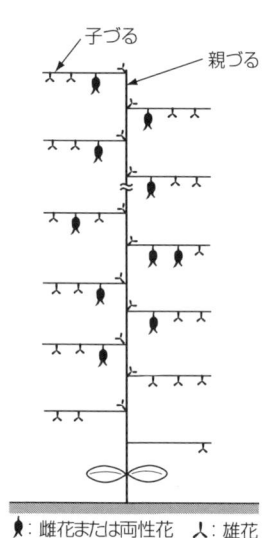

図3　メロンの着花習性
　　　（藤下，織田）

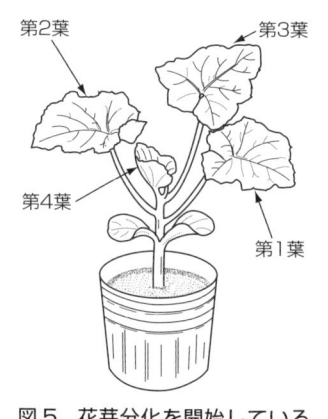

図5　花芽分化を開始している苗（3.5葉）

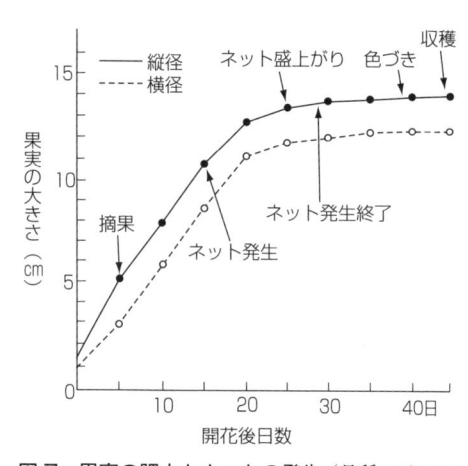

図7　果実の肥大とネットの発生（品種：サンライズ）

図4　子づるの第1節についた果実

図6　受粉後の幼果の発育状況
注　左から受粉当日，受粉後2〜10日目の幼果

た品種選択を基本に，果重や果肉色なども考慮して選択する。

▶**床土の準備**◀　床土は，次の条件をそなえたものを用いる。①通気性，保水性がよい。②わら，落ち葉，もみがらなどの有機物がよく腐熟している。③適度の養分が含まれている。④pH6.0〜6.5でリン酸含量が多い。⑤病害虫の心配がない❶。

▶**育　苗**◀　たねまきは，野菜専用の育苗箱を準備し，箱まきにする（図9）。28〜30℃で発芽させ，発芽後は表3のように管理する。鉢上げの適期は，たねまき後10日前後の子葉が展開したころである❷。定植1週間前ころから床温を徐々に下げ，床土は乾燥気味に管理する。

▶**接ぎ木育苗**◀　つる割れ病を避けるために，この病気に強い西洋種のカボチャや抵抗性メロン品種（共台）を台木とした接ぎ木育苗もおこなわれる（表4）。

▶**畑の準備**◀　土壌消毒，元肥の施用は，定植20日前までには

❶床土の消毒法には，薬剤による方法，蒸気消毒法（→p.52），焼土法などがある。

❷移植鉢は3号の大きさのものを用い，鉢の床温は，たねまき床より2℃くらい高めに保つ。

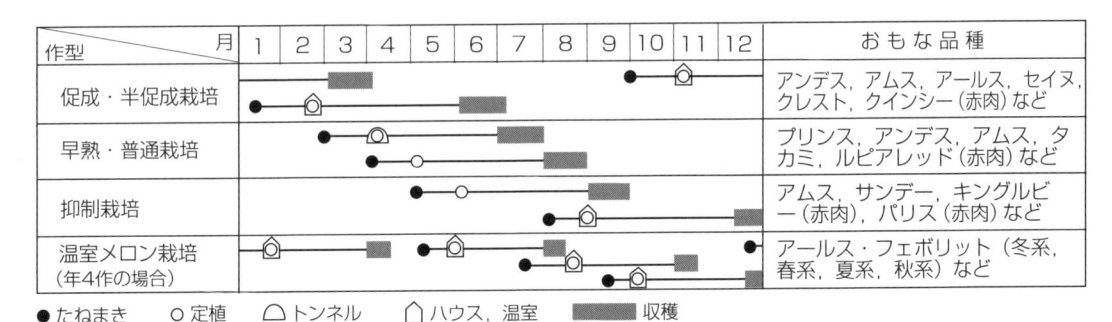

作型＼月	1	2	3	4	5	6	7	8	9	10	11	12	おもな品種
促成・半促成栽培													アンデス，アムス，アールス，セイヌ，クレスト，クインシー（赤肉）など
早熟・普通栽培													プリンス，アンデス，アムス，タカミ，ルピアレッド（赤肉）など
抑制栽培													アムス，サンデー，キングルビー（赤肉），パリス（赤肉）など
温室メロン栽培（年4作の場合）													アールス・フェボリット（冬系，春系，夏系，秋系）など

● たねまき　〇 定植　△ トンネル　⌂ ハウス，温室　▬ 収穫

図8　メロンのおもな作型と品種

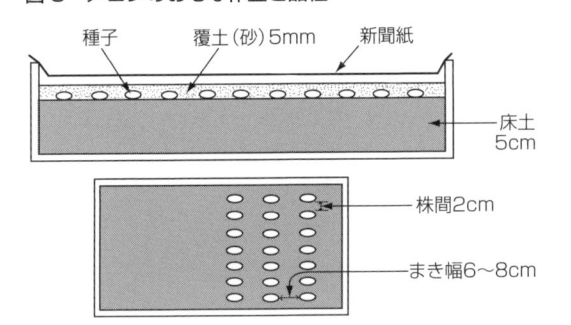

図9　たねまきの方法

表3　育苗中の温度管理

苗齢	地温（℃）	気温（℃）	その他
本葉2.5枚まで	昼25〜28　夜20〜22	23〜25　15〜18	床内湿度を下げるように管理する
定植7日前まで	昼23〜26　夜18〜20	23〜25　13〜15	
定植まで	昼18〜20　夜15〜16	徐々に外気にあてる　10〜13	株間を広げる

表4　台木の種類　(山川)

	台木の種類
温室メロン	共台
ハウスおよび露地メロン	ニホンカボチャ
	雑種カボチャ
	共台

注　雑種カボチャはセイヨウカボチャ×ニホンカボチャ。

表5　ウリ類の根の伸長地温　（内田）

種類	根の伸長地温（℃）		
	最低	最適	最高
カボチャ	8	32	38
セイヨウカボチャ	6〜8	28	38
メロン	10〜12	34	38
スイカ	8〜10	32	38
キュウリ	10〜12	30〜32	38

研究
ネット形成と糖度の変化について，次の要領で調査してみよう。
①開花後，果実の縦径と横径および糖度を定期的に測る。
②ネット発生後は，ネットの形状の変化（→p.29図10）について注意深く観察・記録する。

❶石灰（カルシウム）はネットを太くし，果皮を白くし糖度を高め，リン酸はネットの盛上がりをよくし糖度を高める効果がある。品質を高めるには，石灰，リン酸の吸収をよくすることが大切である。

すませる。保温資材の使用例とうねのつくり方を図10に示した。

▶**定 植**◀ 本葉3～4枚の苗を植え付ける。苗の活着のためには，マルチングなどによる地温の確保が必要である（表5）。栽植密度は，作型やハウスの形式，栽培時期などにより異なる。

▶**施 肥**◀ 施肥例を表6に示したが，窒素が多すぎるとつるぼけして，着果不良になるので注意する。メロンの養分吸収の仕方は図11のようである❶。

▶**整 枝**◀ 整枝の仕方は，作型や栽植密度により異なるが，おもな整枝法の例を図12，13に示す。

▶**受 粉**◀ ミツバチによる受粉または人工受粉（スイカの人工受粉に準じる→p.135）をおこなう。

▶**摘 果**◀ 交配後6～8日ころの鶏卵大の大きさのときに，形のととのったやや腰高の果実を1結果枝当たり1～2果残す（図14）。なお，1果に必要な本葉の枚数は，ふつう12～13枚である。

▶**玉つり・マット敷き・水切り**◀ 支柱栽培では玉つり，地ば

表6 施肥例（露地メロン，10a当たり）

肥料名	全量(kg)	元肥(kg)	追肥(kg)
堆肥	800	800	
油かす	90	90	
骨粉	20	20	
苦土石灰	100～160	100～160	
IB複合リン加安	100	100	
BMヨウリン	40	40	
NK化成	20		20

注 全量の成分量は，窒素24kg，リン酸22kg，カリ14kg（堆肥，油かす，骨粉を除く）。

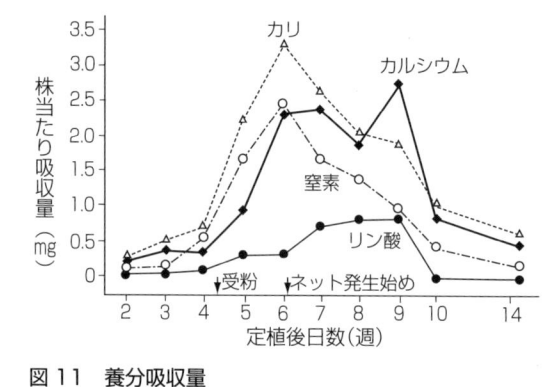

図11 養分吸収量
注 窒素，カリの吸収はネット発生始めに多くなり，リン酸，カルシウムの吸収はネット終わりに多くなる。

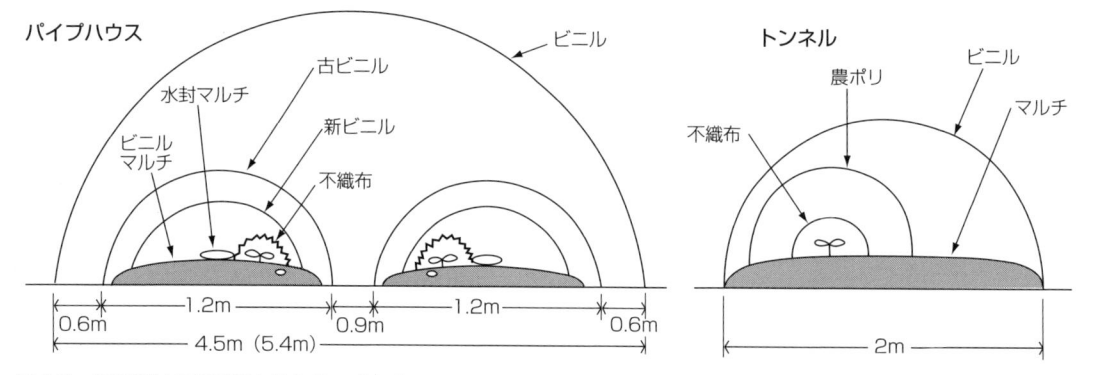

図10 保温資材の使用例とうねのつくり方
注 ベッドの高さは，パイプハウスでは15～20cm，トンネルでは20cm以上にし，株間は70～80cmにする。

い栽培ではメロンマット敷きをおこなう。また，成熟期には水切りをおこない，乾燥ぎみに管理して品質を向上させる。

▶**病害虫防除**◀　各種の病害虫（➡ p.117 表2）が発生するので，適期防除や栽培環境の改善に努める。

▶**収　穫**◀　収穫の適期は品種によって異なるが，開花後の日数を基準にして成熟度を判定する❶（図15）。マクワ型は開花後30〜45日，ネット型は45〜60日で収穫することが多い。

メロンは収穫後も成熟が進む。マクワ型は追熟をあまり必要としないが，アールス系は5〜7日の追熟期間を必要とする。

▶**栽培の評価**◀　メロン栽培では，品質（外観，糖度，香り，肉質など）の高い果実生産がとくに重要である。所要労力は比較的少ない（図16）が，整枝，水管理などのこまかい管理を必要とする。標準的な収量は2〜3t/10aである。

こうした点を考えて，品種・作型の選択，栽培技術などについて評価し，次の栽培に生かすようにする。

❶果実の糖度は成熟後半に急速に高まるため，収穫を終えるまで葉を健全に維持することが大切である。

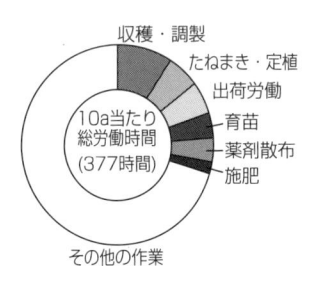

図16　ハウスメロンの作業別労働時間（「平成11年野菜・果樹品目別統計」による）

図12　地ばい栽培の整枝法の例

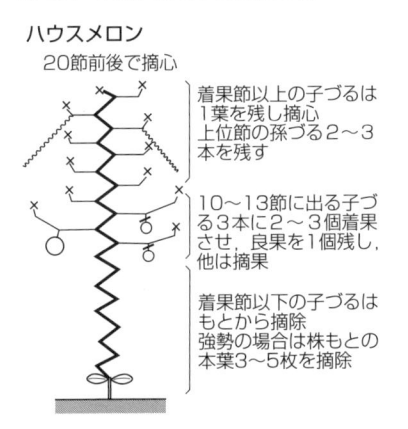

図13　支柱栽培の整枝法の例

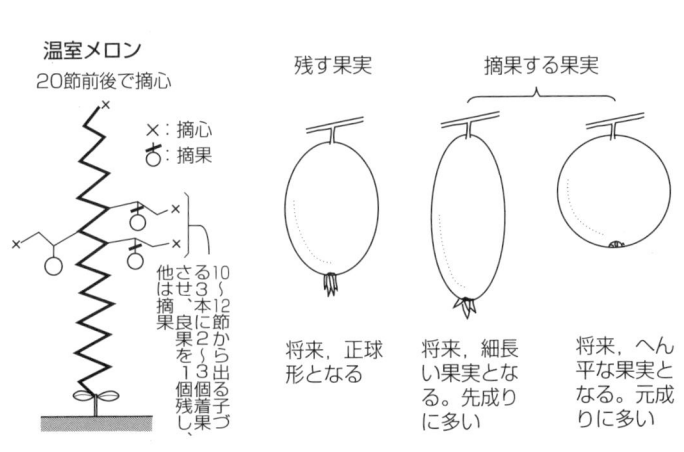

図14　摘果する果実と残す果実

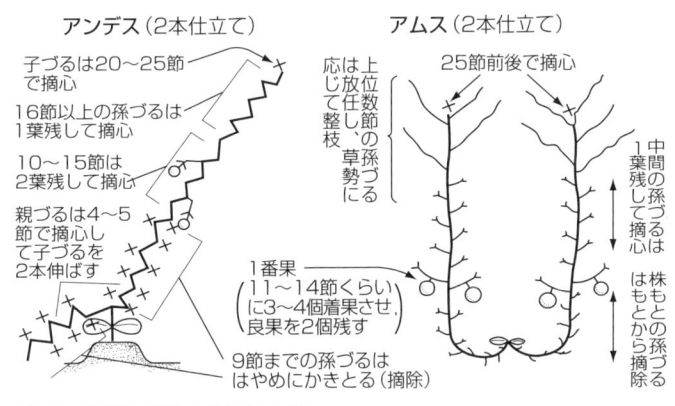

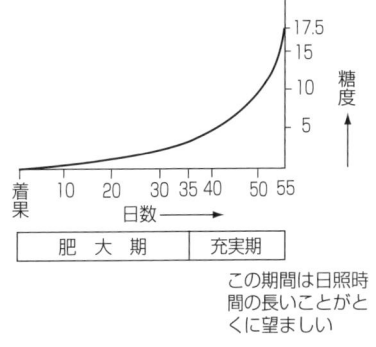

図15　糖度の上がり方（アンデス）

ウリ科・果菜
スイカ

学名　*Citrullus lanatus* Matsum. et Nakai
英名　watermelon
原産地　アフリカの赤道地帯
植物分類　ウリ科1年草
利用部位　果実（種子）
利用法　生食，つけものなど
豊富な成分　炭水化物（糖）（種子はタンパク質と脂肪が多い）
主産地　熊本県，千葉県，山形県，鳥取県

❸

茎はつる性で地をはい，分枝して長く伸び，粗毛がある。葉は羽状に深く裂ける。花は雌雄の別があって，ともに花冠は黄色で5片に深く裂ける。雄花のおしべは3本，雌花の花柱の先端は3つに裂ける。

1 野菜としての特徴

わが国には15〜17世紀に中国から渡来し，19世紀の半ばにはスイカの切売りもされていた❶。生食用が中心であるが，未成熟果実をつけもの，種子をスナックに利用することもある。大きさや形，果皮・果肉の色などの異なる種類・品種がある（図1）。

果実（果肉）の約90％は水分であるが，7〜9％の糖（果糖，ブドウ糖，ショ糖など）を含んでいる（表1）。また，利尿作用と関係があるといわれるアミノ酸（シトルリン）を含む。

❶奈良県川西村糸井神社の絵馬には，天保年間（1830〜43）のスイカの切売りのようすが描かれている。

表1　おもな食品成分(可食部100g中)

水分	89.6g
炭水化物	9.5g
灰分	0.2g
カリウム	120mg
カルシウム	4mg
カロテン	830μg
ビタミンC	10mg
食物繊維総量	0.3g

(「八訂日本食品標準成分表」による)

図1　スイカの多様な品種

2 生育の特徴

スイカの生育経過（一生）は図2のようで，栄養成長と生殖成長が並行して進む。たねまきから収穫開始（1番果収穫）までの日数は，作型によって異なるが，トンネル早熟栽培では約140日で，育苗期間は50～60日である。

生育と環境　生育に適した環境は表2のとおりである。

温度・光　スイカは高温を好み，ウリ科野菜のなかで最も強い光を必要とする（図3）。

土と水分　スイカの根は，生育初期にはおもに横方向に伸長するが，その後は土中深く伸びる（図4）。耕土が深く排水のよい土壌が適する。土壌酸度は弱酸性から中性がよい❶。

着花習性　スイカの花には，雌花および両性花，雄花があり（図5），各花の着生する割合は，品種，温度，栄養条件，栽培環境などでによって変化する。雌花は，ふつう，親づる，子づるともに第7～8節につき，その後は，5～6節ごとにつく。着果させる雌花の目標節位とその花の分化期

❶酸性になるほど葉中のカルシウム含量は低下し，葉身が短く丸形となり，つる割れ病の発病率が高くなる。

表2　生育に適した環境

発芽適温	25～30℃
生育適温	
茎葉	最高25～35℃ 最低16～20℃
根	28～32℃
好適土壌pH	5～7

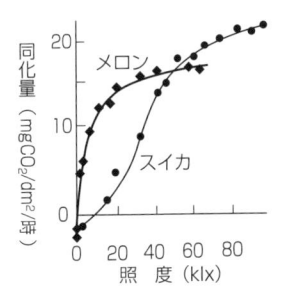

図3　光の強さと同化量
（巽，堀ら）

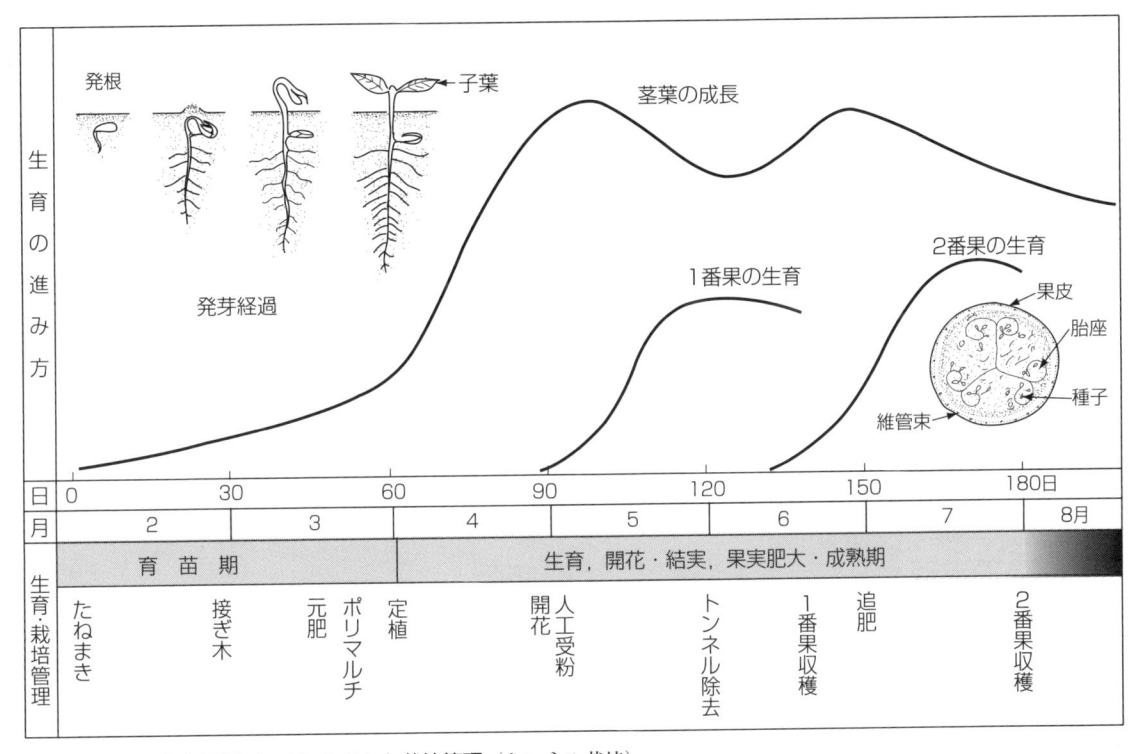

図2　スイカの生育経過（一生）とおもな栽培管理（トンネル栽培）

❶低節位の果実は，へん平，厚皮，空洞などになり，商品性がおとる。また，草勢の弱いうちに株に負担を与えることになり，着果数が減少し収量を低下させる。

❷スイカの花は，ふつう朝開き，午後にはしぼみ始める。朝5〜7時ころに最もよく花粉が出て，着果率が高い（図6）。

❸奈良県で育成された大和スイカをもとにし，関西では水田裏作用品種として新大和・旭大和が，関東では火山灰土に適した都スイカが改良された。現在の多くの品種は，これらを交配して育成した一代雑種である。

を表3に示したが，低節位に着果した果実は，商品としても栽培的にも望ましくない❶。

果実の発育 おもにミツバチやハナアブなどが花粉を媒介（虫媒）し，受粉・受精する。花粉媒介昆虫の活動がさかんでないときには，人工受粉が必要である❷。受粉後，成熟するまでは35〜45日くらいである。開花後20日ころまでに果実の大きさはほぼ決定され，それ以降の生育や環境は品質に影響する。果実の糖含量の変化は図7のようである。

3 栽培管理

▶**作型と品種**◀ おもな作型と品種は，図8のとおりである。代表的な夏野菜で，トンネル早熟栽培，半促成栽培が多い。促成栽培では小玉種もよく利用される❸。

▶**育　苗**◀ 床土は有機物を十分に含んだ土を用いる。スイカ

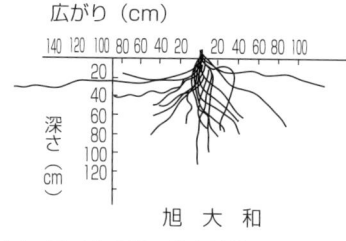

図4　スイカの根の分布状態

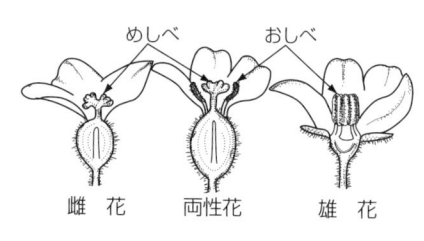

図5　花の種類

図6　受粉時刻と着果率
　　　（下内稔による）

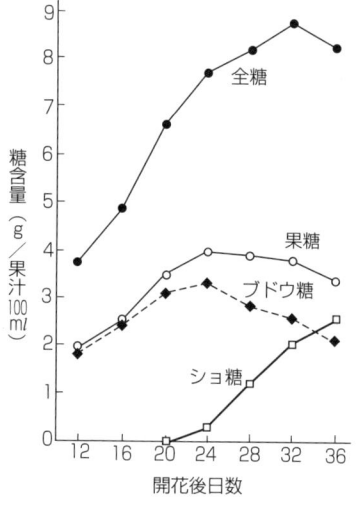

図7　スイカ果実の糖含量の変化
（フロリダ1979，エレムストロムらの成績から8品種平均）

表3　雌花目標節位とその花の分化期
（倉田）

栽培条件		雌花目標節位	目標節位の花が分化する時期（本葉数）
親づる	低温下の栽培	20節	6葉展開直後
	温度にめぐまれた栽培	15節	4.5〜5葉展開
子づる	低温下の栽培	15節	子づる1葉展開
	温度にめぐまれた栽培	10節	子づる1.4葉ていど展開

の種子は吸水性が高いので,過湿にならないように管理する。条間6～8cm,深さ8～10mmのみぞをつけ,種子を3cm間隔にまき,8～10mmの覆土をする。

種子の発芽適温は25～30℃(→表2)で,ふつう,発芽までには5～7日を要する。子葉が完全に展開し,本葉が開き始めたら移植(鉢上げ)する。

▶**接ぎ木育苗**◀ 連作などによる土壌病害(とくにつる割れ病)の回避と低温伸長性❶の付加を目的として,接ぎ木がおこなわれる(表4,図9,10)。

▶**畑の準備**◀ 定植の2週間前ころに元肥と石灰を施してよく耕うんする。うね全体がかまぼこ型になるように整地したのち,地温を高めるためにマルチをする(図11)。

▶**定　植**◀ 本葉4～5枚のころが定植に適している。定植は,無風で温暖な日に,根鉢をくずさないようにしておこなう。定植にあたっては,浅植えや深植えを避ける(→p.122図12)。なお,

❶低温下でも生育が進む性質。台木とするカボチャやユウガオなどは,スイカよりも低温伸長性が高い。

表4　台木の種類と特徴

台木の種類	対象病害と特徴
ユウガオ,ニホンカボチャ,雑種カボチャ,ペポカボチャ	つる割れ病低温伸長性
トウガン,共台	つる割れ病

注　雑種カボチャは,セイヨウカボチャ×ニホンカボチャ。

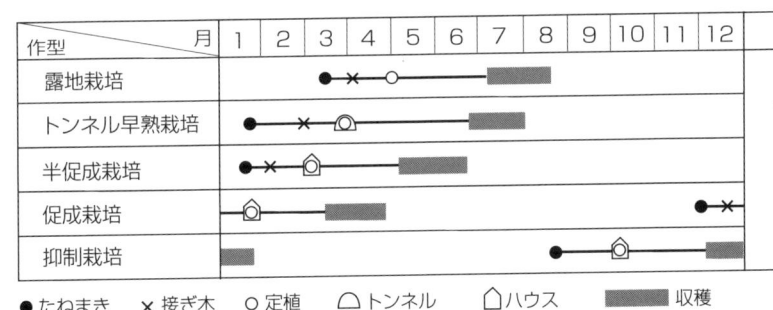

図8　スイカのおもな作型と品種

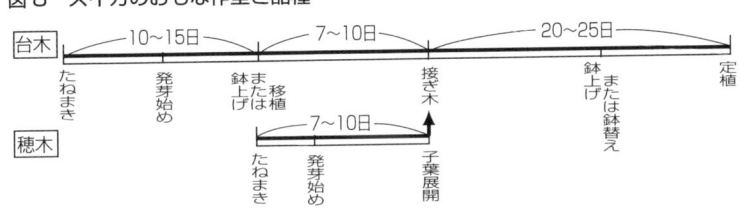

図9　挿し接ぎの手順

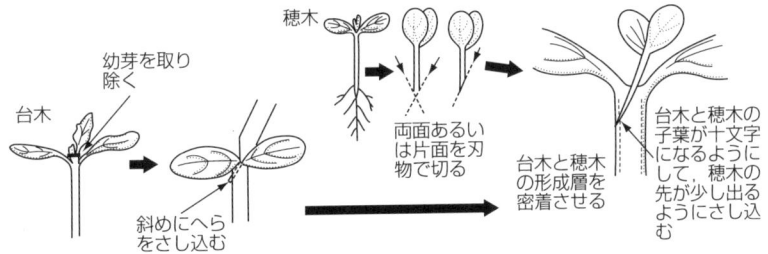

図10　挿し接ぎの方法と接ぎ木苗

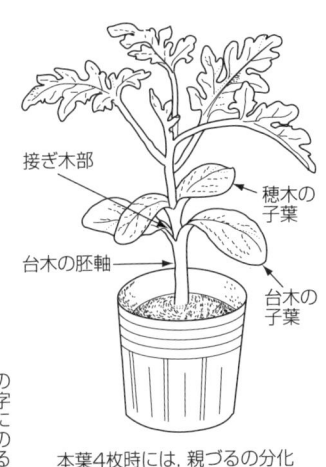

本葉4枚時には,親づるの分化葉数は20節まで進み,花芽分化は15節まで進んでいる

地温を16℃以上に確保することが大切である❶。

▶**施　肥**◀　施肥例を表5に示した。基本となる施肥は，着果期までの肥料の効き方を決める元肥と，果実の肥大をうながす追肥（玉肥(たまごえ)）である。とくに，受粉の7日前から着果後30日くらいの時期に十分に肥料を効かせることが大切である。

▶**整　枝**◀　地ばい栽培では，親づるの第5～6節で摘心して子づるを伸ばして着果させる。整枝法は作型や仕立て方により異なるが，4本仕立てにする場合の例を図12に示した❷。

着果位置は，果実の品質がよくなる15～20節前後が望ましい（図13）。また，高品質果を育てるには，十分な葉を確保することが大切である❸。

▶**人工受粉**◀　ミツバチを利用した受粉もおこなわれるが，花粉媒介昆虫の少ない時期の栽培や，株当たりの果実数を厳密に制限した栽培などでは，良好な雌花（図14）に人工受粉をおこなう❹（図15）。受粉後，着果が確実になった果実には，着果標識（2～3日おきに標識の色を変える）や案内棒（受粉日を記録）を立て

❶曇りの日が続いて地温の上がらない時期には無理に植えず，好天続きで十分に地温が上がったときに定植する。

❷支柱栽培では，親づる1本として1果を着果させる，子づるを1～2本伸ばして1～2果を着果させる整枝法などがある。

❸低節位の葉は根の生育や生理活性に，着果節位の近くの葉は果実の肥大に，高節位の葉は果実の糖度や肉質に影響する。

❹受粉は雌花の開花時から1～2時間以内がよい。高温期ほど受粉可能時間は短くなる。

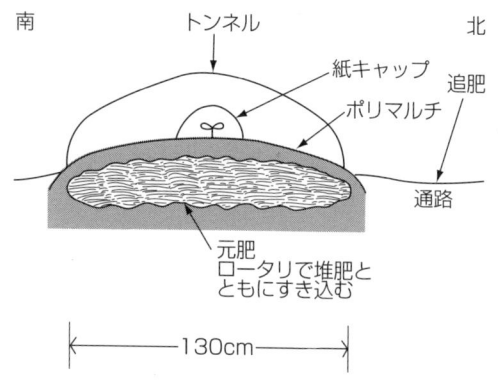

図11　うねのつくり方と保温の仕方
注　うね間は270～300cm。

表5　施肥例（早熟栽培，10a当たり）

肥料名	総量(kg)	元肥(kg)	追肥 (kg)		
			1	2	3
堆　　　肥	1,000	1,00			
苦土石灰	60	60			
緩効性化成	60	30	10	10	10
有機入り配合	180	90	30	30	30

注　全量の成分量は，窒素21kg，リン酸21kg，カリ22kg（堆肥は除く）。東海地方の沖積土での例。

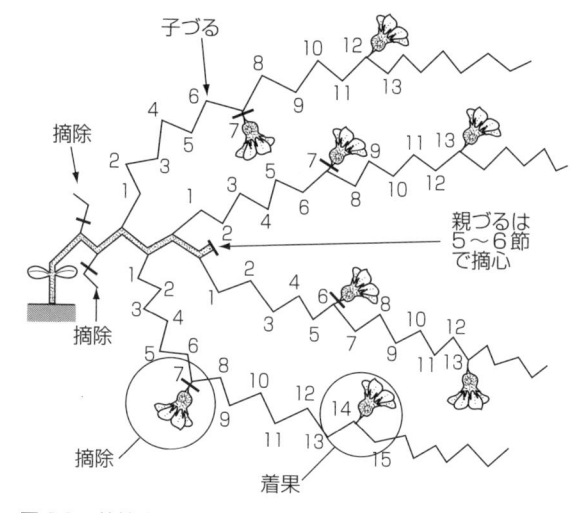

図12　整枝法の例
①親づるを5～6節で摘心すると，子づるが親づるの各節から発生するが，3～6節から発生した勢いのよい子づるを残して，ほかをはやめに摘除する。
②4本の子づるは摘心しないで伸ばし，こみあわないよう均等に配置する。
③各子づるの6～7節目に最初の雌花が着生するが，これは摘除する。
④最初の雌花から5～10節目に2番目の雌花が着生するので，人工受粉して着果させる。1株当たり2～4果の収穫を目標とする。

ておく。

▶**摘　果**◀　果実が鶏卵大のとき（開花後15日くらいまで）に変形果や傷果を摘除し、やや長めの果形のものを残すようにする。

▶**玉直し，玉つり**◀　果実の大きさが10cm前後のときに，地ばい栽培では玉直しを，支柱栽培では玉つりをおこなう（図16）。

▶**病害虫防除**◀　各種の病害虫（→ p.117 表2）の発生がみられるが，とくに着果期と梅雨が重なる作型では，病害が発生しやすくなるので注意する。適期防除を心がけ，十分な排水対策を施す。

▶**収　穫**◀　収穫適期の判定には，開花後の積算温度（日平均気温の積算）が有効である。着果標識をめやすにして，収穫日を決める❶。

▶**栽培の評価**◀　スイカは，糖度が高く，しゃりしゃりとした肉質のものほど高品質で美味である。標準的な収量は3～5t/10aで，収穫・調製，出荷などに多くの労力を要する（図17）。こうした点から評価し，次の栽培に生かすようにする。

研究

「もとなりスイカは小さいが甘く，うらなり（つるの先のほうに着果したもの）スイカは大きいが甘くない」といわれる。着果節位による，果実の肥大や糖度のちがいを調査してみよう。

❶開花から成熟までの積算温度は，大玉種1,000℃以上，小玉種750℃以上を必要とする。

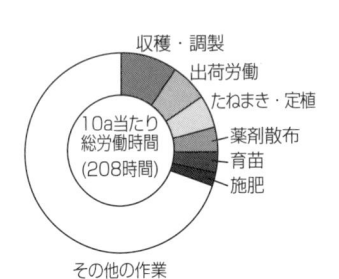

図17　露地栽培の作業別労働時間（「平成11年野菜・果樹品目別統計」による）

図13　着果節位と果形

低節位：へん平な果実になりやすい（低温期では小果となり，その影響が強い）

高節位：腰高の果実となる（雌花の分化，発育期が適温，多照条件で葉が大きいと，とくに顕著）

図14　良好な雌花
注　つる先から雌花までの長さが30～50cm。

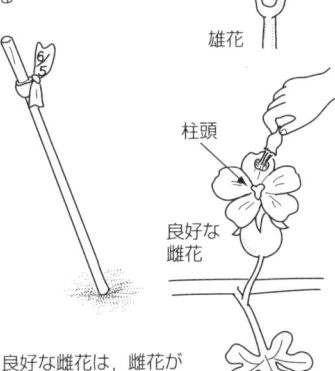

図15　人工受粉の方法

良好な雌花は，雌花が米粒大に見えだしたとき，つるからとび出したように見える

開花時の雄花の花弁を除去して，花粉を雌花の柱頭につける

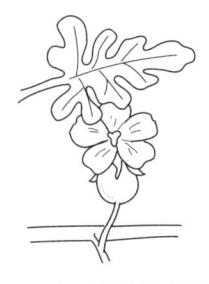

受粉後4時間以内に降雨があると，受精がおこなわれず結実しないので，受粉後，雌花の上にスイカの葉をかぶせて雨よけにするとよい

図16　玉直し（左）と玉つり（右）の方法

着果後15日 → 着果後30日 反対側にする → 収穫10日前 → 着色していないところを日にあて，色をつける

ウリ科・果菜
カボチャ

学名 セイヨウカボチャ：*Cucurbita maxima* Duch., ニホンカボチャ：*Cucurbita moschata* Duch., ペポカボチャ：*Cucurbita pepo* L.
英名 pumpkin, squash
原産地 メキシコ中央部から南部，中央アメリカ北部
植物分類 ウリ科1年草
利用部位 果実，種子
利用法 煮もの，揚げもの，ピューレ，ジャム，冷凍など
豊富な成分 炭水化物（デンプン）
主産地 北海道，鹿児島県，茨城県

茎はつる性で葉とともに粗毛が多い。葉は卵円形で浅く裂ける。花は雌雄の別があって，ともに花冠は黄色で径約10cm，つりがね形で先端が5つに裂ける。雌花の子房には軟毛が密生している。

1 野菜としての特徴

カボチャの栽培種には，セイヨウカボチャ，ニホンカボチャ，ペポカボチャなどがある❶。わが国へは，戦国時代にポルトガル船によって伝えられたのが最初とされる。セイヨウカボチャは江戸末期，ペポカボチャは明治以降導入された。

現在では，甘味が強く肉質がち密なセイヨウカボチャが栽培の中心になっている。主成分の炭水化物のほかに，各種のビタミン，カリウムを多く含み，栄養が豊富な緑黄色野菜である（表1）。ペポカボチャの一種であるズッキーニは，炭水化物の含量が少なくサラダや肉料理などに利用されている。

❶種子を利用するミキスタカボチャもあるが，日本では栽培されていない。

表1　おもな食品成分（可食部100g中）

成分	セイヨウカボチャ	ニホンカボチャ
水分	76.2g	86.7g
炭水化物	20.6g	10.9g
灰分	1.0g	0.7g
カリウム	430mg	420mg
カルシウム	22mg	20mg
カロテン	2,600μg	1,400μg
ビタミンC	43mg	16mg
食物繊維総量	3.5g	2.8g

（「八訂日本食品標準成分表」による）

表2　生育に適した環境

発芽適温	25～30℃
生育適温	20～25℃
好適土壌pH	5.5～6.0

2 生育の特徴

カボチャの生育経過（一生）と作型・品種は，図1, 2のとおりで，たねまきから収穫までの期間は110～140日くらいである。

生育と環境　生育に適した環境は表2のとおりである。生育，開花，結実には高温を要する夏野菜であるが，ウリ類のなかでは低温にも耐えられる。土壌の適応範

囲は広いが,一般的には砂質土から壌土が適する。火山灰土などで,リン酸が欠乏すると着果がわるい。

着花習性

セイヨウカボチャとニホンカボチャはスイカと同じように,親づるや子づるの節に雌花がとびとびにつき,そのほかの節には雄花がつく(図3)。ペポカボチャは,親づるの低節位に雄花を着生し,その上部の節位には雄花と雌花が混生することが多い。

雌花の着生は,短日,低温のような栄養成長を抑える条件下の育苗でははやくなり,長日,高温下ではおそくなる。

果実の発育

カボチャのつぼみは,自然状態では明期と暗期のリズムにあわせて成長し,開花の前日になると,夕方から一定の暗期にあうことによって開花する。生育初期には落花・落果が比較的多い❶。また,低節位に着果した果実は,小玉果や奇形果になりやすい。

❶落花の原因としては,つるの伸長や同化作用の不十分なことによることが多い。また,窒素過多も落花の原因となる。

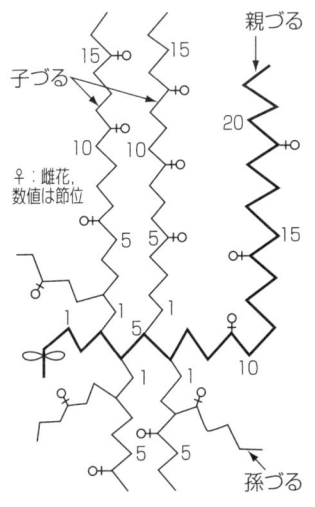

図3 セイヨウカボチャの着花習性

注 雌花は,親づるでは第10〜15節(第7〜8節)に第1花を,以後5〜6節(4節)おきに,子づるでは第8〜12節(第4〜5節)に第1花を,以後4〜8節(3〜4節)おきに着生することが多い。〔( )内はニホンカボチャの場合〕

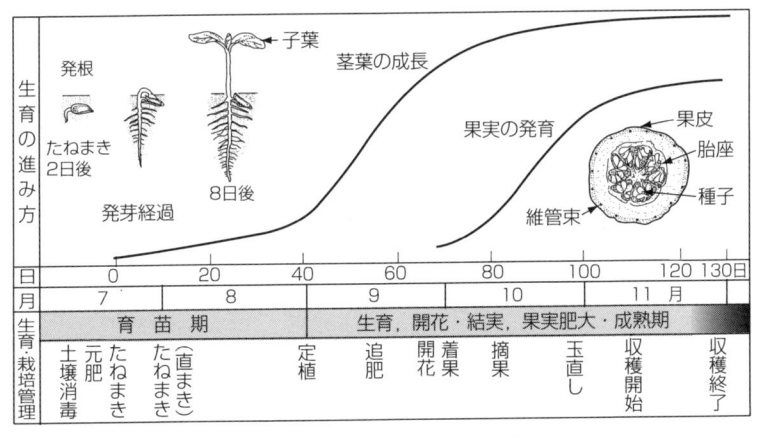

図1 カボチャの生育経過(一生)とおもな栽培管理(抑制栽培)

図2 カボチャのおもな作型と品種

おもな品種

セイヨウカボチャ:えびす,みやこ,栗味

ニホンカボチャ:はやと

ペポカボチャ:ダイナー

雑種カボチャ:鉄かぶと,プッチーニ

3 栽培管理

▶**作型と品種**◀ トンネル栽培，普通栽培，抑制栽培などがあるが，作型の分化は比較的少ない（➡図2）。

▶**育　苗**◀ 有機物を十分に含んだ床土に，広めの間隔でたねまきする❶。床温は発芽までは25～30℃，発芽後は14～18℃で管理する。発芽後，本葉が展開し始めたら鉢上げする。苗床では，徒長を防ぐために，はやめに鉢の間隔を広げて光をよくあてる。

▶**畑の準備**◀ 元肥は定植10日前までには施す。カボチャは吸肥力が強く，根張りもおうせいである。深耕をおこなって根張りをよくすることが大切である。元肥が多すぎるとつるぼけしやすいので注意する。施肥例を表3に示した。

▶**定　植**◀ 本葉4～5枚のときに定植する（図4）。栽植密度は仕立て方により異なる（図5，表4）。

▶**整　枝**◀ 親づる1本仕立ては子づるをはやめに除去し，子づる仕立ては親づるを4～5節で摘心して，子づるを2～3本残す❷。

❶ふつう，条間9cm，株間6cmとし，約1cm覆土する。

📖**研究**
カボチャには，形，大きさ，色などの異なる多くの品種がある（➡p.6図6）。種苗カタログやインターネットなどで調べ，種子を入手して栽培してみよう。

❷親づる1本仕立ては1番果がはやく収穫でき，早期収量が多い。子づる仕立ては早期収量は期待できないが，いっせい収穫ができる。

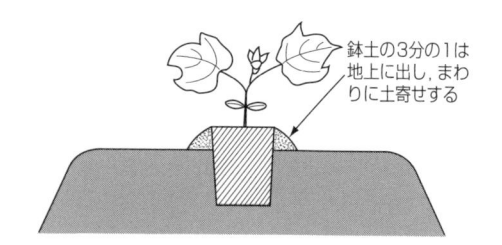

図4　定植の仕方

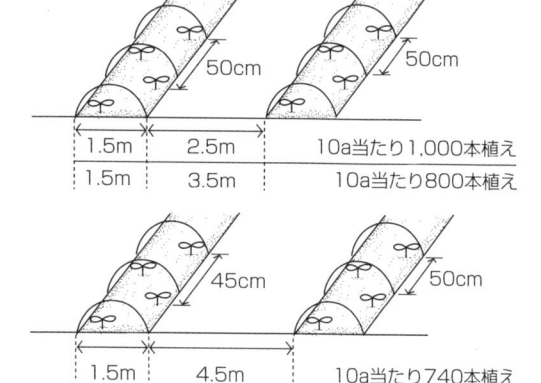

図5　うねのつくり方と栽植様式
注　10a当たり1,000本植え（トンネル間隔4m，株間50cm，千鳥植え）が標準，つるの茂りやすい畑は10a当たり740～800本くらいとする。

表3　施肥例（マルチ，トンネル栽培，10a当たり）

肥料名	元肥量(kg)	追肥量(kg)	成分量（kg）		
			N	P₂O₅	K₂O
堆　　　肥	2,000				
苦 土 石 灰	120				
ヨウ成リン肥	30			6.0	
複合化成S 053	100		10.0	15.0	13.0
複合化成S 444		50	7.0	2.0	7.0
計			17.0	23.0	20.0

表4　栽植方法の例

うね幅(m)	株間(cm)	整枝方法	定植本数(10a当たり)
①2.9	30	1本仕立て	1,149本
②2.9	60	2本仕立て	575本
③4	50	1本仕立て	1,000本
④5	50	1本仕立て	800本
⑤6	50	1本仕立て	667本
⑥6	100	2本仕立て	333本
⑦6.7	90	2本仕立て	332本

注　①②は一方植えで1番果だけの収穫，③～⑦は千鳥植え。

親づると子づる仕立ては，親づると子づる1～2本を残す。葉がこみあうのを防ぐために，よぶんな子づるは除去する（図6，7）。

地ばい栽培が一般的であるが，つり下げ栽培にすることもある（図8）。

▶人工受粉◀　ミツバチなどの花粉媒介昆虫があまり飛ばない時期や場所では，人工受粉をおこなって確実に着果させる必要がある。人工受粉の方法はスイカに準じる（➡ p.135）。

▶摘果，玉直し◀　果形のわるいもの，傷みのあるもの，花こんの大きいもの，などを着果後15日ころまでに摘除する❶。また，玉直しをおこなうと，果実全面が着色して商品価値が高まる（図9）。

▶病害虫防除◀　病害虫の被害は比較的少ないが，べと病，うどんこ病，ダニ類などが発生しやすい。防除は他のウリ科野菜に準じる。

▶収　穫◀　開花後，35～50日で完熟する。外観的には，果こうに縦にひび割れが生じ，果実の光沢が消えたころが収穫適期である❷。

▶栽培の評価◀　カボチャは省力的な野菜であるが，収量の安定（標準的な収量は5t/10a前後）と高品質果実の生産が重要である。栽培技術および経営の両面から評価して，次の栽培に生かすようにする。

❶奇形果やくず果の原因には，①低温などによる子房の発育不良，②不適当な人工受粉，③花粉の発芽力低下と不十分な受粉，④低節位への着果，⑤過度な着果，⑥風による傷，などがある。

❷若どりは糖やデンプンの含量が低く，食味がよくないので，熟度の判定は慎重におこない，未熟果の収穫は避ける。なお，ズッキーニは，開花後4～5日目（長さ20cm）ころの未熟果を収穫する。

図8　つり下げ栽培（品種：プッチィーニ）

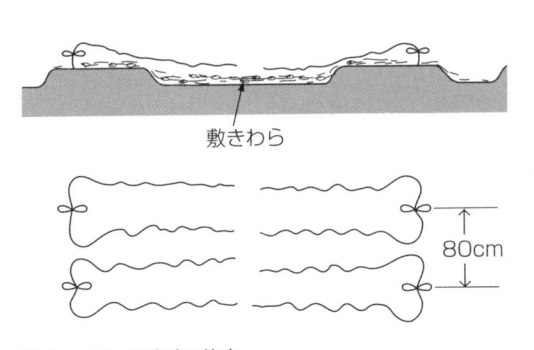

図6　つるの誘引の仕方

図9　マット（発泡スチロール製）を利用した玉直しの例

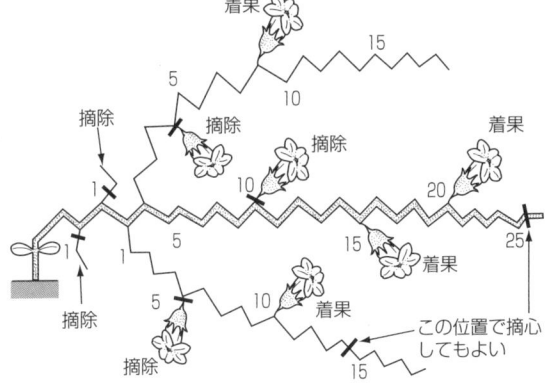

図7　親づると子づる仕立て（3本仕立て）の方法
①親づると，親づるの第3～5節目から出る子づるを残す。
②親づるでは第15節目以上，子づるでは第8節以上に着生する雌花に人工受粉をおこなって着果させる。
③低節位に着生する雌花は小玉果，奇形果になりやすいので，できれば摘除する。

2　ウリ科野菜の栽培　139

3 アブラナ科野菜の栽培

▶ アブラナ科野菜の種類と特徴

(1) 種類と原産・来歴

　アブラナ科の植物は，キャベツ，ダイコン，ナタネ，ストックなどを含み，世界には約350属，3,000種が知られている。その特徴は表1のとおりである。野菜として利用する種類も多く，葉を食用にするキャベツ，ハクサイ，花らいを食用にするブロッコリー，カリフラワー，根を食用にするダイコン，カブなどがある。

　アブラナ科野菜は，北半球の温帯（地中海地方に種類が多い）を原産地の中心とし，冷涼な気候を好むものが多い。わが国への導入時期は種類によって異なり，ダイコンやカブ，ツケナ類などの栽培は非常に古く，各地に個性的な品種が分化している。

表1　アブラナ植物の特徴

植物分類	双子葉植物，離弁花類
種子	無胚乳種子
葉	互生し単葉または複葉
花	両性花，花弁4枚，おしべ6本，総状花序
果実	子房上位，真果

(2) 形態と育ち方の特徴

　アブラナ科植物は，十字花植物ともよばれるように，花が4枚の花弁からなり，開くと十字形になる（図1）。花粉媒介昆虫によっ

抽だいして開花したダイコン 　　ダイコンの花 　　ハクサイの花

ダイコン　　ハクサイ　　キャベツ

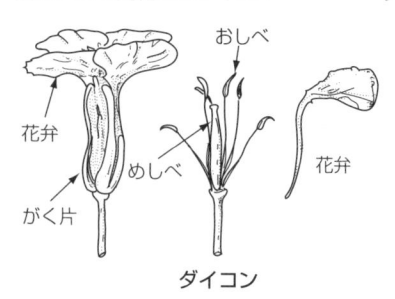

図1　アブラナ科野菜の花の形態

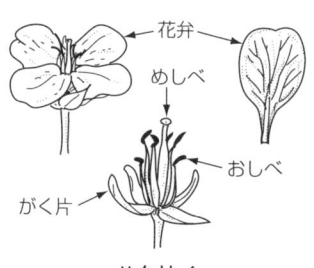

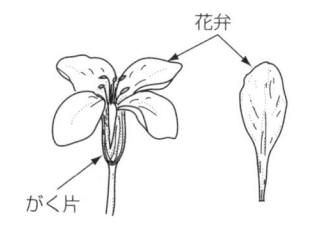

て他家受粉❶し，果実はさやになってはじけるものが多い。種子は子葉が発達した無胚乳種子（図2）で，葉は単葉または複葉となる。

アブラナ科野菜は，生育途中で栄養成長から生殖成長への転換がみられるが，葉菜や根菜では，花芽が分化して抽だい（とう立ち）することは好ましくない❷。花芽分化は種子や植物体❸が一定期間低温に遭遇すると起こる。それを回避して，とう立ちを防止するには，品種選択とたねまき時期の決定が重要になる。

(3) おもな病害虫と障害

アブラナ科野菜の病害虫には共通するものが多く，軟腐病，黒はん細菌病，苗立枯れ病，べと病，い黄病，コナガ，アオムシ，ヨトウムシ類❹，などの発生が多い（表2）。とくに，高温期の栽培で病害虫の発生が多く，幼苗期にも被害を受けやすいので，注意が必要である。また，栽培環境が不良になると，結球異常や根部・花らいの異常などの生理障害も発生しやすい。

❶このため，自家不和合性（→p.27）を利用した育種がさかんで，異なる品種あるいは系統間で交配をおこない，収量性，耐病性，耐暑・耐寒性などの高いF_1品種が多く育成されている。

❷生殖器官である花らいを収穫するハナヤサイやブロッコリーは，生殖成長への転換が必要である。

❸結球ハクサイやダイコンなどは種子バーナリゼーション型で，キャベツ，ハナヤサイ，ブロッコリーなどは植物体バーナリゼーション型である（→ p.25）。花芽分化の起こりやすさのていどは品種によっても異なる。

❹ヨトウムシ類はヨトウガとハスモンヨトウの幼虫を，アオムシはモンシロチョウの幼虫を指す。

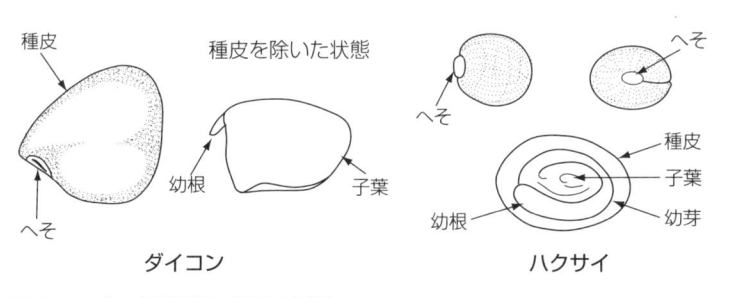

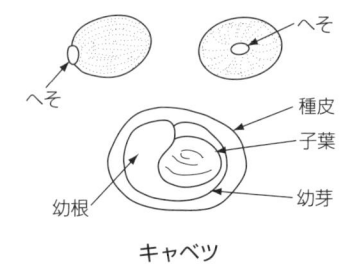

図2 アブラナ科野菜の種子の形態

表2 アブラナ科野菜のおもな病害虫

	病気											害虫							
	モザイク病	軟腐病	黒腐病	黒はん細菌病	苗立枯れ病	べと病	黒はん病	い黄病	黄化病	しり腐れ病	白さび病	根こぶ病	パーティシリウム黒点病	コナガ	アオムシ	ヨトウガ	ハスモンヨトウ	アブラムシ類	ハイマダラノメイガ	ダイコンサルハムシ	キスジノミハムシ	カブラハバチ
キャベツ	○	○	○	○	○	○		○				○		○	○	○	○	○				
ハクサイ	○	○	○	○		○		○				○		○	○		○	○	○			
ブロッコリー（カリフラワー）		○	○	○		○						○		○	○			○				
ダイコン	○	○	○	○		○					○		○	○	○	○	○	○		○	○	

注 ㋑㋝㋥は，病原がそれぞれウイルス，細菌，糸状菌（カビ）であることを示す。

アブラナ科・葉菜
キャベツ

学名　*Brassica oleracea* L.
英名　cabbage（別名：カンラン，タマナ）
原産地　ヨーロッパ（地中海沿岸から北海沿岸，大西洋沿岸など）
植物分類　アブラナ科1・2年草
利用部位　葉
利用法　生食（サラダ），いためもの，煮もの，つけもの（サワークラウト）
豊富な成分　炭水化物（糖質），ビタミンC
主産地　群馬県，愛知県，千葉県，北海道

❶

葉は厚くなめらかで白色をおび，内部の葉は互いに重なり，密にかたく抱きあって結球する。春に高さ1mほどの茎が抽だいし，淡黄色の十字形の花が総状に集まって咲く。果実（さく果）は長いつの状。

1 野菜としての特徴

　結球性のキャベツは，ヨーロッパで発達した。わが国には江戸時代初期に渡来したが，野菜として利用されるようになったのは，明治以降である。葉が緑色のもののほか，葉が紫赤色の紫キャベツ（レッドキャベツ），葉がこまかくちぢれるちりめんキャベツもある。水分のほかに，糖質やビタミンCが豊富で（表1），胃腸障害に有効な成分を含むともいわれる。

　キャベツはもともと冷涼な気候を好むため，北海道や東北地方で栽培が発達し，その後，耐暑性を高めるなどの品種改良がおこなわれ，全国各地で栽培されるようになった。

表1　おもな食品成分（可食部100g中）

水分	92.9g
炭水化物	5.2g
灰分	0.5g
カリウム	190mg
カルシウム	42mg
カロテン	24μg
ビタミンC	38mg
食物繊維総量	1.8g

（「八訂日本食品標準成分表」による）

表2　生育に適した環境

発芽適温	15～30℃
生育適温	15～25℃
好適土壌pH	5.5～6.5

2 生育の特徴

　キャベツの生育経過（一生）と作型・品種は図1，2のようである。栽培期間は，作型によってかなり異なる。

生育と環境　生育に適した環境は表2のとおりで，比較的冷涼な気候を好む。耐暑性，耐寒性は，ともに生育初期は強いが，結球開始期以降になると弱くなる。

℃をこえると生育がおとろえ，病害の発生も多くなる❶。

土壌に対する適応性は広いが，耕土が深く，排水のよい土壌で生育がよい。土壌酸度は微酸性から中性がよく，pH5以下では根こぶ病の発生が多くなる。

茎葉の成長

葉数が増加し，一定の大きさ，形になると葉が立ち上がり，結球を始める。生育前半の外葉の発育がよいと葉球が充実する。キャベツは植物体バーナリゼーション型（→ p.25）の野菜で，生育中に一定期間低温にあうと花芽分化し，やがて抽だい（とう立ち）する（表3）。花芽分化・とう立ちを防ぐには，作型に応じた品種の選択が大切である。

❶昼間温度が高くても，夜間冷涼なところであれば生育がよい。また，温度が緩やかに低下していく時期ならば積雪下でも生育が進むが，温度が急激に低下すると寒害を受ける。

研究

地域のたねまき適期と，それより15日前および15日後にたねまきをおこない，葉数，全葉重，結球重，球高，球径，抽だい期，抽だい率などを調べ，たねまき期が生育と品質にどのていど影響するか調査・考察してみよう。

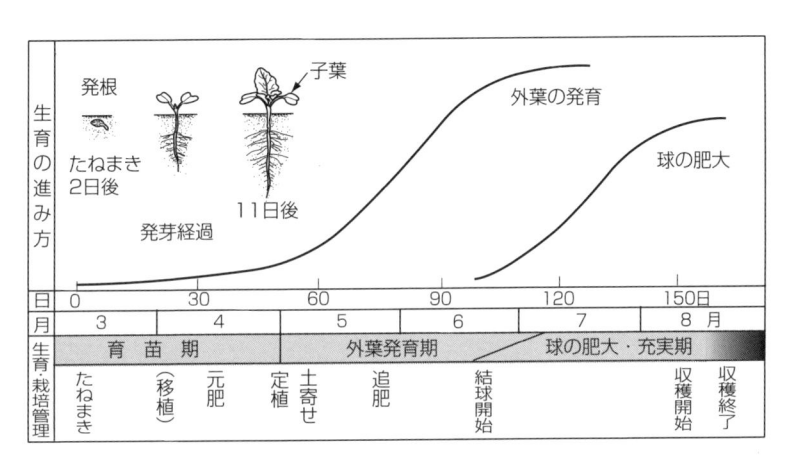

図1 キャベツの生育経過（一生）とおもな栽培管理（春まき栽培）

表3 たねまき期と花芽分化期
（野崎早生）　（江口庸雄）

たねまき期 （月・日）	花芽分化期 （月・日）	抽だい期 （月・日）
7・1	1・15	
7・15	1・15	4・3
8・1	1・15	4・7
8・15	1・30	4・4
9・1	未分化	不抽だい
9・15	未分化	不抽だい
10・1	未分化	不抽だい
10・15	未分化	不抽だい

注　未分化は3月2日まで。

図2 キャベツのおもな作型と品種

● たねまき　○ 定植　▬ 収穫

注　秋まき栽培：生育初期が低温期であり，花芽分化・とう立ちが起こりやすいので，晩抽性の品種を選ぶ。春まき栽培：高温期に向かって生育が進むので，梅雨期の過湿と夏季の高温・乾燥および病害虫の多発が問題となる。耐湿性・耐暑性・耐病性にすぐれた品種を選ぶ。夏まき栽培：秋の生育適温期に向かっての栽培なので，生育は比較的よいが，育苗期が高温であるため綿密な育苗管理が必要である。耐暑性・耐病性・晩抽性のある品種を選ぶ。い黄病の発生地帯では，耐病性品種の導入を図る。

3 栽培管理

▶**作型と品種**◀ 作型や栽培地に応じて、耐暑性、耐寒性、耐病性などを考慮し（図2）、品質（食味など）もよい品種を選ぶ。現在の品種の多くは F_1 品種で、い黄病や根こぶ病の抵抗性品種もある。球形も、へん平の品種からだ円の品種まである❶。

▶**本畑の準備**◀ 根こぶ病など、土壌病害の多発地では、3年以上の間隔をあけて輪作をおこなうことが望ましい。

キャベツは肥料の吸収力は強く、結球開始ころから急速に増加するため、葉球の肥大充実期に肥料ぎれしないように施肥をおこなう。施肥例を表4に示す。

なお、夏まき栽培と秋まき栽培では養分の吸収の仕方が異なるので、施肥の仕方に注意する❷。

▶**育　苗**◀ キャベツの根は再生力が強く、乾燥にも耐えるため、ふつう、移植栽培がおこなわれる。種子は寿命が短いので、新しいものを用いる。作型ごとのたねまきの適期を守るとともに、育苗時の温度管理に注意する❸。

まき床は1～1.2m幅として、すじまきにする（図3）。発芽後、こみあった部分を間引いて軟弱・徒長を避ける。葉が1.5枚のころ、移植床へ9×9cmくらいの株間で移植するかポットへ鉢上げ

❶一般に、球形指数（球高÷球径）が0.7前後の腰高品種が好まれるが、最近では、球形指数1.0前後の丸形の品種も流通している。

❷夏まき栽培では、元肥と結球開始前の追肥に重点をおく。秋まき栽培では、低温期までに生育が進みすぎると、低温に感応して翌春にとう立するおそれがあるので、越冬後の追肥に重点をおく。

❸露地育苗をする場合は、12℃以上の地温が必要である。たねまき期が低温の場合は、ハウスやトンネルを利用する。高温の場合は、発芽不良が多く、徒長もしやすいので、日おおいなどによって温度を低くする。また、苗立枯れ病や害虫が発生しやすいので、防除に努める。

表4　施肥例（10a当たり）

肥料名	元肥(kg)	追肥(kg)
堆　　肥	1,000	
苦土石灰	100	
ＢＭ化成	100	
ヨウ成リン肥	80	
ＮＫ化成		40

注　全量の成分量は、窒素19.8kg、リン酸26kg、カリ18.4kg（堆肥の成分は除く）。

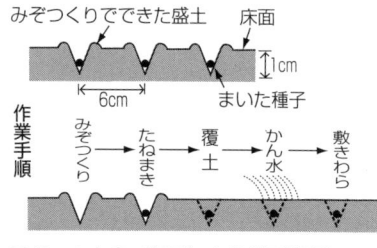

図3　まき床（断面）と作業手順例

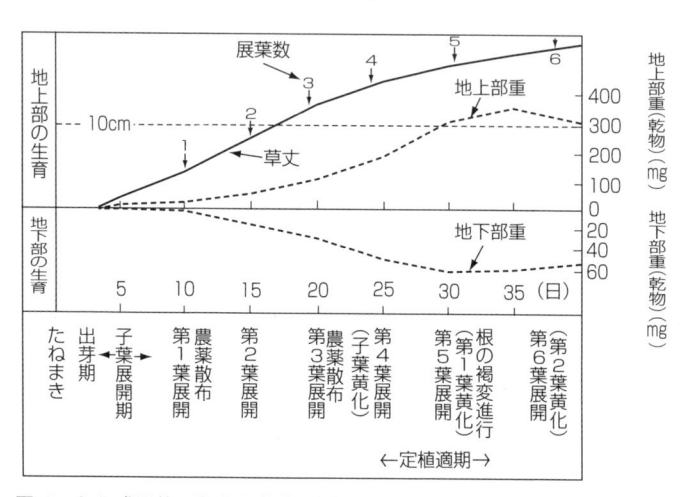

図4　セル成型苗の生育と育苗の例
注　144穴セルトレイを用い、22～28℃の温度で生育させたもの。品種はYR錦秋強力152。

する❶。セル成型苗の育苗は，図4のようにおこなう。

　▶**定植とその後の管理**◀　ふつう，本葉5～6枚のころ，深植えにならないように注意して定植する（図5）。大苗になるほど植え傷みを起こしやすいので注意する。標準的なうね間は60～80cm，株間は40～50cmである❷（図6）。

　定植後，結球開始の時期までに，追肥，中耕，除草をおこない，外葉の発達をうながす。また，適期に病害虫（図7，➡ p.141 表2）の防除をおこなう。

　葉球の肥大充実期が高温・乾燥期にあたる場合は，かん水をおこなう❸。逆に過湿になると，生育がわるくなったり，裂球などの生理障害（図8）が発生したりするので，排水をよくする。

　▶**収穫・品質保持**◀　収穫が遅れると，球が傷んだり裂球したりするので，よく結球したものから適期に収穫する。とくに，気温の高いときは，軟腐病の発生が多くなるので，適期収穫が大切である。収穫作業は早朝から午前中におこなう。

　葉茎菜類のなかでは，収穫後の呼吸量が少なく，品質は低下しにくいが，高温期には予冷（➡ p.38）をおこなうのが望ましい。

　▶**栽培の評価**◀　キャベツの栽培では，作型にあった品種を選択し，適期にたねまきや管理をおこなうことが，とくに大切である。標準的な収量は6t/10a前後で，所要労力は比較的少ない（図9）。こうした点から評価し，次の栽培に生かすようにする。

❶ポットへ2～3粒たねまきし，1～2回間引きをおこない，1鉢1本とする方法もある。

❷極早生種・早生種は密植とし，中生種・晩生種は疎植にする。

❸水分が不足すると，球のしまりがわるく，小球となる。

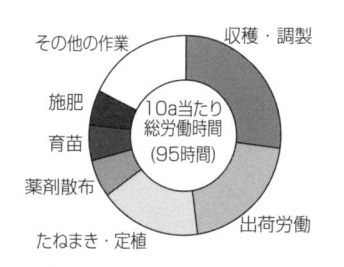

図9　露地栽培の作業別労働時間
（「平成11年野菜・果樹品目別統計」による）

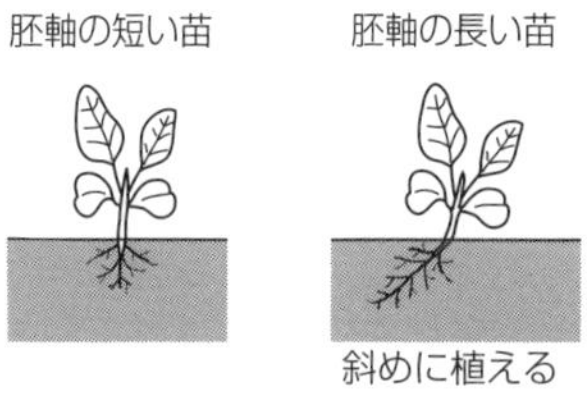

図5　苗の胚軸の長さと植え方 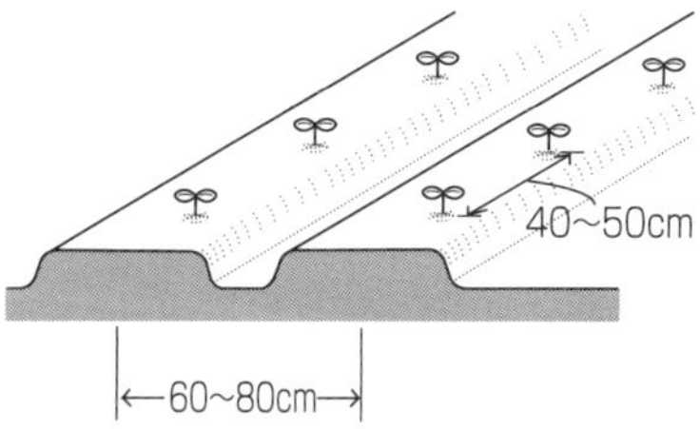　　図6　うね立てと植付け方の例 　　図7　根こぶ病の症状

図8　おもな生理障害
注　裂球：外側の結球葉が割れるもの。収穫適期過ぎの乾燥後の降雨などによって，球内の小葉が生育すると起こる。
　　分球：1球に小型の球が2個形成されるもの。低温や栄養条件の悪化で主芽の成長が止まり，側芽が成長すると起こる。
　　チャボ球：球が小型になるもの。春どり栽培で大苗を早植えしたり，冬季の乾燥が激しかったりしたときに出やすい。

3　アブラナ科野菜の栽培

アブラナ科・葉菜
ハクサイ

学名　*Brassica campestris* L.
英名　Chinese cabbage
原産地　中国
植物分類　アブラナ科 1・2 年草
利用部位　葉
利用法　つけもの，なべもの，いためもの，煮もの
豊富な成分　食物繊維
主産地　茨城県，長野県，愛知県，北海道，群馬県

葉は長さ約 40cm で，主脈の幅が広い。葉が重なりあい，長だ円から卵形に結球する。春に高さ 1m ほどの茎が抽だいし，淡黄色で十字形の花が総状に集まって咲く。果実（さく果）は長いつの状。

1　野菜としての特徴

　ハクサイには結球ハクサイ，半結球ハクサイ，非結球ハクサイの 3 つのタイプがある（以下，結球ハクサイを中心に扱う）。
　結球ハクサイは，原産地の中国北部を中心として，アジアで栽培が広まった。日本には明治時代になってから導入され，自然環境にあった品種が育成された。最近ではミニ種や生食用品種も育成されている。水分が多く栄養価は高くないが（表 1），用途が広く他の食材とよく調和し，わが国の主要野菜の 1 つとなっている。

表 1　おもな食品成分（可食部 100g 中）

水分	95.2g
炭水化物	3.2g
灰分	0.6g
カリウム	220mg
カルシウム	43mg
カロテン	99 μg
ビタミン C	19mg
食物繊維総量	1.3g

（「八訂日本食品標準成分表」による）

表 2　生育に適した環境

発芽適温	15～30℃
生育適温	13～20℃
好適土壌 pH	6.5～7.0

2　生育の特徴

　結球ハクサイの生育経過（一生）と作型・品種は，図 1，2 のとおりで，たねまきから収穫までの期間は 70～110 日くらいである。

生育と環境　生育に適した環境は表 2 のとおりで，冷涼な気候を好む。球の肥大・充実期の生育適温は，外葉発育期のそれより低めである。ハクサイの根は細いが広く分布するので，耕土が深く，排水性，通気性および保水性のすぐれる土が望ましい。

茎葉の成長

たねまきから結球開始までは，おもに外葉の成長がおこなわれる（外葉発育期）。それ以後は，葉球が形成され，球が肥大・充実する（葉重増加期）。ハクサイの葉は，はじめは縦長であるが，結球開始ころから丸形になってくる（図3）。充実した葉球を得るためには，外葉の成長が順調におこなわれなければならない。

結球ハクサイは，種子バーナリゼーション型（→ p.25）の野菜であり，吸水種子が一定期間低温にあうと花芽分化する。花芽が分化すると，その後の葉の分化が停止して葉数が増加しなくなり，結球しないことがある。

研究

結球ハクサイが結球をはじめるのは，外葉が何枚のころか調べて，その葉の葉形比（葉長／葉幅，→p.24）を求めてみよう。また，葉形比には，品種によるちがいがみられるかどうか，調査してみよう。

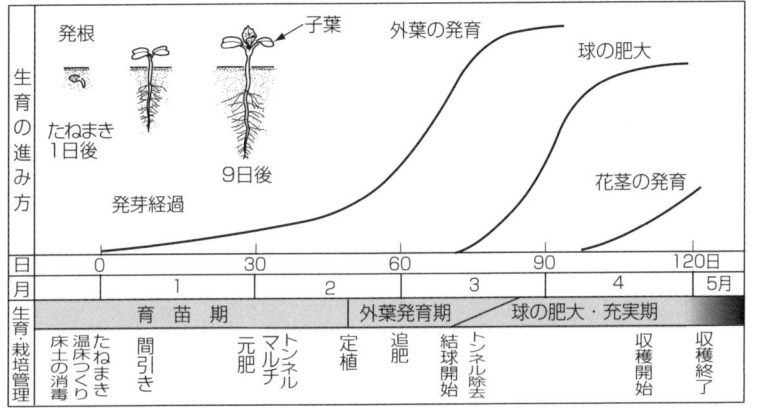

図1 ハクサイの生育経過（一生）とおもな栽培管理（春まき栽培）

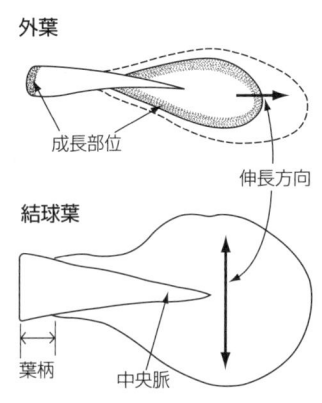

図3 結球葉と外葉の伸長の仕方
（幸田浩俊）

図2 結球ハクサイのおもな作型と品種

注 春まき栽培：春の生育適温期を利用する。早まきでは晩抽性の極早生種を，遅まきでは晩抽性で耐病性のある早生種がよい。夏まき栽培：冷涼地・高冷地に適する。幼苗期が高温・乾燥期にあたり，病害虫の発生が多いので，耐病性品種がよい。秋まき栽培：生育初期が高温期にあたり，無理な早まきはウイルス病・軟腐病多発の原因となる。耐病性品種がよい。秋まき遅出し栽培：厳寒期までに結球させ，1～3月に収穫する。晩抽性で耐寒性の強い品種がよい。

3 アブラナ科野菜の栽培

3 栽培管理

▶作型と品種◀　早晩性[1]を基本にし，耐病性や耐寒性，耐暑性を考慮して作型にあった品種を選択する[2]（→図2）。

▶本畑の準備◀　結球ハクサイは，酸性土では根こぶ病が発生しやすい。とくに，火山灰土の畑などではpHを測定し，石灰質肥料を施して酸度の改良をおこなう必要がある（→p.52）。また，結球ハクサイの根は過湿に弱く，土壌水分が過剰な状態が続くと，葉が小さくなり，葉数も減少して，結球が小さくなる[3]。深耕したり有機物を施したりして，土の改良に努めることが大切である。

施肥は，生育期間の短い早生種は元肥に，生育期間の長い晩生種は追肥に重点をおく。表3に施肥例を示す。

▶育　苗◀　ポリポット，ペーパーポット，ソイルブロック，セルトレイなどを利用しておこなわれる[4]。育苗の適温は13〜25℃である（表4）。春まき栽培は，生育初期が低温期にあたるため注意が必要である。花芽分化を避け，結球に必要な葉数を確保するため，温床育苗または冷床育苗（→p.81）にする。セル成型苗の生育と育苗は，図6のようである。

[1] たねまきから結球開始まで，極早生種は45日前後，晩生種は75日以上かかる。早生品種は葉数が少ないもの（葉重型），中晩生品種は葉数が多いもの（葉数型）が多い（図4）。

[2] 基本品種群として愛知，松島，チーフー，加賀，包頭連などがある。現在，一般に栽培されている品種は，これらの基本品種群の群内あるいは群間の組合せから育成されたF_1品種が多い。

[3] 通気性のわるい土や耕土が浅い土では，細根の発生が妨げられて，生育が不ぞろいになる。

[4] 結球ハクサイの根は繊細（図5）で，断根による根の再生力が弱いため，直まき栽培が一般におこなわれていた。近年は，育苗方法の改良，移植の機械化が進み，移植栽培が多くなっている。

表3　施肥例（10a当たり）

肥料名	総量(kg)	元肥(kg)	追肥(kg) 1回	2回	3回	成分量(kg)	
堆　　肥	2,000	2,000					
苦土石灰	150	150					
ほ う 砂	2	2				窒　素	30.6
高度化成(12-18-16)	150	150				リン酸	27.6
硫　　安	60		20	20	20	カ リ	30.0
塩化カリ	10			5	5		

表4　育苗の温度管理の例　　（秋山光）

時期	床地温(℃)	昼気温(℃)	夜気温(℃)
発芽まで	20〜23	23〜25	15〜17
発芽後	15〜20	23〜25	13〜15
移植期	20〜23	23〜25	15〜17
定植期	13〜15	20〜23	13〜15

注　定植10日前から順化。

図4　結球状態（左：葉数〈抱合〉型，右：葉重〈包被〉型）

図5　ハクサイの根系

表5　栽植密度の例

品種	うね幅(cm)	株間(cm)
早　生	60	35〜40
中　生	60	40〜45
晩　生	70	40〜50

▶**定植とその後の管理**◀ 定植時の苗の大きさは，ふつう，本葉5～6枚までである。栽植密度は，作型や品種によって異なるが（表5，図7），一般に，大形となる晩生種ほど低くする。

結球ハクサイの栽培管理は，追肥，中耕・除草❶，病害虫防除などの主要管理が，外葉発育期（図8）から結球開始期ころまでに集中するため，作業が遅れないようにすることが大切である。

追肥は，結球開始に備え，速効性の窒素とカリを数回に分けて施す（図9）。追肥が遅れると，球の肥大・充実が遅れる。

▶**収穫・品質保持**◀ 収穫は，たねまき後の生育日数と葉球のしまりぐあいから判断し，かたく結球したものから順次収穫する。外葉を取りすぎないように調製し，腐敗を防ぐため切り口をよく乾かして箱詰めする。収穫後は，予冷して保冷輸送すると鮮度保持効果が大きい。

▶**栽培の評価**◀ 標準的な収量は7t/10a前後で，所要労力は比較的少ない（図10）。キャベツ（→ p.145）に準じて評価をおこなう。

❶土中に空気を送って根の発達をうながしたり，雑草の発生を防ぐための作業で，雑草の発生初期におこなう。

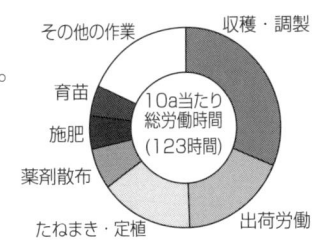

図10 作業別労働時間（「平成11年野菜・果樹品目別統計」による）

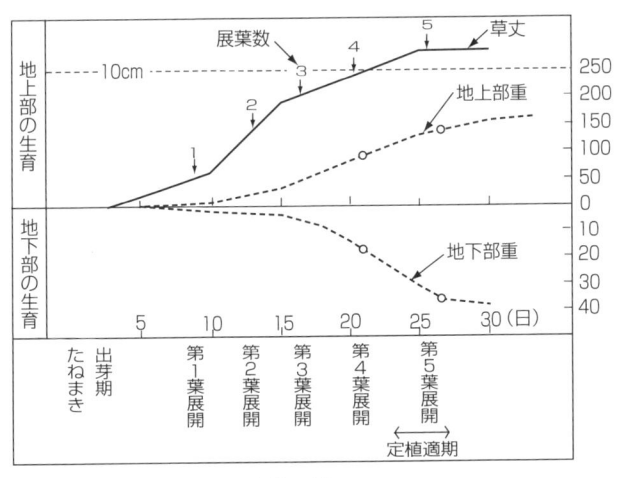

図6 セル成型苗の生育と育苗の例
（福岡県農総試，長野県営農技術センターによる）
注　草丈・葉数：162セル，地上部重・地下部重：128セル。

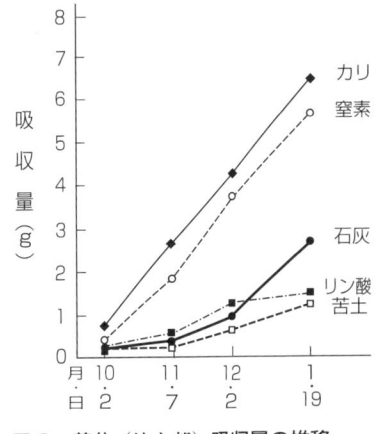

図9 養分（地上部）吸収量の推移
（徳永ら）

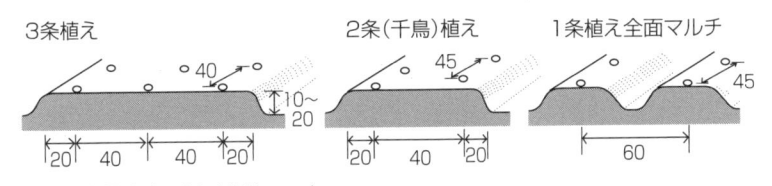

図7 定植方法の例（単位：cm）
注　根こぶセンチュウ防除には，前年秋のうちに土壌消毒剤（D-D剤など）を注入。根こぶ病防除には，石灰窒素80～100kg/10aを前年秋に施し，PCNB粉剤などを定植10日前までに散布・耕うん。

図8 外葉発育期のすがた

アブラナ科・葉菜
カリフラワー
ブロッコリー

学名	*Brassica oleracea* L., var.*botrytis* L.
英名	cauliflower, broccoli（別名：ハナヤサイ, 緑ハナヤサイ・芽ハナヤサイ）
原産地	ヨーロッパ（地中海沿岸から北海沿岸, 大西洋沿岸など）
植物分類	アブラナ科1・2年草
利用部位	花らい
利用法	ゆでてからサラダ, いためもの, 和えもの, 煮ものなど
豊富な成分	カリウム, カロテン, ビタミンC
主産地	茨城県, 愛知県, 福岡県, 長野県, 千葉県

❸

茎頂部の花らいが発育して花らい球を形成する。葉は長だ円形で, 草姿は立性である。ブロッコリー（左）は, 葉に欠刻が多く, 側花らいが発育するものもある。花・果実の形状は, キャベツとほぼ同じである。

❶多数の花芽が発育したものでカードともいう。収穫する球状のかたまりは, 花らいの集合体で花らい球（花球）という。

表1 おもな食品成分（可食部100g中）

成分	カリフラワー	ブロッコリー
水分	90.8g	86.2g
炭水化物	5.2g	6.6g
灰分	0.9g	1.2g
カリウム	410mg	460mg
カルシウム	24mg	50mg
カロテン	18 μg	900 μg
ビタミンC	81mg	140mg
食物繊維総量	2.9g	5.1g

（「八訂日本食品標準成分表」による）

表2 生育に適した環境

発芽適温	15～30℃
生育適温	18～20℃
花らいの発育適温	15～18℃
好適土壌pH	6.5前後

1 野菜としての特徴

カリフラワー（ハナヤサイ）やブロッコリーはキャベツの一変種で, 花らい❶を収穫して利用する。カリフラワーはブロッコリーを改良したものと考えられている。

キャベツと同じようにヨーロッパで発達し, わが国には明治初期に導入された。しかし, 当時はあまり普及せず, 第2次世界大戦後になって急速に栽培が増加した。花らいが緑色のブロッコリーはカロテンの含量が多く（表1）, 需要の多い緑黄色野菜であるが, 最近では海外からの輸入も増えている。

2 生育の特徴

カリフラワーの生育経過（一生）と作型・品種は図1, 2のとおりである。ブロッコリーもカリフラワーに似た生育を示す。

生育と環境　生育に適した環境は表2のとおりである。耐暑性・耐寒性は比較的強いが, 25℃以上や5℃以下では生育が抑制される。生殖器官である花らいを利用するため, 他の葉茎菜類と異なり, 花芽分化させる必要がある。

花芽分化や花らいの発育は、温度・日長などの環境条件と密接な関係があり、花らいの形成・発育には、冷涼な気候が適する。

カリフラワーやブロッコリーの根系は浅く分布するが、吸水力が強いので、乾燥には比較的よく耐える。土壌水分が多すぎると、生育がいちじるしくわるくなる。

花芽分化と花らいの発育

カリフラワーは、植物体バーナリゼーション型（→ p.25）の野菜で、生育中に低温にあうと花芽分化する。花らいの発育は、茎葉が一定の大きさに成長してから進む。一般に、茎葉のよく成長した株には大きな花らいができる❶（図3）。したがって、栽培にあたっては、花らいの発育に必要な茎葉を十分確保し、品種に応じて適切な時期に花芽分化させることが大切である。

❶発育したカリフラワーの花らいの色には白、黄緑、紫などがあるが、わが国では純白のものが好まれる。ブロッコリーの花らいの色にも白、緑、紫があるが、わが国では緑色のものが多い。

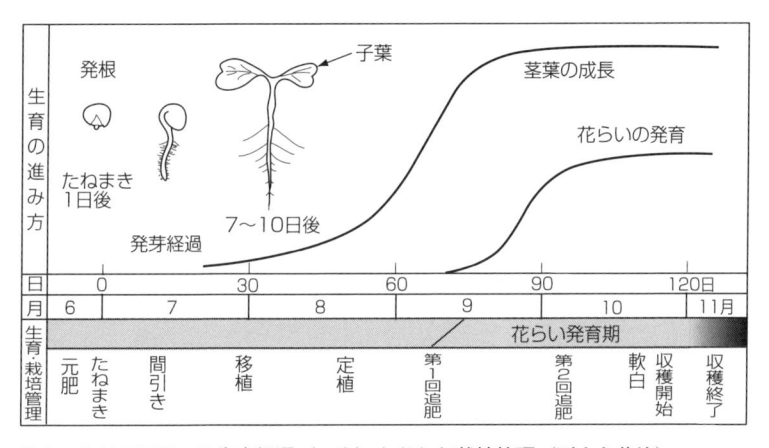

図1 カリフラワーの生育経過（一生）とおもな栽培管理（夏まき栽培）

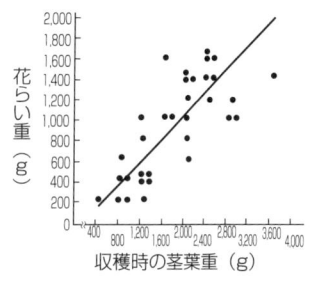

図3 カリフラワーの茎葉重と花らい重の関係（品種：アーリースノーボールA）

（加藤徹による）

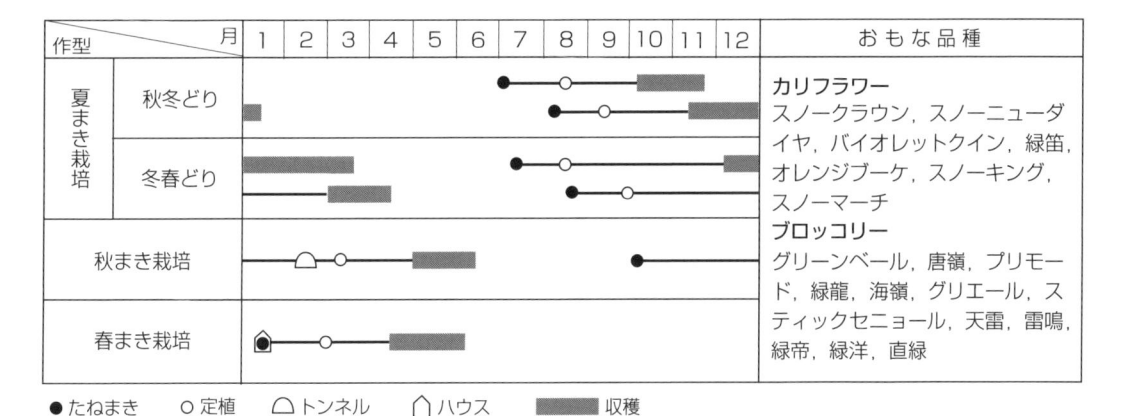

図2 カリフラワーのおもな作型と品種

注　春まき栽培：春の低温で花芽分化させるので、冷涼地や高冷地に向く。比較的高い温度でも花芽分化する早生種がよい。夏まき栽培：高温期にたねまき・育苗し、涼しくなってから花芽分化させ、低温期になって収穫。凍害を受ける地帯では、早生種がよい。秋まき栽培：越冬時に苗の生育が進むと、ボトニングが発生しやすい。晩生種がよい。

3 栽培管理

▶**作型と品種**◀ カリフラワーやブロッコリーは，花芽分化を誘起する温度とそれに感応する苗の大きさが，品種によって異なるので（表3），作型に応じた品種の選択がとくに重要である❶。

▶**本畑の準備**◀ 元肥には施肥などの有機物を十分に施し，追肥は花らい発育期の前半ころまでにおこない，茎葉の成長と花らいの発育をうながすようにする。カリフラワーやブロッコリーの栽培では，施肥の効果が大きい。窒素とカリを十分に施し（表4），晩生種ほど多く施す。生育初期に窒素が欠乏すると，茎葉の成長が進まず，花らいの発育がわるくなる。

▶**育　苗**◀ まき床は20℃くらいに管理する。30℃以上では立枯れ病が発生しやすい。発芽したら，密生した部分を間引きし，本葉2～3枚のころ，株間12～15cmで移植して育苗する（表5）。ポット育苗では3号鉢に鉢上げをする。

▶**定植とその後の管理**◀ 定植時の栽植距離は，生育期間の短

❶ブロッコリーの品種には，主茎の先端に着生する頂花らいを主体に収穫する品種と，頂花らいを収穫したあと，葉えきから伸びる茎（側枝）の先端に着生する側花らいも収穫する併用型の品種がある（図4）。

表3　カリフラワーの花芽分化と花らいの発育の条件

品種の早晩性	花芽分化温度	花芽分化時の展開葉数	花芽分化時の茎の太さ	花らい発育適温
極早生種	23℃以下	5枚以上	5mm	18～20℃
早生種	20　〃	7～8	5～6	17～18
中生種	17　〃	11～12	7～8	15～18
晩生種	15　〃	15以上	10以上	15～18

表5　育苗日数と苗の大きさ

作型	品種の早晩性たねまき時期	育苗日数	定植苗の大きさ（本葉枚数）
夏まき栽培	極早生	30～35日	5～6枚
	早生	35～40日	6～7枚
	中生	40～45日	7～8枚
	中晩生	45～50日	7～8枚
冬春まき栽培	12～1月まき	50～60日	5～6枚
	2～3月まき	40～50日	5～6枚

表4　施肥例（10a当たり）

肥料名	元肥(kg)	追肥(kg)					
		1	2	3	4	5	6
堆　肥	2,000						
AM化成	100	40					
BMヨウリン	40						
苦土石灰	150						
追肥専用S842			40	40	(40)	(40)	(40)

注　成分量は，窒素35.4（57）kg，リン酸32.2（37）kg，カリ31.6（46）kg。（　）は，側花らいを収穫する場合。

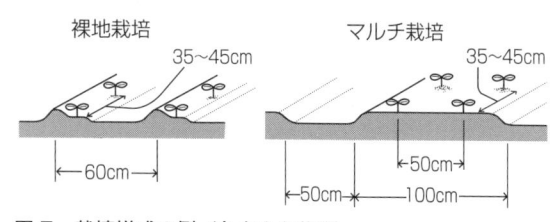

図5　栽植様式の例（冬春まき栽培）

裸地栽培　35～45cm　60cm

マルチ栽培　35～45cm　50cm　50cm　100cm

図4　頂花らい（左）と側花らい（右）

い極早生・早生種で株間35〜40cmとし,生育期間が長く大株となる中生・晩生種では株間40〜45cmとする（図5）。追肥のさいには中耕・土寄せをおこなう（図6）。

定植後の生育適温は20℃前後であるが,生育初期の低温や花芽分化後の高温などによって,花らいの発育異常❶（図7）を起こすことがある。発生する病害虫はキャベツと共通するものが多い（→ p.141 表2）。

▶軟 白◀ カリフラワーでは,花らいが葉の中心にみえ始めたら,商品価値を高めるために,葉を結束するか,葉を折って光線をさえぎり,花らいを白色に仕上げたり寒害から保護したりすることがある（図8）。これを軟白という❷。

▶収穫・品質保持◀ カリフラワーの収穫は,花らいの直径が12〜15cmくらいになり,花らいの表面に小さな粒があらわれ始める直前におこなう。

ブロッコリーは,花らいの直径が12〜15cmくらいになり,小花がきっちりとしまり,開花しないうちに収穫する。

収穫後は葉を切り取るなどの調製（図9）をして,品質保持のために予冷（→ p.38）をおこなうことが望ましい。

❶ボトニング：幼苗期から低温に感応し,早期に花芽分化して小さい花らいのままとなるもの
リーフィヘッド：花芽分化後に高温にあって,花らいの中に小葉が混じって発育したもの
ヒュージーヘッド：あるていど出らいしたのちに高温にあって,花らいの表面がざらざらになるもの,などがある。

❷花らいが紫色の品種は,光線があたらないと,きれいに着色しないので軟白はおこなわない。

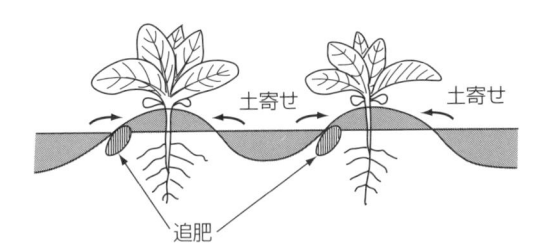

図6 追肥・中耕・土寄せの方法

図7 ボトニング（左）とリーフィヘッド（右）

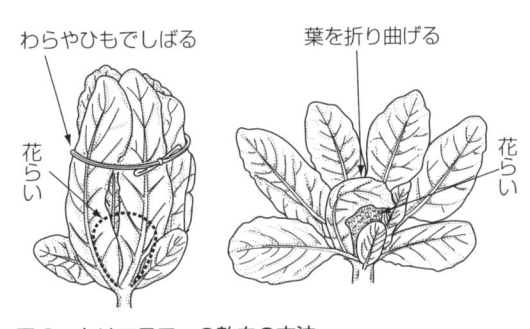

図8 カリフラワーの軟白の方法

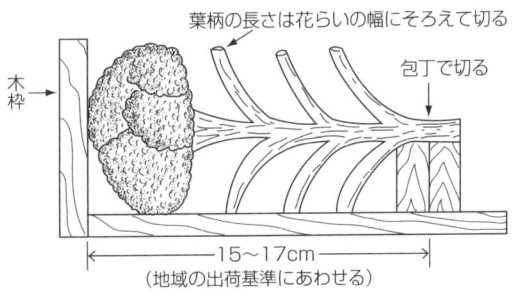

図9 ブロッコリーの調製方法

アブラナ科・根菜
ダイコン

学名　*Raphanus sativus* L.
英名　daikon, Japanese radish
原産地　地中海沿岸，西南アジアから東南アジア
植物分類　アブラナ科1・2年草
利用部位　根部（根＋胚軸），若い葉，芽生え（カイワレダイコン）
利用法　生食（おろし），つけもの，煮もの，切干し
豊富な成分　辛味成分（イソチオシアネート＜イソチオシアナート＞類），消化酵素（アミラーゼなど）
主産地　北海道，千葉県，青森県，宮崎県

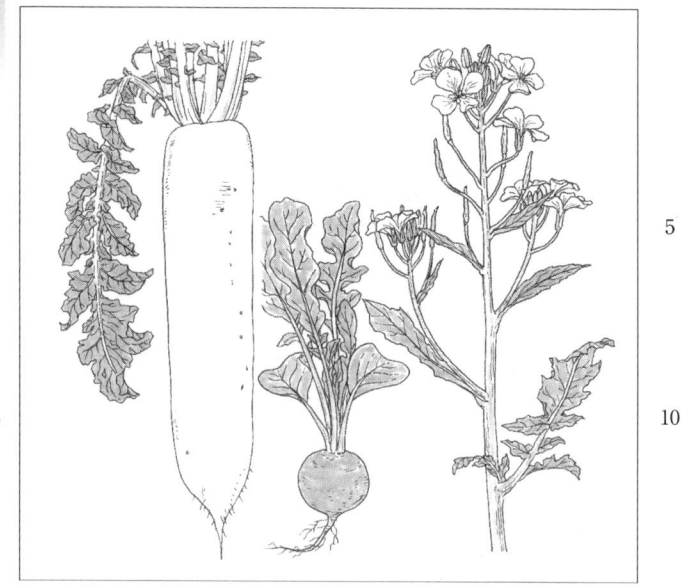

❹

葉は切れ込みが深く濃緑色をおびる。根の形は，ふつう，太く長く，先のほうまでなだらかな曲線となる。春に白色や黄色などの十字形の花が総状に集まって咲く。果実（さく果）は長いつの状となる。

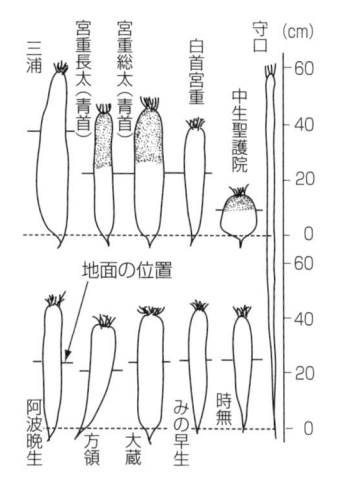

図1　おもな品種群の根形
（金沢幸三により作成）

表1　おもな食品成分（可食部100g中）

水分	94.6g
炭水化物	4.1g
灰分	0.6g
カリウム	230mg
カルシウム	24mg
カロテン	0μg
ビタミンC	12mg
食物繊維総量	1.4g

（「八訂日本食品標準成分表」による）

1 野菜としての特徴

　ダイコンには，古くから中国や日本で発達した大型のダイコン（図1）とヨーロッパで発達した小型のハツカダイコンとがある。
　わが国で広く利用されてきた野菜の1つで，栄養価は高くない（表1）が，独特の辛味成分や消化酵素を含む。近年，甘味のある青首品種が好まれてきたが，辛味の強い品種も見なおされている。
　代表的な秋から冬の野菜で秋ダイコンの生産が多かったが，ハウスやトンネルを利用した栽培（作型）の確立や，冷涼地（北海道，青森など）への産地の拡大などによって春ダイコン，夏ダイコンの生産も増えている。

2 生育の特徴

　ダイコンの生育経過（一生）とおもな作型・品種は図2, 3のとおりで，たねまきから収穫までの期間は60～100日くらいである。

生育と環境　生育に適した環境は表2のとおりで，冷涼な気候を好む野菜であるが，発芽適温の範囲は広い。他のアブラナ科野菜と異なり，種子は嫌光性を示す。

根は非常に深く伸びるので、耕土が深く、保水力があり排水性のよい土（沖積土や火山灰土など）が適している。酸性にはかなり強い。土が過湿になると湿害や軟腐病による腐敗が多くなるので、排水に努める必要がある❶。

根部の肥大

生育初期には、おもに根が縦方向に伸長し、初生皮層はく脱（図4）期のころからは、おもに根部の肥大が進み、根重が増加してくる❷。ダイコンは種子バーナリゼーション型（→ p.25）の野菜で、平均気温12℃以下の低温が続くと花芽が分化する。花芽分化すると、その後の葉の分化が停止して葉数が増加しないので、根部の肥大がわるくなる。

❶逆に土が乾燥し、そのうえ平均20℃以上の高温になると、根の維管束が木質化する網入りの発生が多くなる。

❷根部が肥大するためには、まず地上部がよく成長して、光合成が十分におこなわれ、生産された炭水化物が根部に転流する必要がある。

表2　生育に適した環境

発芽適温	15〜30℃
生育適温	15〜20℃
根部の肥大適温（地温）	20℃
好適土壌pH	5.0〜6.0

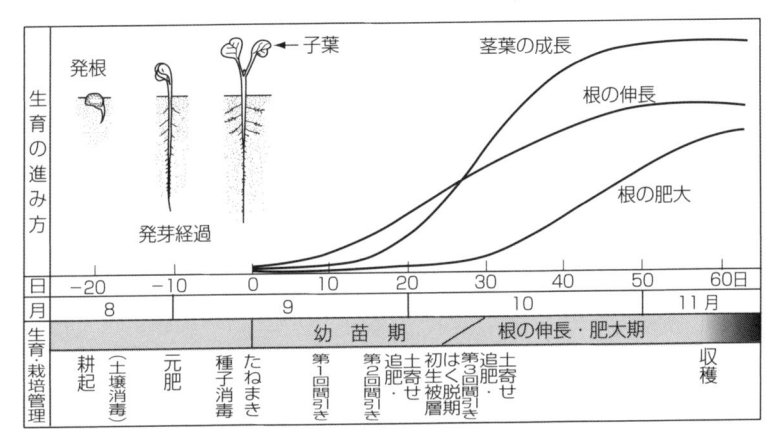

図2　ダイコンの生育経過（一生）とおもな栽培管理（冬どり栽培）

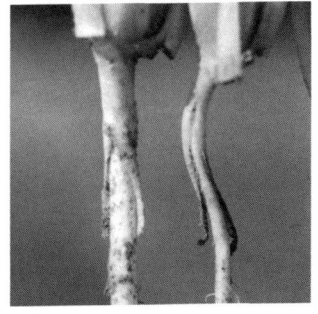

図4　ダイコンの初生皮層はく脱

図3　ダイコンのおもな作型と品種

● たねまき　△ トンネル　△ ハウス　■ 収穫

注　春どり栽培：冬季温暖な地域に限定されていたが、ハウスやトンネル栽培の確立によって、産地が拡大している。晩抽性で、耐寒性にすぐれた品種がよい。夏どり栽培：早まきすると早期のとう立ちが、遅まきすると病害虫（とくに、ウイルス病、軟腐病、い黄病など）の発生が多くなる。また、生理障害も発生しやすい。秋どり栽培：秋の冷涼な気候を利用した最も基本的な作型で、青果用栽培と加工原料用栽培とがある。冬どり栽培：生育後期から気温が低下して生育がわるくなるので、トンネル、マルチ、べたがけなどの保温方法が工夫されている。す入り、とう立ちがおそく、耐寒性にすぐれた品種がよい。

3　アブラナ科野菜の栽培

3 栽培管理

▶**作型と品種**◀ 作型に応じた品種の選択と，適期のたねまきがとくに大切である[❶]。根部の肥大に適した地温は20℃前後である（表3，図5）。この点も考慮して，たねまき時期を決める。

▶**本畑の準備**◀ 深く耕し，ていねいに砕土・整地をする。

施肥は，元肥を重点として初期生育をうながすようにし，マルチ栽培[❷]では全量元肥とする（表5）。

▶**たねまきとその後の管理**◀ 移植を嫌うので直まき栽培とし，乾燥時には前日に十分かん水をしておく。栽植距離は表6のとおりである。発芽後は，間引き・土寄せを数回おこなう（図6）。

追肥は，生育状態をみながら，速効性の肥料を数回に分けて施す。追肥が遅れると，生育後期に葉が繁茂しすぎて，根部の肥大がわるくなる。

春どり栽培では，たねまき後，ハウスやトンネルを密閉して高温を保ち，いっせいに発芽をうながし，花芽分化・とう立ちを防止する（図7）。生育前半は30～35℃くらいのやや高めの温度管

---

❶品種によって温度に対する反応が異なり，秋ダイコン（練馬，宮重，大蔵などの品種群）は低温にあうと，花芽分化・とう立ちしやすい。春ダイコン（時無などの品種群）は低温に対して鈍感で，花芽分化・とう立ちがおそく，耐寒性が強い。夏ダイコン（みの早生などの品種群）は耐暑性は強いが，低温にあうと秋ダイコンよりさらに花芽分化しやすく，とう立ちがはやい。

❷反射フィルムには，ウイルス病を媒介するアブラムシの飛来を防ぐ効果もある（表4）。

研究
栽培中のダイコンを1週間おきに抜き取り，根長，根径，根重，葉数，葉重などを調べてグラフにし，それぞれ増え方の特徴や地上部の成長と地下部の成長の関係について考察してみよう。

1回目の間引き
3～4株にする。はさみなどで株の胚軸を切り，子葉の重なりを防ぐ。間引きが遅れると胚軸が徒長して曲がってしまう

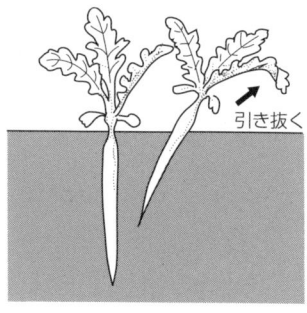

3回目の間引き
1株（1本立ち）にする。胚軸が直立してしっかりしている株を残して，ほかは引き抜く

図6 間引きの方法

表3 地温とダイコンの根部の肥大の関係（1991年）

地温(℃)	根重(g)	根長(cm)	調査月日
8	755	25.2	5・10
12	879	30.1	5・10
16	1,335	36.3	5・17
20	1,150	35.0	5・10
24	1,099	33.5	5・10
28	966	31.7	5・2

図5 地温とダイコンの根形（品種：富美勢）
注　左から地温8℃，16℃，20℃，24℃，28℃。

表4 反射フィルムマルチによるウイルス病の防除効果（和歌山農試による）

処理	ウイルス病株率（％）	
	9月	10月
全面マルチ	0	3.8
うね上マルチ	0	5.7
うね間マルチ	1.0	19.2
無処理	13.9	47.3

表5 施肥例（10a当たり）

肥料名	総量(元肥)(kg)	成分総量(kg)		
		N	P	K
化成肥料(6-8-6)	90	5.4	7.2	5.4
苦土石灰	100			
ヨウ成リン肥	40		8.0	
計		5.4	15.2	5.4

注　春まき夏どり，マルチ栽培。

理❶とするが，高温障害に注意する。根部の肥大開始以降は低めの温度（20℃くらい）とする。また，ダイコンは比較的強い光を好むので，採光にも注意する。

▶**病害虫防除，生育障害対策**◀　各種の病害虫（→ p.141 表2）のほか，生育障害が発生しやすい。生育障害（根部の異常）には，す入り❷，裂根，岐根（→ p.21），高温障害のほか，病害虫や要素欠乏によるものもある（図8，9）。す入りは，生育後半の気温が高かったり，収穫が遅れたりすると発生しやすい。いずれも栽培環境を改善することが対策の基本である。

▶**収穫・品質保持**◀　収穫が遅れて過熟になると，す入りが発生するので，その前に収穫しなければならない。収穫後はできるだけ低温下において，す入りや目減りを防止する。

▶**栽培の評価**◀　標準的な収量は6t/10a前後で，収穫・出荷に多くの労力を要する（図10）。栽培技術と経営面から評価して，次の栽培に生かすようにする。

❶低温感応した場合でも，30℃以上の高温を1日6時間ていど続けて与えると，花芽分化を防ぐことができる（ディバーナリゼーション，→ p.25）。

❷生育後半に，根部への同化養分の供給が追いつかず，細胞や組織が老化して空隙が生じる現象。す入りと似た症状に空洞症があり，これは根部の中心部が縦に空洞となる。

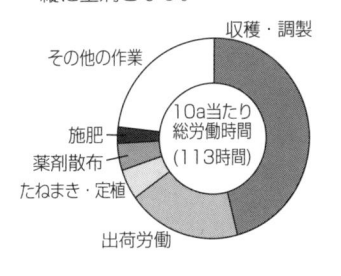

図10　作業別労働時間（「平成11年野菜・果樹品目別統計」による）

表6　栽植距離　　　（藤枝国光）

	品種群	うね幅(cm)	株間(cm)
秋ダイコン	練馬	70	30
	宮重	70	25
	晩生聖護院	60	30
冬ダイコン	三浦	60	35
	晩生丸	60	30
	桜島	90	60
春ダイコン	時無	50	25
夏ダイコン	みの晩生	60	20

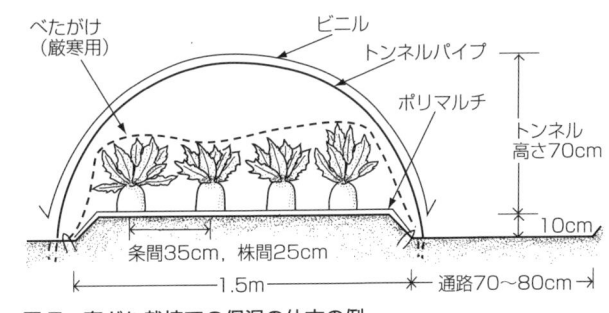

図7　春どり栽培での保温の仕方の例

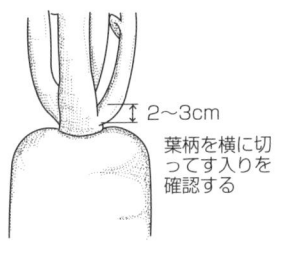

図8　ダイコンのす入り（品種：みの早生）
（萩原十による）
注　早生品種で根の肥大がはやい品種ほど，また春ダイコンや夏ダイコンに発生しやすい。

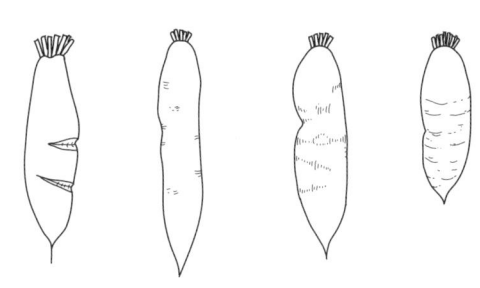

図9　おもな根部の異常
注　裂根は，生育前期に土壌が乾燥し，その後水分が過剰になると発生が多くなる。がりダイコンはカブモザイクウイルスによるでこぼこ症状，さめ肌症はホウ素欠乏症である。横しま症は，土壌病原菌（→ p.57）や土壌の過湿などによって発生すると考えられている。

アブラナ科・葉菜
チンゲンサイ
タアサイ

学名　チンゲンサイ：*Brassica compertris* L.
　　　（chinensis group）　タアサイ：*Brassica compertris* L.（narinosa group）
中国名　チンゴンツァイ（青梗菜）
　　　　ターツァイ（別名：如月菜）
原産地　中国（華中・華北）
植物分類　アブラナ科1・2年草
利用部位　茎葉
利用法　いためもの，煮ものなど
豊富な成分　カルシウム，カロテン
主産地　埼玉県，静岡県，茨城県，長野県

チンゲンサイ（左）：葉柄は緑色，多肉質で株の基部が張る。葉はさじ形で緑〜淡緑色。タアサイ（右）：葉は濃緑色で肉厚，光沢がある。葉数が多く，冬にはロゼット状となる。花・果実の形状はハクサイとほぼ同様。

❶タアサイの品種には，緑彩，タアツァイなどがある。

表1　おもな食品成分（可食部100g中）

成分	チンゲンサイ	タアサイ
水分	96.0g	94.3g
炭水化物	2.0g	2.2g
灰分	0.8g	1.3g
カリウム	260mg	430mg
カルシウム	100mg	120mg
カロテン	2,000μg	2,200μg
ビタミンC	24mg	31mg
食物繊維総量	1.2g	1.9g

（「八訂日本食品標準成分表」による）

表2　生育に適した環境

発芽適温	15〜25℃
生育適温	昼間20〜25℃ 夜間8〜10℃
好適土壌pH	6.8〜7.0

1 野菜としての特徴

　チンゲンサイは，昭和40年代後半（日中国交回復後）に，わが国に新野菜として導入され，急速に広く普及した中国野菜である。タアサイは，昭和初期に導入されたが，本格的な栽培がおこなわれるようになったのは昭和50年代以降である。
　ともに，カルシウムやカロテン，ビタミンCなどを多く含む栄養価が高い野菜で（表1），加熱して多くの料理に利用されている。

2 生育の特徴

　チンゲンサイの生育経過（一生）とおもな作型・品種❶は図1，2のとおりで，たねまきから収穫までの期間は，高温期で40〜60日，低温期で70〜90日くらいである。
　タアサイは，チンゲンサイとほぼ同様の生育と作型である。

生育と環境　生育に適した環境は表2のとおりである。
　チンゲンサイは，耐暑性，耐寒性が強い（最低限界温度5℃，最高限界温度35℃）。適温下では3〜5日で発芽する。

タアサイは，耐暑性は弱いが耐寒性は強く（－3℃でも生育可能），周年栽培ができるが，5～25℃で良好な生育を示す。

　いずれも土壌に対する適応性は広いが，有機質に富んだ肥よくな粘質土壌が適する。

茎葉の成長　初期生育は緩やかであるが，しだいに生育がおうせいとなり，次々と葉を増やしていく（図3）。花芽分化は低温に感応すると起こり，長日条件下では花茎が伸長してとう立ちが促進される。

3 栽培管理

▶**作型と品種**◀　周年栽培されるが，作型にあわせた品種選択が重要である。冬から春の栽培では晩抽性の品種を選ぶ。

▶**本畑の準備**◀　チンゲンサイの施肥量は，10a当たり窒素15～16kg，リン酸7～8kg，カリ12～13kgを標準とし，全量を元肥

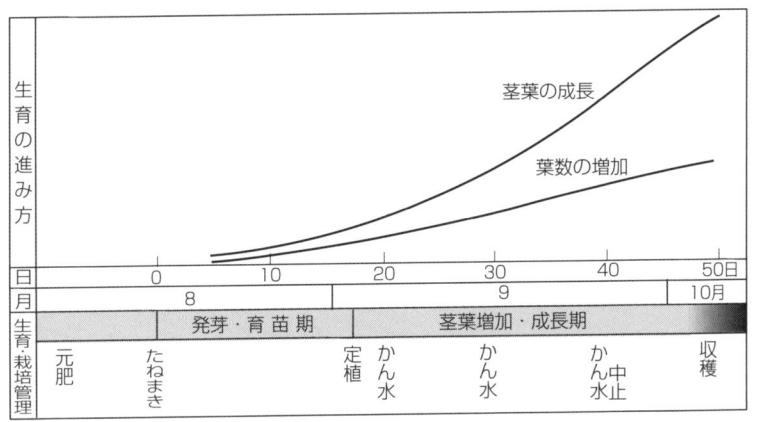

図1　チンゲンサイの生育経過（一生）とおもな栽培管理（夏まき栽培）

図3　収穫期のチンゲンサイ（上）とタアサイ（下）

図2　チンゲンサイのおもな作型と品種

とする。ハウス栽培では，塩類が集積しないような施肥や土壌管理（→ p.51，68）が必要である。

タアサイは養分吸収量が多いので，窒素22kg，リン酸20kg，カリ18kgを標準とし，全施肥量の4分の1から3分の1は追肥とする。マルチ栽培では緩効性肥料を用いて全量元肥とする。

▶たねまきと育苗◀　直まき栽培は図4のようにおこなう。2回ていど間引いて，本葉4〜5枚（タアサイでは本葉3枚）のときに最終の栽植距離（条間20cm×株間20cmていど）にする。

移植栽培は，セル成型苗の活用が多い。冬から春の育苗は，花芽分化を防止するために，平均気温13℃以上，最低気温5℃以上を保つ。育苗日数は表3のとおりである❶。

▶定植とその後の管理◀　チンゲンサイの作付けの例は，図5のとおりである。乾燥させると生育が不ぞろいになるので，定植後，活着まではやや多めのかん水とし，収穫1週間前は，かん水を控える。

チンゲンサイは，夏の強光時には寒冷しゃなどで遮光（30％ていど）をおこなうとよい。

タアサイのハウス栽培やトンネル栽培では，夜間10℃以上，日中25℃を目標に温度管理をおこなう。

▶病害虫防除◀　ほかのアブラナ科野菜に準ずる（→ p.141表2）。チンゲンサイは，春秋期に白さび病が発病しやすいので予防に努める。

▶収穫・品質保持◀　チンゲンサイは，葉数12〜14枚（草丈20〜25cm），1株150gていどのものを，タアサイは葉数30〜50枚，1株200〜300gくらいのものを収穫する。収穫・調製後は低温に保ち，鮮度保持に努める（→ p.38）。

❶タアサイは，育苗期間20〜30日で本葉3〜5枚の苗に育てる。

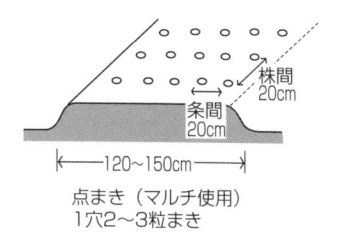

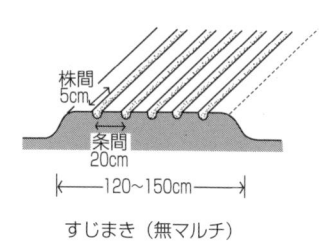

図4　うねとたねまきの例

表3　チンゲンサイの育苗日数と収穫までの日数

時期	育苗日数	本葉枚数	定植から収穫までの日数	たねまきから収穫までの日数
春	20〜25日	2.5〜3.5	30〜35日	45〜55日
夏	12〜15日	2.5〜3.5	20〜25日	32〜43日
秋	20〜30日	3.0〜3.5	30〜35日	50〜65日
冬	30〜40日	3.0〜3.5	40〜45日	70〜85日

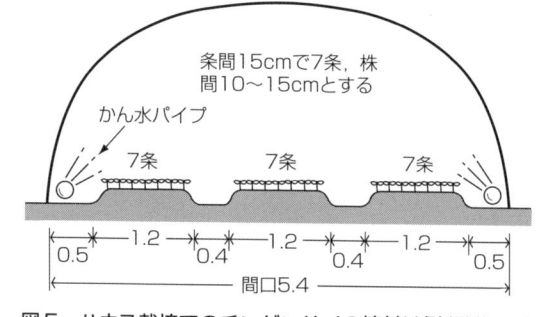

図5　ハウス栽培でのチンゲンサイの植付け例（単位：m）

アブラナ科・葉菜
メキャベツ
コールラビ

学名 メキャベツ：*Brassica oleracea* L.（gemmifera group） コールラビ：*Brassica oleracea* L.（gongylodes group）
英名 brussel sprouts, kohlrabi
原産地 ヨーロッパ
植物分類 アブラナ科1・2年草
利用部位 茎葉
利用法 煮もの，いためもの，サラダ，つけものなど
豊富な成分 ビタミンC，カロテン
主産地 長野県，静岡県，千葉県

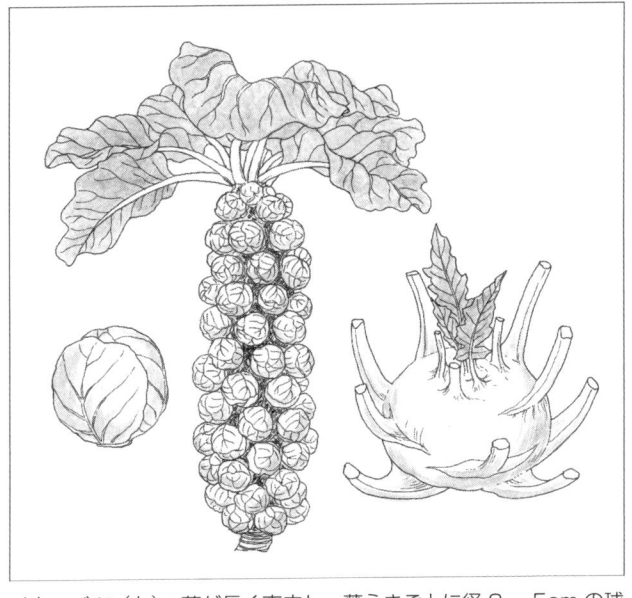

メキャベツ（左）：茎が長く直立し，葉えきごとに径2〜5cmの球形の芽（球芽）をつける。コールラビ（右）：茎の基部が短縮して球形に肥大する。いずれも，キャベツと同様な花，果実をつける。

1 野菜としての特徴

メキャベツ[1]，コールラビともキャベツの仲間である。メキャベツは，茎が伸びて葉えきに芽球が形成されるため，コモチキャベツともよばれる。わが国へは明治初年に伝わった。キャベツより甘味が強く，栄養価が高い（表1）。コールラビは，茎の基部がカブのような球茎となるため，カブキャベツともいう（図1）。わが国へ伝わった経過は不明である。食味や成分もカブに似ている。

[1] コモチカンランともよばれる。

2 生育の特徴

メキャベツの生育経過（一生）とおもな作型・品種は図2,3のとおりである。たねまきから収穫開始までの期間は，メキャベツで100〜120日，コールラビで50〜60日くらいである。

生育と環境 生育に適した環境は表2のとおりである。メキャベツは，キャベツと同様に冷涼な気候を好み，耐寒性はキャベツより強く−5℃でも生育する。しかし，耐暑性は弱く，23℃以上になると結球不良や病害の発生が多くなる。コールラビも冷涼な気候を好み，耐寒性，耐暑性はキャベツ

図1 収穫期のコールラビ

表1 おもな食品成分（可食部100g中）

成分	メキャベツ	コールラビ
水分	83.2g	93.2g
炭水化物	9.9g	5.1g
灰分	1.1g	0.6g
カリウム	610mg	240mg
カルシウム	37mg	29mg
カロテン	710μg	12μg
ビタミンC	160mg	45mg
食物繊維総量	5.5g	1.9g

（「八訂日本食品標準成分表」による）

3 アブラナ科野菜の栽培

より強い。いずれも土壌に対する適応性は広いが、有機質に富んだ耕土の深い肥よくな土壌が適する。

茎葉の成長 メキャベツの芽球の形成は、本葉が20枚以上になると始まるが、40枚以上の株に良質なものができる[❶]。コールラビの球茎は葉の成長にともなって急速に肥大する。

花芽分化については、メキャベツは植物体バーナリゼーション型（→p.25）で、ふつう、4月以降には芽球もとう立ち・開花する。コールラビは種子バーナリゼーション型（→p.25）で、ふつう、2月中旬ころからとう立ちが始まり、4月には開花する。

[❶] 芽球形成の適温は12〜13℃以下で、5〜10℃で良質なものができる。

3 栽培管理

▶作型と品種◀ メキャベツは、冷涼地や高冷地では春まきが、暖地や中間地では夏まきがおこなわれる。品種の数は少ない。

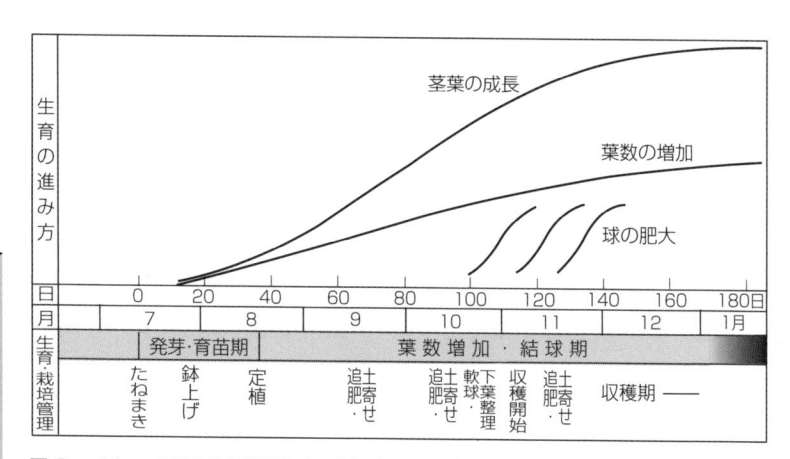

表2 生育に適した環境

発芽適温	
メキャベツ	15〜25℃
コールラビ	20℃前後
生育適温	
メキャベツ	18〜22℃
コールラビ	20℃前後
好適土壌pH	6〜7

図2 メキャベツの生育経過（一生）とおもな栽培管理（夏まき栽培）

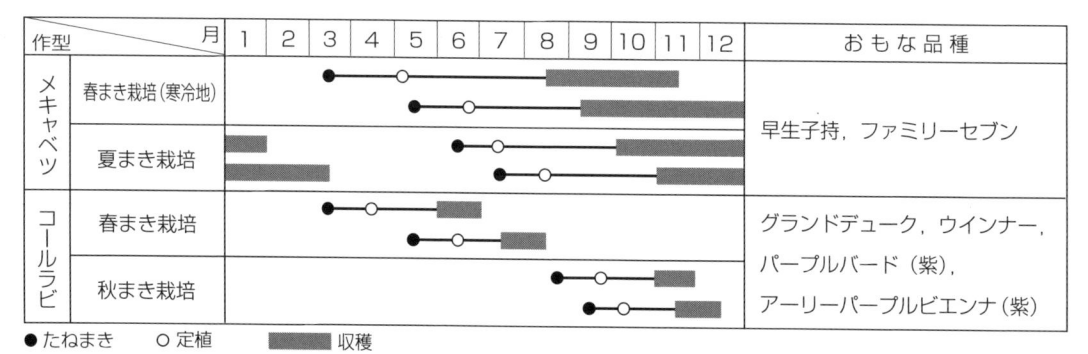

図3 メキャベツ、コールラビのおもな作型と品種

● たねまき　○ 定植　■ 収穫

おもな品種：早生子持、ファミリーセブン／グランドデューク、ウインナー、パープルバード（紫）、アーリーパープルビエンナ（紫）

コールラビは，秋まきが最もつくりやすく，夏まきは高冷地や中間地に限られる。F₁品種の利用が多い❶。

▶**育　苗**◀　キャベツに準じる。メキャベツの春まきでは，発芽までは20℃，発芽後は18℃を目標に管理する。コールラビは低温期には早期のとう立ちが問題となるので，14℃以上に保温し，高温期には寒冷しゃなどで遮光する。

▶**畑の準備と定植**◀　メキャベツの畑の準備はキャベツに準じる。施肥例を表3に示す❷。本葉5～6枚の若苗をうね幅120cm，株間55～60cmで定植する❸。栽植距離をキャベツより広くとり，株元まで十分に光があたるようにする。

▶**定植後の管理**◀　メキャベツは，下部の芽球や老化葉は，はやめに取り除き，上部の芽球の発達を促進させる（図4）。コールラビの直まき栽培では，間引きを2～3回おこない，本葉4～5枚のときに1本立ちにする。追肥は，苗の活着後あるいは最終間引き後に数回施し，土寄せをおこなうとよい。

▶**病害虫防除**◀　キャベツに準じて適期防除に努める。

▶**収穫・品質保持**◀　メキャベツは，芽球の直径2.5～3cmくらいで，かたく結球した15g未満のものを収穫する。大きすぎると商品価値がなくなる。調製は基部を切り直し外葉を除去する。

コールラビは球茎の直径5cmくらいで収穫する。収穫の遅れは，肉質の木質化，す入り，裂球をまねく。調製は球茎上部の数枚を残し，ほかの葉は葉柄を3cmくらいつけて切り落とす。

❶淡緑色の品種にはサンバード，プリマ，グランドデューク，ウインナー，紫紅色の品種にはパープルバードなどがある。

❷コールラビは生育期間が短いので，10a当たり窒素10kg，リン酸7kg，カリ11kgていどの施肥量とする。

❸コールラビは，本葉4～5枚の若苗を，うね幅120cm，株間15～20cm，3～4条に定植する。直まきの場合は，同様の栽植距離に点まきをする。

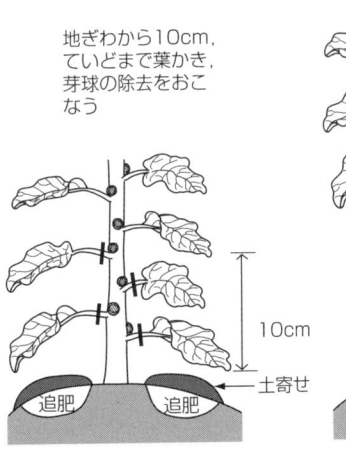

表3　メキャベツの施肥例（10a当たり）
（静岡県）

施肥時期		窒素(kg)	リン酸(kg)	カリ(kg)
	月・旬			
元肥	8・下	20	20	20
追肥①	9・中	10	10	10
②	10・中	3	—	3
③	11・中	3	—	3
④	12・中	3	—	3

注　土壌は沖積・洪積壌土。元肥には上記のほかに堆肥3,000kg，苦土石灰120kgを用いる。肥料の種類は有機配合または化成肥料。

図4　メキャベツの定植後の管理

アブラナ科・葉菜
クレソン

学名　*Rorippa nastritum-aquaticum* Hayek.
英名　watercress（和名：オランダガラシ）
原産地　ヨーロッパ南部，西アジア
植物分類　アブラナ科の多年草（水生植物）
利用部位　茎，葉
利用法　肉料理のつけあわせ，サラダ，お浸し
豊富な成分　カルシウム，カロテン，ビタミンC
主産地　栃木県，群馬県，東京都

❼

茎は中空で50cm以上になり，下部の節から白色のひげ根を出す。葉は互生し羽状。花は初夏のころ茎の頂部に総状につき，白色で長さ5mmくらいの花が密生する。果実は15mmくらいの長角果。

1 野菜としての特徴

　明治初期に伝来し，帰化植物として各地に自生している。栽培は水田利用が多い。特有の香りと辛味があり，カルシウムやカロテン，ビタミンCを豊富に含み栄養価が高い（表1）。

❶休眠性がないので，保温すれば冬季でも生育する。

表1　おもな食品成分（可食部100g中）

水分	94.1g
炭水化物	2.5g
灰分	1.1g
カリウム	330mg
カルシウム	110mg
カロテン	2,700μg
ビタミンC	26mg
食物繊維総量	2.5g

（「八訂日本食品標準成分表」による）

2 生育の特徴

　生育に適した環境は表2のとおりで，耐寒性が強く，冬季でも枯れることはないが，生育は停止する❶。よく生育させるには，夏季は冷涼，冬は温暖で流水（カルシウムを多く含む水質がよい）が豊富にあることが必要である。

表2　生育に適した環境

発芽適温	23～30℃
生育適温	15～20℃
水温	14～15℃
好適土壌pH	6.0前後

3 栽培管理

　▶作型と品種◀　おもな作型と品種は図1のとおりで，作型の分化は少ない。品種は在来種や自生種が利用されている。葉は丸くて小さくしまり，葉柄にアントシアンが出ていて，香りや辛味が強いものが高品質である。

▶**繁殖方法**◀　種子繁殖と栄養繁殖がある。種子はごく小さいので、ていねいにたねまきをする（図2）。4〜5cmに伸びたら移植をおこない、10cmくらいまで育苗する。栄養繁殖は、親株から2〜3節つけた茎（10cmくらい）をとり、挿し芽をする[1]。

▶**畑の準備と定植**◀　元肥は、有機質肥料や緩効性肥料を主体に、10a当たり窒素12kg、リン酸8kg、カリ10kgを標準とする。水田利用では、ていねいにしろかきをして整地する。定植は条間15〜25cm、株間10〜15cmをめやすに一面に散布する[2]。活着までは浅水にし、それ以後は茎の先端が水没しないていどとする。

▶**定植後の管理**◀　深水にならないように水管理に注意する。多年生であるが、3年に1回は苗の更新と水田の清掃をおこなう。病害はべと病、黒はん病が発生するていどであるが、コナガやアブラムシなどの虫害を受けやすいので、早期防除に努める。

▶**収穫・調製**◀　収穫は、茎の長さ30cm、葉数8〜9枚くらいに伸びたものを刈り取る。収穫周期は、夏は23日前後、春秋は35日前後、ハウス栽培は30日前後をめやすにする。調製は、出荷先にあわせて50g束やパック詰めなどにする。

[1] 家庭用では、市販の苗をコップなどにさしておき、発根したら鉢に移植してもよい。コップの水はときどき取り換える。

[2] 畑地に定植する場合は、条間15cm、株間10cmをめやすにして浅く植え付ける（図2）。

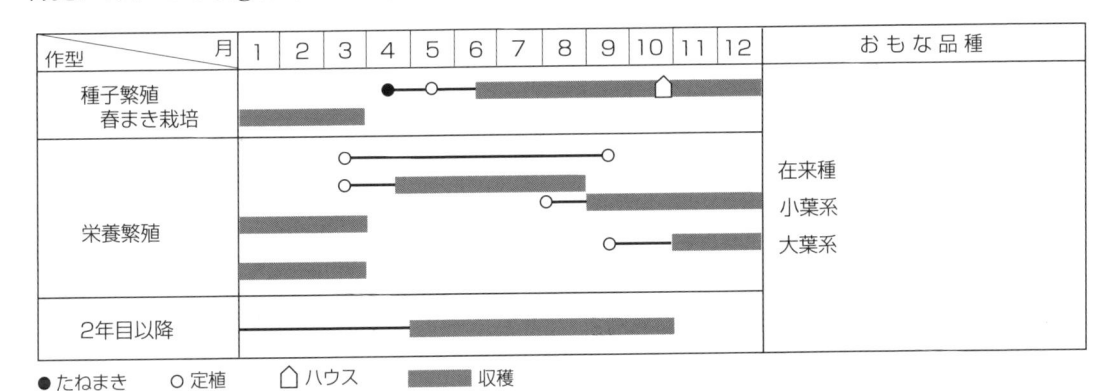

図1　クレソンのおもな作型と品種

注　春まき栽培：ハウス栽培は10月中・下旬から保温する。栄養繁殖：地域によっては、寒冷しゃを利用して、冬は防寒、夏は遮光する。

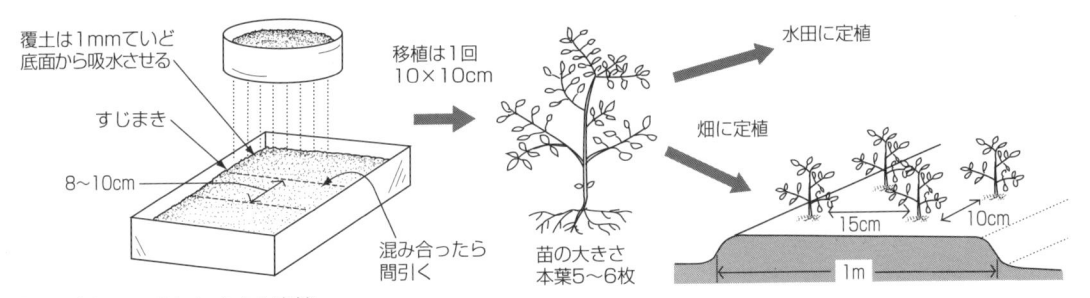

図2　クレソンのたねまきと定植

4 マメ科野菜の栽培

マメ科野菜の種類と特徴

(1) 種類と原産・来歴

マメ科の植物は種類が多く，ダイズ，レンゲ，スイートピーなどの1年草のほか，多年草（クローバー，クズなど），木本性のもの（ハギ，フジなど）もあり，約650属18,000種が知られている。その特徴は表1のとおりである。野菜としての利用は，未成熟の果実（サヤインゲン，サヤエンドウなど）や種子（エダマメ，ソラマメなど）が多い❶。

マメ科野菜（マメ類）は，南米やインドなどを原産地とし，温暖な気候を好むものが多い。栽培の起源は古く，数千年以上前から世界各地で栽培・利用されてきた。わが国への渡来も古いものが多く，現在の栽培種のほとんどが江戸時代には普及している。

(2) 形態と育ち方の特徴

マメ類には，直立性のものとつる性のものがある。根には根粒

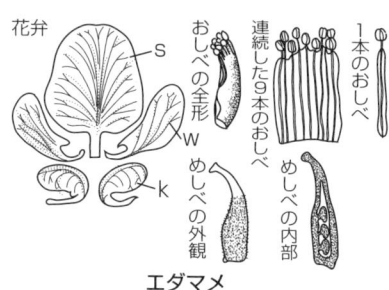

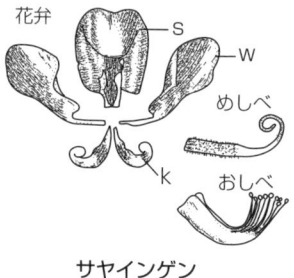

❶芽生えを「もやし」として利用したり，若い芽を「トウミョウ（豆苗）」として利用することもある。なお，成熟した種子は作物として扱われることが多い。

表1 マメ科植物の特徴

植物分類	双子葉植物，離弁花類
種子	無胚乳種子
葉	互生し，基本的に単葉
花	両性花，花弁5枚
果実	子房上位，真果

図1 マメ科野菜の花の形態（s：旗弁，w：翼弁，k竜骨弁）

が着生し，根粒菌❶が固定する空中窒素を養分として利用する。葉は基本的に複葉で，葉柄や小葉の基部には葉枕❷がある。花は花弁が独特の形をしており，ちょう形花ともよばれる❸（図1）。おもに自家受粉して，果実（豆果）が形成される。種子は一般に大きく，子葉が発達した無胚乳種子である（図2）。

マメ類は，ナス科やウリ科の果菜と同じように栄養成長と生殖成長が並行して進むものが多い。花芽分化の仕方は種類や品種によって異なるが，ほとんどは短日植物か中性植物である。また，発芽のさいには，子葉を地上部に出すもの（エダマメ，サヤインゲンなど）と出さないもの（エンドウ，ソラマメ〈図3〉など）とがある。

（3）おもな病害虫と障害

マメ類の病害虫は比較的少ないが，モザイク病，アブラムシ類は共通して発生し，種類によっては立枯れ病，カメムシ類，ハモグリバエなどが大きな被害を及ぼす（表2）。発芽前後には鳥害を受けやすい。また，種類によっては，連作や過湿土壌をきょくたんに嫌い，それらの条件下では，生育がいちじるしくおとる。

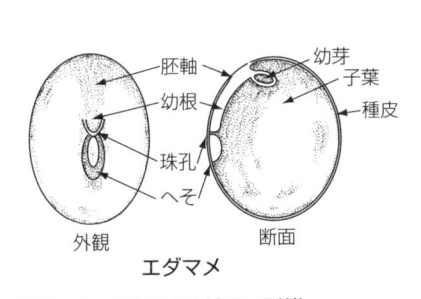

❶リゾビウム（*Rhizobium*）属の細菌（バクテリア）で，マメ科植物の根粒の中で共生し，空気中の窒素ガスを固定することができる。

❷光や温度の変化，機械的な刺激を受けると葉を運動させる。

❸花弁は，旗弁1枚，翼弁（側弁）2枚，竜骨弁（舟弁）2枚の計5枚で構成される。

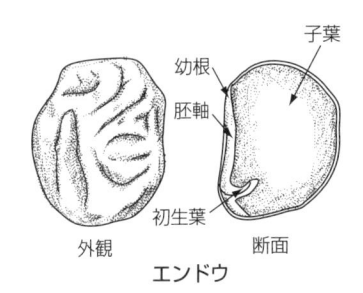

図2 マメ科野菜の種子の形態

表2 マメ科野菜のおもな病害虫

	病気										害虫							
	モザイク病	はん点細菌病	かさ枯れ病	いちょう病	黒根腐病	立枯れ病	根腐れ病	うどんこ病	褐紋病	褐斑病	茎腐れ病	アブラムシ類	カメムシ類	アザミウマ類	ハダニ類	シロイチモジマダラメイガ	フキノメイガ	ナモグリバエ
	㋄	㋚	㋚	㋕	㋕	㋕	㋕	㋕	㋕	㋕	㋕							
サヤインゲン	○		○			○	○					○	○					
エダマメ	○	○		○	○							○	○	○				
エンドウ	○					○	○	○	○			○						○

注 ㋄㋚㋕は，病原がそれぞれウイルス，細菌，糸状菌（カビ）であることを示す。

図3 子葉が地下部にあるソラマメの発芽

マメ科
サヤインゲン

学名　*Phaseolus vulgaris* L.
英名　snap bean, kidney bean
原産地　メキシコ南部から中央アメリカ
植物分類　マメ科1年草（つる性とわい性がある）
利用部位　若い果実
利用法　煮もの，和えもの，揚げもの，いためものなど
豊富な成分　カロテン，カルシウムなど
主産地　千葉県，福島県，鹿児島県，沖縄県，茨城県

❶日本では，むき実用のものも，若さやは，やわらかいため，さや用として利用される傾向がある。

茎には毛があり，茎の先端は巻き，つる性種は高さ2mくらいになる。小葉は3枚で長さ約10cm。短い花柄に淡紅色か白色の花をつける。さやは長さ10〜20cmで，まっすぐか少し曲がる。

表1　おもな食品成分（可食部100g中）

水分	92.2g
炭水化物	5.1g
灰分	0.8g
カリウム	260mg
カルシウム	50mg
カロテン	590μg
ビタミンC	8mg
食物繊維総量	2.4g

（「八訂日本食品標準成分表」による）

表2　生育に適した環境

発芽適温	20〜25℃
生育適温	23〜25℃
好適土壌pH	5.5〜6.8

1 野菜としての特徴

　インゲンマメの日本への導入は，隠元禅師が中国から持参した（1654年）のが最初とされているが，詳細は不明である。インゲンマメは成熟種子を煮豆などに利用することも多いが，野菜としては未成熟の果実を利用し，これはサヤインゲンとよばれる。
　サヤインゲンには，さや用，むき実用があるが❶，さや用の栽培が多い。また，丸さやと平さや，筋ありと筋なしがある。カロテン，カルシウムなどを豊富に含み（表1），利用法も幅広い野菜である。

2 生育の特徴

　サヤインゲンの生育経過（一生）と作型は図1，2のとおりである。たねまきから収穫開始までの期間は，60〜70日くらいで比較的短く，その後は次々と収穫できる。

生育と環境　　生育に適した環境は，表2のとおりである。比較的冷涼な気候を好むが，強い光を必要とする（光周性は中間性を示す）。光の不足は光合成量を低下させ，

生育や開花，結実がわるくなる。

土壌は，排水良好で通気性のよい，表土の深い肥よくな埴壌土（しょくじょうど）が適している。

着花習性　サヤインゲンの花（花房）は，主枝および分枝の葉えきに着生する。最初の花芽は，主枝の5～9節に分化し，順次上位節および分枝上に分化していく（図3）。

花芽分化は，本葉（第1複葉）が展開し，草丈7cmくらい（たねまき後15～25日）のときである。分化した花芽は，約30日で開花する（図1）。

果実の発育　開花・受精すると，間もなく子房が発達し始め，さやは，開花後5～10日間でいちじるしく伸長し，15日くらいでほぼ完成する。種子の発育は，さやの発育よりやや遅れ，開花後30日くらいで肥大が完了する。

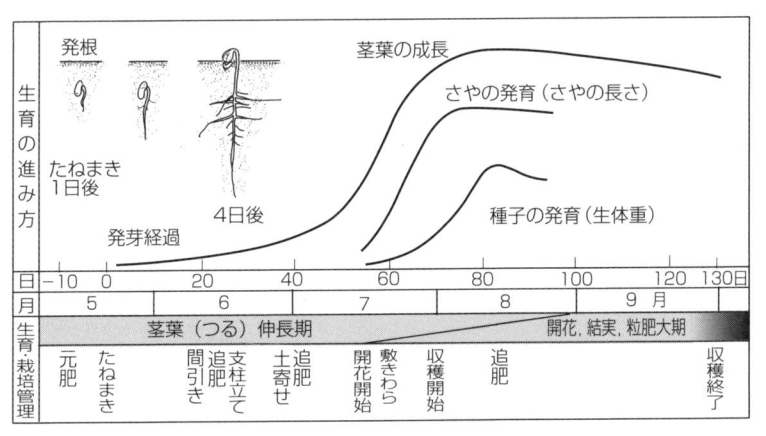

図1　サヤインゲンの生育経過（一生）とおもな栽培管理（露地栽培）

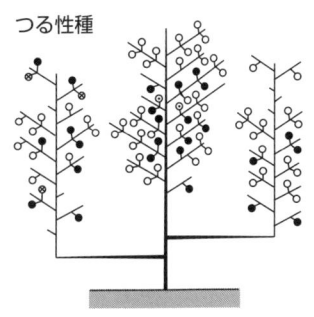

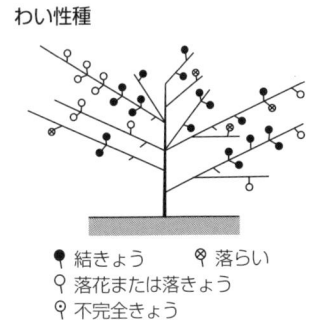

図3　サヤインゲンの花（さや）のつき方

図2　サヤインゲンのおもな作型と品種

3 栽培管理

▶作型と品種◀ つる性種は栽培（収穫）期間が長く，わい性種では比較的短い。栽培条件や作型にあった品種を選ぶ[1]。

▶本畑の準備◀ サヤインゲンは連作を嫌うので，少なくとも2～3年は同じ畑での栽培を避ける[2]。元肥の施肥量は，つる性種で10a当たり窒素10～15kg, リン酸15～25kg, カリ15～20kg（堆肥1,000～1,500kg）が標準である。わい性種は，生育期間が短いのでつる性種の8割くらいでよい（表3）。

うねは，平うねからやや高うねとし，マルチ[3]をおこなうとよい。うね幅は，つる性種で1m，わい性種で70cmである。

▶たねまき◀ 株間を，つる性種で30～40cm，わい性種で25cmとし，3cmていどの深さに穴をあけ，1か所に2～3粒の種子[4]をまく。覆土は3cmていどの厚さとする。

▶間引き◀ 発芽後，本葉1～2枚のころ（図5）に間引きをおこない，1か所1株にする（わい性種では2株とすることが多い）。

▶支柱立て◀ つる性種の支柱立ては，発芽後はやい時期ほど植物体を傷めることが少なく，効率よく作業をすることができる（図6）。また，支柱につるが巻きつくことによって，葉への日あたりがよくなる。

▶追　肥◀ つる性種の追肥は，ふつう，1回目が本葉1～2枚のころ，2回目は主枝が1mくらいに伸長したころである。1回目の追肥は，茎葉の生育量，花やさやの数に影響するので，時期が

[1] 果菜類の後作として栽培する場合は，わい性種の利用が多い。

[2] 連作障害は有機物や石灰質肥料の施用によって軽減される。

[3] 発芽や初期生育をはやめ，増収効果が大きい。また，降雨による泥のはね返りを防ぎ，病害の発生を軽減させる。

[4] サヤインゲンの種子を水に浸すと，子葉と胚軸に割れ目が生じることがある（図4）。割れ目の発生するていどは，よく乾燥した種子ほど発生率が高く，割れ目が大きいので，発芽の妨げになる。種子を水に浸してからまくのは，好ましくない。

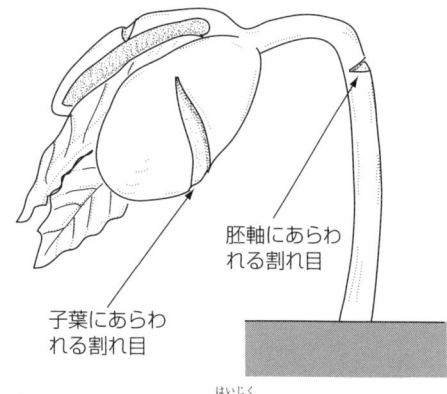

図4　発芽時に子葉，胚軸にみられる割れ目

表3　施肥例（10a当たり）

	肥料の種類	元肥量(kg)	追肥量(kg)
わい性種	有機入化成　(8-8-8)	100	
	リン硝安カリ　(16-10-14)	40	40
つる性種	リン加安　(14-17-13)	60	
	過リン酸石灰　(0-17.5-0)	50	
	窒素カリ化成　(15-0-15)	20	80

注　（　）内の数字は肥料三要素成分（窒素－リン酸－カリ）含有率（%）を示す。成分量はわい性種で窒素20.8kg, リン酸16kg, カリ19.2kg, つる性種でそれぞれ23.4kg, 19kg, 22.8kg。火山灰土ではリン酸が不足しがちなので，ヨウ成リン肥（0-20-0）を40kgていど元肥として用いるとよい。

遅れないようにする。わい性種は生育期間が短いので,ふつう,本葉1～2枚のころの追肥のみとする。追肥は,生育状態をよく観察して(図7),適期に適量施すことが大切である。

　▶**病害虫防除**◀　病害虫の発生(➡ p.167 表2)は比較的少ないが,適期防除に努める。

　▶**収穫・品質保持**◀　サヤインゲンの収穫は,開花後10～15日(さやの長さ10～13cm)のころである。収穫が遅れると,さやがかたくなり食用に適さなくなる。予冷効果の高い野菜なので,予冷を積極的に活用し,鮮度保持に努める。

　▶**栽培の評価**◀　サヤインゲンの栽培では,株の草勢を長く維持し品質のよいさやを継続して収穫することが大切である。標準的な収量は2.5t/10a前後である。こうした点から評価し,次の栽培に生かすようにする。

研究
サヤインゲンの貯蔵に適した条件は,貯蔵温度7～10℃,相対湿度90～95%で,貯蔵可能な期間は8～10日間とされている(➡ p.39 表8)。温度や湿度を何段階かに変えて,貯蔵可能期間を調査してみよう。

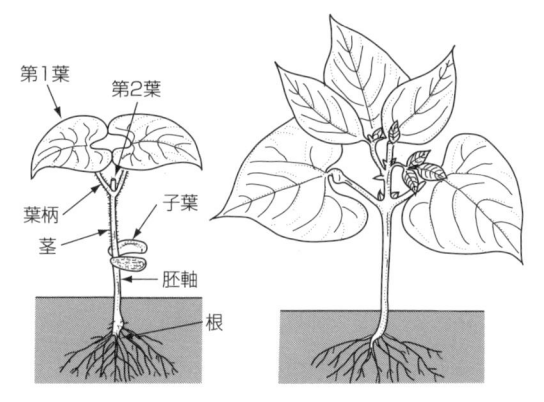

図5　発芽後(左)と本葉展開後(右,花芽分化期)のすがた

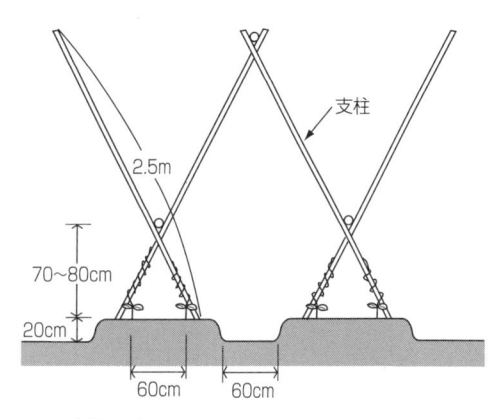

図6　支柱の立て方

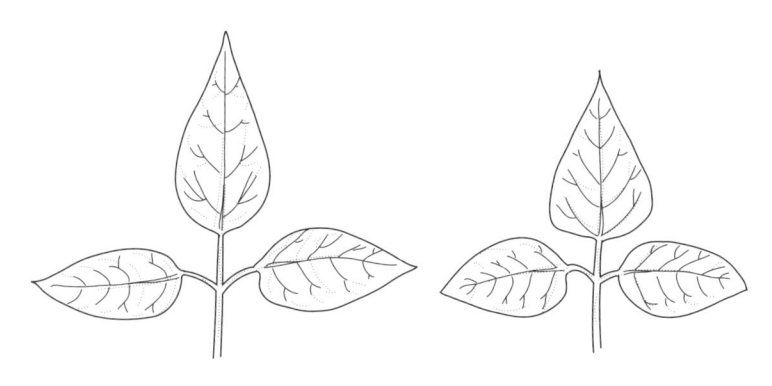

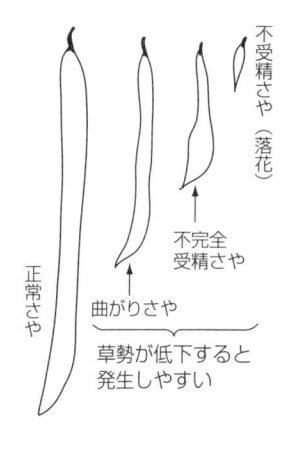

図7　葉とさやによる生育診断の方法

(加藤徹による)

マメ科
エダマメ

学名 *Glycine max* L.
英名 soybean
原産地 中国，東アジア
植物分類 マメ科1年草
利用部位 未成熟の子実
利用法 ゆでてスナック
豊富な成分 タンパク質，脂質，炭水化物
主産地 千葉県，新潟県，群馬県，埼玉県

茎は直立し，高さ約70cm。茎葉に褐色毛。小葉は3～5枚，卵形かだ円形。葉えきから出た約6cmの花柄に，7～30個の紅紫色か白色の長さ5～8mmの花をつける。さやは長だ円形で毛がある。

表1　おもな食品成分(可食部100g中)

水分	71.7g
タンパク質	11.7g
脂質	6.2g
炭水化物	8.8g
灰分	1.6g
カリウム	590mg
カルシウム	58mg
鉄	2.7mg
カロテン	260μg
ビタミンC	27mg
食物繊維総量	5.0g

(「八訂日本食品標準成分表」による)

表2　生育に適した環境

発芽適温	20～35℃
生育適温	20～25℃
根	22～27℃
好適土壌pH	6.0～6.5

1 野菜としての特徴

エダマメは，未成熟のダイズの果実（子実）を収穫して利用するものである。ダイズは『古事記』（712年）や『日本書紀』（720年）にも記載がみられることから，日本への渡来は非常に古いと考えられる。

エダマメは，良質のタンパク質，脂肪，炭水化物，カルシウムなどを含む（表1），栄養価の高い野菜である。

2 生育の特徴

エダマメの生育経過（一生）と作型は図1，2のとおりで，たねまきから収穫までの期間は80日前後と比較的短い。

生育と環境　エダマメの生育に適した環境は，表2のとおりである。エダマメの生育には強い光を必要とする。生育適温は20～25℃であるが，温度に対する適応性は広い。土壌は，耕土が深く，排水性がよく，保水力のある沖積土壌が適している。過度の土壌水分は酸素不足をひき起こして発芽率を低下させる。また，エダマメは連作を嫌う。

開花・結実

エダマメの花は各葉えき（節）につき，まず主茎から開花を始め，ついで分枝で開花が始まる。各葉えきに4～5個の花がつく。

花芽分化期は，開花の20日くらい前で，おもに温度と日長が関係する。15～25℃の温度が必要であり，その範囲では夜温が高いほど花芽分化が進む。限界日長（→ p.25）は品種により異なる。

ダイズは，温度や日長に感じるていどによって，夏ダイズ（早生品種），中間ダイズ（中生品種），秋ダイズ❶（晩生品種）の3つに大別される。夏ダイズは，温度（高温）によって開花・結実が影響され，日長を感ずることが少ないので，早まきしても温度を保てば順調に成熟する。そのため，エダマメとして利用される品種の多くは，夏ダイズか中間ダイズである。

栄養状態や環境条件がわるいと，さらに落花が多くなる❷。エダマメの花の結実率（結きょう率）は30～50％ていどのことが多く（図3），結実した果実（さや）は開花後10～25日までに急速に大きくなる。

❶日長（短日）によって開花・結実が左右され，温度による影響が少ないので，早まきしても茎葉だけが繁茂し，さやのつきがよくない。

❷その原因には次のようなものがある。①夏に開花し，さやをつけるわりには高温に弱い。②茎葉が繁茂しすぎて栄養成長がおうせいになりすぎる。③開花期に乾燥が続く。

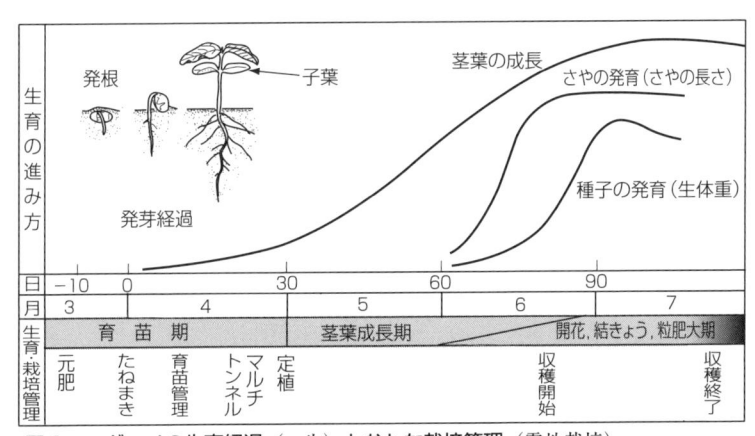

図1 エダマメの生育経過（一生）とおもな栽培管理（露地栽培）

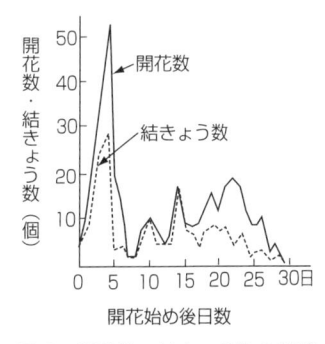

図3 開花数・結きょう数の推移
（栗原浩）

図2 エダマメのおもな作型と品種

4 マメ科野菜の栽培　173

3 栽培管理

▶**作型と品種**◀ 作型にあわせた品種の選択がとくに大切である。たねまき時期のはやい作型では，極早生や早生を選ぶようにする。

▶**本畑の準備**◀ 土壌pH6.0を目標に，苦土石灰を散布し耕うんする。元肥は全面散布とする。窒素過多にしないように，前作の残効を判断して施肥量を調節することが大切である❶（表3）。

▶**たねまき**◀ 直まき栽培では，作型にあわせた栽植密度にし（表4），1か所に2～3粒まき，2～3cmの覆土をする❷。

▶**育　苗**◀ 畑の有効利用や初期生育の促進，鳥害回避などのためには，移植栽培がよい❸。地床や箱育苗では，4～5cm間隔に均一にばらまきして1cmくらい覆土し，十分かん水をする❹。

発芽するまでは日中30℃，夜間20℃前後に保つが，発芽後は日中25℃以上，夜間10℃以下にならないようにする。苗は，発芽後15～20日で本葉（初生葉）が展開する大きさまで育てる。

▶**間引き・補植**◀ 2～3粒まきの場合には初生葉が展開した

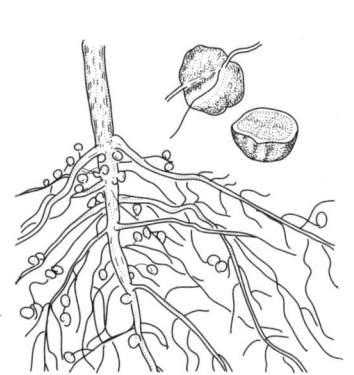

❶根粒菌が固定する窒素も肥料分として利用できる（図4）。

❷たねまき後は，鳥害を防ぎ，土壌水分を保持するためにネットまたは寒冷しゃなどで被覆するとよい。

❸たねまき時期によって，温床育苗，冷床育苗，露地育苗のいずれかをおこなう。

❹発芽をいっせいにするため，ビニルなどで被覆あるいはべたがけをおこなう。

図4　ダイズの根系と根粒（右上は根粒の拡大図およびその断面）

表3　施肥例（10a 当たり）

肥料の種類	元肥量(kg)	追肥量(kg)	三要素成分量 (kg)		
			窒素	リン酸	カリ
過リン酸石灰（0-17.5-0）	60		0	10.5	0
窒素カリ化成（15-0-15）	30	30	9	0	9
計			9	10.5	9

注　（　）内の数字は肥料三要素成分（窒素－リン酸－カリ）含有率（%）を示す。火山灰土ではリン酸が不足しがちなので，リン酸質肥料（ヨウ成リン肥〈0-20-0〉など）を元肥として40kgていど用いるとよい。

図5　間引き後の生育状態（マルチ栽培）

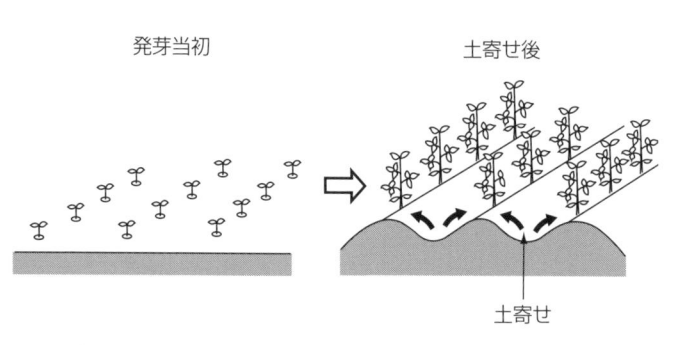

図6　栽植法の例

ら間引きをおこない，1か所に1～2本残す（図5）。欠株が出たところは，育苗しておいた苗をはやめに移植（補植）する。

▶**追肥・土寄せ**◀ 追肥は，複葉の第4葉の展開時期と開花時期とに分けて施す。土寄せは，倒伏を防ぎ，排水をよくするために，追肥とあわせて数回おこなうとよい（図6）。

▶**かん水**◀ 開花期以降に土壌が乾燥すると，結実や子実の肥大がよくない。土壌が乾燥しているときにはかん水する。

▶**病害虫防除**◀ 病害虫の発生（→p.167表2）は比較的少ないが，害虫の被害が大きいので適期防除に努める。

▶**収穫・品質保持**◀ 収穫の適期は，開花後約30日ころで，大部分のさやが充実し，おそく開花したものがわずかに未熟で，さやの色は鮮緑色の時期である（図7）。収穫期が遅れると子実がかたくなり，さやが黄変して風味がわるくなる。出荷にさいしては，頂部の葉を1～2枚残してほかは取り除き，さらに未熟さやや1粒さやを取り除いて結束する❶（図8）。

▶**栽培の評価**◀ 適期のたねまきと収穫が重要で，品質（鮮度や風味）も重視される。標準的な収量は，さや重で800kg/10aくらいである。こうした点から評価し，次の栽培に生かすようにする。

研究
エダマメの開花・結実のようすを継続して観察して，開花，結きょう，落花などの状態を図に整理し（→p.169図3），結きょう率を求めてみよう。また，開花後日数によって，開花数，結きょう数がどのように変化するか調べてみよう（→p.173図3）。

❶消費地までの距離が遠い場合には，さやだけをもぎとり，ポリ袋で包装し，低温処理して出荷する。

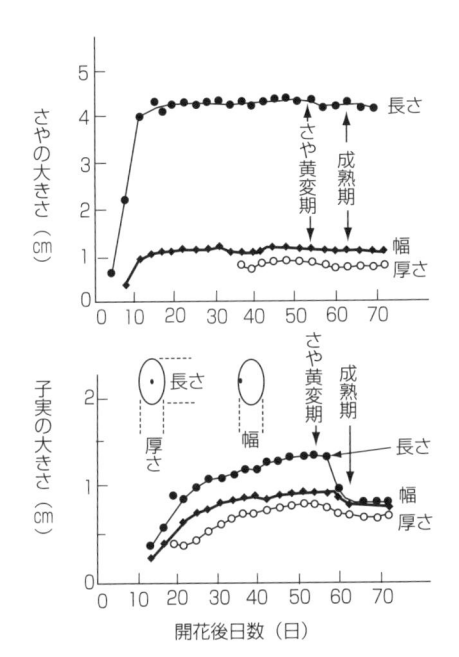

図7 登熟にともなうさやと子実の大きさの変化（品種：農林2号） （長野，1979）

表4 作型別種子量と栽植密度の例

項目	種子量	栽植密度（cm）	
作型	(l/10a)	うね幅	株間
ハウス	12～16	30～45	9～12
トンネル	8～12	30～45	9～14
露地	8～10	45～60	12～14
直まき	8～10	60～65	12～14

図8 エダマメの荷姿

マメ科
エンドウ

学名 *Pisum sativum* L.
英名 garden pea
原産地 中央アジアから中近東
植物分類 マメ科1年草
利用部位 若いさや，未成熟の果実（子実），若い芽
利用法 煮もの，揚げもの，いためもの，和えもの
豊富な成分 タンパク質，炭水化物
主産地（サヤエンドウ） 鹿児島県，和歌山県，福島県，愛知県，北海道

❸

茎は中空で，高さ約1m。小葉は2～6枚，卵形かだ円形で長さ3～5cm，葉軸の先は分枝した巻きひげになる。ふつう，2個の長さ2～3cmの紅紫色か白色の花が咲く。さやの長さは約5cm。

1 野菜としての特徴

野菜としてのエンドウには，若いさやを食用にするサヤエンドウ，未成熟の子実（青実）を食用にする実エンドウ（グリーンピース），青実とさやの両方を食用にするスナップエンドウ，若芽を摘んで食用とするトウミョウ（豆苗）がある。

日本への渡来は古く，奈良時代と考えられている❶。

サヤエンドウやトウミョウは各種のビタミン類を，実エンドウはタンパク質や炭水化物を多く含んでいる（表1）。

❶サヤエンドウは，江戸中期にオランダ船によって伝えられた。

表1 おもな食品成分（可食部100g中）

水分	88.6g
炭水化物	7.5g
灰分	0.6g
カリウム	200mg
カルシウム	35mg
カロテン	560μg
ビタミンC	60mg
食物繊維総量	3.0g

（「八訂日本食品標準成分表」による）

2 生育の特徴

エンドウの生育経過（一生）と作型は図1，2のとおりである。たねまきから収穫開始までの期間および収穫期間は，作型や地域によって大きく異なる。

生育と環境

生育に適した環境は，表2のとおりである。エンドウは低温に強い野菜で，秋にまいて越冬後，翌春に収穫するのが最も一般的である。また，比較的弱い光にも耐える。

表2 生育に適した環境

発芽適温	18℃
生育適温	15～20℃
好適土壌pH	5.8～7.2

根は深く伸びて（深根性）非常に細く，過湿には弱いので，耕土が深く排水性のよい土が適している。酸性土壌と連作に弱く，連作すると大幅な収量低下をまねきやすい。

着花習性　エンドウの花は主茎（主枝）および分枝の葉えきに着生する。主枝上の第1花は，ふつう第10～15節に，各分枝の第1花はその分枝上の第3～10節くらいのあいだに着生する。各枝ともいったん花がつくと，それより上の節にはほぼ連続して花がつく（図3）。

　花芽分化期に達するたねまき後の所要日数は，低温期に向かう秋まきは長く，高温期に向かう春まきでは短い❶。

果実の発育　開花後，さやの肥大は急速に進み，やや遅れて種子の発育がさかんになる。

　受精は低い温度でおこなわれ，さやの肥大も比較的低温で可能であるが，種子の発育には，さやの肥大よりも高い温度を必要とする。

研究
土壌酸度（pH）の異なる3種類の土壌（5.0以下の強酸性，5.5～6.0の弱酸性，7.0の中性）を用意して，エンドウのポット栽培をおこない，その生育を比較・調査してみよう。なお，土壌pHの調節には，石灰資材や硫黄華を用いる（→ p.52）。

❶たねまき後，花芽分化期に達する日数には，品種間差があり，早生種は短く，晩生種は長い。

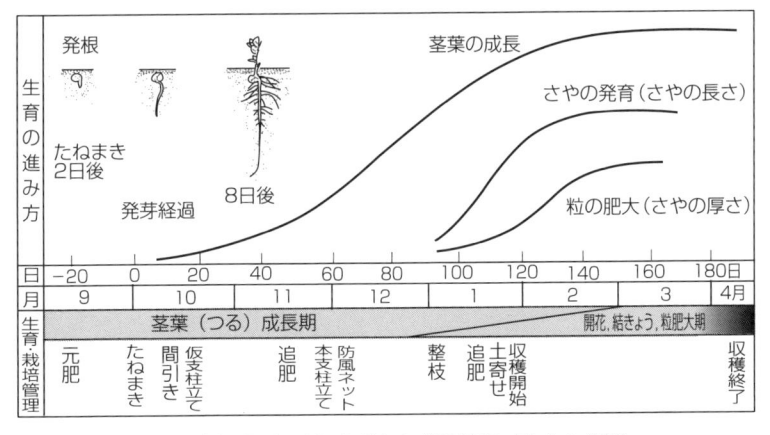

図1　エンドウの生育経過（一生）とおもな栽培管理（秋まき栽培）

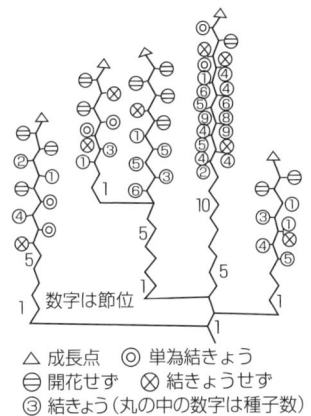

図3　エンドウ（キヌサヤ）の開花順序　　（井上ら，1956）

△ 成長点　◎ 単為結きょう
⊖ 開花せず　⊗ 結きょうせず
③ 結きょう（丸の中の数字は種子数）

図2　エンドウのおもな作型と品種

● たねまき　⌂ ハウス　▬ 収穫

おもな品種
さや用　キヌサヤ：美笹，ニムラ赤花きぬさや2号，三十日絹莢，鈴成砂糖
オオサヤ：オランダ
スナップ：スナックえんどう，ホルンスナック（つるなし）
青実用　ウスイ，南海緑，スーパーグリーン

4　マメ科野菜の栽培

3 栽培管理

▶作型と品種◀　おもな作型には，秋まき冬春どり栽培，冷涼地での春まき夏秋どり栽培，暖地（無霜地帯）での夏まき年内どり栽培などがある。種類ごとに作型にあう品種を選ぶようにする❶。

▶本畑の準備◀　畑はできるだけ連作を避け（図4），深耕と同時に堆肥などの有機物，土壌酸度（酸性）を矯正するため石灰質肥料を施す。また，うねを高くし，排水をよくすることが大切である❷。うね幅は，高性種で1.5〜1.8m，わい性種で1mていどにする（図5）。

▶たねまき◀　株間は，うね幅や品種の分枝性などをもとに決める。高性種で25〜30cm，わい性種で10〜15cmをめやすにする。実エンドウは十分な光合成が必要となるので，サヤエンドウより株間を広くする。

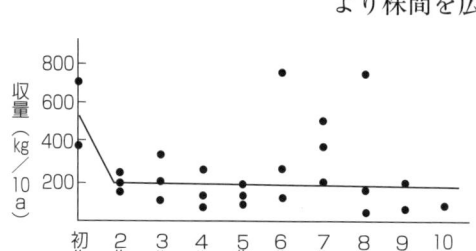

❶サヤエンドウには絹さや群（高性〈つる性〉とわい性がある）と大さや群が，実エンドウにはデンプン質型，中間型，糖質型がある。トウミョウ用の専用品種もある。

❷エンドウの根は酸素要求量が多く，排水不良地では土中の酸素不足により根腐れを起こし，地上部の枯上がりがはやくなる。

図4　実エンドウの連作回数と収量（平田ら，1983）
注　無窒素区，秋まき露地栽培（1971〜80）の収量

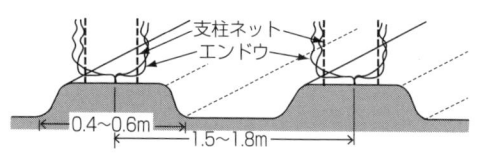

図5　うねのつくり方

表3　施肥例（10a当たり）

品種	作型など	施肥量（成分量，kg）			窒素の元肥割合（％）	追肥回数
		窒素	リン酸	カリ		
キヌサヤエンドウ	施設	25	25	25	30	3
	露地	20	20	20	40	3
	年内どり	18	18	18	50	2
実エンドウ	施設	23	23	23	40	3
	露地	15	15	15	50	2
	初夏どり	18	18	18	40	3
	年内どり	18	18	18	60	2

注　連作地での例。初作地では元肥窒素を5kg/10aていどとし，生育に応じて追肥をおこなう。

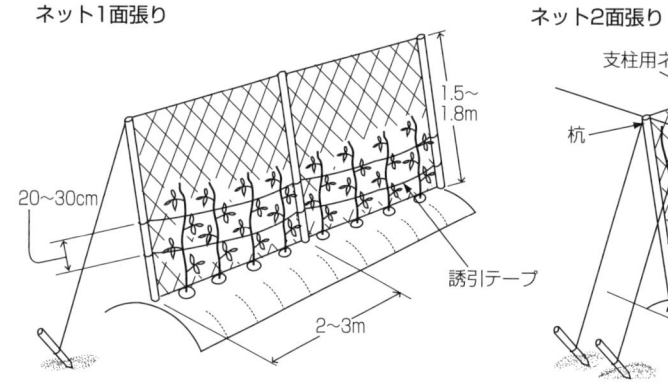

図6　支柱の立て方とネットの張り方

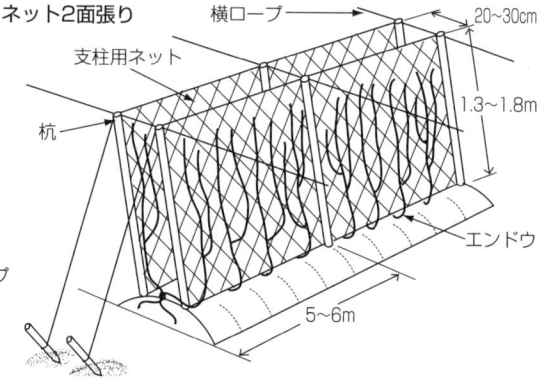

たねまきは，1か所に2粒ずつ2～3cmの深さにまく。降雨直後にたねまきすると，多湿になって発芽しにくくなる。

▶施　肥◀　施肥例を表3に示したが，生育前半は徒長を抑え，生育後半には収穫期間に肥切れしないように追肥をおこなう。

▶誘引・整枝◀　草丈の伸長に応じて支柱を立て，ネットを張る。株を空間によく広げ，光をよくあてて順調に結実させるために，支柱に枝を誘引する（図6）。また，高節位分枝を摘み取って，日あたりをよくすると，収量・品質の向上につながる。

▶防　寒◀　寒冷地では，株が傷むことがあるので，株もとに切りわらを敷いて土が凍るのを防いだり，べたがけ資材やタケの枝などで株をおおって霜害を防止したりする（図7）。

▶病害虫防除◀　各種の病害虫（➡ p.167 表2）が発生するが，とくに立枯れ病，根腐れ病などの土壌病害が発生しやすいので，輪作を励行し，排水性の向上に努める。

▶収穫・品質保持◀　収穫適期は，サヤエンドウでは子実の肥大が目立つ前，実エンドウでは子実が十分肥大してさやの表面にしわがあらわれる直前，である❶（図8）。

収穫したさや（むき実）は，すみやかに予冷（➡ p.38）し0℃に冷やすと，鮮度が保持される❷（図9）。

▶栽培の評価◀　エンドウの栽培では，土壌管理，誘引・整枝，品質保持技術などが重要である。標準的な収量はサヤエンドウで1.5（実エンドウでは2.5）t/10a前後で，収穫・調製に多くの労力を要する。これらの点から評価し，次の栽培に生かすようにする。

❶開花から収穫までの日数は，サヤエンドウが12～20日，実エンドウが30～40日であるが，肥大期の気温が低いと遅れる。

❷収穫後の温度が高いと果実の糖がデンプンに転換し，品質（食味）が低下する。

図7　防寒の方法（上：べたがけ，下：タケの枝を利用）

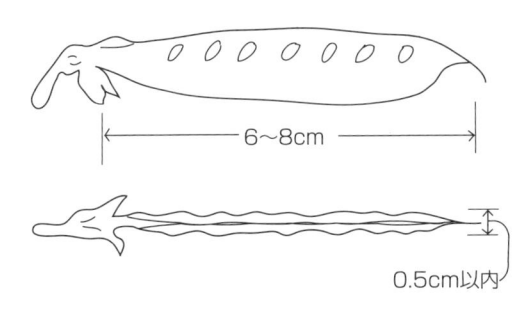

図8　サヤエンドウの出荷規格（A級品）の例
注　品質（形状，色沢など）が良好で病虫害，汚染，損傷，腐敗などのないやわらかいもの。1さやの重さは2gていど（4kg箱当たりのさや数1,800～2,200）。

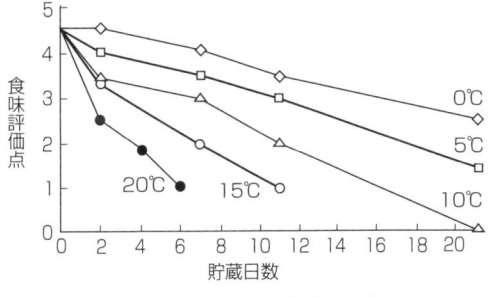

図9　実エンドウの貯蔵温度と食味の変化
（田之上，1979）
注　ポリかごに入れ，各温度で最高21日間貯蔵。食味評価点は，5：収穫直後の風味，4：甘さ，香りともに良好，3：商品性の下限，2：甘さがなくなり，淡白な味，1：食用に不向き，0点：異味・異臭あり。

5 各種野菜の栽培

❶香りや風味の利用を目的に栽培される植物の総称。ハーブとは，本来「草」を意味する。

❷近年の新しい分類体系では，ネギ，タマネギ，ニンニクなどはヒガンバナ科，アスパラガスはキジカクシ（クサスギカズラ科）に分類され，これらは旧ユリ科と記されることもある。

野菜の種類は多く，これまで紹介したナス科，ウリ科，アブラナ科，マメ科のほかにも，いろいろな科の野菜がある。主要野菜を含む科としては，ユリ科，キク科，セリ科，バラ科，イネ科，アカザ科，サトイモ科などがあり，とくにユリ科，キク科，セリ科は野菜として利用される種類が多い（→ p.4 図4）。また，ハーブ❶のなかにも，野菜として利用されるものが少なくない。

1 ユリ科野菜の種類と特徴

表1　ユリ科植物の特徴

| 単子葉植物，多くは草本 |
| 内花被と外花被が各3枚，おしべ6本，子房上位 |
| 地下部が発達し，多年生のものが多い |

種　類　ユリ科の植物は全世界に広く分布し，約250属3,500種が知られている。その特徴は表1のとおりである。ユリ科野菜には，葉を食用にするネギ，葉の変形したりん茎を食用にするタマネギ，ニンニク，ラッキョウ，エシャロット，若い茎を食用にするアスパラガスなどがある❷。

形態・育ち方の特徴　形態は種類によって異なる。花と種子の形態は図1,2のとおりである。ネギやタマネギは，ふつう，種子で繁殖（種子繁殖）するが，種子のできにくいニンニク，ラッキョウなどは，りん茎を利用した栄養繁殖がおこなわれる。

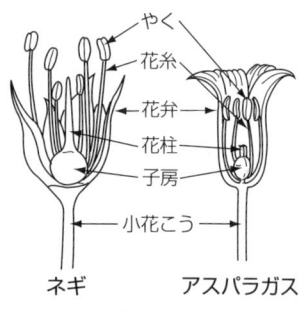

図1　ユリ科野菜の花の形態

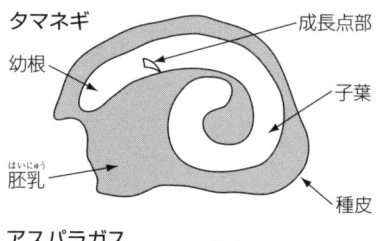

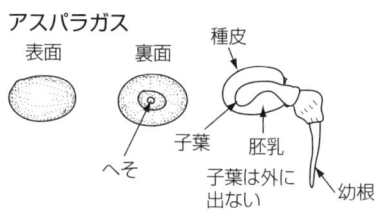

図2　ユリ科野菜の種子の形態

表2　ユリ科野菜のおもな病害虫

	病気								害虫					
	いちょう病	軟腐病	黒腐菌核病	乾腐病	さび病	黒はん病	べと病	茎枯れ病	はん点病	アザミウマ類	ネギハモグリバエ	タネバエ	ネギコガ	シロイチモジヨトウ	ヨトウムシ
	ⓋⒷⒻ	ⓋⒷⒻ	Ⓕ	Ⓕ	Ⓕ	Ⓕ	Ⓕ	Ⓕ	Ⓕ						
ネギ	○	○	○		○	○	○	○		○	○		○	○	
タマネギ	○	○		○								○			○
アスパラガス								○	○	○					

注　Ⓥ Ⓑ Ⓕは，病原がそれぞれウイルス，細菌，糸状菌（カビ）であることを示す。

いずれも栄養成長から生殖成長への転換がみられ，ネギやタマネギは，植物体バーナリゼーション型（→ p.25）である。花芽分化・とう立ちは，栽培上は好ましくないので，それを回避する品種選択，たねまき時期の決定や育苗管理が大切である。

病害虫・生理障害　ネギやタマネギでは，い縮病，軟腐病，乾腐病，さび病，ネギアザミウマ，ネギハモグリバエなどの被害を受けやすい（表2）。

2　キク科野菜の種類と特徴

種　類　キク科の植物は種類が多く，約1,000属23,000種にのぼり，全世界に広く分布する。その特徴は表3のとおりである。キク科野菜には，葉を食用にするレタス，シュンギク，根を食用にするゴボウ，葉柄を食用にするフキなどがある。いずれも独特の香気やほろ苦さがある。

形態・育ち方の特徴　形態的には，多数の花が密に集まった頭花とよばれる花をつけることが特徴である（図3）。種子は子葉が発達した無胚乳種子で（図4），好光性のものが多い。発芽率はそれほど高くない。

栄養成長から生殖成長への転換がみられるが，花芽分化の仕方は種類によって異なる。ゴボウは低温（植物体バーナリゼーション型，→ p.25）で，レタスは高温で，シュンギクは長日によって花芽分化する。抽だい（とう立ち）は栽培上は好ましくないので，

表3　キク科植物の特徴

| 双子葉植物，多くは草本 |
| 多くの小花（管状花〈筒状花〉と舌状花）からなる |
| 無胚乳種子，種子に精油を含むものが多い |

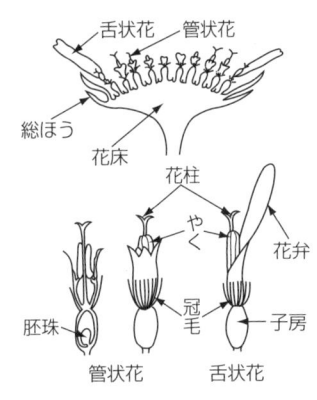

図3　キク科野菜の花の形態（レタス）

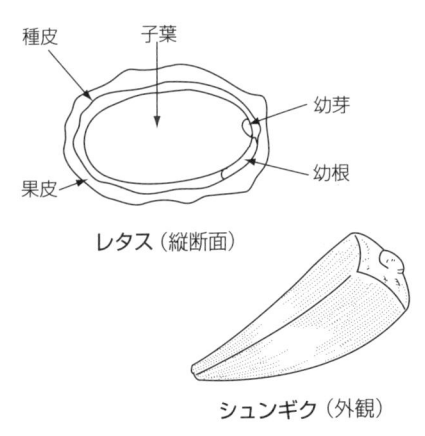

図4　キク科野菜の種子の形態

表4　キク科野菜のおもな病害虫

	病　気										害　虫		
	モザイク病	軟腐病	腐敗病	黒はん細菌病	苗立枯れ病	すそ枯れ病	べと病	炭そ病	いちょう病	黒あざ病	うどんこ病	アブラムシ類	ナメクジ類	ヨトウムシ	マメハモグリバエ
	⑦	細	細	細	糸	糸	糸	糸	糸	糸	糸				
レタス	○	○		○	○							○	○	○	
ゴボウ	○		○		○		○	○	○	○		○		○	
シュンギク						○	○								○

注　⑦細㊧は，病原がそれぞれウイルス，細菌，糸状菌（カビ）であることを示す。

それを回避する品種選択や栽培管理が大切である。

病害虫・生理障害 種類によって異なるが，病害が多く，レタスでは生理障害が発生しやすい（表4）。

3 セリ科野菜の種類と特徴

❶ハーブ類のなかにも1年草のディル，コリアンダー，アニス，1・2年草のチャービル，多年草のフェンネルなどがある。

種類 セリ科の植物には，多年草や1・2年草が多く，約300属3,000種が知られている。その特徴は表5のとおりである。セリ科野菜には，根を食用にするニンジン，茎葉を食用にするミツバ，セルリー，パセリ，セリなどがある❶。独特な芳香があり，栄養価や薬効に富むものが多い。

形態・育ち方の特徴 いずれもレースフラワーのような散形花序をつくり，多くの小花をつける（図5）。葉はこまかく分裂した複葉となるものが多い。種子は有胚乳種子で（図6），好光性（ミツバ，セルリー，アシタバ，セリなど）のものが多い。他の根菜類や葉茎菜類と同様に，栄養成長から生殖成長への転換がみられ，栽培上は抽だい（とう立ち）を回避する必要がある。

　セリ科野菜の栽培は比較的容易であるが，他の野菜に比べると全般に発芽率がやや低く，初期の生育はおそい特徴がある。栽培上は，とくに良質な種子の選択が重要になる。

病害虫・障害 病害虫や障害の発生は種類によって異なり，ニンジンやセルリーは発生が多い（表6）。

表5 セリ科植物の特徴

双子葉植物，多くは草本
複散形花序，子房下位
多くは細かく分裂した複葉
無胚乳種子，種子に精油や香り成分を含むもの多い

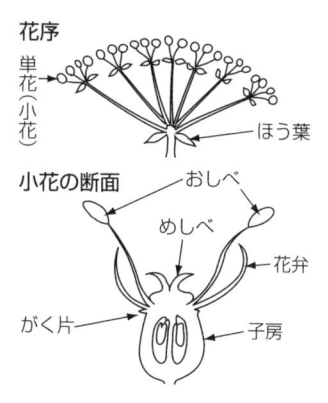

図5 セリ科野菜の花の形態（セルリー）

図6 セリ科野菜の種子の形態（ニンジン）

表6 セリ科野菜のおもな病害虫

	病気							害虫						
	モザイク病	軟腐病	黒腐病	葉枯れ病	はん点病	うどんこ病	根腐れ病	菌核病	キアゲハ	アブラムシ類	コナガ	ネコブセンチュウ	ヨトウムシ	ネキリムシ	ハダニ類
	ⓋⒷⓕ	Ⓑ	Ⓕ	Ⓕ	Ⓕ	Ⓕ	Ⓕ	Ⓕ							
ニンジン	○ ○ ○			○	○	○				○ ○		○			
ミツバ							○			○					
セルリー	○ ○			○	○			○		○ ○	○	○ ○	○		
パセリ					○					○					

注 ⓋⒷⒻは，病原がそれぞれウイルス，細菌，糸状菌（カビ）であることを示す。

4 ハーブの種類と特徴

種類 ハーブは種類が多く，世界の国々には，それぞれ固有のハーブがある。わが国で古くから利用されてきた，サンショウ，シソ，セリ，ワサビなどもハーブの一種である。近年ヨーロッパから導入され普及しているハーブには，シソ科，セリ科，キク科などに属するものが多い（図7）。

利用 ハーブは，ヨーロッパではもともと薬用植物[1]として貴重なものであったが，さらに料理をはじめ，ポプリ，入浴剤，茶，染料，ブーケ・リースの材料などにも利用されてきた。最近では，香草を利用したアロマテラピー（芳香療法），ガーデニングの材料，コンパニオンプランツ（共生植物）としての利用も注目されるなど，これまでに増して関心が高まっている。

ハーブとして利用する部分は，根，葉，茎，花，果実，種子などの植物の器官の一部分であったり，植物体全体であったりするなど，ハーブの種類や利用目的によって異なる（表7）。

栽培 ハーブの栽培は，一般に病害虫の発生も少なく比較的容易である。しかし，耐寒性，耐暑性の改良などはあまり進んでいないものが多いので，原産地や自生地の環境を知り，それを栽培する場所や時期の選定，栽培管理などに生かすことが重要になる。

また，ハーブは香りや風味の利用を主目的とするので，これらの成分に富む種類・品種を選択することも大切である。

[1] 紀元1世紀ころ，古代ローマの医師であったディオスコリデスは，地中海沿岸の約400種の薬草を『マテリカ・メディカ（薬物誌）』に書きとめている。これは，16世紀までヨーロッパで広く利用された。

図7 いろいろなハーブ（上：フェンネル，下：チャイブ）

表7 おもなハーブの種類と利用法

利用部位	種類	分類	料理	サラダ	菓子	茶	入浴	ポプリ	染色	薬用
地上部	ミント類	シソ科	○	○	○	○	○	○	○	○
	タイム類	シソ科	○	○		○	○	○		○
	パセリ類	セリ科	○	○					○	○
	クレソン	アブラナ科	○	○						○
（果実）	ディル	セリ科	○	○		○	○	○		○
（果実）	フェンネル	セリ科	○	○		○	○		○	○
葉	バジル類	シソ科	○	○		○				○
	セージ	シソ科	○	○		○	○		○	○
	レモンバーム	シソ科	○	○	○	○	○			○
花	ラベンダー類	シソ科			○	○	○	○	○	○
	カモマイル類	キク科	○		○	○	○	○		○
根茎	アンゼリカ	セリ科	○		○			○		○
（りん茎）	チャイブ	ユリ科	○	○						○

ユリ科・葉菜
ネギ

学名　*Allinm fistulosum* L.
英名　welsh onion
原産地　中国西部
植物分類　ユリ科多年草
利用部位　茎葉
利用法　薬味, 酢みそ, くし焼き, すき焼きなど
豊富な成分　カルシウム, ビタミンC, 特有の臭気（アイリン）
主産地　千葉県, 埼玉県, 茨城県, 北海道

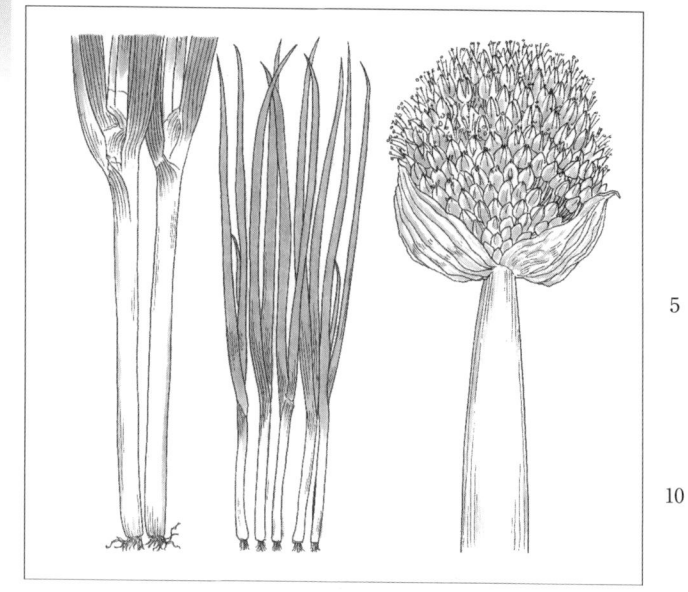

❶

葉は円柱形で中空, りん茎は短く, あまり肥大しない。ふつう5〜6月ごろ抽だいし, 膜質の包葉がぼうしのように花序を包む。花は白色で, 球状に密集して咲く。果実（さく果）は3つのつのをもつ球形。

1 野菜としての特徴

　ネギには, 土寄せによって葉しょう部を白く長く育てて利用する根深ネギと, おもに緑の葉身部を利用する葉ネギとがある。ミネラルが豊富で（表1）, 特有の臭気や香気があり, 薬味やすき焼きなどに欠かせない野菜である。わが国への渡来は古く, 各地でそれぞれの気象・土壌にあった種類・品種が発達した。北海道から沖縄まで広く栽培され, 周年生産がおこなわれている。

表1　おもな食品成分（可食部100g中）

成分	根深ネギ	葉ネギ
水分	89.6g	90.5g
炭水化物	8.3g	6.5g
灰分	0.5g	0.7g
カリウム	200mg	260mg
カルシウム	36mg	80mg
カロテン	83μg	1,500μg
ビタミンC	14mg	32mg
食物繊維総量	2.5g	3.2g

（「八訂日本食品標準成分表」による）

2 生育の特徴

　ネギの生育経過（一生）と, おもな作型・品種は, 図1, 2のようで, 多年草であるが通常種子繁殖する。たねまきから収穫開始までの期間は, 根深ネギで6〜12か月, 葉ネギで4〜6か月（小ネギは2〜5か月）くらいである。

生育と環境　生育に適した環境は, 表2のとおりである。耐暑性, 耐寒性ともに高い。

　根系は浅く分布し, 通気性のよい土を好む。乾燥には比較的強いが, 水分過剰にきわめて弱い。

表2　生育に適した環境

発芽適温	20〜25℃
生育適温	20℃前後
生育限界温度	4℃, 33℃

茎葉の成長

ネギは，葉身部を伸長して新葉を増加させるとともに，葉しょう部を肥大させながら成長する。分げつを発生する種類・品種もある（→表3）。冬季には成長が止まり，地上部は枯死して休眠するものと，休眠しないで成長を続けるものとがある。

植物体バーナリゼーション型（→ p.25）の野菜で，あるていど大きくなった苗が低温にあうと，花芽分化する。ほとんどの葉茎菜類は抽だい（とう立ち）すると開花・結実して一生を終えるが，ネギの場合は，とう（花茎）にかわって出る側芽が成長して新生株❶となり，成長を続ける（図3）。

❶とう立ち後の新生株は収穫することもできるが，とう立ちすると株が弱り，新生株の生育が遅れるので，とう（花茎）ははやめに摘み取ることが望ましい。

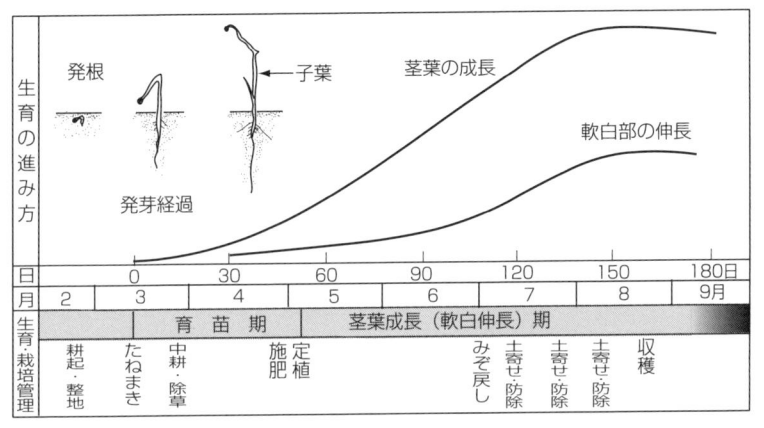

図1 ネギの生育経過（一生）とおもな栽培管理（根深ネギ，春まき栽培）

図3 ネギのとう立ちと新生株

図2 ネギのおもな作型と品種

● たねまき　○ 定植　⌒ トンネル　▬ 収穫

注　根深ネギ栽培：秋まきは苗床で越冬させ，春から夏に定植，秋から冬に収穫。春まきは春の適温下で育苗して夏に定植し，秋から冬に収穫，春のとう立ち前に収穫を終える。葉ネギ栽培：秋まきは苗床で越冬させ，3～4月につぼみを摘み取って移植し，6～8月に定植，夏から秋に収穫。春まきは3～4月にたねまきし，8月に定植，秋から冬に収穫。小ネギ栽培：周年にわたってたねまきし，たねまき後2か月ていど（低温期は3～5か月）で収穫。

5　各種野菜の栽培（ユリ科）　185

3 栽培管理

研究
地域で栽培されているネギの品種とその特性を調査し，表3を参考にして整理してみよう。

▶**作型と品種**◀ 関東以北の寒冷地では千住群や加賀群を用いた根深ネギ栽培が，関西以西の温暖地帯では九条群を用いた葉ネギ栽培が一般的である（表3）。作型に応じた品種を選ぶ。

▶**本畑の準備**◀ 根深ネギは，土層が深く，保水・排水・通気性のよい畑を選ぶ[1]。生育初期には，根が濃度障害を起こしやすいので，追肥を重点にし，窒素の多用を避ける。施肥例を表4に示す。分げつが多く生育期間の長い品種は，施肥量を多めにする必要がある。

❶長い軟白部を生産するには，土寄せ後の土がくずれにくいことも必要である。

▶**たねまきと育苗**◀ 根深ネギの育苗は，地床育苗のほか，最近ではセル成型苗やペーパーポット苗（→p.88）の利用も増えている。ネギの種子は，寿命が短いので，充実したものを選ぶ[2]。地床育苗では，施肥・耕うんののち，条まきにする（図4，表5）。苗の生育につれて葉がこみあってくるので，こみすぎの害が出ないうちに定植する。

❷充実した種子は，1ℓで400g以上である。

葉ネギの育苗は，根深ネギの場合とほぼ同じであるが，九条群のような分げつしやすい品種では，定植前に苗を乾燥処理し[3]，

❸苗の乾燥処理は分げつを促進する効果もある。

表3　主要品種の分類とおもな特性

品種群	代表品種	分げつ	軟白部	早晩性	越冬性	作型
やぐらネギ	やぐらネギ	中	細，短	早	強	葉ネギ，夏
加賀	下仁田	少	太，短	晩	強	根深ネギ
加賀	加賀	少	太，中	中	強	根深ネギ
加賀	岩槻	中	中，短	早	強	葉ネギ
千住	千住黒柄	少	太，やや長	早	中	根深ネギ
千住	千住合柄	少	太，長	中	中	根深ネギ
千住	千住赤柄	中	中，極長	晩	弱	根深ネギ
九条	越津	中	中，やや長	早～中	弱	葉ネギ（根深ネギ）
九条	九条太	中	やや細，中	早	弱	葉ネギ（根深ネギ）
九条	九条細	多	細，短	早	弱	葉ネギ（根深ネギ）

表4　本畑の施肥例（10a当たり）

成分 土壌別	窒素（kg）	リン酸（kg）	カリ（kg）
沖積土壌	20～25	18～23	20～25
火山灰土壌	20～25	25～30	20～25

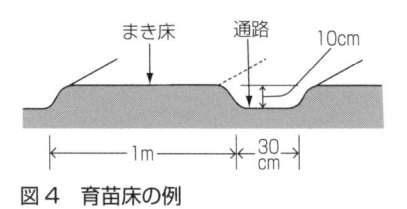

図4　育苗床の例

表5　育苗床の施肥例（1a当たり）

成分 土壌別	窒素（kg）	リン酸（kg）	カリ（kg）
沖積土壌	0.7～1.0	1.5～2.0	0.7～1.0
沖積水田土壌	1.0～1.5	2.0～2.5	1.0～1.5
火山灰土壌	0.7～1.0	2.0～3.0	1.0～1.5

注　施肥量のうち3分の1は追肥とする。また前作によって加減する。

定植後の発根をうながす。

▶**定植とその後の管理**◀　定植にあたっては，分げつしない品種は株間をせまく，分げつする品種は広くする。各種の病害虫（➡ p.180 表2）の発生がみられるので，適期防除に努めるとともに，化学農薬によらない防除を心がける。

根深ネギ栽培　うね幅70〜90cm，株間7〜12cmとし，幅15cm，深さ15〜20cmていどのみぞを切って定植する（図5）。追肥はうね間に施す。そして，追肥とうね間の土を混ぜて土寄せする。

根深ネギでは，白くて長い葉しょう部（軟白部）を得るために，土寄せを数回おこなう。ふつう，第1回は定植40〜50日後に，最後は収穫30〜40日前におこない，止め土をする❶（図6）。

葉ネギ栽培　ふつう，幅1.5mのうねに4条植えとし，12cmていどの間隔に1〜2本ずつ定植する。

▶**収穫・品質保持**◀　根深ネギの収穫期は，軟白部が純白になったころである。最後の土寄せからの日数や軟白状態などから判断して収穫時期を決める（表6）。葉ネギは，草丈や葉しょう部の太さなどから判断する。近年，収穫・調製作業の機械化も進んでいる。葉ネギ（とくに小ネギ）はフィルム包装や予冷（➡ p.38）ののちに出荷することが多い。

▶**栽培の評価**◀　収穫・調製や出荷，育苗，定植などに多くの労力を要する（図7）。標準的な収量は3t/10a前後で，鮮度が要求される。こうした点から評価し，次の栽培に生かすようにする。

❶土寄せの時期や回数によって，軟白部の長さ，太さ，しまりなどの品質がちがってくる。

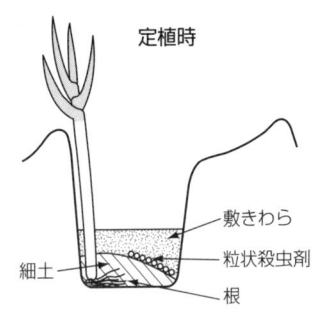

図5　定植，覆土の方法

表6　収穫時期と軟白に要する日数のめやす

収穫時期	土寄せ後軟白に要する日数
8〜9月中旬	15日
9月下〜10月中旬	20〜30日
10月下〜11月中旬	30〜40日
11月以降2月まで	40日以上

注　こまかい土と適当な湿り気が必要である。

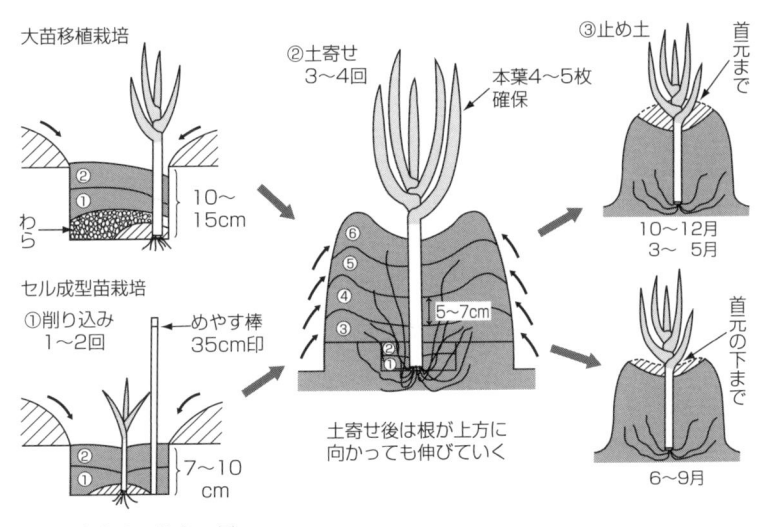

図6　土寄せの仕方の例

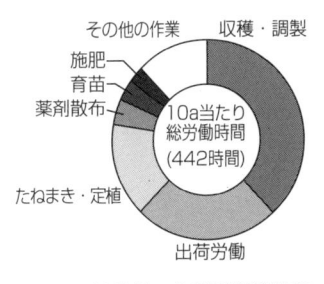

図7　露地栽培の作業別労働時間（「平成11年野菜・果樹品目別統計」による）

ユリ科・葉菜
タマネギ

学名　*Allium cepa* L.
英名　onion
原産地　インド北西部，中央アジア南西部
植物分類　ユリ科1・2年草
利用部位　葉，茎
利用法　いためもの，煮もの，サラダなど
豊富な成分　炭水化物，カルシウム
主産地　北海道，兵庫県，佐賀県，愛知県

りん茎は肥大して球形になり，直径10cmくらいのものが多い。葉は中空でやや平たい。花茎は直立して高さ50cmくらいになり，夏から秋にかけ，ネギに似た白色の花が球状に密集して咲く。

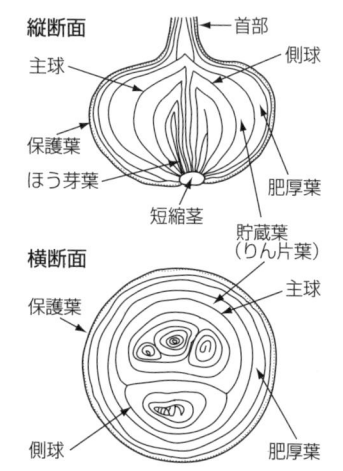

図1　タマネギのりん茎の構造
注　保護葉と肥厚葉は葉しょうと葉身をもつが，貯蔵葉には葉しょうしかない。

表1　おもな食品成分 (可食部100g中)

水分	90.1g
炭水化物	8.4g
灰分	0.4g
カリウム	150mg
カルシウム	17mg
カロテン	1μg
ビタミンC	7mg
食物繊維総量	1.5g

(「八訂日本食品標準成分表」による)

1 野菜としての特徴

　タマネギの球は，葉が重なりあって肥大したものである（図1）。貯蔵性があり，周年にわたって出荷・利用できる貴重な野菜である（表1）。辛味のある辛タマネギと辛味のない甘タマネギ，小球を利用する小タマネギがある。辛タマネギは球の外皮（保護葉）が厚く貯蔵性が高いが，甘タマネギは外皮が薄く貯蔵性は低い。

　わが国には江戸末期に導入された。明治時代に北海道で春まき栽培が，大阪府で秋まき栽培が開発され各地に栽培が広まった。

2 生育の特徴

　タマネギの生育経過（一生）と，おもな作型・品種は図2，3のとおりである。生育期間が長く，秋まき栽培で230～270日，春まき栽培で190日くらいを要する。

生育と環境　生育に適した環境は表2のとおりで，冷涼な気候を好み，耐寒性が強い。茎葉の成長には15℃前後が適温であるが，耐寒性はきわめて強い。

　根は浅根性で乾燥に弱く，吸肥力も弱い。土壌が乾燥すると球

の肥大がわるくなる（図4）。肥よくな砂質土や砂壌土が適する。

球の肥大

定植後，長日・高温期になると外葉がさかんに成長し，茎頂にりん片葉❶が形成され，結球を開始する（表3）。球の肥大期に地上部は倒伏する❷が，葉が枯れるまで球の肥大は続く。収穫後，球は休眠（→p.31）にはいるが，17℃以上の高温に一定期間あうと，ほう芽を始める。

花芽分化の仕方は，植物体バーナリゼーション型（→p.25）で，あるていど大きくなった苗が13℃以下の低温にあうと分化する。花芽が分化・発達すると球の肥大がわるくなる。

❶葉身のない葉しょうだけの葉。

❷葉身にたくわえられた同化養分を球に転流させるために起こる現象。

表2　生育に適した環境

発芽適温	15〜20℃
生育適温	地上部20〜25℃
根の発達適温	球肥大15〜20℃

表3　代表品種の球の肥大を始める日長と温度（加藤徹による）

代表品種	日長（時間）	温度（℃）
超極早生白	11.5以下	15以下
愛知白	11.5〜12.0	15以下
早生泉州	12.0〜13.0	15
中生泉州	12.0〜13.0	15
晩生泉州	13.5	15
札幌黄	14.25	25
札幌赤	14.25	25

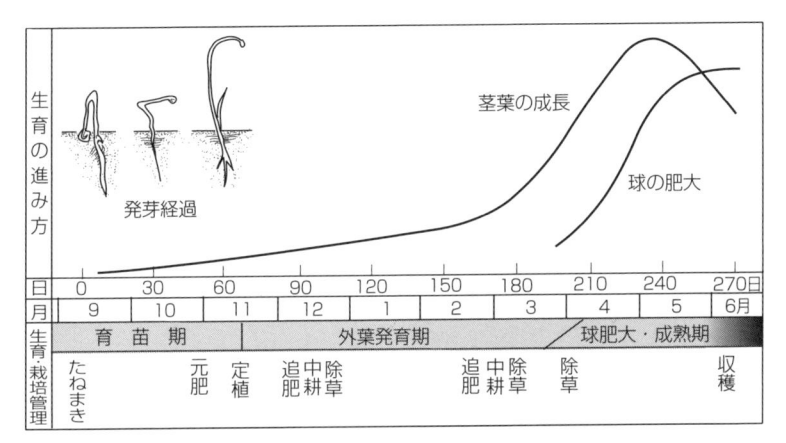

図2　タマネギの生育経過（一生）とおもな栽培管理（秋まき栽培）

図3　タマネギのおもな作型と品種

注　春まき栽培：夏が冷涼な北海道の中心的な作型で，晩抽性で，長日・高温期に肥大のよい品種が適する。
　秋まき栽培：畑で越冬可能な地帯でおこなわれる作型で，普通栽培のほか，次のようなタイプがある。貯蔵栽培＝貯蔵後に出荷する。ほう芽のおそい晩生種が適する。青切り栽培＝球の肥大が進んだものをはやめに収穫し，首部を切って出荷する。早生品種が適する。葉タマネギ栽培＝球がやや肥大したものを収穫し，葉つきで出荷する。極早生〜早生種が適する。

3 栽培管理

▶作型と品種◀ 早生種は比較的短い日長で肥大を開始し，晩生種は長い日長を要する。作型にあわせた品種の選択が重要になる。最近は，耐病性があり，球のそろいがよく，とう立ちしにくく，貯蔵性もすぐれたF_1品種が多く育成・利用されている。

▶本畑の準備◀ 施肥量は，10a当たり成分量で窒素20〜25kg，リン酸20〜25kg，カリ15〜20kgくらいであるが，球の肥大初期に十分に吸収できるように施すことが大切である❶。

▶育苗◀ たねまき期は品種や地域によって異なるが，適期のたねまきが大切である❷。春まき栽培ではハウス育苗とする。

種子は充実した新しいもの❸を用いる。たねまきはネギに準じる（➡ p.186）。

発芽後は，乾燥に注意するとともに，2〜3回間引きをおこな

❶窒素やカリが不足すると，球の肥大がわるくなり，とう立ちが多くなる。逆に多すぎると，肥大が遅れたり，貯蔵性が低下したりする。また，リン酸が不足すると根の発達がわるく，越冬率も低下する。

❷早まきは大苗になりやすく，とう立ち・分球を起こしやすい。逆に遅まきは小苗になり，とう立ちのおそれはないが，越冬率が低く収量低下の原因となる（表4）。

❸種子の寿命は1年くらいで，古い種子は発芽率がきわめてわるい。一般に，1lが400g以上ある種子は充実しており，発芽率も高い。

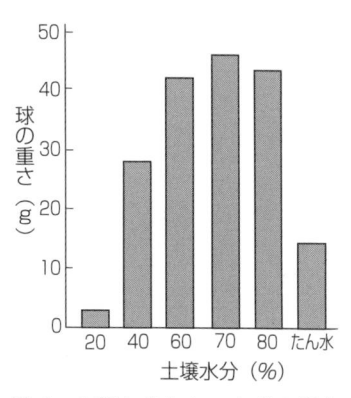

図4 土壌水分とタマネギの肥大
（勝又広太郎による）
注 土壌水分は最大ほ場容水量に対する割合。

図6 タマネギの機械移植

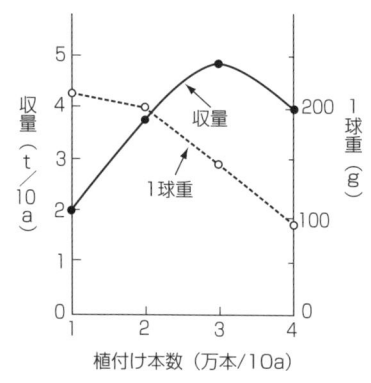

図7 栽植密度と収量（小川勉による）
注 早生種を用いた。

表4 苗の大きさと収量およびとう立ち率
（加藤徹による）

区別	苗平均重(g)	株間(cm)	収量(kg/10a)	平均1球重(g)	とう立ち率(%)
大苗	8.5	15	4,365	269	25
中苗	5.5	15	5,220	248	2.7
		12	5,467	217	6.6
小苗	3.0	15	3,690	180	5.5
		9	5,025	139	0

注 うね幅120cm，4条植え。

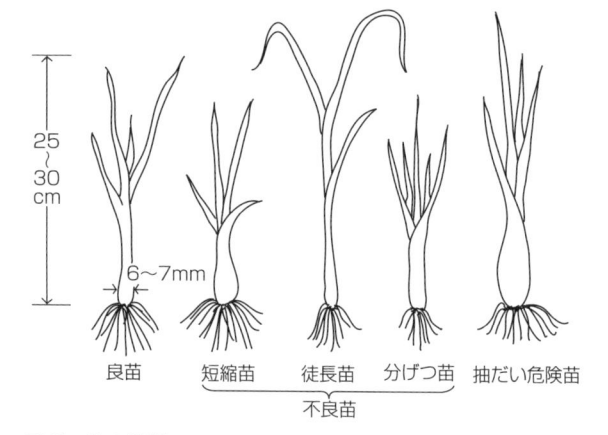

図5 苗の診断 （加藤徹による）

い軟弱・徒長を防ぐ❶。また，病害虫の防除に努める。

▶**定植とその後の管理**◀　定植は平均気温8〜10℃のころにおこない，茎葉を傷つけないように注意するとともに，断根による植え傷みを少なくする。栽植距離は，ふつう，株間10〜12cm，条間20〜25cmの2〜4条植えとし，10a当たり2万〜3万本（移植機利用〈図6〉❷の場合は3.3万本くらい）である。あるていど密植にしたほうが，収量は増加する傾向がある（図7）。

越冬中は，茎葉の成長はほとんど停止しているが，根は伸長を続けている。砂地や軽い土質の地帯では，土の乾燥防止と防寒をかねて土入れをおこなう。

気温が高くなると雑草や病害虫（→p.180）の発生が多くなるので，中耕，除草，病害虫防除を適期におこなう。タマネギは，とくに雑草に弱いので，除草は早期に徹底する。これらの作業は，茎葉を傷つけないようにして，球の肥大中期までに完了する。

▶**収穫・貯蔵**◀　一般に，地上部が80％以上倒伏したら，球を傷つけないようにして収穫する❸。

貯蔵法には，つり貯蔵，冷蔵貯蔵（0〜2℃）などがある。冷蔵貯蔵の場合は12〜2月の出荷が可能であるが，温度・湿度が高いと，ほう芽・発根し腐敗することがあるので，注意を要する。

▶**栽培の評価**◀　所要労力は比較的少ないが，定植や収穫などには多くの労力を要する（図8）。標準的な収量は4〜5t/10aていどである。こうした点から栽培の評価をおこなう。

❶秋まき栽培では，たねまき後50〜55日で草丈25cm，葉しょう基部の直径6〜8mm，重さ4〜6gのものを目標に育苗する（図5）。

❷北海道のタマネギ栽培では，機械化が進み，たねまき・整地・定植・防除作業のほか，収穫作業も機械でおこなわれている。

❸貯蔵栽培では，球が十分肥大し，茎葉が倒伏して枯れるころ収穫する。

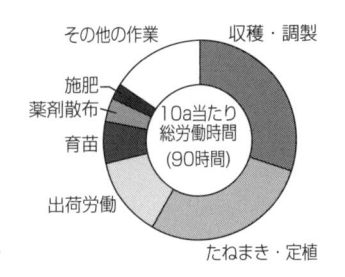

図8　露地栽培の作業別労働時間
（「平成11年野菜・果樹品目別統計」による）

参考　タマネギのセット栽培

セット栽培とは，日長と温度条件が満たされれば球が肥大する性質を利用して，ふつうの苗のかわりに小球（**オニオンセット**という）を養成して植え付ける栽培法である。

作型には11〜12月に収穫する冬どり栽培と，4月に収穫する初春どり栽培とがあり，いずれも，貯蔵タマネギの流通期に新鮮でやわらかいタマネギを出荷することにねらいがある。品種は極早生品種を利用するが，専用品種の育成も進められている。

オニオンセットの養成　2月中・下旬にハウスやトンネル内にたねまきして，5月ごろ球が直径2.5cm（葉3〜4枚）くらいになったとき掘り上げ，陰干しにして貯蔵する。

植付け後の管理　オニオンセットを9月上旬（冬どり栽培）から10月上旬（春どり栽培）に植え付ける。植付け球数は，10a当たり2.5万球ていどである。植付け後の管理は秋まき栽培に準じるが，分球したものは，はやめにかき取り1本にする必要がある。

ユリ科・茎菜
アスパラガス

学名 *Asparagus officinalis* L.
英名 asparagus
原産地 ヨーロッパ南部からロシア南部
植物分類 ユリ科多年草
利用部位 茎（若茎）
利用法 ゆでて和えもの・サラダ，うま煮
豊富な成分 カルシウム，ビタミンC
主産地 長野県，北海道，福島県，岩手県

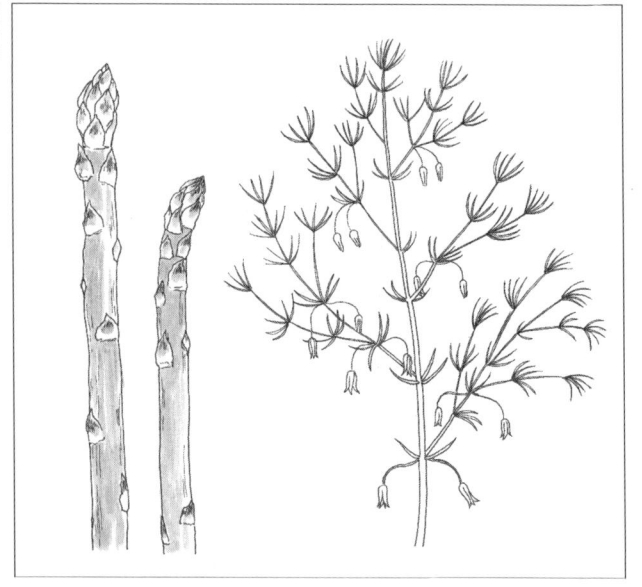

❸

茎は直立し，枝分かれして高さ約1.5m，糸状の葉状枝をつける。若茎には膜質のりん片葉がある。根茎は短く，太い根が出る。花は小さく，黄緑色で下向きに咲く。果実は球形で熟すと赤くなる。

1 野菜としての特徴

　アスパラガスには，生食や冷凍用として若茎に光をあてて栽培するグリーンアスパラガスと，缶詰用の原料として若茎に光をあてないで栽培するホワイトアスパラガスとがある。
　わが国で本格的な栽培が始まったのはホワイトアスパラガスで，明治時代に北海道で開始された。しかし，現在では全国的にグリーンアスパラガスの生産が中心となり，ホワイトアスパラガスは北海道でわずかに生産されているだけである。
　グリーンアスパラガスは，新鮮な風味があり栄養価の高い野菜として（表1），消費・栽培とも拡大した。最近では海外からの輸入も増えている。

表1　おもな食品成分（グリーンアスパラガス，可食部100g中）

水分	92.6g
炭水化物	3.9g
灰分	0.7g
カリウム	270mg
カルシウム	19mg
カロテン	380μg
ビタミンC	15mg
食物繊維総量	1.8g

（「八訂日本食品標準成分表」による）

2 生育の特徴

　アスパラガスの生育経過（一生）と作型・品種は図1，2のとおりであるが，株の養成に，ふつう2，3年間（育苗年から定植1，2年目まで）を要する。収穫開始後は，10〜15年間くらいは収穫可能である。アスパラガスは雌雄異株で，雄株のほうが収量が多

いことが知られており，全雄系の品種の育成も進められている。

生育と環境

生育に適した環境は表2のとおりである。比較的冷涼な気候を好み，ほう芽は5℃前後から始まり，12℃くらいになると，ほう芽・伸長がさかんになる。高温・多湿条件では茎枯れ病などの被害を受けやすい。

アスパラガスは，地下茎，貯蔵根，吸収根と重要な役割をもつ器官が地下部で成長するので（図3），肥よくで耕土が深く，排水・保水・通気性に富んだ土壌が適している。

茎葉の成長

ほう芽開始後，気温が高くなるにつれて，ほう芽・伸長がさかんになる。収穫を打ち切ると茎葉の生育は活発となり葉（茎が葉状に変化したもの，葉状茎，ぎ葉という）を形成して光合成をおこない，9月以降には，同化養分が貯蔵根にたくわえられる❶。11～12月ころには深い休眠にはいり，翌春には休眠からさめてふたたびほう芽する❷。

❶貯蔵養分は翌年の生育や収量に影響を及ぼし，貯蔵養分が多いほど，翌年の収量は多くなる。

❷休眠が深い時期でも，23℃以上の加温をおこなえば，ほう芽を開始する。

研究

貯蔵養分の量は，貯蔵根の糖度をはかることで知ることができる。搾汁の糖度を屈折糖度計ではかって，翌年の収量を予想してみよう。

表2 生育に適した環境

発芽適温	25～30℃
生育適温	16～20℃
好適土壌pH	5.5～7.5

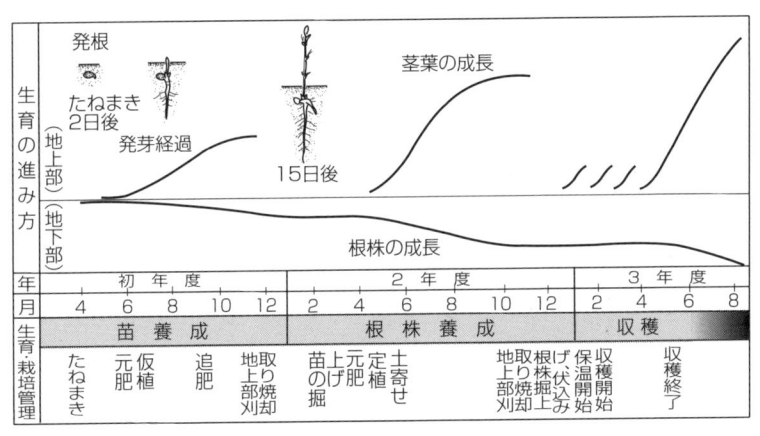

図1 アスパラガスの生育経過（一生）とおもな栽培管理（伏込み促成栽培）

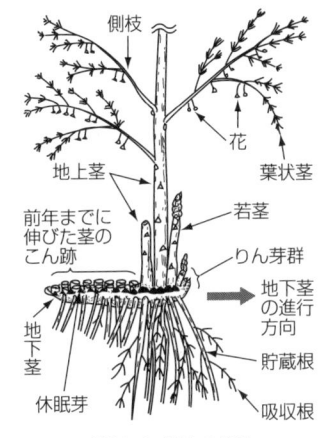

図3 形態と各部位の名称
（八鍬利郎）

図2 グリーンアスパラガスのおもな作型と品種

5 各種野菜の栽培（ユリ科） 193

3 栽培管理

▶作型と品種◀　露地栽培のほか，促成（伏込み）栽培，抑制2季どりなどが工夫されている。栽培法や地域にあった品種❶を選ぶようにする。

▶本畑の準備◀　多年生のアスパラガスは，定植前の土壌改良がとくに重要である。有機質を十分に施し，深耕，pHの矯正をおこなう（表3）。施肥例を表4に示す。

うね幅は，120～180cmとすることが多い❷。

▶たねまきと育苗◀　床土は土壌消毒（→ p.52）をおこない，元肥を施しておく。たねまきと育苗法の例を図4に，種子量のめやすを表5に示す。セル成型苗育苗は，専用の培地を使用し，発芽後に液肥を施す。

種子は，種皮が厚くかたいので，3～5日水に浸してからまくとよい。たねまき後は十分かん水するが，過湿は発芽を抑制する。床温は20～25℃に管理し，乾燥させないようにする。

▶定植とその後の管理◀　株間30～40cm，植えみぞの深さ15～20cmにして植え付ける❸。定植後は乾燥させないようにかん水をおこなう。ハウス，トンネル栽培での温度管理は，ほう芽前28℃，ほう芽始め25℃，収穫期20～25℃とする。

収穫打切り後には，施肥，中耕・土寄せ，病害虫防除をおこなう。奇形茎や細茎などは除去し，最終的には1株10～15本残す。

❶第2次大戦後にアメリカからメリーワシントンやメリーワシントン500Wが導入され，主要品種として広く栽培されてきたが，現在では国内での育種も進み，品種数も増えている。

❷ハウスやトンネルの場合は，それにあわせたうね幅にする。

❸みぞの中央はやや高くし，そこに苗をおいて根を広げ，芽の上10～12cmまで覆土をする。

表3　土壌改良の目標

項目	目標
有効土の深さ	40cm以上
ち密度	山中式硬度計20mm以下
地下水位	50cm以下
pH	5.5～6.5
EC	0.2～0.6dS/m

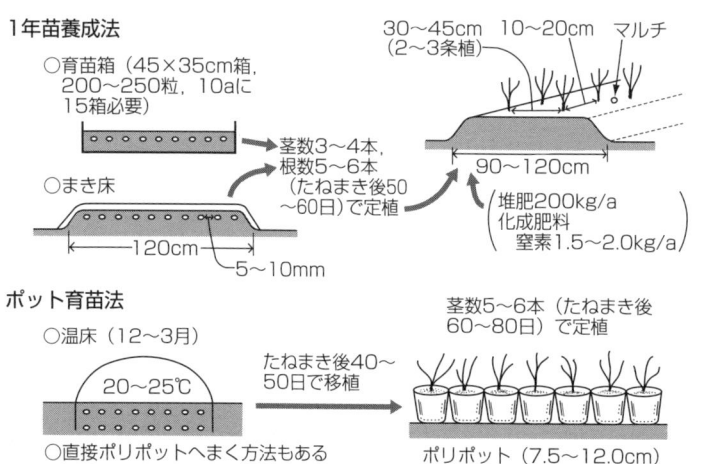

図4　たねまきと育苗法の例

表5　栽植密度と10a当たり種子量の試算

栽植密度(cm)	栽植本数	育苗本数	種子量(ml)
120×20	4,166	6,250	360
120×30	2,777	4,200	240
120×40	2,083	3,150	180
150×20	3,333	5,000	290
150×30	2,222	3,350	190
150×40	1,666	2,500	140

注　育苗本数：栽植本数の1.5倍。種子量：育苗本数の2倍。

病害虫は，とくに茎枯れ病，はん点病，アザミウマ類，ハダニ類（→ p.180）などに注意する。倒伏防止にはネットやテープを張る（図5）。先刈り，刈込みは図6のような要領でおこなう。茎葉が黄変したら株元から刈り込み，焼却する。

ホワイトアスパラガスは，定植2年目までは株の充実をはかり，定植3年目からは春先に25cmていどの培土（土寄せ）をおこない，土中で伸長した若茎を5～7月に収穫する。

▶収穫・品質保持◀ ほう芽後，25～27cmに伸びた若茎を収穫する。最盛期には朝夕2回の収穫とする。収穫打切りは，収穫量が最高時の25～30％まで低下したときがめやすである❶。

アスパラガスは，収穫後も呼吸作用が大きく，鮮度が低下しやすい（図7）。品温を上昇させないように，できるだけ涼しい場所で選別・包装❷し，すみやかに予冷（→ p.38）して出荷する。

▶栽培の評価◀ 栽培技術，収量❸，品質，所要労力などの点から評価し，次の栽培に生かすようにする。

❶収穫期間は株の年数によって異なり，定植2年目の株で5～10日間，3年目15～20日間，4年目30～40日間，5年目45～60日間，6年目以降は60～70日くらいがめやすであるが，草勢によっても調整をする。

❷収穫後，横にしておくと頭部が曲がって品質が低下するので，まっすぐに立てておくようにし，荷姿にも注意する。

❸収穫開始7～8年目の株で最高収量となり，その後は徐々に低下するので，10年くらいで更新したほうがよい。

表4 施肥例（半促成栽培，10a当たり）

肥料名	総量(kg)	礼肥(立茎前，kg)	追肥（kg）					冬肥(kg)
			6	7	8	9	10月	
堆肥	10,000	5,000						5,000
鶏ふん	1,000	1,000						
化成肥料	220	20	40	40	40	40	20	20
リン硝安化成	120	20	20	20	20	20	20	
苦土石灰	140	70						70
液肥	50		10	10	10	10	10	

注 堆肥，鶏ふんを除く成分量は，窒素46.2kg，カリ27.2kg，リン酸38.3kg。

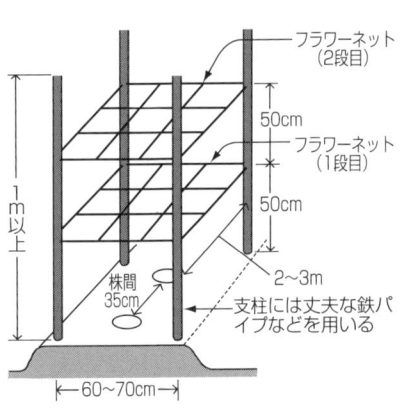

図5 ネットの張り方の例

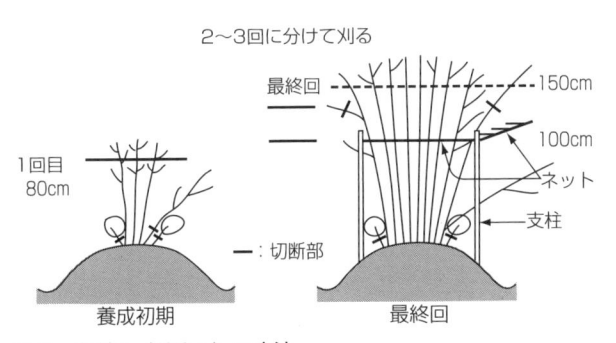

図6 先刈り（刈込み）の方法

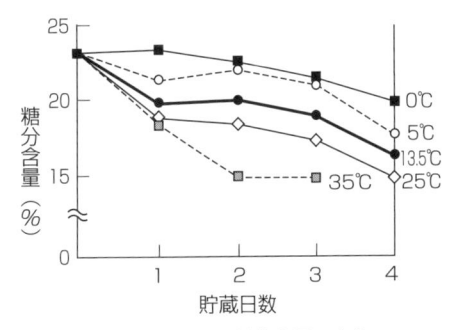

図7 貯蔵温度と若茎の糖分含量の変化
（ビソン，1926より作成）

キク科・葉菜
レタス

学名　*Lactuca sativa* L.
英名　lettuce（別名：チシャ，チサ）
原産地　地中海地方
植物分類　キク科1・2年草
利用部位　茎葉
利用法　サラダ，いためもの
豊富な成分　カルシウム
主産地　長野県，茨城県，香川県，兵庫県

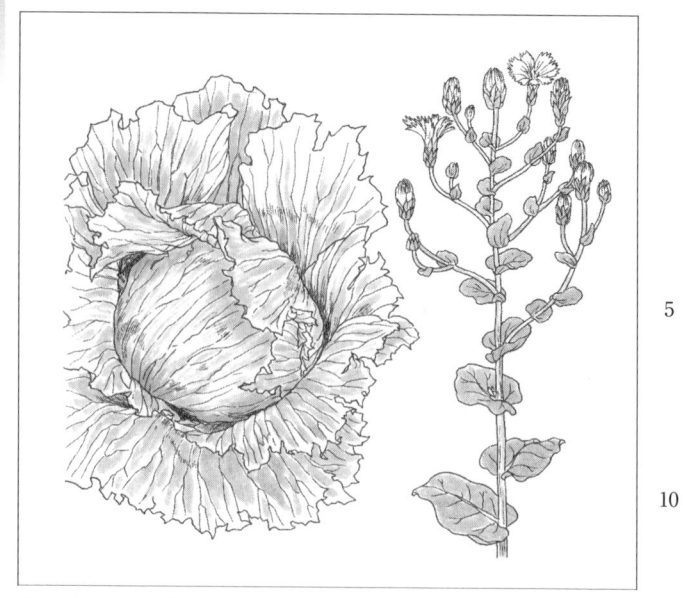

❹

葉はだ円から広卵形で，玉レタスは葉球を形成する。茎は高さ1mに達し，上部で枝分かれする。夏にキク科植物特有の黄色い花を多数つける。

1 野菜としての特徴

レタスには，玉レタス，葉レタス，茎レタス，立レタスなどがある。わが国では玉レタスや葉レタスの栽培・利用が中心である。特有の香りがあり苦味成分を含み，金属包丁で切ると切り口が褐変する。葉レタスには紅系と緑系があり，玉レタスに比べてカルシウムやカロテンなどを多く含む（表1）。

玉レタスは江戸末期にわが国に渡来し，明治になって西洋野菜としての導入が始まったが，栽培が広まったのは第2次大戦後である。玉レタスの栽培では，育苗方法の改良，マルチや新しい保温資材の利用などによって，作型や産地が急速に広がった。

表1　おもな食品成分
（玉レタス，可食部100g中）

水分	95.9g
炭水化物	2.8g
灰分	0.5g
カリウム	200mg
カルシウム	19mg
カロテン	240μg
ビタミンC	5mg
食物繊維総量	1.1g

（「八訂日本食品標準成分表」による）

2 生育の特徴

レタスの生育経過（一生）とおもな作型・品種は，図1，2のとおりで，玉レタスは，キャベツや結球ハクサイと同じように，外葉が発達したのちに葉が立ち上がって結球し，球が肥大・充実する。

生育と環境　生育に適した環境は，表2のとおりである。冷涼な気候を好み，25℃以上になると，発

表2　生育に適した環境

発芽適温	15〜22℃
生育適温	15〜20℃
球の肥大・充実適温	10〜15℃
好適土壌pH	6.0〜6.5

芽不良や立枯れ性病害が発生しやすい❶。種子は好光性である。

根は浅根性で、こまかい根が表層に多く分布する。したがって、乾燥には非常に弱く、土壌水分が不足すると、葉の生育がわるくなり結球が抑えられる（図3）。また、酸性に弱く、土壌pHが5.0以下では生育がわるくなる。

茎葉の成長　生育前半は外葉が発達し、抱合態勢（➡p.24）がととのうと、結球を開始する。球の肥大・充実には、外葉の成長のよしあしが影響する。

花芽分化・とう立ちは、高温（積算温度）で促進され、たねまきから花芽分化までの日数は、低温期ほど長く高温期ほど短い。

❶結球が進むにつれて、環境に対する抵抗力が弱まり、−3℃以下の低温にあうと凍害を受け、葉の表皮がはがれて品質が低下する。

図1　レタスの生育経過（一生）とおもな栽培管理（春まき夏どり栽培）

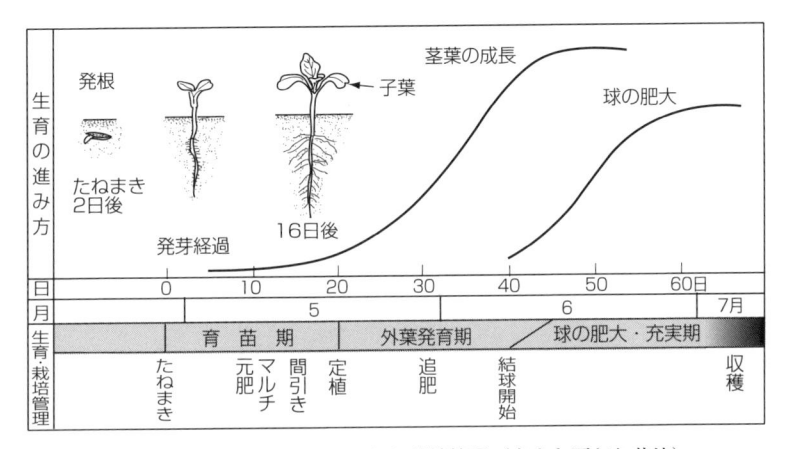

図3　葉（個葉）の生育に対する土壌水分の影響
（加藤徹により作成）

図2　玉レタスのおもな作型と品種

注　春まき栽培：定植期が低温なので、トンネル、マルチ、べたがけなどを利用する。結球期は高温になるため、とう立ち、変形球、病害の発生、および球の腐敗などが多くなりやすいので、収穫が遅れないようにする。夏まき栽培：玉レタス栽培の中心的な作型で、秋の適温下で生育・結球させ、冬の低温期にはいる前に収穫する。晩抽性の品種（収穫がおそくなる場合には、耐寒性の強い品種）を選ぶ。秋まき栽培：冬季の平均気温が5℃以上の温暖な地帯がおもな産地であったが、大型トンネルやハウスの利用によって、産地が広がった。結球開始期ころから気温が低下するため、保温が必要になる。耐寒性の強い品種を選ぶ。葉レタスの栽培：高温期のとう立ちと、低温期の寒害を避けることが最も重要である。高温期の作型ではとう立ちのおそい品種を、低温期の作型では耐寒性の強い品種を選ぶ。

3 栽培管理

研究
セル成型育苗, ポット育苗, ペーパーポット育苗（→ p.88 図6）をおこない, それぞれの生育・収量および育苗に要する労力・費用を比較してみよう。

❶黒色フィルムの利用が多いが, 高温期には, 地温上昇防止を目的として反射フィルムを利用する。肥料の流失が少ないので, 施肥量を20〜30%ていど少なくする。

▶**作型と品種**◀　レタスにはいくつかのタイプと多くの品種があるので（表3）, それぞれのタイプごとに作型に合った品種を選ぶようにする。

▶**本畑の準備**◀　施肥量は, 10a 当たり成分量で窒素20〜30kg, リン酸15〜20kg, カリ20〜30kgくらいである（表4）。マルチ栽培では, 施肥量を減らし全量元肥とする❶。

▶**たねまきと育苗**◀　育苗資材やコーティング種子（→ p.18）の開発などにより, 移植栽培が一般的になり, 各種の育苗法（→ p.86）が工夫されている。発芽をよくするには, 種子がわずかに

表4　施肥例（10a 当たり）

肥料名	施肥量(kg)	成分量(kg)		
		窒素	リン酸	カリ
堆　　肥	2,000	−	−	−
苦土石灰	100	−	−	−
CDU化成	80	12	12	12
リン硝安カリ	80	10.8	8	11.2
計		22.8	20	23.2

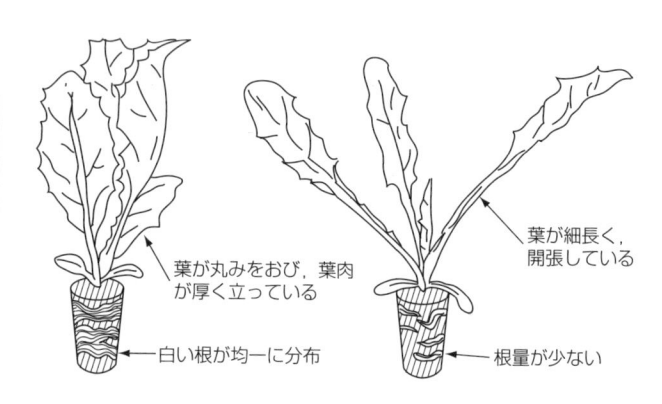

図4　定植期のセル成型苗（左：充実した苗, 右：徒長苗）
（左：葉が丸みをおび, 葉肉が厚く立っている／白い根が均一に分布）
（右：葉が細長く, 開張している／根量が少ない）

表3　レタスのタイプと品種

タイプ		特性	主要品種
玉レタス	クリスプヘッド	キャベツのようによくしまって結球し, 歯切れがよい葉質で, 輸送性が高い。玉レタスの主要なタイプで, とう立ちのおそいものが多い	グレイトレイクス系統, クライマックス, 菊川7号, カルマー, サクラメント, ステディ, しずか, エンパイヤ, ユニバース, カイザー, シナノグリーン, シナノサマー, サマーランド, 極早生シスコほか
	バターヘッド	軟結球で, わが国ではサラダ用として不結球または半結球状態で収穫される。とう立ちがはやい	メイキングウェアヘッド, サマービップ, 江戸川, 黒サラダほか
立レタス	コス	葉質がかたく, 腰高で紡錘形に軟結球する。地中海コス島が原産地で, わが国での栽培は少ない	ダークグリーンコス, バリスアイランドコス, ホワイトパリスコスほか
葉レタス	リーフ	葉にひだやしわが多く, 不結球で早生。高温期でも栽培できる	サニーレタス, グリーンリーフ, サンレッド, レッドリーフほか
茎レタス	ステム	不結球で茎が太く, 茎を食用にする	セルタス

注　グレイトレイクス系統は, 多くの重要品種を含み, 複雑に分化する。このほかに, チコリー（キクニガナ）やエンダイブ（キクヂシャ, ニガヂシャ）もある。チコリーは根株を伏せ込んで, 軟白した芽を食用とする。エンダイブには縮葉系と広葉系があり, 縮葉系は苦味が強くかたいため, 葉を束ねて軟白して食用にする。

みえるていどに覆土して、種子を乾燥させないようにし、発芽適温を保つことが大切である❶。

ポット育苗では、本葉2枚が出そろうころまでに、1、2回の間引きをおこない1本にする。セル成型苗は、本葉3.5枚くらいの充実した苗（図4左）を目標に育苗する。

▶定植とその後の管理◀ 定植は、ふつう、本葉3〜4枚のときにおこなう。栽植距離は、うね幅45〜50cm、株間25〜30cmくらいとする❷。追肥は結球開始期までに施す。

玉レタスは、結球異常が発生しやすい（表5）。これは、温度や養水分などによって葉の形状が変化しやすいためである。また、生理障害も発生しやすく、カルシウムが不足するとふち腐れ（チップバーン）が発生する❸。はん点細菌病、い黄病、ビッグベイン病（ウイルス病）などにも注意する。

▶収穫・品質保持◀ 収穫は、結球が進み鮮明な緑色と光沢を残しているうちにおこなう。結球したものは耐寒性が低いので、降霜期にはいったらはやめに収穫するか、トンネルなどで保温する。

レタスは鮮度が低下しやすく、輸送中に腐敗することもある。収穫後はすみやかに予冷（3〜5℃、→p.38）して、フィルム包装と保冷輸送をおこなうと、鮮度が保持できる（図5）。

▶栽培の評価◀ 標準的な収量は3t/10aていどであるが、葉菜類のなかでは比較的多くの労力を要する（図6）。栽培技術、収量、労力などの点から評価をおこなう。

❶レタスの種子は好光性で、高温によって休眠にはいる性質があるため、暗黒下や25℃以上の高温下では発芽率が低下する。高温期のたねまきでは、催芽処理（→p.18）もおこなわれる。

❷葉レタスは生育期間が短いので、元肥をはやめに施し、葉が3〜5枚のものを定植する。葉が重なりあうと着色がわるくなるので密植を避ける（株間25〜30cmくらい）。

❸カルシウムやホウ素の欠乏によって心腐れ症を起こすこともある。

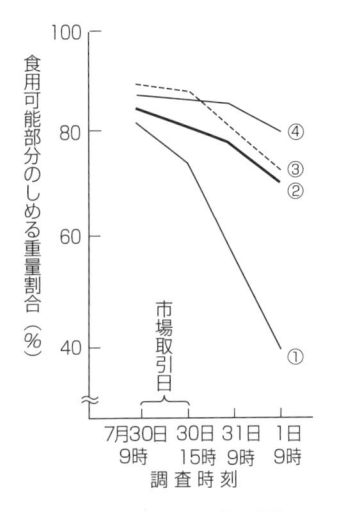

①無予冷→常温輸送→室温保管
②予　冷→保冷輸送→室温保管
③予　冷→保冷輸送→20℃保管
④予　冷→保冷輸送→10℃保管

図5　収穫後および流通中の温度と鮮度の変化　（青柳ら）

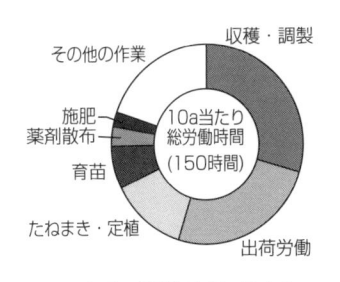

図6　作業別労働時間（「平成11年野菜・果樹品目別統計」による）

表5　おもな結球異常

結球異常	症状・原因
分　　球	育苗期の石灰過多、カリ過多によるホウ素吸収不調のために起きる
タケノコ球	内部葉がよじれながらタケノコ状に結球し始める。外葉形成期の高温、日照不足、多肥などで発生しやすい
変　形　球	球の肥大充実中に花芽分化すると、球内で茎が伸長し変形球となる
裂　　球	球の肥大中に、乾燥後の多雨にあうと発生しやすい
舟　底　球	外葉の中肋がつき出た舟底になる。中筋部突出ともいう。高温乾燥下で結球したときに多い
不　結　球	結球しないか、結球しても軟球のもの。冬どりで異常低温のときに多い

キク科・根菜
ゴボウ

学名　Arctium lappa L.
英名　edible burdock
原産地　中国北部からヨーロッパ
植物分類　キク科1・2年草
利用部位　根部，茎葉
利用法　きんぴら，天ぷら，肉料理，柳川なべ，サラダなど
豊富な成分　炭水化物，カルシウム，食物繊維
主産地　千葉県，茨城県，北海道，青森県

根は多肉で直根状に深く伸長する。葉は大形で長さ40cm，葉柄が長い。葉の下面には白い綿毛が生えている。茎は高さ1.5mに達し，上方で枝分かれする。夏にアザミに似た赤紫色の花をつける。

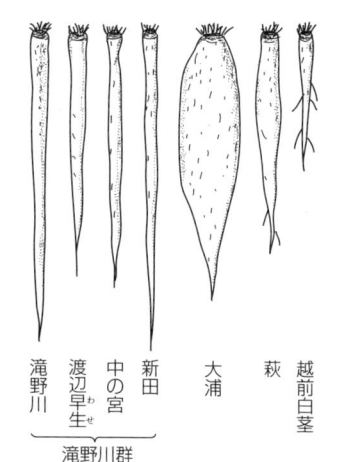

図1　ゴボウの品種（群）と根形

滝野川群：滝野川，渡辺早生，中の宮，新田
大浦，萩，越前白茎

表1　おもな食品成分（可食部100g中）

水分	81.7g
炭水化物	15.4g
灰分	0.9g
カリウム	320mg
カルシウム	46mg
ビタミンC	3mg
食物繊維総量	5.7g

（「八訂日本食品標準成分表」による）

1　野菜としての特徴

　ゴボウは中国から薬草として渡来し，わが国で作物化され，平安時代には重要な野菜の1つになった。江戸時代以降には品種改良も進み，各地でいろいろな根形の品種が育成された（図1）。
　ゴボウはわが国特有の食品で，素朴な香りと歯ごたえがあり，食物繊維が豊富で（表1），整腸作用があるなど，他の野菜にない特徴がある。若い茎葉と根を食用にする葉ゴボウ栽培もある。

2　生育の特徴

　ゴボウの生育経過（一生）とおもな作型・品種は図2，3，生育に適した環境は表2のとおりである。たねまきから収穫までの期間は比較的長く，150日以上を要することが多い。
　温暖な気候を好み，春から秋が栽培しやすい。種子は好光性である。花芽分化は，植物体バーナリゼーション型（→p.25）を示し，花芽分化期はふつう4月上・中旬で，とう立ちは4月下旬から5月下旬である。根は深根性で，耕土の深い土壌が適している。連作すると，「やけ症」などの障害が発生しやすい。

3 栽培管理

▶**作型と品種**◀ 基本的な作型は春まき栽培で、滝野川群❶が基本的な品種である。品種の分化は少ないが、早生でとう立ちの少ない品種や晩生種が育成され、夏まき、秋まきなどの作型もある。作型に合った品種を選ぶようにする。

▶**本畑の準備**◀ 畑の選択❷や準備が重要になる。十分な排水対策をおこない、深く耕し、ていねいな砕土・整地をおこなう❸。
排水不良だと根の先端が腐敗し、そこから岐根が発生する。連作も岐根発生の原因となる。施肥例を表3に示す。

▶**たねまき**◀ 種子は新しいものを用いる❹。種皮には発芽抑制物質が含まれているが、1昼夜浸水すれば発芽する。たねまきは、株間8～15cmで2～3粒の点まきとする❺。覆土は1cmくらいをめやすにして、薄くし、かるく鎮圧をする。

❶東京の滝野川付近で栽培されていたので、この名前がある。

❷直根の形状は火山灰土や砂壌土などでよくなるが、肉質や香りは粘土質などの重い土ほどすぐれる。

❸根の表面が黒褐色に変色するやけ症（黒あざ病、いちょう病など）の発生がみられる畑では、輪作や土壌消毒（→p.52）が必要になる。

❹発芽年限は5年といわれているが、新種子が発芽率がよく生育もはやい。古種子は発芽や生育がわるく、岐根になりやすい。

❺播種機やシードテープ（→p.18）を使用した、たねまきもおこなわれている。

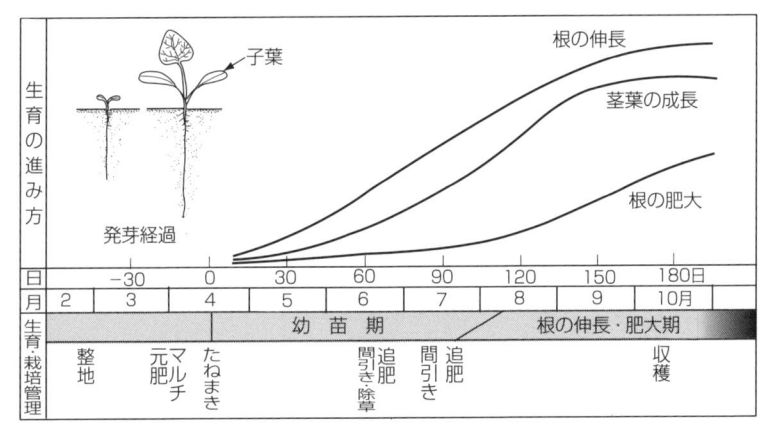

図2 ゴボウの生育経過（一生）とおもな栽培管理（春まき栽培）

表2 生育に適した環境

発芽適温	20～30℃
生育適温	20～25℃
好適土壌pH	7

図3 ゴボウのおもな作型と品種

●たねまき　△トンネル　▬収穫

注　秋まき栽培：たねまき期がはやすぎると、生育が進み早期にとう立ちする（8月まきが最もとう立ちしやすい）。一般に、関東の平たん地では9月中・下旬、寒地では9月下旬、暖地では10月中旬以降にたねまきしたものは、早期のとう立ちはみられない。秋～早春まき栽培：とくにとう立ちしにくい品種を用いる。

▶栽培管理◀ たねまき後約2週間で発芽がそろう。間引きは2回ていどおこなう。1回目は本葉1～2枚時に，葉が立性のものを残して2本立ちとする（図4）。2回目は本葉3～4枚時に生育がよすぎるもの，生育のおとるもの，胚軸部(はいじくぶ)（根首）が地上に露出するもの，などを間引いて1本立ちにする。

追肥は，1回目を間引き後に施し，それ以降は過繁茂にならないよう，また肥やけを起こさないように注意して施す。緩効性肥料を株からやや離して施すとよい。病害虫は，黒はん細菌病，うどんこ病，ヨトウムシ，ネキリムシ類などに注意する。

秋まき栽培でとう立ちを防ぐには，トンネルで保温し，4月中旬まで高温で管理する必要がある（図5）。

▶収穫・品質保持◀ 収穫期の幅が広いが，早まきしたものほど適期に掘り取る必要がある❶。適期を過ぎるとす入りになるので，その前に収穫を終える。とくに軽い土ほどす入りが発生しやすい。収穫作業には多くの労力を要するが，トレンチャや専用のハーベスタ（図6）などの機械を利用すると省力化できる。

収穫後は，土つきのままで出荷，保存したほうが鮮度が保てる。

❶早生種は，たねまき後150日くらいで収穫適期となる。

表3 施肥例（10a当たり）

肥料名	元肥(kg)	追肥(kg)	追肥(kg)
苦土石灰	80		
ヨウリン	60		
配合肥料	90		
緩効性肥料		60	90

注 全体の成分量は，窒素20.7kg，リン酸24.9kg，カリ19.8kg。

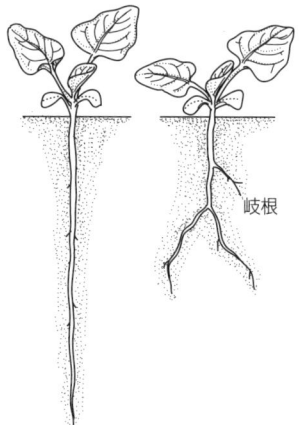

図4 間引きのめやす
（残すもの：葉は長めで立性／間引くもの：葉は広く開張性／岐根）

図5 トンネル被覆期間と抽だいの関係
注 温度管理は12～3月までは密閉，4月1～20日までは穴換気（開孔率1.5%）。

被覆期間	抽だい株(%)
(トンネルなし)	88
1/20 ～ 4/20	1
2/20 ～ 4/20	4
12/1 ～ 2/1	79
12/1 ～ 3/1	45
12/1 ～ 3/25	11
12/1 ～ 4/20	1

図6 ゴボウ専用の大型ハーベスタによる収穫作業

キク科・葉菜
シュンギク

学名　*Chrysanthemum coronarium* L.
英名　garland chrysanthemum（別名：キクナ）
原産地　地中海沿岸
植物分類　キク科1・2年草
利用部位　茎葉
利用法　和えもの，なべもの，おひたし，揚げもの，いためもの
豊富な成分　カルシウム，カロテン
主産地　千葉県など

葉はやや肉厚で切れ込みがあり，葉柄がなく茎を抱く。茎は直立して枝分かれし，高さ40～60cm。中央の管状花は径3cm前後の淡黄色で両性，周辺の舌状花は雌性，ともに結実する。

1 野菜としての特徴

　シュンギクは東アジアで野菜として改良され，わが国へは室町時代に渡来したと考えられている。西日本を中心に栽培されてきたが，現在では全国的に広く栽培されている。芳香とほろ苦さがあり，栄養価も高い野菜である（表1）。

　なお，シュンギクを野菜として利用するのはアジア諸国だけで，欧米では観賞用として栽培されている。

表1　おもな食品成分（可食部100g中）

水分	91.8g
炭水化物	3.9g
灰分	1.4g
カリウム	460mg
カルシウム	120mg
鉄	1.7mg
カロテン	4,500μg
ビタミンC	19mg
食物繊維総量	3.2g

（「八訂日本食品標準成分表」による）

2 生育の特徴

　シュンギクの生育経過（一生）とおもな作型・品種は図1，2，生育に適した環境は表2のとおりで，たねまきから収穫までの期間は短い。発芽後，急速に茎葉の成長が進むが，分枝の出やすい株張り型と株が立性の節間伸長型とがある。

　冷涼な気候を好み，生育適温は15～20℃とされ，春と秋が最も栽培しやすい。花芽分化は，ふつう，長日条件で促進され，その後の高温・長日条件で花芽が発達して出らい・開花する。

　土壌の適応範囲は広いが，保水力のある肥よくな土壌が適する。

表2　生育に適した環境

発芽適温	15～20℃
生育適温	15～20℃
好適土壌pH	5.5～6.0

3 栽培管理

▶**作型と品種**◀　春まき栽培と秋まき栽培が最もつくりやすい。冬季にトンネル栽培やハウス栽培，夏季に雨よけや遮光トンネル栽培をおこなうと周年生産ができる。品種は在来種と中国大葉種とに大別され，在来種には小葉種，中葉種，大葉種がある（図3）。作型や市場性を考慮して品種を選ぶようにする。

▶**本畑の準備**◀　元肥とともに堆肥や石灰質肥料を施して，よく耕す。土壌は弱酸性が適し，pH6.0以上になると収量が低下する。

施肥量は，10a当たり成分量で窒素20kg，リン酸4〜15kg，カリ7〜21kgくらいである。

▶**たねまき**◀　シュンギクの種子は一般に発芽率が低く（表3），

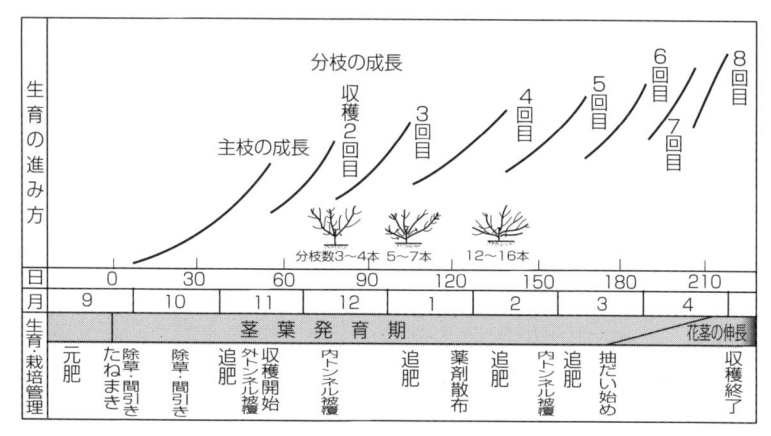

図1　シュンギクの生育経過（一生）とおもな栽培管理（摘取り栽培）

図2　シュンギクのおもな作型と品種

注　摘取り栽培は，株張り型の品種を用いて育苗をおこなうこともある。

発芽の有効年限は2～3年である。また，休眠するので休眠が破れた種子を用いる❶。たねまきの方法には，すじまきとばらまきがあるが，すじまきではうね幅1～1.2mとし，4条ていど（条間25～30cm）浅いみぞを切ってまく（図4）。好光性種子なので，覆土は種子がかくれるていどがよい。かん水は十分おこない，乾燥させないようにする。

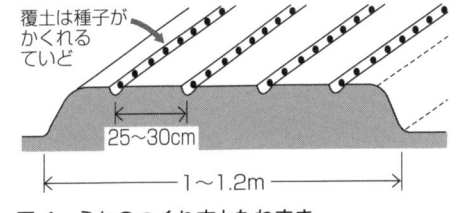

❶成熟当時から約2か月ほど休眠するため，採種（通常7月ころ）した種子をすぐにまいても発芽しない。このため，9月ころまでは前年産の種子を用いることになる。

▶**栽培管理**◀　発芽後，間引きを2回おこなう。1回目は本葉1～2枚時に株間5cm，2回目は本葉3～4枚時に株間10～12cmになるようにする。茎葉の成長量の増大とともに養分吸収量が増加するので，追肥は葉の色をみながら数回に分けておこなう。

良品を得るには，冬季は10℃以上（10～20℃）に保ち，夏季は25℃以下に管理するのがよい。

▶**収穫・品質保持**◀　草丈が20cmくらいになったら収穫する。収穫方法には，根をつけて抜き取る方法と摘取りによる方法とがある。摘取り栽培は，主枝の葉数4～6枚で摘心して収穫をおこない，以後分枝を伸ばし順次収穫していく（図5）。

収穫後は鮮度保持のためにポリエチレン袋に入れて予冷（→p.38）したのち，出荷することが多い。

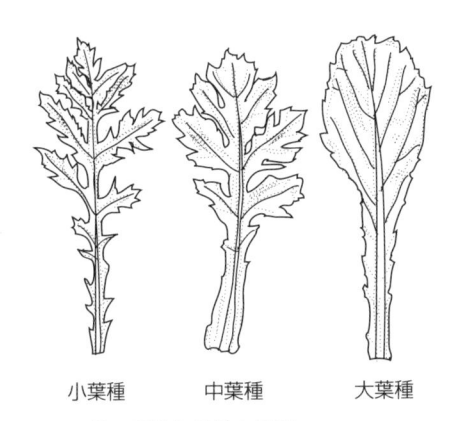

図3　葉の形状と品種の分類

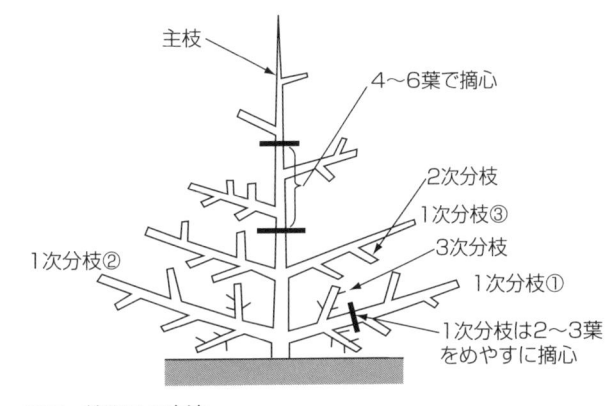

図5　摘取りの方法

表3　発芽率と平均発芽日数　　　　（稲川ら）

項　目	温度（℃）					
	10	15	20	25	30	35
発芽率（%）	18	42	43	26	24	15
平均発芽日数（日）	7.3	5.0	3.4	3.3	3.4	3.5

図4　うねのつくり方とたねまき

セリ科・根菜
ニンジン

学名　*Daucus carota* L.
英名　carrot
原産地　中央アジア，アフガニスタン
植物分類　セリ科1年草
利用部位　根部（茎葉）
利用法　煮もの，いためもの，サラダ，
　　　　ジュースなど
豊富な成分　カロテン，食物繊維など
主産地　北海道，千葉県，徳島県，青森県

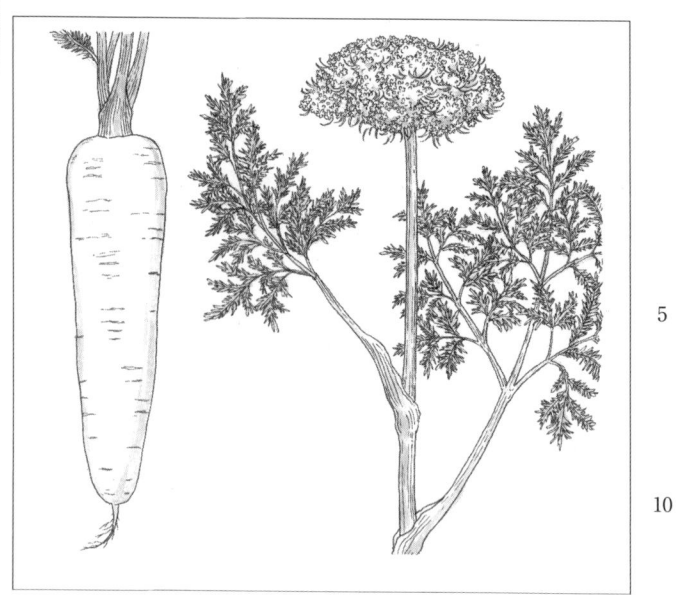

❼

根は多肉で太い。葉は複葉で毛があり，線のように細長い。茎は高さ1.6～2mで，分枝する。初夏に多くの花柄を出し，白色の花が密生する。果実は約3mmの長だ円形で，多くの毛がある。

1 野菜としての特徴

　ニンジンはカロテン，ミネラル，食物繊維などを豊富に含む栄養価の高い野菜であり（表1），最近では煮ものやいためもののほかに，サラダやジュースとしての需要も増加している。

　わが国には16世紀に中国から東洋系品種（中・長根種）が渡来し，江戸末期から明治初期には欧米から西洋系品種（短根種）が導入された。昭和初期までは，中・長根種の夏まき栽培が主流であったが，しだいに収穫作業の容易な短根種の栽培が広まり，近年ではおもに五寸ニンジンが周年出荷されている（図1）。

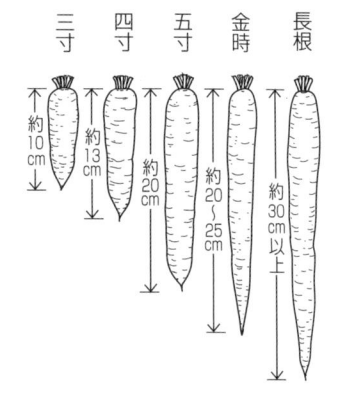

三寸　約10cm
四寸　約13cm
五寸　約20cm
金時　約20～25cm
長根　約30cm以上

図1　ニンジンの種類と根形

表1　おもな食品成分（可食部100g中）

水分	89.1g
炭水化物	9.3g
灰分	0.8g
カリウム	300mg
カルシウム	28mg
カロテン	8,600μg
ビタミンC	6mg
食物繊維総量	2.8g

（「八訂日本食品標準成分表」による）

2 生育の特徴

　ニンジンの生育経過（一生）と作型・品種は図2，3のとおりである。たねまきから収穫までの期間は，おもに根長によって異なり，短根種で約80日，長根種で約140日である。

生育と環境　生育に適した環境は表2のとおりである。ニンジンはダイコンと同じように冷涼な気候を好み，一般の平たん地では春と秋が栽培適期となる。種子の

発芽率は約 70% と，他の野菜に比べてやや低い❶。35℃ 以上ではほとんど発芽せず，10℃ 以下では発芽に多くの日数を要する。また，好光性種子であるため，覆土が厚いと発芽率がわるくなる。

根は深く伸びるため，耕土が深く，排水性，保水性がよく，有機質に富む土が適している。

❶ これは，①採種のときに未熟種子が含まれやすい，②種皮に発芽抑制物質が含まれている，③種子の寿命が短く，発芽力が低下しやすい，④高温や低温，乾燥条件下で発芽しにくい，などのためである。

根部の成長

茎葉の初期生育は緩慢であるが，根は急速に伸長しており，たねまき後 50 日ころから急速に成長・肥大する。地上部と地下部の成長はほぼ並行して進むが，地上部の成長が止まってからも地下部の成長は少しずつ進行している。

花芽分化は，植物体バーナリゼーション型（→ p.25）を示し，10℃ 以下の低温で花芽分化する。しかし，とう立ちの早晩は品種間による差が大きい。

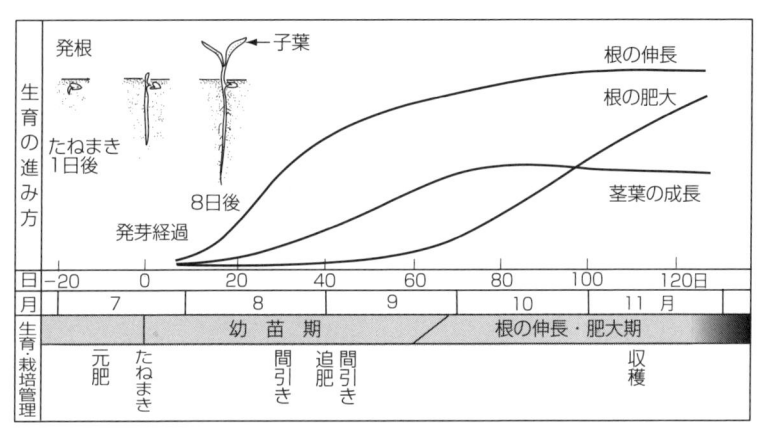

図2 ニンジンの生育経過（一生）とおもな栽培管理（夏まき栽培）

表2 生育に適した環境

発芽適温	15〜25℃
生育適温	15〜22℃
好適土壌 pH	6.5 ていど

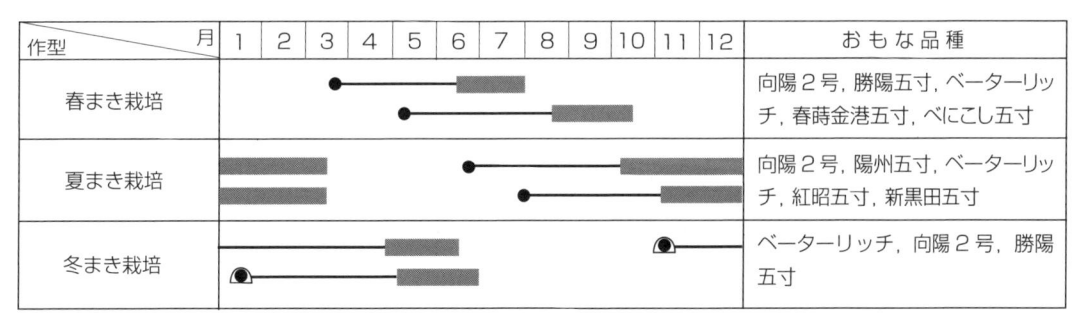

図3 ニンジンのおもな作型と品種

● たねまき　⌒ トンネル　▬ 収穫

注　夏まき栽培：根部の肥大や品質はよいが，たねまき期が高温・乾燥期にあたるので，発芽の不ぞろいと初期生育の遅れに注意する。冬まき栽培：11月中旬から2月にたねまきするが，早まきしすぎると，早期とう立ちのおそれがある。トンネル栽培を基本とし，発芽と初期の生育を促進する。春まき栽培：冷涼地では夏季が涼しいため，栽培しやすくて大きな障害もなく，収量が多い。一般平たん地では生育後期に高温が続くと根部の肥大や着色がわるく，病害の発生も多くなるので，トンネルやマルチ栽培などによって初期の生育をうながす。

3 栽培管理

▶**作型と品種**◀　夏まき栽培は最も基本的な作型で，冬まき栽培はおもに暖地でおこなわれる。春まき栽培は北海道や冷涼地での基本作型である。作型にあった品種を選ぶ。

▶**本畑の準備**◀　深く耕し，よく砕土・整地をおこなう。土壌水分の変動が激しいと，根部の表皮が荒れたり，裂根の原因になったりするので注意する❶。施肥例を表3に示した❷。

▶**たねまき**◀　ニンジンの栽培では，発芽をそろえることが，その後の順調な生育にとって最も大切である。このため，なるべく降雨を待ってからたねまきをしたり，たねまき直後から出芽するまでべたがけ被覆をおこなったりする。

たねまきは，点まきあるいはすじまきとする（図4）。たねまきの精度を高め，たねまきや間引き作業を省力化するために，加工種子❸や播種機（図5）が広く利用されている。

一般に，栽植密度が低くなるほど，1個体当たり根重が大きく上物率も高まるが，面積当たり総収量は減少する❹（図6）。

❶土壌水分は，発芽率，根部の伸長・肥大，根形，着色などに影響する。とくに，生育初期（発芽から6葉期ころ）は土壌水分が必要である。

❷窒素が少ないと葉が小さく，根部の肥大がわるくなる。逆に，多すぎると地上部が過繁茂になり，根部の肥大や着色がわるくなる。リン酸が少ないと，葉が赤紫色になり，根色が薄く，根部の肥大がわるくなる。カリは，根部の肥大とともに急速に吸収され，根部の肥大をうながすとともに着色をよくする。

❸被覆種子，シードテープ（→ p.18）など。

❹このため，夏まき栽培で年内に早どり収穫するような場合は，やや株間を広くし，越冬させる場合は株間をせまくするとよい。

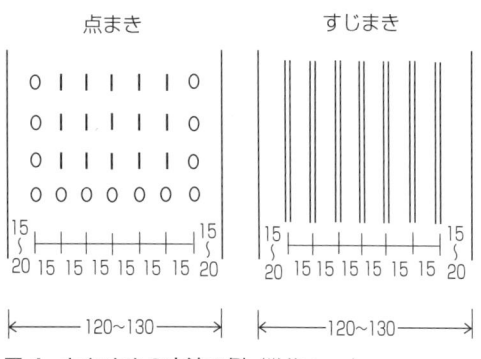

図4　たねまきの方法の例（単位：cm）
注　最終株間は10〜15cm。

図5　播種機によるたねまき作業
注　一定の株間で，1度に2条ずつたねまきができる。

表3　施肥例（10a当たり）

肥料の種類	元肥 (kg)	追肥（kg）	
		2葉期	6葉期
堆肥	1,500		
配合肥料(8-6-7)	180		
NK化成		20	30〜40
BMヨウリン	40		
苦土石灰	100		

注　全量の成分量は，窒素23kg，リン酸19kg，カリ23kg。

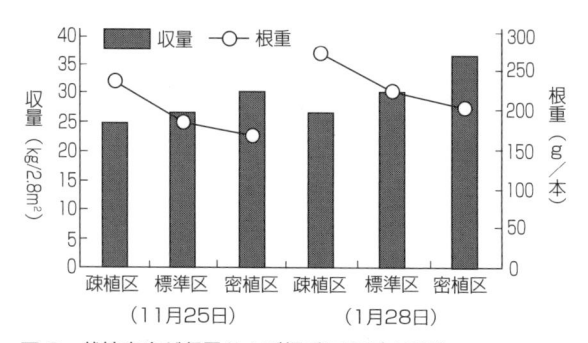

図6　栽植密度が収量および根重に及ぼす影響
注　株間：疎植区12〜15cm，標準区9〜11cm，密植区5〜8cm。たねまき：7月22日。品種：向陽二号。

▶栽培管理◀　発芽には，夏まきで7～10日，冬まきでは15～30日かかる。間引きは，ふつう1～2回おこなう。1回目は本葉2～3枚時に密生した部分を間引き（図7），最終的には，本葉6～7枚時までに株間10～15cmとなるようにする。

　間引き後は茎葉が傷みやすく，病害が発生しやすいので，適期に防除をおこなう（表4）。土寄せは，中耕をかねながら根首がかくれるようにおこなう❶。

▶収穫・品質保持◀　収穫が遅れて過熟になると裂根が多くなるので，適期の収穫が大切である（図8）。水洗いののち，等級別に選別し，小袋詰めや箱詰めにして出荷する。高温期に収穫するものは，腐敗することがあるので，収穫後はすみやかに予冷（→p.38）して，低温下で流通させる。

▶栽培の評価◀　標準的な収量は4t/10aていどで，収穫・調製，出荷に多くの労力を要する（図9）。栽培技術の評価のポイントは，発芽のそろい，間引きによる適正株間の確保，病害虫防除の徹底，収穫物の品質（大きさ，そろい，着色）などである。

研究

栽植密度を図6を参考に3段階に変えて栽培し，収穫時にそれぞれの収量，根重，等級を調べ，青果市況も考慮して，経営的に有利な栽植密度を考えてみよう。

❶収穫期が冬季の場合は，根首部が露出すると凍害や霜害にあって品質が落ちるので，年内までに再度土寄せをおこなう。

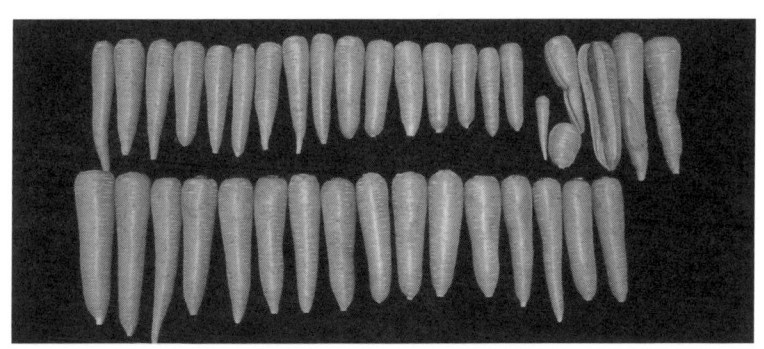

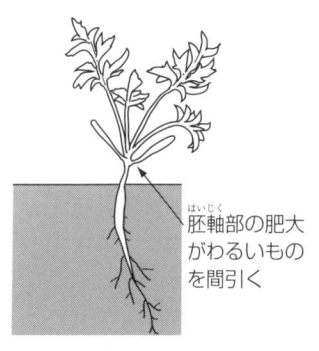

図7　間引きのめやす（胚軸部の肥大がわるいものを間引く）

図8　一定面積をすべて収穫したときのさまざまな根形（右上は裂根などの下物）

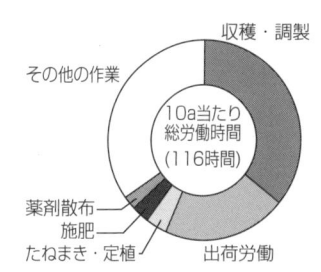

図9　作業別労働時間（「平成11年野菜・果樹品目別統計」による）

表4　おもな病害虫と防除法

種類	症状と発生条件	防除法
黒葉枯れ病	はじめ黒褐色の小はん点であるが，のちに大型となり，病葉は葉のふちが上側に巻き込んで枯れる。症状が激しいときは根の肥大もわるくなる	種子消毒。発病株の除去。肥料切れしないようにする
白絹病	地ぎわ部をおかし，根が軟化腐敗する。葉はしおれ，のちに枯れる。地ぎわ部とその周囲の地表に白色菌糸が生じ，あわ粒状の褐色菌核ができる	未熟有機物の施用を避ける。土壌酸度を適正にする
黄化病	病株の葉は黄変または赤変する。生育初期に感染すると，生育が抑えられる。ニンジン黄化病ウイルスによるウイルス病で，アブラムシが媒介	アブラムシの防除
モザイク病	病株は緑色の濃淡モザイクや糸状症状となる。セルリーモザイクウイルス（CeMV）とキュウリモザイクウイルス（CMV）による。アブラムシが媒介	アブラムシの防除
ネグサレセンチュウ	被害根は褐変して腐敗する。主根は黒褐色のしみやきれつができる。根の先端がおかされると寸詰まりとなったり岐根となったりする。生育初期に寄生を受けると地上部は黄化し，葉がしおれる	イネ科作物との輪作　収穫後の被害根を除く　土壌消毒

セリ科・葉菜
ミツバ

学名　*Cryptotaenia japonica* HASSK.
英名　Japanese honewort
原産地　日本，中国，北米
植物分類　セリ科多年草
利用部位　若い茎葉，根
利用法　汁もの，ひたしもの，なべものなど
豊富な成分　カルシウム，カロテン，食物繊維など
主産地　愛知県など

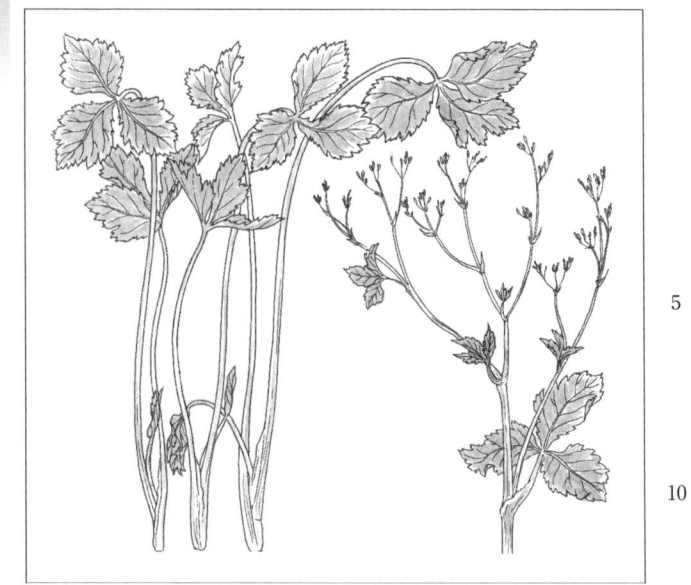

❽

葉は互生し，小葉は3枚で卵形。茎は直立し，高さ30～70cm。根はひげ状。大きな散形花序で，6～8月に1花柄に1～7の白色の花が咲く。果実は長だ円形で，長さ3.5～6.5mm，幅1～2mm。

1　野菜としての特徴

　ミツバは，日本原産の多年草で，独特な香気と淡白な味をもつ香辛野菜である（表1）。ミツバは栽培法によって，①春まきした根株を軟化栽培し，根元から切り取って収穫する切りミツバ，②軟化栽培し，根をつけたまま収穫する根ミツバ，③密植栽培によってやや軟白化させた青ミツバ（糸ミツバ），の3つがある。現在では，養液（水耕）栽培の青ミツバが多く，周年供給されている。

表1　おもな食品成分（可食部100g中）

成分	糸ミツバ	根ミツバ
水分	94.6g	92.7g
炭水化物	2.9g	4.1g
灰分	1.2g	1.2g
カリウム	500mg	500mg
カルシウム	47mg	52mg
カロテン	3,200μg	1,700μg
ビタミンC	13mg	22mg
食物繊維総量	2.3g	2.9g

（「八訂日本食品標準成分表」による）

表2　生育に適した環境

発芽適温	15～20℃
生育適温	15～22℃

2　生育の特徴

　ミツバの生育経過（一生）と作型・品種は図1，2のとおりで，たねまきから収穫までの日数は，ふつう，35～70日である。
　生育に適した環境は表2のとおりである。比較的冷涼な気候を好み，半日陰地で十分育つが，高温・乾燥には弱い。種子は好光性である。有機質の多い肥よくな土壌が適する。
　花芽分化は，本葉3～4枚以上の苗が0℃前後の低温に1か月以上遭遇すると起こり，その後の高温・長日によってとう立ちする。

3 栽培管理

▶作型と品種◀　青ミツバの露地栽培は，低温期ではトンネル栽培，高温期では遮光栽培が基本となる。

　切りミツバ，根ミツバは一般に春まきが主体で，地上部が枯れるまで十分に根株を養成し，晩秋から翌春にかけて順次軟化床に伏せ込んで軟化させる❶。生育途中と収穫前には徐々に光をあてて緑化させる。根株伏込みから収穫までは，25～30日間である。

▶本畑の準備◀　青ミツバの露地栽培では，完熟堆肥，米ぬか，油かすなどの有機質肥料を主体とし，十分に耕す❷。

▶栽培管理◀　1昼夜水に浸した種子を，10a当たり15～20lくらいまく。被覆栽培によって適した温度❸・光管理に努めることが大切である。病害虫❹の発生をみたら適期に防除する。

▶収穫・品質保持◀　草丈20～30cmに成長したもの❺を収穫し，根は5cmくらい残して切断して出荷する。香りやみずみずしさが重視されるので，鮮度保持に努める。

❶軟化温度は芽が伸び始めるまでは25～30℃とし，以後15～20℃で管理する。

❷施肥量は，10a当たり成分量で窒素8～15kg，リン酸10～15kg，カリ15kgていど，苦土石灰は80kgていどとする。

❸青ミツバの養液栽培では，昼温25～28℃，夜温8～12℃，培地温20℃を目標にする。

❹菌核病，立枯れ病，てんぐ巣病，アブラムシ，ハダニなどに注意する。

❺根ミツバは，軟白部12cm以上，茎葉部24cm以上のものとする。

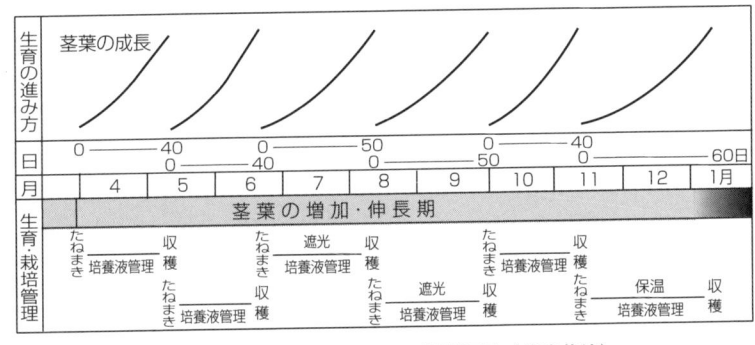

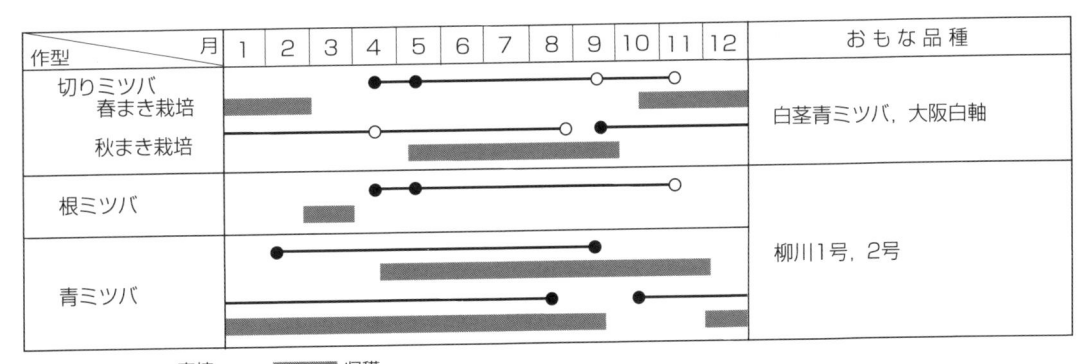

図1　青ミツバの生育経過（一生）とおもな栽培管理（養液栽培）

図2　ミツバのおもな作型と品種

セリ科・葉菜
セルリー（セロリ）

学名　*Apium graveolens* L.
英名　celery（セロリとよぶことも多い）
原産地　ヨーロッパからアジア西部，インド
植物分類　セリ科1・2年草
利用部位　茎葉，種子
利用法　サラダ，スープ材料，つけもの，いためものなど
豊富な成分　特有の香気成分
主産地　長野県，千葉県，静岡県

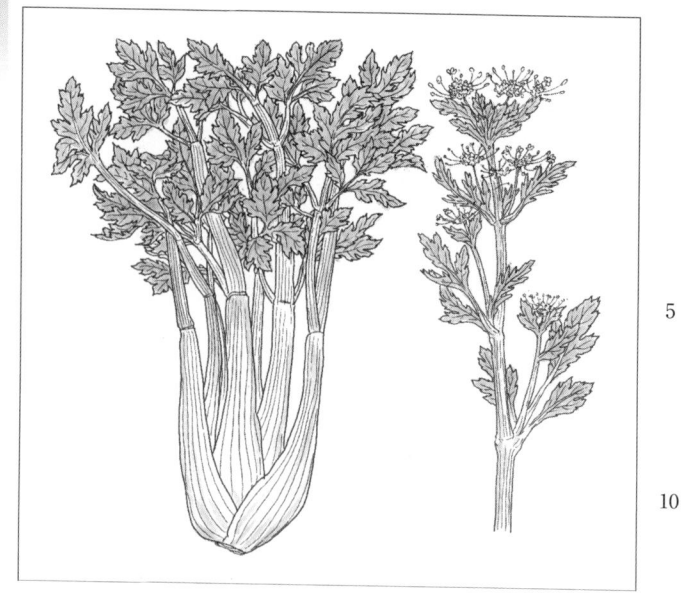

❾

葉は複葉で，深い切れ込みをもつ。茎は高さ60〜90cmで，葉とともによい香りをもつ。初秋に数多くの花柄を出し，緑白色の花を密生する（散形花序）。果実は円形で，長さ約1.5mm。

1 野菜としての特徴

　セルリーは栄養価は高くないが（表1），茎葉に強い香りがあり，肉食とよく合う野菜である。種子は薬用・香辛料にも使われる。わが国には16世紀末（朝鮮出兵のさい）に伝えられたが，消費・栽培が伸びてきたのは第1次世界大戦後である。

2 生育の特徴

　セルリーの生育経過（一生）と作型・品種は図1，2のとおりで，たねまきから収穫開始までの期間は約150日である。
　生育に適した環境は表2のとおりで，冷涼な気候と水分の多い条件を好む（水辺植物として発達した）。種子は好光性である。根は浅根性（30cmていど）である。土壌水分が多いほど生育はおうせいとなるが，土壌は排水性，通気性のよい土を好む。
　発芽後120日ころから中心部の葉（心葉）が急速に発育して立ち上がり，茎葉の肥大・充実が進む。
　花芽分化は，本葉2枚以上の苗が5〜10℃に1〜2週間遭遇すると起こり，とう立ちは高温と長日によって促進される。

表1　おもな食品成分（可食部100g中）

水分	94.7g
炭水化物	3.2g
灰分	1.0g
カリウム	410mg
カルシウム	39mg
カロテン	44μg
ビタミンC	7mg
食物繊維総量	1.5g

（「八訂日本食品標準成分表」による）

表2　生育に適した環境

発芽適温	18〜20℃
生育適温	13〜21℃

3 栽培管理

▶**作型と品種**◀ おもな作型には，春まき❶，夏まき❷，秋冬まき❸がある。いずれの作型でも中間種（淡緑系），緑色種（ミニセルリー）が利用されている。

▶**本畑の準備**◀ 植付けの約1か月前に，10a当たり苦土石灰150kg，堆肥3～5t，有機配合肥料，鶏ふん，油かすなど❹を全面に施し，耕起して土とよくなじませておく。

▶**育苗・栽培管理**◀ セルトレイにたねまきし，本葉3～4枚時に鉢上げをおこない，本葉10枚前後の苗にしてから定植する（うね間60cm×株間40cm〈ミニセルリーでは40cm×20cmていど〉）。苗は浅植えとし，十分にかん水して活着をうながし，気温15℃以上を保つ。側芽は，株の肥大をわるくするので，随時かき取る。

病害虫は，発生をみたらはやめに防除する❺。

株が十分に肥大・充実したら，収穫・調製❻する。収穫が遅れるとす入りになりやすいので注意する。

❶植付けは露地におこなうが，生育初期は保温のためにトンネル栽培とする。

❷生育初期は高温・乾燥期となるので，定期的なかん水とともに，気温の低下やウイルス病予防のために，寒冷しゃの被覆をおこなう。2～3月に収穫する越冬作型では，ハウス内に植え付け，気温が下がってからは十分な保温または加温をおこなう。

❸夏まきと同様な越冬作型となる。全期間ハウス内で栽培する。

❹施肥量は10a当たり成分量で窒素約70kg，リン酸とカリはそれぞれ約60kgを標準とし，元肥と追肥の割合は，全量の約半量ずつとする。

❺はん点病，ヨトウムシ，アブラムシ，ハダニ，ナメクジなどに注意する。

❻調製後の1株重は中間種で1.5～2kg，ミニセルリーでは1kgていどである。

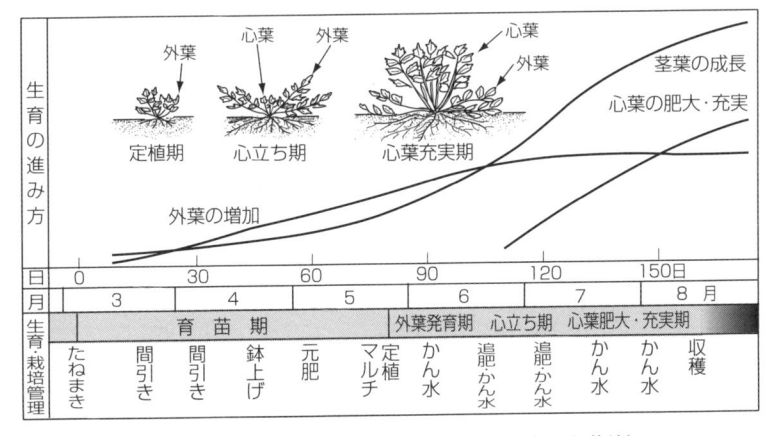

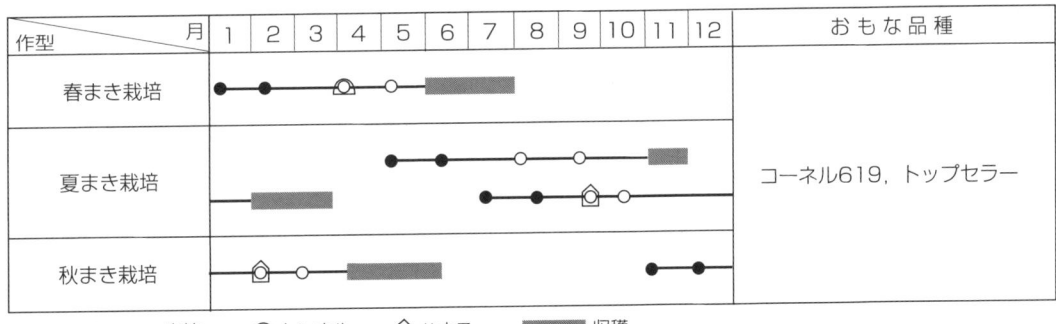

図1 セルリーの生育経過（一生）とおもな栽培管理（春まき栽培）

図2 セルリーのおもな作型と品種

セリ科・葉菜

パセリ

学名　*Petroselinum crispum* Nym.
英名　parsley（和名：オランダゼリ）
原産地　地中海沿岸地方
植物分類　セリ科2年草
利用部位　葉，根
利用法　料理の飾りつけ，こまかく刻んで
　　　　スープ
豊富な成分　カルシウム，カロテン，鉄，
　　　　　　ビタミンC
主産地　千葉県，長野県，静岡県

葉は複葉で群生し，小葉は卵形で粗く切れ込み，せまい被針形。茎は高さ20～50cm。夏～秋に多くの花柄を出し，黄色の花が密生する。果実は広卵形で，長さ3mm。

1 野菜としての特徴

❶古代ギリシャでは食用のほか，かんで歯を磨いたり，口臭消しなどにも用いた。

ヨーロッパでは紀元前から香辛料として利用していた❶。わが国へは江戸時代初期に伝わったが，栽培・利用は明治以降である。

葉と根が利用できるが，わが国では葉が利用されている。カロテンやビタミンC，ミネラルが豊富で栄養価が高い（表1）。

2 生育の特徴

❷25℃以上では発芽率が低下する。5℃以下になると生育がにぶるが，霜害にならないていどの防寒をすれば越冬し，地上部が枯れても，翌春には新芽が伸長する。

生育に適した環境は表2のとおりで，冷涼な気候を好み，高温・乾燥には弱い。低温には比較的強い❷。

花芽分化は，本葉3～4枚以上の苗が0℃前後の低温に1か月以上遭遇すると起こり，高温・長日によってとう立ちする。

土壌の適応性は広いが，根は直根性なので，耕土が深く有機質に富んだ土壌がよい。

表1　おもな食品成分（可食部100g中）

水分	84.7g
炭水化物	7.8g
灰分	2.7g
カリウム	1,000mg
カルシウム	290mg
鉄	7.5mg
カロテン	7,400μg
ビタミンC	120mg
食物繊維総量	6.8g

（「八訂日本食品標準成分表」による）

3 栽培管理

▶作型と品種◀　おもな作型と品種は図1のとおりである。お

もな品種には，パラマウント系や中里系があるが，作型によって使い分ける。

▶**たねまきと育苗**◀ 直まき栽培と移植栽培がある。発芽率は60〜70%と低いので，厚まきとする（発芽までの日数は10日前後）。本葉1枚のときに鉢上げをおこない，15〜20℃で管理する（図2，3）。

▶**畑の準備と定植**◀ 生育期間が長いので，元肥は有機質肥料や緩効性肥料を主体にし，追肥は速効性肥料とする。施肥例を表3に示す。定植は，本葉5〜6枚時におこなう❶。

▶**定植後の管理**◀ 本葉10枚のころに発生する側枝は除去する。高温時には，寒冷しゃ被覆，かん水，敷きわらをする。

軟腐病，えき病，はん点病などの病気や，キアゲハ，ネキリムシ，アブラムシなどの害虫が発生するので，適期防除に努める。

▶**収　穫**◀ 本葉が15枚以上になり，葉の表側が半分くらいみえるころが収穫適期である。1回の収穫は1株から1〜2葉とする。ふつう，1束200gとして出荷する。

❶直まきでは，2〜3回間引き，本葉5〜6枚のときに1本立ちにする。株間は20〜25cmになるようにする。

表2　生育に適した環境

発芽適温	15〜25℃
生育適温	15〜20℃
好適土壌pH	6.0〜6.5

表3　施肥例（10a当たり）

成分	元肥(kg)	追肥(kg)		
		1回	2回	3回
窒素	15.0	5	5	5
リン酸	20.0	—	—	—
カリ	15.0	5	5	5

注　トンネル栽培では，施肥を30〜40%増やす。

図1　パセリのおもな作型と品種
注　早まきは温床育苗。越冬型は，ハウスやトンネルで防寒や保温をする。温度管理は20〜23℃をめやすにする。25℃以上では品質が低下する。

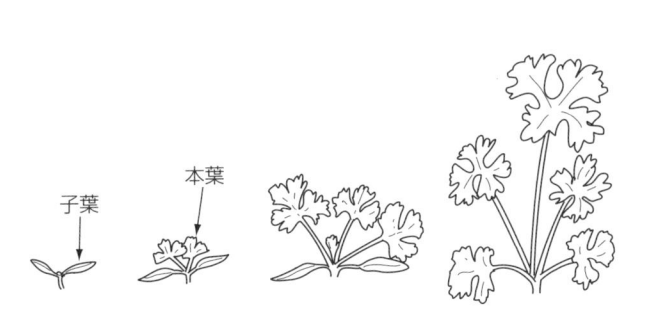

図2　発芽と幼苗の生育

図3　パセリのポット苗

バラ科・果菜

イチゴ

学名　*Fragaria × ananassa* Duch.
英名　strawberry
原産地　北アメリカ東部，チリ南部
植物分類　バラ科多年草
利用部位　果実
利用法　生食（ケーキのデコレーションなど），ジャム，ジュース
豊富な成分　炭水化物（糖質），ビタミンC
主産地　栃木県，福岡県，静岡県，熊本県

茎（クラウン）が太く，ほふく茎（ランナー）を伸ばして繁殖する。株もとから多数の長い葉柄が伸び，3枚の小葉がつく。葉の裏は白っぽく毛が生える。花は白色5弁で，1つの花房に数個咲く。

1 野菜としての特徴

現在栽培されているイチゴのもとは，18世紀末にオランダで，バージニアイチゴとチリイチゴから育成された。わが国には江戸末期に伝わり，オランダイチゴとよばれた。大正以降，イギリスからの品種導入や国内品種の育成❶により，フレーム栽培や石垣栽培❷もおこなわれるようになり，促成栽培のさきがけとなった。

その後，品種改良（図1）や花芽分化の調節技術の開発などにより周年栽培が可能になった。最近では作業性のよい高設ベンチを活用した栽培（図2）も工夫されている。

糖質やビタミンCを豊富に含み（表1），適度な酸味（リンゴ酸が主体）は味覚にさわやかさを与える。

❶明治32年に福羽逸人によって「福羽」が育成された。福羽はその後の主要品種（芳玉，麗紅など）の育種親となった。

❷日あたりのよい傾斜地の石垣を利用した早出し栽培で，静岡県久能山地方が有名。

表1　おもな食品成分（可食部100g中）

水分	90.0g
炭水化物	8.5g
灰分	0.5g
カリウム	170mg
カルシウム	17mg
カロテン	18μg
ビタミンC	62mg
食物繊維総量	1.4g

（「八訂日本食品標準成分表」による）

育成年代	～1970	1980	1990	2000～
品種名	宝交早生 大石四季成* はるのか 盛岡16号 麗紅 アイベリー	とよのか 女峰 サマーベリー*	章姫 レッドパール ペチカ* とちおとめ 彩のかおり 越後姫 濃姫	さちのか アスカルビー さがほのか 紅ほっぺ けんたろう あまおう やよいひめ ひのしずく かおり野

図1　イチゴのおもな品種（上から育成年順に示す。*は四季成り性品種）

2 生育の特徴

イチゴの生育経過（一生）は図3のようで、ふつう、栄養繁殖をする多年草である。開花・結実が終わるとランナー（ほふく茎）を発生し、その先に子株を次々とつける。自然環境下では、秋の低温・短日で花芽分化し、さらに低温・短日になると休眠にはいって越冬し、翌春、高温・長日になると開花・結実する。

生育と環境　生育に適した環境は表2のとおりである。

温度　イチゴは寒さには比較的強いが、高温・乾燥には弱い。株の成長の仕方は品種によって異なるが、低温（−5〜5℃）に一定期間あうと休眠が打破され、その後20〜25℃に保つと栄養成長がさかんになる。

光　日照は多いほうがよく、とくに果実の成熟時には光が強いほうが香りの高い果実ができる。しかし、光飽和点は2.5万ルクスで、他の果菜類よりかなり低い。日長と温度に対する反応は、生育段階によっても異なる（表3）。

土と水分　土壌はあまり選ばないが、根が浅根性なので、保水・

図2　高設ベンチ栽培

表2　生育に適した環境

生育適温	18〜23℃
花粉の発芽適温	25〜27℃
光飽和点	2.5万ルクス
好適土壌pH	5.5〜6.0

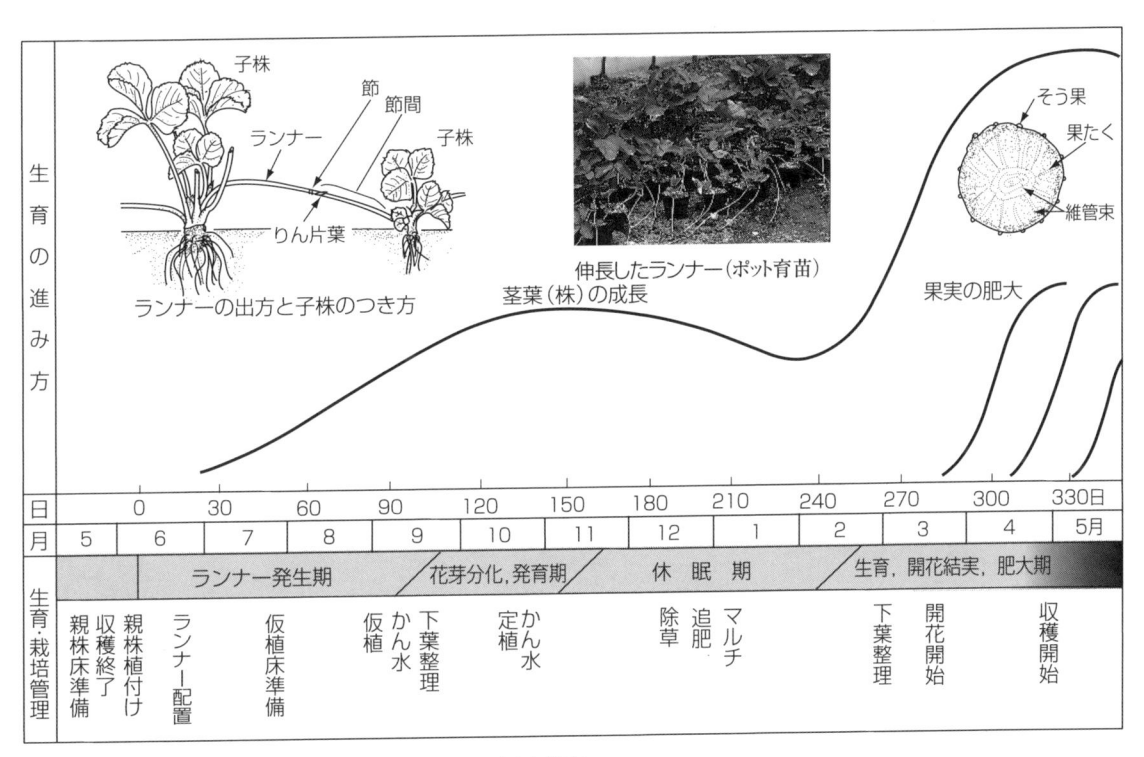

図3　イチゴの生育経過（一生）とおもな栽培管理（露地栽培）

5　各種野菜の栽培（バラ科）

排水性が高く有機物（腐植）に富んだ壌土が適する。土壌水分は多いほど生育がよく，砂質土は乾燥害を受けやすい。

ランナーの発生　ランナーは長日・高温条件で発生する❶。子株は，ランナーの先端につき，そこからさらにランナーが伸びて次々とつく❷。ランナーの発生数は，株の栄養状態や品種によっても異なるので，親株床での管理が大切である。

花芽分化のしくみ　イチゴの茎はクラウンとよばれ，成長点はクラウンの頂部と葉えきにある。花芽は最初に頂芽に分化し❸，つづいてえき芽の花芽が分化して，えき花房に発達する（図5）。発生したえき芽は，ふつう，頂部に近いものほど強くなる。しかし，えき芽の発生の仕方は，栄養条件や環境条件などによっても異なる。

自然環境下での花芽分化は，9月中旬ころから始まり，10月上旬に花芽が形成される（図6）。花芽分化に必要な温度・日長は品種によって異なるが，低温・短日（10〜17℃・12時間ていど）

❶暖地型品種で11時間以上，中間型品種で12時間以上，寒地型品種で13時間以上の日長で発生する。一般には，収穫終了後に発生するので，早生種ほど発生がはやい。

❷1つの親株から30〜50本ていどの小苗ができる（図4）。

❸できた花房を頂花房あるいは第1花房とよぶ。

研究
イチゴの成長点を実体顕微鏡で観察し，花芽の分化・発達（図6）を確認してみよう。

表3　日長と温度に対する反応
（高橋和彦）

	休眠打破後の長日・高温
ランナーの発生	
株の栄養成長　地上部	長日
〃　　　　　　地下部	短日
花芽の分化	短日，低温
〃　　発育	長日，高温
休眠の開始	短日，低温
〃　　打破	長日，低温
果実の肥大	低温
〃　　成熟	（強日照），高温

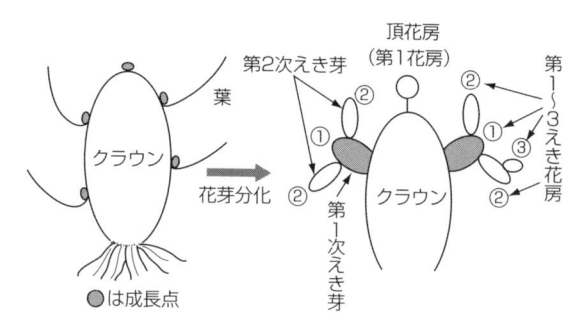

図5　イチゴの成長点と花房の発生（模式図）

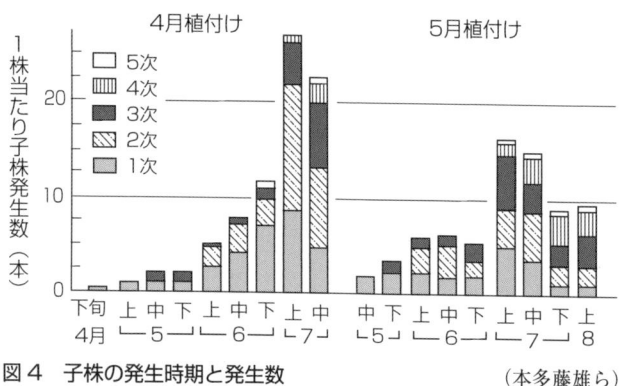

図4　子株の発生時期と発生数
注　農水省野菜試験場久留米支場の調査。
（本多藤雄ら）

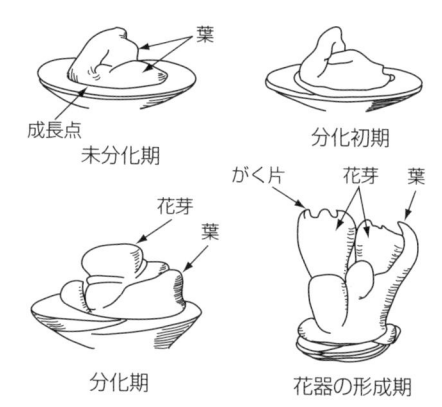

図6　花芽の分化・発達の経過

条件や，体内の低窒素レベルによって促進される。

休　眠　　花芽分化期よりもさらに低温・短日になると，休眠にはいり株がわい化❶する。休眠は一定期間低温を経過しないとさめないし，休眠からさめないと適温を与えても正常な生育はしない。また，自発休眠（→ p.31）が完了しても，ふつう，低温で生育に適さない環境下では休眠を続ける（図7）。

休眠のていどは品種によって異なり，休眠の深い品種ほど，休眠打破に必要な低温要求量が多くなる（表4）。

開花・結実　　イチゴの果実は花床が肥大・発達したもので，しょう果とよばれる偽果（→ p.28）である（図8）。受粉・受精し，花床上の種子（そう果とよぶ）ができることによって，果実が正常に肥大・発達する❷。

自然環境下では平均気温が10℃以上になると開花し，15～24℃で開やくする。受粉は虫媒や風媒によっておこなわれるが，花粉媒介昆虫のいない施設内では，受粉不良となり奇形果が発生しやすい。そこで，ミツバチを放飼❸し（図9），受粉をうながす。

❶株は，新葉が徐々に小さくなり，地面にへばりついたロゼット状になる。

研究
休眠の浅い品種と深い品種を用いて，花芽分化後に保温をおこない，その後の生育の進み方を調査・比較してみよう。

❷そう果ができない部分は果実の肥大・発達が進まず奇形果となる。開花から成熟までは17～30℃の範囲で積算温度約600℃が必要で，開花後30～50日で成熟する。

❸10a当たり1群(5,000匹)を基準にして放飼し，暖かな場所に設置する。ミツバチの活動適温は20～23℃である。

図7　休眠の模式図　　　　　　（川里宏）
注　低温時間数はダナーを基準。

表4　おもな品種の休眠打破に必要な低温要求量

群	品　種	低温要求時間（5℃以下低温遭遇時間）
暖地型	章姫，女峰，はるのか，とよのか	0～50
準暖地型	とちおとめ，さちのか，越後姫	150～200
中間型	彩のかおり，濃姫	250～300
	ひみこ	200～300
	宝交早生，レッドパール	400～500
準寒地型	ダナー	500～750
寒地型	盛岡16号，アキタベリー	700～1,000

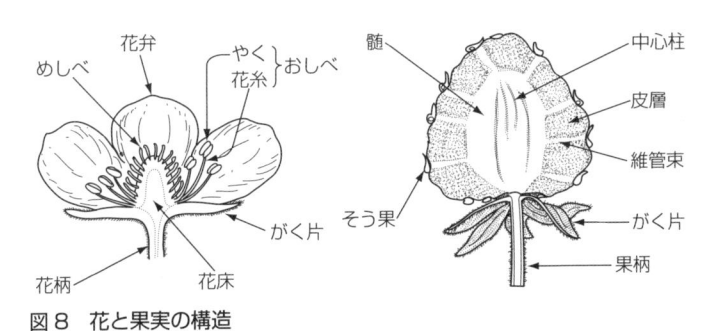

図8　花と果実の構造

図9　ミツバチの放飼

3 栽培管理

▶**作型と品種**◀　品種と栽培方法を組み合わせたいろいろな作型が開発されている(図10)。促成栽培には休眠の浅い暖地型品種,半促成栽培には中間型品種,露地栽培には寒地型品種が適している(→表4)。

▶**育　苗**◀　①**親株の植付け**　移植育苗の親株は,ウイルスフリーの専用株❶や収穫を終えた株を10a当たり200〜300株準備し,3〜4月ころ❷,うね幅2m,株間50〜80cmに植え付ける。植付け後は,保温や肥培管理をおこない,ランナーの発生をよくする。

②**苗取り**　苗は展開葉2〜3枚の若苗がよい。子株に親株側のランナーを約2cmつけて切り取る(先端側は子株のもとから切る)。15cm間隔に浅く移植する(図11)。苗床では,かん水,摘葉,ランナーかき,追肥,中耕,薬剤散布などを適期におこなう。

③**花芽分化の促進**　表5のような育苗方法によって花芽分化を

❶ウイルス病予防のために,ランナーの先端(茎頂)を組織培養(茎頂培養)し,ウイルスに汚染されていない株を育成して,それを親株とする。

❷高冷地などで移植をしない場合は,5〜6月ころが親株の植付け適期である。

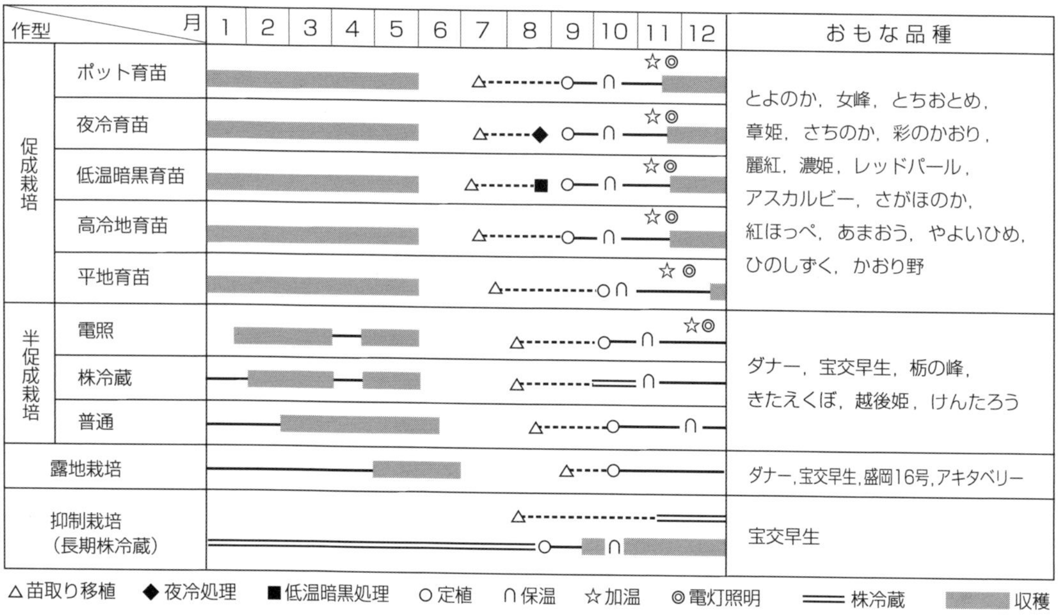

作型		月	1	2	3	4	5	6	7	8	9	10	11	12	おもな品種
促成栽培	ポット育苗														とよのか,女峰,とちおとめ,章姫,さちのか,彩のかおり,麗紅,濃姫,レッドパール,アスカルビー,さがほのか,紅ほっぺ,あまおう,やよいひめ,ひのしずく,かおり野
	夜冷育苗														
	低温暗黒育苗														
	高冷地育苗														
	平地育苗														
半促成栽培	電照														ダナー,宝交早生,栃の峰,きたえくぼ,越後姫,けんたろう
	株冷蔵														
	普通														
露地栽培															ダナー,宝交早生,盛岡16号,アキタベリー
抑制栽培(長期株冷蔵)															宝交早生

△苗取り移植　◆夜冷処理　■低温暗黒処理　○定植　∩保温　☆加温　◎電灯照明　━━株冷蔵　▬▬収穫

図10　イチゴのおもな作型と品種

注　露地栽培:自然環境下の栽培であるが,ポリマルチを利用して収量を安定させている。寒冷地や高冷地では,休眠の深い品種を使用する。半促成栽培:収穫をはやめるために,株冷蔵や高冷地育苗などをおこなって強制的に休眠を打破したり,一定期間低温経過させたのちに電照を利用して休眠を打破したりする。早期に保温をする栽培もある。促成栽培:休眠の浅い品種を用いて,表5のような方法で花芽分化を促進し,保温や加温によって花芽を発育させて,11〜5月に収穫。休眠の深い品種は,ジベレリン処理や電照栽培により休眠にはいらないようにする。抑制栽培:花芽を形成した株を11〜1月ころ掘り上げて,0〜1℃の冷蔵庫で貯蔵して発育を抑制し,9〜12月に収穫。このほか加工原料栽培には,「千代田」や「アメリカ」などの品種が利用されている。

はやめると，収穫時期をはやめることができる。

▶**本畑の準備**◀ 施肥量は，作型や畑の状態（土質や残肥の量）などによっても異なるが，施肥例を表6に示す。元肥は有機質や緩効性肥料を主体にし，全面に施して深く耕し，うねはできるだけ南北方向に設け，高くする（図13）。

▶**定　植**◀ 定植は花芽分化後におこなう。促成栽培は，定植時期の早晩によって収穫開始時期が大きく変動するので，花芽分化を確認したらすみやかに定植する。半促成栽培や露地栽培では10～11月ころが標準である。各作型の栽植距離の基準は，表7のと

図12　夜冷育苗のようす
注　日中は外に出し，夕方には夜冷施設に入れる。

表5　花芽分化をはやめる育苗方法と管理

育苗方法	育苗管理
高冷地育苗	一般に，7月中旬～8月上旬にかけて，小苗を標高1,000m前後の高冷地へ直接上げて育苗する。本葉3～4枚のそろった苗を用いる。育苗畑は，原則として窒素を施用しない。花芽分化後，山下げして定植する。
ポット育苗	窒素のコントロールが移植床育苗より容易。用土は排水性のよい無病土（赤土ともみがらくん炭などを7:3ていどに混合）を用いる。本葉2～3枚の苗を7月上旬までに鉢上げし，パイプハウスで雨よけ育苗をする。窒素は前半に与えて株の充実を図り，後半は8月上旬ころに窒素を切って花芽分化の感受性を高める。施肥量は，窒素成分で1株当たり150mgていどがめやす。定植は9月上・中旬。
夜冷育苗	夜冷処理は8月上旬以降に開始する。育苗した苗をコンテナなどに移し，夜冷施設で10～15℃，日長8時間の低温・短日条件で管理する（図12）。処理期間は20日間前後であるが，時期，品種，体内窒素レベルなどによって異なる。
低温暗黒処理	苗取りは，処理開始50日ていど前におこない，肥培管理はポット育苗に準じておこなう。処理は8月下旬に開始し，13～15℃で20日間前後を限度におこなう。
移植床育苗	花芽形成の20日前ころの8月末に断根処理（ずらし）を1回おこなう。断根処理は，展開葉が一時しおれるていどとする。

表6　施肥例
（とよのか，10a当たり）

肥料名	元肥（kg）	追肥（kg）
完熟堆肥	4,000	
苦土石灰	100	
三要素	15-15-8（配合肥料）	15-8-8（液肥）

注　配合肥料は緩効性肥料主体。

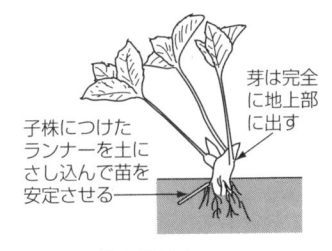

図11　苗の植え方

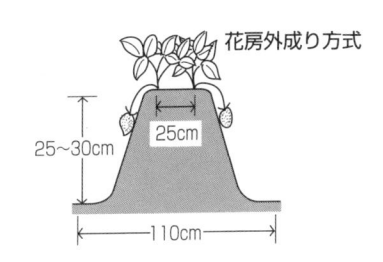

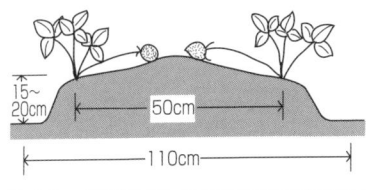

図13　栽植様式とうね立ての例（株間は20～25cm）
（伏原肇）

表7　栽植距離

作　型	うね幅(cm)	条数	株間(cm)	1a当たり株数
促成ハウス(1)	180	4	25	800～900
(2)	120	2	15	900～1,100
半促成ハウス	135	2	25～30	700～800
トンネル	150	2	25～30	550～600
露地	120	2	30	550
抑制	120	2	15	900～1,100

おりである。

定植のさいには，花房に光がよくあたるように苗の方向に注意し❶，活着をうながすためにあまり浅植えにしない❷（図14）。

▶定植後の管理◀　イチゴは乾燥に弱いので，かん水を十分おこない株の充実を図る。促成栽培の保温開始は，平均気温が16℃になる10月中・下旬をめやすに，第1えき花房の花芽分化後におこなう。草勢を維持し，収量・品質を向上させるために，電照❸やジベレリン処理もおこなわれる。

保温（ビニル被覆）は，一般には休眠からさめる1月以降におこなうが（図15），半促成栽培の電照や株冷蔵栽培では，11月からおこなう。温度管理は，昼温25℃，夜温8℃を目標にし，急激な温度や湿度の変動がないようにする。

また，保温開始後には，つぼみや茎葉を傷めないように注意してマルチをおこなう。

▶追肥・かん水◀　イチゴの養分吸収量は，開花後から窒素とカリの吸収量が多くなる（図16）。したがって，追肥は液肥などで月に1～2回施し❹，生育後期まで肥効が落ちないようにする。

また，果実が肥大するにつれて吸水量も増加するので，かん水はこまめにおこなう。ただし，厳寒期はかん水の量，回数とも控えめにする。

▶変形果の発生防止◀　イチゴの変形果のおもな発生原因は，花床そのものの変形によるもの（鶏冠状果や縦みぞ果など）と不

❶花房は，ふつう，親株側のランナーの反対側に発生する。

❷とくに，ポット苗では根鉢が地上部に露出すると活着が遅れる。促成栽培ではクラウン部が乾かないように，こまめにかん水をして活着と根の伸長をうながす。

❸休眠の浅い品種は，わい化や株疲れを防止するため，11月下旬～2月下旬ころまで電照する。電照時間は生育に応じて調節する。宝交早生など休眠のやや深い品種は，11月上旬から開始して，茎葉を伸ばし，わい化を防ぐ。半促成栽培では休眠打破を促進する。

❹収穫期間が長い施設栽培は，収量に応じて施肥量（追肥の回数）を増やす。

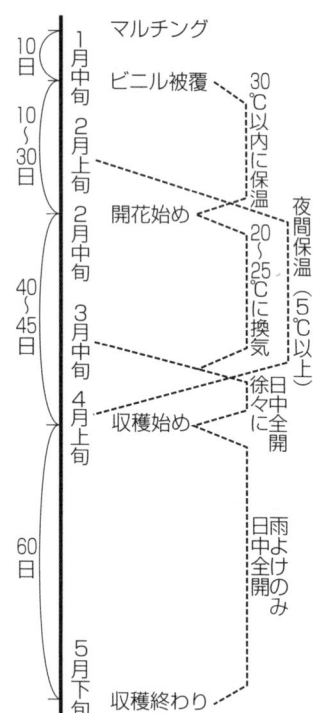

図15　半促成栽培の温度管理の例

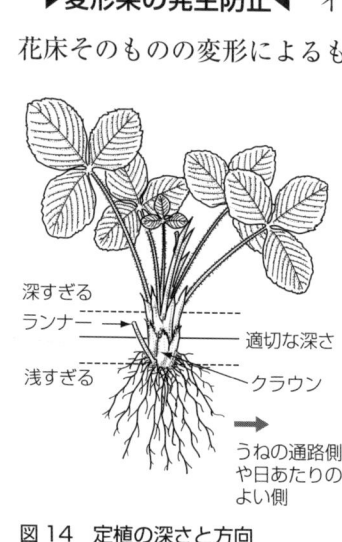

図14　定植の深さと方向

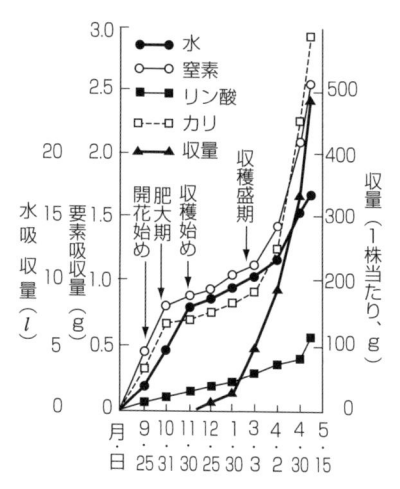

図16　収量と肥料の吸収経過（「はるのか」の促成長期どり栽培）

受精によるものとがある（図17）。前者は，花芽分化期ころに草勢がおうせいであったり，花芽分化前に定植したりすると発生が多い。後者は，放飼したミツバチの活動が低下すると多くなる。

また，草勢がおうせいな場合や高温管理をおこなった場合などには，先つまり果や先青果などの発生が多くなる。

変形果の発生を防止するためには，施肥，かん水，温度管理などによって適度な草勢を維持するとともに，施設内の環境をミツバチが活動しやすいようにすることが基本である。

▶病害虫防除◀　とくに発生しやすい病害とその防除法は，表8のとおりである。その他，いちょう病や根腐れ病などの土壌伝染性の病害は，連作を避け，土壌消毒をおこなう必要がある。灰色かび病は，トマトやキュウリなどに準じて防除する。害虫は，アブラムシ，ハダニ，センチュウなどに注意する。

▶収穫・品質保持◀　開花から収穫までの日数は，低温期で40～60日，高温期で25～30日である。収穫は果実温度の低い早朝におこない，育苗用の夜冷施設や予冷庫などを有効に活用して鮮度の低下を防ぐようにする。

イチゴは収穫・調製（パック詰めなど）に多くの労力を要するので，これらの作業改善も積極的に図る必要がある。

▶栽培の評価◀　促成栽培の労働時間は，10a当たり1,200～2,000時間を要し，とくに育苗と収穫・調製に多くの労力を要する（図18）。したがって，作型や品種の選択，育苗や栽培管理の良否，収量や品質，労力配分などについて評価し，次の栽培に生かすようにする。

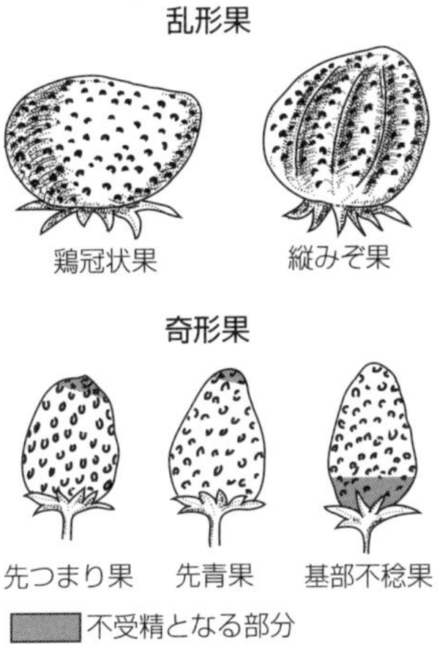

図17　おもな変形果

注　先つまり果は，開花後はやい時期に受粉の機会がなくなったとき，先青果は，開花後おそくまで受粉の機会があったとき，基部不稔果は，開花後しばらくのあいだ受粉の機会がなかったとき，に発生する。

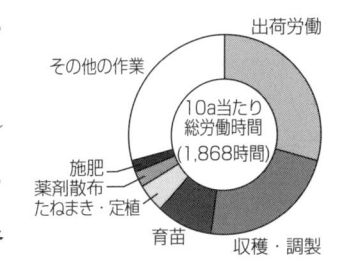

図18　施設栽培の作業別労働時間（「平成11年野菜・果樹品目別統計」による）

表8　イチゴに発生するおもな病害と防除法

種類	症状と発生条件	防除法
い黄病	土壌伝染病の病害で，高温条件で発生が多い。小葉の1～2枚が黄化し，きょくたんに小さくなる症状を示す	無病親株を無病地で育苗し，本畑の土壌消毒をおこなう
炭そ病	葉柄とランナーに黒色のだ円形の病はんを生じる。クラウン部がおかされると枯れる。高温の時期に発生しやすく，6月下旬～9月下旬にかけて発病する。とくに女峰やとちおとめ，章姫は弱い	前年の発病床は用いない。とくに，予防防除に努める。雨よけ，ポット高設育苗をする
うどんこ病	トンネル栽培やハウス栽培に発生が多い。地上部すべてに発生し，発病が激しくなると表面全体が白粉状物でおおわれ，葉が巻いて立ってくる。親株からランナーに伝染する。発病果は商品価値がない	育苗期から薬剤の予防防除に努める

5　各種野菜の栽培（バラ科）

イネ科・果菜
スイートコーン

学名　*Zea mays* L.
英名　sweet corn
原産地　メキシコ高原，ボリビアなど
植物分類　イネ科1年草
利用部位　果実
利用法　ゆでる，焼く，生食，缶詰
豊富な成分　炭水化物（糖質），タンパク質，脂質
主産地　北海道，千葉県，茨城県，長野県，群馬県

❿

葉は長くて厚く，葉しょうは厚く稈を包む。茎（稈）は太い円柱形で直立し，高さ1～3m。茎の基部からは支柱根が出る。茎頂に雄穂をつける。葉えきから出た雌穂は長いひげ状の絹糸（花柱）をもつ。

1 野菜としての特徴

スイートコーンはトウモロコシの一種で，胚乳に糖を多く含み，甘味種とよばれ，おもに青果として利用される❶。わが国での栽培は明治時代に北海道で始まり，昭和40年代にスーパースイート系が導入され，全国的に栽培が広がった。昭和58年にはバイカラー系品種（2色粒品種）も登場した。近年では生食向きの品種もある。

スイートコーンは糖質を多く含み，高カロリーで甘味が強く，タンパク質や脂質も豊富である（表1）。

❶スイートコーンのほかに，デントコーン（馬歯種），フリントコーン（硬粒種），ソフトコーン（軟粒種），ワキシーコーン（もち種），ポップコーン（爆裂種），などがある。

表1　おもな食品成分（可食部100g中）

水分	77.1g
炭水化物	16.8g
タンパク質	3.6g
脂質	1.7g
灰分	0.8g
カリウム	290mg
カルシウム	3mg
カロテン	53μg
ビタミンC	8mg
食物繊維総量	3.0g

（「八訂日本食品標準成分表」による）

2 生育の特徴

スイートコーンの生育経過（一生）とおもな作型・品種は図1，2のとおりで，たねまきから収穫までの期間は90～100日ていどである。

生育と環境　生育に適した環境は表2のとおりで，高温と強い光を好み，とくに高温で光合成能力が高く，根の発育にも高い地温が必要である。また，スイートコーンは光合成能力そのものが高いC_4植物である。

表2　生育に適した環境

発芽適温	20～30℃
生育適温	23～25℃
好適土壌pH	6.0ていど

土壌に対する適応性は広い（pH5.0〜8.0で栽培可能）が，腐植に富む排水良好な壌土が望ましい。

花芽の分化・発達

本葉3.5枚前後，草丈15〜18cm（たねまき後22〜25日）の時期に，成長点に雄花が分化する。雄花が分化すると，引きつづいて第1雌花が本葉6〜7枚のえき芽として分化し，つづいて第2，第3の雌花が分化する。雄花の分化によって葉数が決定され，早生種11〜12枚，晩生種13〜14枚ていどである。

雌穂・雄穂が分化すると，節間が急速に伸長し，やがて雄穂・雌穂（絹糸）が形成される（図3）。

開花・結実

はじめに雄穂が抽出して開やくし，花粉が飛散する。その後1〜3日で絹糸が抽出し始め，おもに風媒によって受粉・受精がおこなわれる（図4）。

受精すると絹糸の成長は止まり，褐変してちぢれていく。小花は受精後4〜5日ころから肥大を始め，成熟が進む。

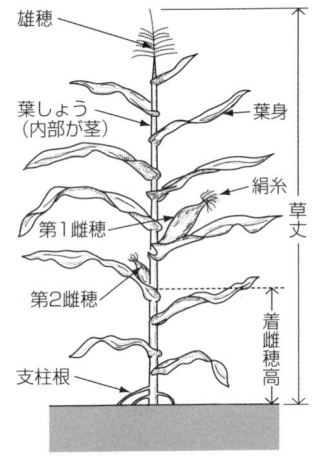

図3　成熟期のすがた

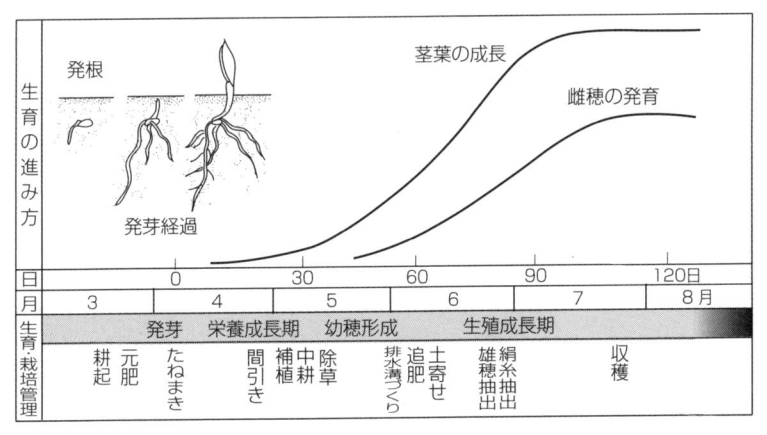

図1　スイートコーンの生育経過（一生）とおもな栽培管理（マルチ栽培）

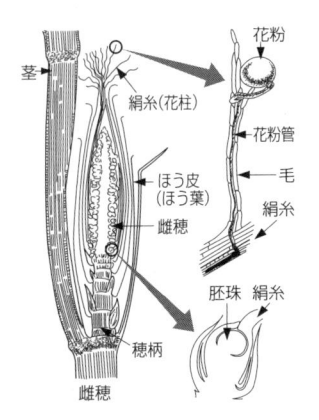

図4　雌穂の形態と花粉管の伸長

図2　スイートコーンのおもな作型と品種（スーパースイート系品種）

3 栽培管理

▶作型と品種◀ おもな作型にはハウス栽培，トンネル栽培，マルチ栽培，普通栽培などがあるが，いずれも春から秋の温暖な気候を利用する。品種はF₁品種が多く利用されている。

なお，スイートコーンは，**キセニア現象**[1]によって果実品質が低下することがあるので，品種選択や栽植様式に注意する。

▶本畑の準備◀ 連作を避け，3～5年以上の輪作体系をとることが望ましい。堆肥と石灰質肥料などを施して耕すが，耕起，整地後は，図5のような状態が望ましい。施肥例を表4に示す。

▶たねまき◀ 栽植密度と栽植様式を表5，図6に示す。適正な栽植密度を確保し，欠株のないようにして，大きさのそろった雌穂（房）が収穫できるようにする。たねまきは，ふつう深さ2～3cmの点まきにして覆土する。種子の構造は図7のようである。

▶栽培管理◀ 発芽後に間引きをおこない，2～3葉期までに1か所1株とする。追肥，中耕・土寄せは幼穂形成期までに，根を切ったり葉を傷めたりしないように注意しておこなう[2]（図8，9）。

除げつ（分げつの除去）は，基本的におこなわない[3]。結実をよくするために除房をおこなう場合は，適期に実施する[4]。

病害虫防除は，主として害虫が対象となり，とくにアブラムシ

---

[1] 花粉親の影響が子実（胚乳）の形質にあらわれる現象で，キセニアになると食味や品質の低下をまねく（表3）。これを防止するには，異なる品種の混植を避けたり，隣接する畑と適当な距離を保ったりする必要がある。

[2] 根を切ると吸肥力を低下させ，倒伏を助長する。

[3] 除げつには，①雌穂収量の減収，②倒伏の助長，③雌穂先端の不稔部分の発生と増大，④雑草の繁茂，などの弊害がある。

[4] 除房は絹糸が出たときにおこなうが，第2雌穂以下を取り除く除房はあまり効果がない。

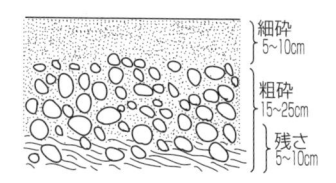

図5 耕起，整地後の良好な状態
（戸沢，1984）

細砕 5～10cm
粗砕 15～25cm
残さ 5～10cm

表3 雌穂品質に及ぼす花粉の影響

	花粉			
	スーパースイート系	スイート系	スーパースイート系とスイート系の交雑種	デントコーンとフリントコーン
スーパースイート系	○	×	○	×
スイート系	×	○	○	×
スーパースイート系とスイート系の交雑種	○	○	○	×

注 ○：市販可，×：市販不可。

表4 施肥例（10a当たり）

肥料名	元肥(kg)	追肥(kg)	三要素成分量(kg)		
			窒素	リン酸	カリ
リン加安（14-17-13）	130		18.2	22.1	16.9
過リン酸石灰（0-17.5-0）	20		0	3.5	0
窒素カリ化成（15-0-15）		70	10.5	0	10.5
計			28.7	25.6	27.4

表5 トンネル，マルチでの栽植密度

うね幅(cm)	条数	株間(cm)	10a株数(本)
135	2条	27	5,330
〃	〃	30	4,800
150	2条	27	4,800
〃	〃	30	4,320
〃	〃	35	3,700
180	2条	27	4,000
〃	〃	30	3,600
〃	〃	35	3,080
190	3条	27	5,700
〃	〃	30	5,140
210	3条	27	5,140
〃	〃	30	4,630
225	3条	27	4,800
〃	〃	30	4,320

とアワノメイガの防除に努める。また，鳥害にも注意する。

▶**収穫・品質保持**◀　食味は粒の水分と糖とデンプンのバランスによって決まり，生食用には水分68〜72％のものがよい（図10）。収穫が遅れるとデンプンが多くなり食味が低下する。一般に，絹糸がしおれ，雌穂の先端が細くなったころが収穫適期である。

収穫作業は朝はやく気温の低いうちにおこない，粒の温度が上がらないようにする。調製も涼しい場所でおこない，鮮度保持に努める。調製は，穂柄を5cmくらいつけ，未熟，過熟，先端不稔（ふねん）（図11）などの不良品が混入しないようにして出荷する。

研究
収穫の時刻（早朝，昼間，夕方），収穫後の温度（常温，10℃，0℃），荷姿（横に寝かせた状態，立てた状態）による，鮮度や食味の変化を4日間調査し，鮮度保持に最も適した収穫・調製・出荷の方法を考えてみよう。

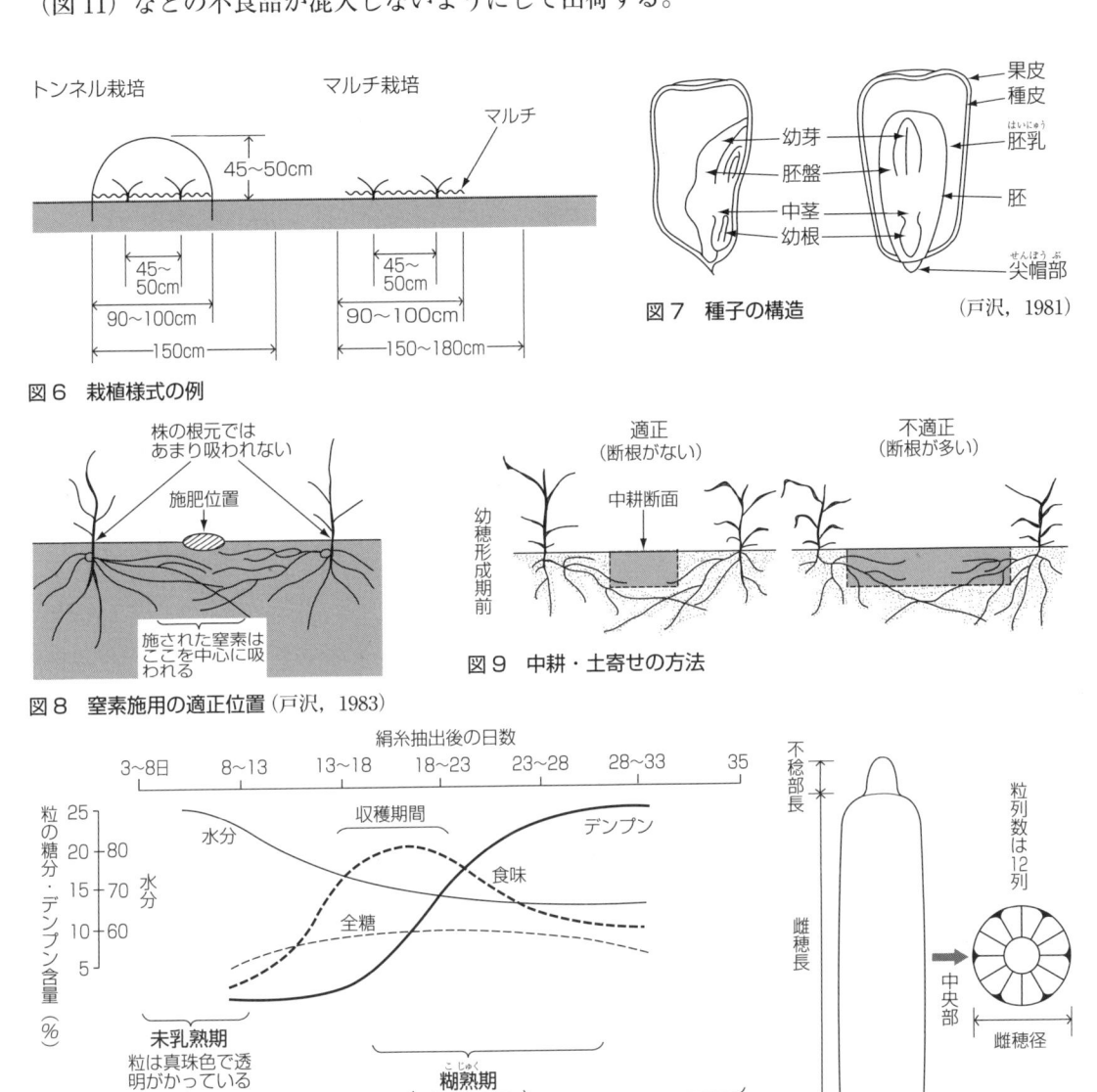

図6　栽植様式の例

図7　種子の構造　（戸沢，1981）

図8　窒素施用の適正位置（戸沢，1983）

図9　中耕・土寄せの方法

図10　雌穂の成熟と成分変化　（戸沢，1985）

図11　雌穂の形態

5　各種野菜の栽培（イネ科）

アカザ科・葉菜

ホウレンソウ

学名　*Spinacia oleracea* L.
英名　spinach
原産地　コーカサス地方
植物分類　アカザ科1年草
利用部位　茎葉
利用法　おひたし，いためものなど
豊富な成分　カロテン，カリウム，鉄，タンパク質
主産地　千葉県，埼玉県，群馬県，茨城県，北海道

⓭

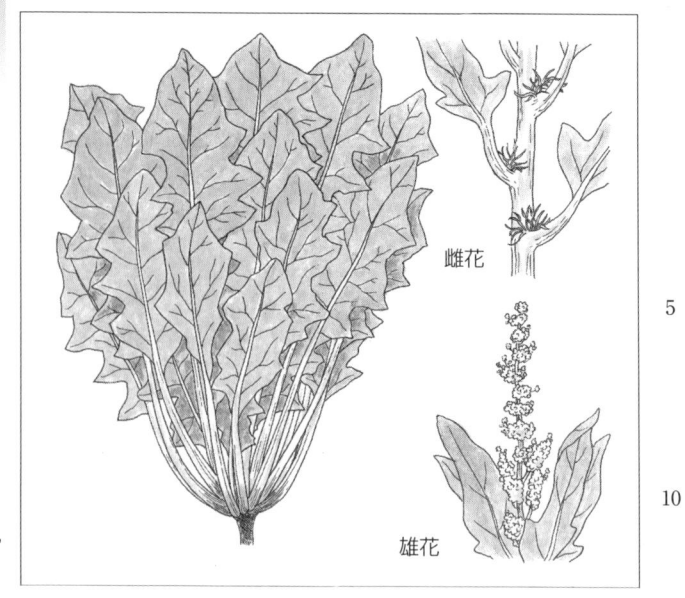

葉は大きく長卵形か被針形で，葉柄の基部は紅色。茎は直立し，高さ50cm。雄花は円錐花序をなし，雌花は葉えきに3〜5個つく。おしべ，めしべとも4本。果実には2本のとげがある。

❶品種の改良，各種資材の開発，雨よけ栽培の普及，予冷出荷の確立などによって，生産が周年化し，産地が拡大した。

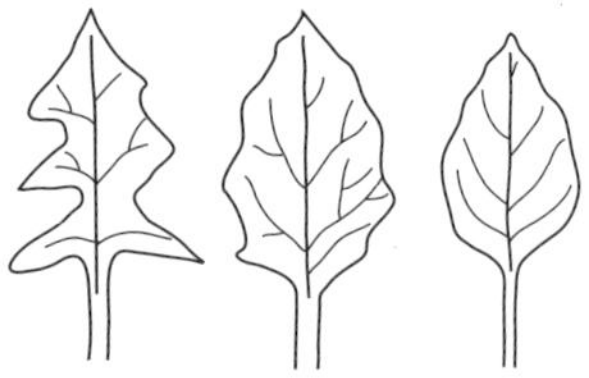

図1　ホウレンソウの種類
東洋種　雑種　西洋種

表1　おもな食品成分（可食部100g中）

水分	92.4g
炭水化物	3.1g
灰分	1.7g
カリウム	690mg
カルシウム	49mg
鉄	2.0mg
カロテン	4,200μg
ビタミンC	35mg
食物繊維総量	2.8g

（「八訂日本食品標準成分表」による）

1　野菜としての特徴

　ホウレンソウは，カロテンや鉄を多く含む（表1），代表的な緑黄色野菜で，昭和40年代以降，栽培・利用が増加した。
　わが国には，17世紀に中国から導入されて在来種（東洋種）ができあがった。その後，ヨーロッパで改良された西洋種が導入され，在来種とのあいだで交雑がおこなわれて多くの品種が育成された（図1）。現在では，生産の周年化も進んでいる❶。

2　生育の特徴

　ホウレンソウの生育経過（一生）とおもな作型・品種は図2，3のとおりである。生育ははやく，たねまきから収穫までの期間は，高温期30〜40日，低温期50〜60日ていどである。

生育と環境　生育に適した環境は表2のとおりで，冷涼な気候を好む（0℃くらいでも生育する）。暑さには弱く，25℃以上になると発芽がわるくなり，病害（立枯れ病など）の発生も多くなる（図4）。低温・短日下で生育したものは品質がよい。

根は，密生して深く伸びるので，耕土が深く有機質の多い肥よくな土壌が適する。土壌の酸性に最も弱い野菜で，pH5.5以下では栽培がむずかしい。湿害にもきわめて弱いので注意する。

茎葉の成長　発芽（たねまき後5～7日）後，本葉2枚になるころまでは生育は比較的緩やかであるが，本葉10枚くらいになると，葉重が急速に増大する。

代表的な長日植物で，一般に，長日・低温によって花芽分化し，長日・高温によって抽だい（とう立ち）する❶。

❶長日期に向かう栽培では，とう立ちしないようなたねまき期の決定と品種の選択がとくに重要である。ホウレンソウは雌雄異株であるが，最近の晩抽性の品種には雌雄同株のものが多い。

3 栽培管理

▶作型と品種◀　秋まき栽培が主体であったが，春まきや夏まきも増えている。最近，育成・利用されている品種は，F₁品種が

表2　生育に適した環境

発芽適温	15～20℃
生育適温	15～20℃
好適土壌pH	6.5～7.0

図2　ホウレンソウの生育経過（一生）とおもな栽培管理（春まき栽培）

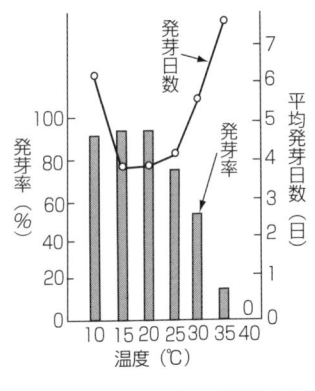

図4　ホウレンソウの発芽と温度
（稲川利男らによる）

図3　ホウレンソウのおもな作型と品種

●たねまき　△ハウスかトンネル　▬収穫

注　春まき栽培：生育期が長日になり，とう立ちしやすいので，日長に敏感な東洋種は適さない。日長に鈍感でとう立ちのおそい西洋種やF₁品種が適する。夏まき栽培：一般に冷涼地，高冷地での栽培が主体になるが，平たん地でも雨よけハウスを利用して栽培される。晩抽性で，耐暑性・耐病性のある品種が適する。秋まき栽培：低温・短日条件に向かう時期なので，栽培が容易で，品質がすぐれ収量も多い。翌春どりには，耐寒性が高く，晩抽性の品種が適する。寒さの厳しいときには防寒に努める。べたがけやトンネル被覆をおこなうと生育をはやめることができる。

研究
春まき，夏まき，秋まきのホウレンソウの品質（糖含量，食味など）と収量を調査・比較してみよう（→p.36図4）。

❶種子はかたい果皮でおおわれているが（図5），最近では，果皮を取り除いた種子（ネーキッド種子）も販売されている。

表3 施肥例（10a当たり）

肥料名 \ 時期	元肥（kg）	追肥（kg） 1回	2回
堆肥	2,000		
苦土石灰	200		
ヨウ成リン肥	60		
CDU化成	100		
NK化成		20	
液肥			20

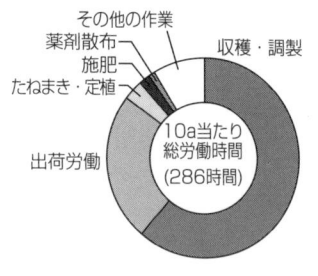

図7 露地栽培の作業別労働時間
（「平成11年野菜・果樹品目別統計」による）

図5 種子の形態と構造
（香川彰）

図6 たねまきの方法の例

ほとんどである。作型にあった品種を選ぶようにする。

▶本畑の準備◀ 堆肥を十分施し，平うねや高うねとする。施肥量は作型や土質，前作の残肥などによって異なるが，施肥例を表3に示す。元肥を主体とするが，栽培期間の長い場合には1～3回の追肥をおこなう。

▶たねまき◀ 直まきによるばらまきや，すじまきが一般的である❶（図6）が，シードテープ（→p.18）の利用もある。最近ではセル成型苗（→p.86）やソイルブロック苗（→p.87）を利用した移植栽培もおこなわれている。

雨よけ栽培では，発芽そろいまでの期間は，遮光資材を利用して，気温・地温の上昇を防止する。

▶栽培管理◀ 間引きは本葉2～3枚のころまでにおこない，生育をそろえる。それ以後は密生した部分を間引く。間引き後，速効性の肥料を追肥し，浅く中耕して土寄せをおこなうとよい。

かん水は本葉4～5枚ころまでは控え気味にして，根を深く伸ばすとともに立枯れ病の発生を防止する（表4）。

▶収穫・品質保持◀ 収穫期の葉数は，春から夏まきで10～15枚，秋まきで15～20枚くらいである。収穫の方法には，収穫の大きさに達した株から順次間引きながら収穫する間引き収穫と，いっせい収穫とがある。いずれの場合も出荷前日か当日の早朝におこない，鮮度の高いうちに出荷する。高温時の収穫では，予冷（→p.38）をおこなって品質保持に努める。

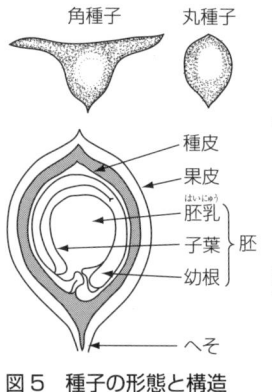

▶栽培の評価◀ 標準的な収量は1～1.5t/10aで，所要労力は比較的少ない（図7）。作型・品種の選択，栽培技術，所要労力などの点から評価をおこなう。

表4 かん水のめやす（高冷地雨よけ栽培）

生育期	期間（日間）	かん水回数	1回のかん水量（mm）
整地2～3日前	—	1	30～50
たねまき直後	—	1	10～20
出芽まで	4～7	0～2	5
本葉4枚まで	11～12	2～4	5
収穫5日前まで	10	2～3	10
収穫前5日間	5	0	0

サトイモ科・イモ類
サトイモ

学名　*Colocasia esculenta* Schott
英名　dasheen, taro
原産地　インド東部からインドシナ半島
植物分類　サトイモ科多年草
利用部位　塊茎（イモ），葉柄（ずいき）など
利用法　ゆでもの，煮もの
豊富な成分　炭水化物（デンプン）
主産地　千葉県，宮崎県，鹿児島県，埼玉県

球茎はだ円形で褐色の繊維に包まれる。葉柄は直立して太く淡緑色か紫色で，高さ50cmから100cm以上。葉身はだ円形で長さ30〜50cm。まれに，サトイモ科特有の花（仏えんほう）をつける。

1 野菜としての特徴

わが国での栽培の歴史は古く，縄文時代後期には渡来したものと考えられている。ふつう，地中で肥大した茎（塊茎）を食用するが，葉柄や幼芽（芽イモ）を利用することもある。

炭水化物を多く含み（表1），デンプン粒がビタミンCやB_1を取り囲んでいるので，調理（加熱）による損失が少ない❶。

❶サトイモのビタミンC残存率は90％以上である（ハクサイやキャベツは10〜20％ていど）。

表1　おもな食品成分（可食部100g中）

水分	84.1g
炭水化物	13.1g
灰分	1.2g
カリウム	640mg
カルシウム	10mg
カロテン	5μg
ビタミンC	6mg
食物繊維総量	2.3g

（「八訂日本食品標準成分表」による）

2 生育の特徴

サトイモの生育経過（一生）とおもな作型・品種は図1，2のとおりで，栄養繁殖をおこなう。開花は10月ころであるが，わが国ではまれにしかみられない。

生育と環境　生育に適した環境は表2のとおりである。高温・湿潤な環境を好み，弱い光にも耐える。休眠がないので適温であればいつでも発芽する。6℃以下になるとイモが腐敗しやすくなる。

土壌の適応範囲は広いが（生育可能な土壌酸度pH4.1〜9.1），乾燥には弱く，有機質に富んだ耕土の深い壌土が適する。

表2　生育に適した環境

発芽最低温度	15℃
生育適温	25〜30℃
最適地温	22〜27℃
好適土壌pH	5.5〜6.5

球茎の形成　種イモの頂芽が成長すると，葉柄の基部が短縮・肥大して親イモとなり，親イモの側芽が成長するとその基部が肥大して子イモとなる。同様にして子イモから孫イモが形成される（図3）。

3　栽培管理

▶**作型と品種**◀　作型の分化は少なく，いずれも春から秋の温暖な気候を利用して栽培する。品種には，親イモ用種，子イモ用種，親子兼用種，葉柄（ずいき）用種などがある。

▶**種イモの準備**◀　種イモは，大形のものほど発育が良好で多収となる。無病で50g以上の子イモや孫イモを用いる。親イモを用いる場合は，縦に2～4個に分割して利用する。

促成栽培や早熟栽培などでは，植付け予定の3～4週間前に25～30℃の苗床に伏せ込み（催芽，図4），芽が2～3cmに伸びたものを植え付ける。

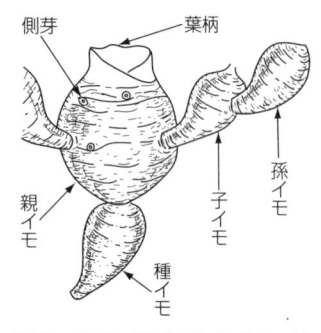

図3　球茎の形成（模式図）（飛高）
注　親イモの側芽は，ふつう，20以上あるが，下方の2～5芽は休眠したままの場合が多い。

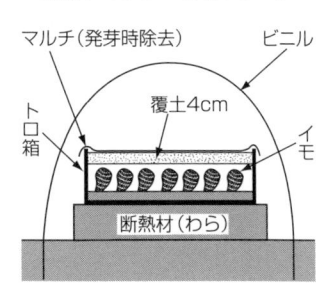

図4　催芽の方法

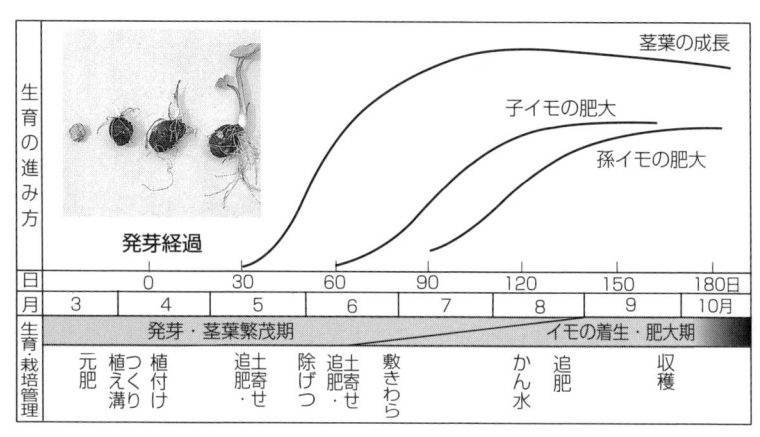

図1　サトイモの生育経過（一生）とおもな栽培管理（露地栽培）

図2　サトイモのおもな作型と品種

▶**畑の準備と植付け**◀ 連作に弱いので3～4年輪作をおこなうことが望ましい。栽培期間が長いので，堆肥や緩効性肥料の効果が高い。施肥例を表3に示した[1]。

各作型の栽植距離は表4のとおりである[2]。植付けは，15cm ていどの植えみぞを切り，種イモの芽を上にして並べ10cm ていど覆土する。深植えは発芽そろいがわるくなる。

▶**植付け後の管理**◀ 頂芽が障害を受け，数本の側芽が伸長してきた場合（図5）には，丈夫な芽を残し，他の芽ははやめにかき取る。マルチ栽培では，発芽が始まったら，マルチに穴をあけ，芽の日焼けを防ぐ。マルチは6月下旬に除去し，土寄せをする。土寄せは，1回目5cm，2，3回目10cm ていどとし，梅雨期までに終了する。高温・乾燥期には，かん水や敷きわらをおこなう[3]。

他の野菜と比べて病害の発生はきわめて少ない。虫害ではハスモンヨトウ，アブラムシ，ハダニなどの発生に注意する。

▶**収穫・貯蔵**◀ 早掘りは8～9月，普通栽培は10～11月をめやすにする。貯蔵は排水のよい土中でおこない（図6），6℃以上の温度を保って腐敗を防止する。

[1] ヤツガシラやエビイモでは30～50％増しの施肥量とする。

[2] 耕土が浅いほどうね幅を広くし，深いほどせまくする。

[3] 増収効果が大きい。水田を利用した栽培では，うね間かん水も効果的である。

表3 施肥例（普通栽培，10a 当たり）

肥料名	元肥(kg)	追肥(kg)	成分量（kg）		
			窒素	リン酸	カリ
堆肥	2,000				
苦土重焼燐	40			14	
ジシアン化成 (15-15-15)	100		15	15	15
追肥専用化成 (8-4-12)		40	3.2	1.6	4.8
（成分量合計）			18.2	30.6	19.8

注 追肥は，6月下旬から7月上旬におこなう

表4 各作型の栽植距離

作型	種別	栽植距離（cm）
トンネル栽培	子イモ用	70・2条×千鳥植え 120・2条×25
早熟栽培	子イモ用	70×25 90×30
普通栽培	子イモ用	90～120×30～45
	親子イモ用	90～120×45～60
	ヤツガシラ	80×70～80
	エビイモ	120～135×75～85

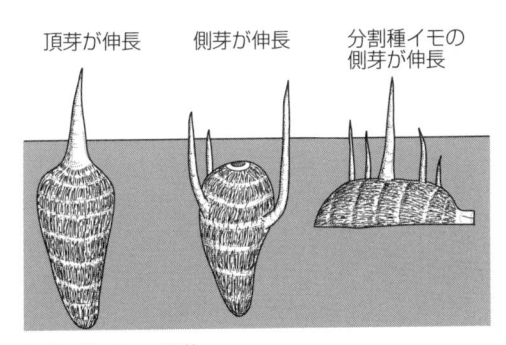

図5 種イモの発芽

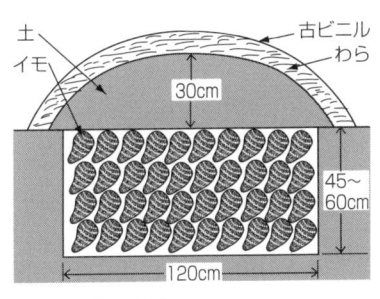

図6 貯蔵の方法

シソ科・ハーブ
バジル

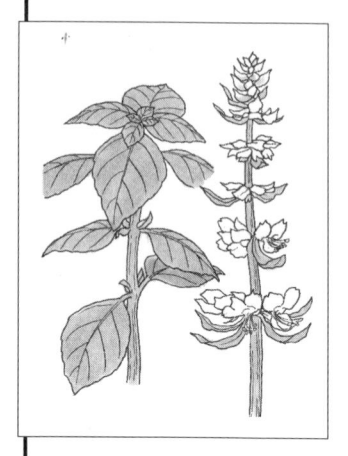

学名　*Ocimum basilicum* L.
英名　basil
原産地　熱帯アジア，アフリカなど
植物分類　シソ科1年草
利用部位　茎葉，花穂
利用法　スパイス，トマト料理，精油

▶**野菜としての特徴**◀　バジルの仲間は世界に数多くあるが，スイートバジルは最も代表的なものである。生葉，乾燥葉，花穂があらゆる料理に使われる。とくに，トマトと相性がよく，イタリア料理には欠かせない。園芸種で葉が紫のダークオパールバジルは花壇のポイントに，レモンバジルは香りを楽しむガーデンにも利用され，そのほかにも多くの種類がある（表1）。

▶**生育の特徴**◀　草丈は40～60cmになり，よく分枝する。生育適温は25℃以上で，日あたりのよいところを好む。寒さには弱く，霜にあうと枯死する。4月にたねまきをすると，7月には開花し，白か，やや紫色の花をつける。シソと同様に花穂が結実すると枯れる。

▶**栽培管理**◀　高温性の植物なので，発芽時は25℃くらいで管理するのがよい。発芽までの日数は4～5日である。露地栽培は，晩霜のおそれがなくなってからまく（図1）。移植栽培では，本葉4枚のころ，株間30～40cmで定植する（図2）。施肥量は，10a当たり三要素15kgていどでよい。

収穫は，花穂が出る前に，枝の先端部を，葉を3～4枚つけて摘み取る。

表1　おもなバジルの種類と特徴

おもな種類	特　徴
ダークオパールバジル	スイートバジルの園芸種で，香りは甘くマイルド。赤紫の葉は花壇のいろどりになる。草丈は50cmほど
レモンバジル	スイートバジルの園芸種で，レモンの香りをもつ。葉は明るい緑で，草丈は30cmほど
ブッシュバジル	スイートバジルに似た芳香をもち，草丈は20cmほどなので，鉢植えによい
レタスリーフバジル	香りはスイートバジルよりマイルドであるが，調理法は同じ。とくに，サラダには最高。草丈は50cmほど
シナモンバジル	シナモンに似た強い香りをもつ。草丈は50cmほど

作型＼月	1	2	3	4	5	6	7	8	9	10	11	12
春まき栽培				●―――●		▬▬▬▬▬▬▬▬						

● たねまき　　▬ 収穫

図1　バジルの作型

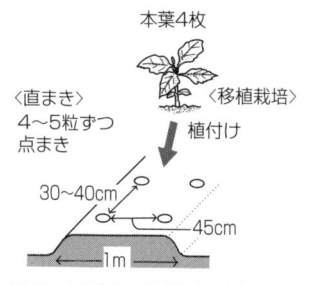

図2　バジルの植付けと管理

シソ科・ハーブ
ミント

学名 *Mentha* spp.
英名 mint
原産地 ヨーロッパ
植物分類 シソ科多年草
利用部位 茎葉
利用法 スパイス，精油，製菓

❶ウォーターミントとスペアミントとの種間雑種。

❷メントール含量は最も多いが，合成メントールの増加や，スペアミントより落ちる香味のため，生産が減少した。

▶**野菜としての特徴**◀　ミント類は北半球温帯に多く自生し，交雑しやすいため，多くの雑種がある。精油の主成分はメントールで全草にさわやかな芳香をもつ。

おもな栽培種には，地中海沿岸原産のスペアミント（*M. spicata* L.），ヨーロッパ原産のペパーミント❶（*M. piperita* L.），日本産のハッカ❷（*M. arvensis* var. *piperascens*）などがある。

スペアミントは料理用，ペパーミントは薬効用にすぐれているが，いずれも広範囲に利用できる。

▶**生育の特徴**◀　草丈は，ペパーミントは90cm前後，スペアミントは30～60cmというように，種類により異なる。地下茎で増えるが，繁殖は種子繁殖と栄養繁殖の両方がおこなわれる。長日植物で，7月ころに開花する。

▶**栽培管理**◀　多年草なので有機質に富んだ肥えた土で，半日陰の畑がよい。発芽適温は25℃前後で，ふつう4～6月にたねまきをする（図1）。種子は小さいので箱まきをする。

育苗中は水分をやや多めに管理する。本葉4枚のころに鉢上げし，10cmに伸びたころ，株間40cm前後で定植する（図2）。

挿し木では，約1週間，水にさして発根させる。株分けは，春に新芽が10cmくらい伸びたころおこなう。

収穫は，葉を摘み取って利用したり，茎ごと切って陰干しにして貯蔵したりする。乾燥用は，つぼみのつき始めに収穫するのがよい。乾いた葉は密閉容器に保存し利用する。

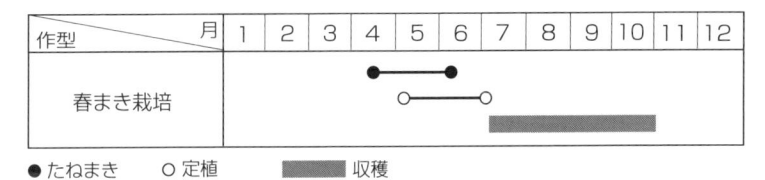

● たねまき　　○ 定植　　▬ 収穫

図1　ミントの作型

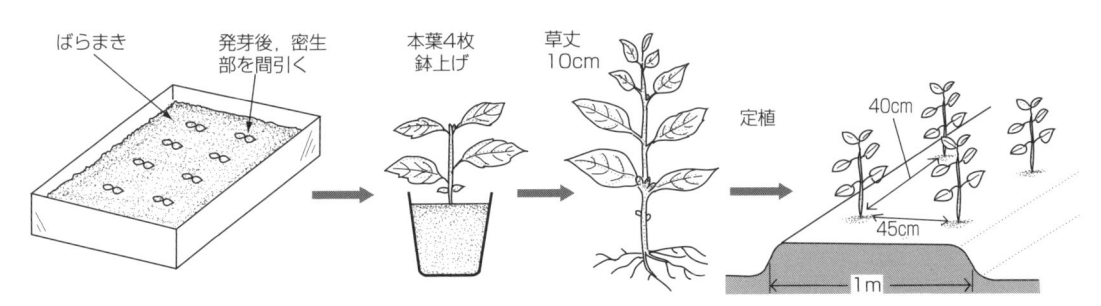

図2　ミントのたねまきと移植

5　各種野菜の栽培（ハーブ）

セリ科・ハーブ
ディル

▶**野菜としての特徴**◀ わが国へは江戸時代初期に伝わった。フェンネルの仲間で利用法も同じである。葉や種子(ニンジンなどと同じように形態学的には果実, → p.16) に特有の芳香があるが, フェンネルよりマイルドである。果実はキュウリのピクルスに欠かせない。葉もピクルスや魚料理に活用できる。

▶**生育の特徴**◀ 草丈は1〜1.5mにもなるが, 直立した茎は中空である。4月に種子をまくと, 5〜6月ころには黄色い花穂をつけ, 7〜8月には果実が成熟する。種子は休眠がなく, こぼれた種子はすぐ発芽する。2年目は, 実生が自然に生える。

▶**栽培管理**◀ 土壌は選ばないが, 日あたりがよくて, よく肥えた畑がよい。施肥は, 10a当たり, 三要素15kgていどとする。

幼植物は耐寒性があるので, 葉を収穫する場合は4月から冬季を除いて随時まける(図1)。たねまきは, うね幅40〜60cm, 株間20〜25cmで点まきする。本葉4枚までに数回間引いて1本立ちにする。間引きのたびに, 中耕・土寄せをおこなう(図2)。

収穫は, 8月ころ果実(種子)が褐色になったら花穂ごと刈り取り, よく乾燥して保存・利用する。

- 学名　*Anethu graveolens* L.
- 英名　dill
- 原産地　地中海沿岸
- 植物分類　セリ科1年草
- 利用部位　茎, 葉, 花, 果実
- 利用法　サラダ, マリネ, パン・魚料理のソース

作型＼月	1	2	3	4	5	6	7	8	9	10	11	12
春まき栽培				●―	――	――	――	■				

● たねまき　　■ 収穫

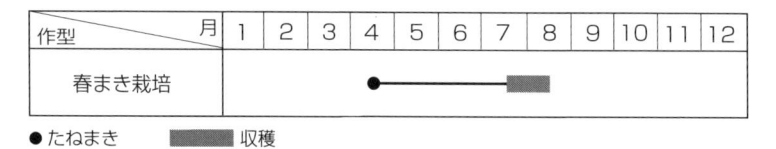

図1　ディルの作型

図3　フェンネルの花

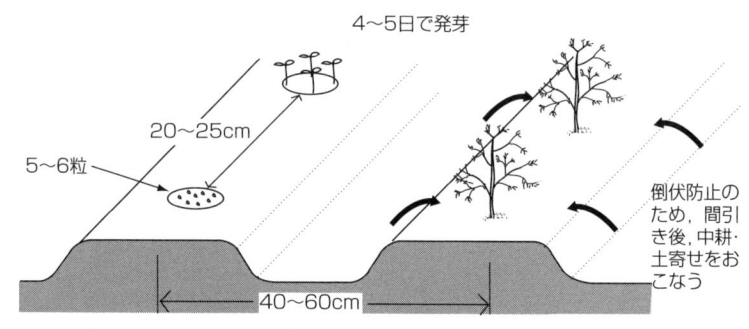

図2　ディルのたねまきと土寄せ

参考　ディルと似たハーブ「フェンネル」

ディルと形態, 利用法などがよく似たセリ科のハーブに, フェンネル(*Foeniculum vulgare* Mill., 和名:ウイキョウ)がある(図3)。古代エジプトでも栽培されていた古い作物の1つで, わが国へも9世紀以前に中国をへて渡来している。

果実や茎葉が料理のスパイスや着香料などに広く利用されるが, 古くから薬用として重宝され, 中世ヨーロッパでは「魔法の草」として知られていた。中国やわが国では, 健胃, 駆風(くふう), 去痰(きょたん)などの薬として用いられてきた。

付　表

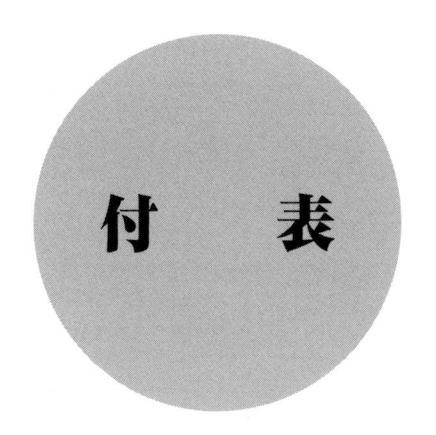

付表1　いろいろな野菜の特性と利用　238

付表2　おもな野菜の栽培のめやすと播種量(はしゅ)　240

付表3　野菜栽培に使用できる成長調節物質　242

付表1　いろいろな野菜の特性と利用

野菜名	学　名	科　名	生育型
アーティチョーク	*Cynara scolymus*	キク科	多年草
アサツキ	*Allium lidebourianum*	ユリ科	多年草
アシタバ	*Angelica keiskei*	セリ科	多年草
ウド	*Aralia cordata*	ウコギ科	多年草
エシャロット	*Allium ascalonicum*	ユリ科	多年草
エンダイブ	*Cichorium endivia*	キク科	1・2年草
オカヒジキ	*Salsola komarovii*	アカザ科	1年草
オクラ	*Abelmoschus esculentus*	アオイ科	1年草★
カブ	*Brassica campestris* (rapifera group)	アブラナ科	1・2年草
カラシナ	*Brassica juncea*	アブラナ科	1・2年草
キク	*Chrysanthemum morifolium*	キク科	多年草
キクゴボウ(ヤマゴボウ)	*Cirsium dipsacolepis*	キク科	1・2年草
ギョウジャニンニク	*Allium victorialis* var. *platyphyllum*	ユリ科	多年草
クワイ	*Sagittaria trifolia* var. *sinensis*	オモダカ科	多年草
コンフリー	*Symphytum officinale*	ムラサキ科	多年草
サツマイモ	*Ipomoea batatas*	ヒルガオ科	多年草
シソ	*Perilla frutescens* var. *crispa*	シソ科	1年草
ジャガイモ	*Solanum tuberosum*	ナス科	多年草
ジュンサイ	*Brasenia schreberi*	スイレン科	多年草
ショウガ	*Zingiber officinale*	ショウガ科	多年草
シロウリ	*Cucumis melo* var. *conomon*	ウリ科	1年草
ソラマメ	*Vicia faba*	マメ科	1・2年草
タケノコ	*Phyllostachys* spp.	イネ科	多年草
タデ	*Polygonum hydropiper*	タデ科	1年草
チコリー	*Cichorium intybus*	キク科	2年草
チョロギ	*Stachys sieboldii*	シソ科	多年草
ツケナ類	*Brassica campestris* (japonica group)	アブラナ科	1・2年草
ツルムラサキ	*Basella rubra*	ツルムラサキ科	1年草★（つる性）
トウガラシ	*Capsicum annuum*	ナス科	1年草★
トウガン	*Benincasa hispida*	ウリ科	1年草
トウナ(カイラン,ナバナなど)	*Brassica* spp.	アブラナ科	1・2年草
トンブリ(ホウキグサの実)	*Kochia scoparia*	アカザ科	1年草
ニガウリ	*Momordica charantia*	ウリ科	1年草（つる性）
ニラ	*Allium tuberosum*	ユリ科	多年草
ニンニク	*Allium sativum*	ユリ科	多年草
ハヤトウリ	*Sechium edule*	ウリ科	1年草★（つる性）
ビート	*Beta vulgaris*	アカザ科	2年草
フキ	*Petasites japonicus*	キク科	多年草
フダンソウ	*Beta vulgaris* var. *cicla*	アカザ科	1・2年草
ミョウガ	*Zingiber mioga*	ショウガ科	多年草
モロヘイヤ	*Corchorus olitorius*	シナノキ科	1年草
ユウガオ	*Lagenaria siceraria* var. *clavata*	ウリ科	1年草
ユリネ	*Lilium* spp.	ユリ科	多年草
ヨウサイ（エンサイ）	*Ipomoea aquatica*	ヒルガオ科	1年草
ラッキョウ	*Allium chinense*	ユリ科	多年草
リーキ	*Allium porrum*	ユリ科	多年草
レンコン（ハス）	*Nelumbo nucifera*	スイレン科	多年草
ワケギ	*Allium fistulosum* var. *caespitosum*	ユリ科	多年草
ワサビ	*Wasabia japonica*	アブラナ科	多年草

注1　学名の表記については，命名者を省略した。　注2　★は日本では1年草であるが，熱帯では多年草となる。

原産地	利用部位	おもな利用（調理）法
地中海沿岸	花らい	サラダ
中国，日本	葉，りん茎	薬味，和えもの
日本	茎葉	おひたし，和えもの，いためもの，揚げもの
日本，朝鮮半島，中国東北部	茎	酢のもの，サラダ
不明（西アジア説）	りん茎	サラダ，ピクルス
東部地中海沿岸	葉	サラダ
アジアからヨーロッパ南西部	茎葉	おひたし，和えもの，酢のもの
アフリカ北東部	果実，花	酢のもの，和えもの，汁の実
ヨーロッパ，アフガニスタン	根部，葉	つけもの，酢づけ，煮もの，サラダ
中央アジア	葉，種子	つけもの，香辛料
中国	花	酢のもの，刺し身のつま，吸いもの
日本	根部	煮しめ，揚げもの
日本	りん茎，若芽，つぼみ	和えもの，酢のもの，汁の実，香辛料
中国	塊茎	煮もの
イギリス	葉	おひたし，和えもの
中央アメリカ，メキシコ	塊根	煮もの，揚げもの，お菓子
ヒマラヤ，ビルマ，中国	葉，花穂	刺し身のつま，薬味，天ぷら
南米	塊茎	煮もの，揚げもの，いためもの
日本	若芽，茎	汁の実，和えもの
インド	根茎	薬味，酢づけ
アフリカ	果実	つけもの
アフリカ北部，中央アジア	種子	塩ゆで，煮もの，スープ
中国	若茎	煮もの，いためもの
日本，北半球の温帯・熱帯	幼芽	刺し身のつま，薬味
ヨーロッパ	葉（若芽）	サラダ，グラタン
中国	球茎	酢づけ，肉料理の付けあわせ
地中海沿岸，アジア	茎葉，根	つけもの，おひたし
東南アジア	茎葉	おひたし，和えもの，いためもの
中南米	果実	天ぷら，焼きもの，揚げもの，香辛料
東南アジア地域	果実	スープ，煮込み
東南アジア	花らい，若い花茎	和えもの，おひたし，つけもの
中央・西アジア	種子	酢のもの，和えもの
インド	果実	いためもの
東南アジア	葉，花茎	いためもの，なべもの，キョウザ
中央アジアまたはインド説	りん茎，葉	香辛料，いためもの
熱帯アメリカ	果実	つけもの，煮もの
地中海沿岸	根部	サラダ，スープ
日本	葉柄	煮もの，つくだ煮
地中海沿岸	茎葉	おひたし，和えもの
日本	花穂	薬味，天ぷら，つけもの
インド，アフリカ	茎葉	いためもの，スープ，おひたし
インド	果実	煮もの，スープ
日本	りん茎	含め煮，揚げもの
中国	茎葉	いためもの，スープ
中国	りん茎	つけもの
地中海沿岸	りん茎	煮込み料理，グラタン
東南アジアまたは中国の温暖地域	根茎	煮もの，天ぷら，酢レンコン
不明（エチオピア説）	葉，りん茎	薬味，和えもの
日本	根茎	香辛料，和えもの，つけもの

付表2　おもな野菜の栽培のめやすと播種量

●葉茎菜類　　　　　　　　　　　　　　　　　　　　　　　　　　　　　　　　　　○印は1dℓ当たりの種子粒数

野菜名	科名	基本的な播種期	植付け(定植)時期	発芽適温(℃)	10a当たり播種(植付け)量	20mℓ当たり種子粒数
キャベツ	アブラナ	7月下 9月中～10月下	9月上 11～12月	15～30	60～80mℓ	2,500～4,600
カリフラワー	アブラナ	7月中下	9月上	15～30	60～80mℓ	2,500～3,600
ブロッコリー	アブラナ	7月上～8月上中	9月上 10月上	20～30	60～80mℓ	2,500～4,000
カブ	アブラナ	周年	−	15～30	6～8dℓ	4,000～6,000
メキャベツ	アブラナ	7月上中	8月下	15～25	60～80mℓ	4,000～5,000
コールラビ	アブラナ	3～4月 9～10月	4～5月	15～25	60～80mℓ	3,800～4,500
ハクサイ	アブラナ	8月下～9月上	9月中 9月下	15～30	育苗 40～60mℓ 直まき 6～8dℓ	3,500～4,500
コマツナ	アブラナ	周年	−	15～25	20～30dℓ	5,000
チンゲンサイ	アブラナ	周年	−	15～25	6～8dℓ	4,500～5,000
タアサイ	アブラナ	8月中～10月上	−	25	6～10dℓ	6,000～7,000
タカナ	アブラナ	8月下～10月中	9月下～11月中	15～25	5～7dℓ	9,000～1万
カラシナ	アブラナ	9～10月	10～11月	15～25	6～10dℓ	8,000
タマネギ	ユリ	9月中	11月上～中	15～20	6～8dℓ	2,500～3,000
ネギ	ユリ	3月中下 9月中下	7～8月 6月	20～25	6～8dℓ	3,000～3,900
リーキ	ユリ	3月中	8月	20～25	6～8dℓ	3,300～3,700
ワケギ	ユリ	−	9月上～中	−	種球60～100kg	
アサツキ	ユリ	−	9月上～中	−		
ニンニク	ユリ	−	9月中～下	−	種球150～250kg	
ラッキョウ	ユリ	−	8月下～9月上	−	種球200～300kg	
ニラ	ユリ	2月下 9月下	6月下 12月下	20～25	1～2ℓ	2,000～2,400
ホウレンソウ	アカザ	9月上～10月中 3月下～5月	−	15～20	丸種 4～6ℓ 針種 6～8ℓ	○4,400～5,500 ○3,000～3,900
フダンソウ	アカザ	9月中～10月下	−	25～35	8～10ℓ	200～300
オカヒジキ	アカザ	4月下	5月中	20～25		
シュンギク	キク	9月上～11月	−	15～20	3～4ℓ	4,000～5,000
アスパラガス	ユリ	4月上～中	11月	25～30	2～3dℓ	600～800
パセリ	セリ	3～4月 6月上	4～5月 7月上	15～25	60～80mℓ	3,500～4,500
セルリー	セリ	5月下～6月上	7月上～下	18～25	20～30mℓ	28,000～30,500
セリ	セリ	−	9～10月	−		
ミツバ	セリ	3～5月 9～10月	−	15～20	4～5ℓ	5,000～6,000
アシタバ	セリ	4～5月	5～6月	15～20		
フェンネル	セリ	4月中～下	6月上	20～25		
チャービル	セリ	4～8月	5～9月	15～25		
ウド	ウコギ		3～4月	15～25	根株300～350kg	
ミョウガ	ショウガ		3～4月	15～25	根株150～200kg	
シソ	シソ	3～4月 9月	−	20～25	1～3dℓ	5,000～13,000
バジル	シソ	3月下～5月	5月上～6月	15～25		
タイム	シソ	3月下	5月中	15～25		
セージ	シソ	3月下	5月上	15～25		
レタス	キク	8月中, 9月上 3～5月	9月中, 10月上中 4～6月	15～22	育苗 40～60mℓ 直まき 4～6dℓ	7,800～8,800
エンダイブ	キク	7月下, 8月下	8月下, 9月下	15～25	40～60mℓ	6,500～7,500
チコリー	キク	8月中～9月上	9月下～10月上	15～25		
フキ	キク		3～4月	15～25	根株300～500kg	

●果菜類　　　　　　　　　　　　　　　　　　　　　　　　　　○印は1dl当たりの種子粒数

野菜名	科名	基本的な播種期	植付け(定植)時期	発芽適温(℃)	10a当たり播種(植付け)量	20ml当たり種子粒数
ナス	ナス	2月下	5月上～中	25～30	40～60ml	1,700～2,000
ピーマン(トウガラシ)	ナス	2月下	5月中	20～30	60～80ml	1,200～1,600
トマト	ナス	2月下・4月	4月末～5月・6月	24～30	60～80ml	1,400～2,000
イチゴ	バラ		10月～11月上		5,000～1万株	
キュウリ	ウリ	3月下	5月上	25～30	育苗 1～1.5dl 直まき 3～5dl	350～500
カボチャ	ウリ	4月上	5月上	25～30	日本種 3～5dl 洋種 6～10dl	○370～450 ○130～300
スイカ	ウリ	4月上	5月中	25～30	育苗 40～60ml 直まき 0.5～2dl	160～270
メロン	ウリ	4月上	5月中	25～30	1,000～3,000粒	大粒 300～400 小粒 800～1,000
シロウリ	ウリ	4月上	5月上	25～30	30ml	400～430
ヘチマ	ウリ	4月上	5月上	25～30	4～6dl	450
トウガン	ウリ	4月上	5月上	28～30		
ヒョウタン	ウリ	4月上	5月上	25～30	4～6dl	○大兵丹 250 ○千成 550
ニガウリ	ウリ	4月中	5月中	28～30	2dl	○180～220
ユウガオ	ウリ	4月上	5月上	25～30	4～6dl	○180～230
サヤインゲン	マメ	4月下～7月中	-	20～25	つるあり 4～6l つるなし 5～7l	○160～200 ○150～340
ササゲ	マメ	4月下～5月上	播種後10～14日	25	3～4l	○500～700
エダマメ	マメ	3～5月	-	20～35	露地 8～10l トンネル 10～15l	○220～300
ソラマメ	マメ	10月中～下	-	20	一寸 10～15l 早生 8～10l	○20～35 ○60～100
エンドウ	マメ	9月下～11月	-	18	5～7l	○200～600
スイートコーン	イネ	4月上～5月中	-	20～30	3～6l	○230～350
オクラ	アオイ	4月下～5月上	5月中	18～30	2～3l	240～250

●根菜類

野菜名	科名	基本的な播種期	植付け(定植)時期	発芽適温(℃)	10a当たり播種(植付け)量	20ml当たり種子粒数
ダイコン	アブラナ	8～10月 2～3月	-	15～30	6～10dl	大粒 830～900 小粒 1,800～2,200
カブ	アブラナ	9月	-	15～30	6～8dl	大粒 3,500～4,000 小粒 6,500～7,000
ラディッシュ	アブラナ	3～11月	-	15～30	1～2l	1,300～1,500
ニンジン	セリ	7～8月 4月	-	15～25	1～2l	4,500～6,300
ゴボウ	キク	4～5月	-	15～25	8～15dl	700～900
ジャガイモ	ナス	-	2月下～3月上	15～25	種イモ160～200kg	
サツマイモ	ヒルガオ	-	5月上～中 4月下～6月上	25～30	種イモ50～100kg	
サトイモ	サトイモ	-	4月上～中	15～30	種イモ100～150kg	
ヤマイモ	ヤマノイモ	-	4～5月	17～30	種イモ350～400kg	
ショウガ	ショウガ	-	4月下～5月上	18～30	種ショウガ250kg	

付表　241

付表3　野菜栽培に使用できる成長調節物質

植物の生育を制御する目的で，植物に処理をする物質を成長調節物質あるいは成長調節剤という。植物ホルモンに加え，植物体内での生合成や作用を調節するものなどがある。これらを種子や栽培中の野菜に使用する場合は，農薬としての規制を受ける。じっさいの使用にあたっては，当該農薬の適用表（ラベル）をよく読み，使用の濃度・回数・方法などを十分に確認する必要がある。

（2004年10月現在）

薬剤の区分	薬剤の一般名（主成分）	野菜名	使用目的	使用時期
エチレン剤	エテホン液剤（2-クロルエチルホスホン酸〈エテホン〉）	カボチャ（西洋カボチャ）	雌花花成促進	子づる4葉期（親づる摘心）
		トマト（生食用）	熟期促進	各果房ごとの白熟期
		トマト（加工用）		収穫打切り予定日の2～3週間前
		未成熟トウモロコシ（スイートコーン）	稈長短縮による倒伏軽減	雄穂抽出始～50％抽出期
オーキシン剤	エチクロゼート乳剤（エチクロゼート）	メロン	ネット形成促進及び果実肥大促進	交配後20日及び25日または縦ネット発生始期～交配後25日
	クロキシホナック液剤（クロキシホナック）	トマト	着果増進，果実肥大促進	1花房のうち3～4花が開花した時期
		ナス		1～4,5番花に対して各花の開花当日
	4-CPA(4-パラクロロフェノキシン酢酸)液剤（4-CPA）	トマト	着果促進，果実肥大促進，熟期促進	開花前3日～開花後3日くらい（1花房で3～5花くらい開花した時期）
		ナス		開花当日
		メロン	着果促進	開花前日～翌日
サイトカイニン剤	ベンジルアミノプリン液剤 ベンジルアミノプリン塗布剤（ベンジルアミノプリン）	アスパラガス	ほう芽促進	夏秋どり，慣行最終収穫予定日の10～30日前（ただし，収穫前日まで）
		カボチャ	着果促進	開花前日～開花当日
		スイカ		開花当日
		メロン		開花当日～開花翌日
		ユウガオ		開花前日～開花当日
	ホルクロルフェニュロン液剤（ホルクロルフェニュロン）	カボチャ	着果促進	開花当日
		スイカ		開花前日または開花当日
		メロン（アムス）		開花当日
		メロン（キングメルティー）		開花前日または開花当日
		メロン（コサック）		開花前日または開花当日
		メロン（プリンス）		開花前日または開花当日
ジベレリン剤	ジベレリン液剤 ジベレリン水溶剤（ジベレリン）	イチゴ	果柄の伸長促進	頂花の出蕾直後～開花直前
		イチゴ（促成栽培）	着果数増加，熟期促進	休眠に入る直前及びその7～10日後
		ウド（春ウド）	休眠打破による生育促進	伏込み時
		キュウリ（抑制栽培）	果実肥大	開花時

薬剤の区分	薬剤の一般名（主成分）	野　菜　名	使用目的	使用時期
ジベレリン剤	ジベレリン液剤 ジベレリン水溶剤（ジベレリン）	ゴボウ（促成栽培）	休眠打破による生育促進	休眠に入る直前（残葉2枚ていどのころ）及びその約1か月後（ただし，収穫30日前まで）
		サヤインゲン（わい性〈促成または半促成栽培〉）	節間伸長促進	本葉0.5～1.5枚展開時
		セルリー	生育促進，肥大促進	収穫予定15～20日前
		タラノキ（促成栽培）	ほう芽促進	伏込み時
		トマト	空洞果防止	開花時
		ナス	着果数増加	開花時
		フキ	生育促進	葉数3～4枚時（草丈10～30cmころ）
		畑ワサビ	花茎抽出時期促進及び発生量増加	花芽分化後の10月下旬及び第1回目処理後約10日後の11月上旬（ただし，収穫45日前まで）
		ミツバ（軟化栽培）	生育促進	根株伏込み時
		ミツバ（露地栽培）		本葉2～3枚時とその2週間後
わい化剤（ジベレリン生合成阻害剤）	ウニコナゾールP液剤（ウニコナゾール）	イチゴ（とよのか〈促成栽培〉）	徒長防止による健苗育成	低温暗黒処理7日前～直前
		キャベツ	育苗期の徒長防止	定植前子葉展開期～本葉3葉期（茎葉散布）または播種後出芽前（土壌かん注）
	プロヘキサジオンカルシウム塩水和剤（プロヘキサジオンカルシウム塩）	イチゴ（促成栽培）	葉柄伸長抑制による苗の徒長防止	低温暗黒処理7日前～当日または定植前30～50日
			生育後期の伸長抑制	葉柄徒長期
		キャベツ	伸長抑制による苗の徒長防止	育苗期（子葉～本葉2葉期）
蒸散抑制剤	ワックス水和剤（ワックス）	キャベツ（苗床）	水分の蒸散抑制によるしおれ，植傷み防止	定植前日または当日
		キュウリ（苗床）		定植前日
		ナス（苗床）		定植前日
その他の化学合成物質	コリン液剤（塩化コリン）	イチゴ	第1果房肥大期の生育促進	定植翌日及び2週間後または定植2週間後及び4週間後
		タマネギ（秋まき露地栽培）	肥大促進	球肥大初期（3～5葉期球径1～2cm）
		ニンニク		球肥大初期
		葉ネギ（春まき夏どり）	生育促進	収穫30日前
生物由来の物質	クロレラ抽出物液剤（クロレラ抽出物）	トマト，ミニトマト	熟期促進	定植後
	混合生薬抽出物液剤（混合生薬抽出物）	イチゴ	初期生育の促進	育苗期

索 引

あ
- アーティチョーク……238
- IPM……79
- 青ミツバ……210
- 秋ダイズ……173
- アサツキ……238
- アシタバ……238
- アルミ蒸着フィルム……59

い
- EC……55
- EC制御法……73
- イオン濃度制御法……73
- 育苗施設……82
- 育苗ポット……82
- 石ナス……109
- 異常茎……103
- 移植床育苗……221
- 糸ミツバ……210

う
- ウイルスフリー苗……77
- 浮き根式水耕……72
- 内張り……61
- ウド……238

え
- エアープルーニング……91
- えき芽……22
- エシャロット……238
- エチレン作用……37
- NFT……70
- F_1品種……6
- MA貯蔵……40
- エンサイ……238
- 園試処方培養液……72
- エンダイブ……198, 238
- 塩類集積……68

お
- オーキシン……28
- オカヒジキ……238
- オクラ……238
- 雄花……26
- 温室メロン……124
- 温床育苗……81
- 温湯暖房……66
- 温風暖房……66

か
- カード……150
- 塊茎……22
- 外葉……24
- 外葉発育期……147
- カイラン……238
- 花球……150
- 果菜類……4
- 花菜類……4
- カット野菜……40
- 果皮……16
- カブ……238
- カブキャベツ……161
- 株冷蔵……220
- 果粉……121
- カラーピーマン……110
- 花らい……150
- カラシナ……238
- ガラス……58
- ガラス温室……64
- カルシウム吸収の阻害……57
- 換気……64
- 緩効性肥料……69
- 寒じめ栽培……35
- 環状肥大型……21
- かん水同時施肥……56
- かんぴょう……116

き
- 偽果……28
- キク……238
- キクゴボウ……238
- 奇形果……223
- 岐根……157
- キセニア現象……226
- キュアリング貯蔵……38
- 球茎……22
- 休眠……16
- 休眠打破……31
- ギョウジャニンニク……238
- 強制休眠……31
- 局所施肥……55
- 切りミツバ……210
- 近紫外線カットフィルム……76

く
- 空気湿度……46
- 空中採苗……81
- 空洞果……102
- 茎レタス……198
- クリーニングクロップ……52
- グリーンアスパラガス……192
- クワイ……238
- くん蒸剤……77

け
- 茎菜類……4
- 結球野菜……24
- 限界温度……25
- 限界日長……25
- 嫌光性種子……17

こ
- 抗菌作用……50
- 好光性種子……17
- 光合成有効放射……44
- 硬質板……58
- 硬質フィルム……58
- 耕種的防除……76
- 交信かく乱法……77
- 更新せん定……109

高設ベンチ……………72	施設栽培……………9	真果……………28
高設ベンチ栽培………217	シソ……………238	深耕……………52
光透過率……………58	湿害……………48	人工受粉……………27
耕盤……………49	自動播種機……………91	深根性……………20
光崩壊性マルチ………59	自発休眠……………31	深層施肥……………55
高冷地育苗……………221	師部……………19	浸透移行剤……………77
コーティング種子………18	師部肥大型……………21	
コールド・チェーン・システム…14	子房下位……………28	……す……
呼吸作用……………36	子房上位……………28	水耕……………71
固形培地耕……………71	ジャガイモ……………238	水胞細胞……………16
根冠……………19	弱毒ウイルス……………76	す入り……………157
根系……………19	遮光率……………65	すじ腐れ果……………102
根茎……………22	JAS 法……………14	ズッキーニ……………136
根菜類……………4	十字花植物……………140	スナップエンドウ………176
コンフリー……………238	熟成床土……………82	ずらし……………107
根粒……………174	主根……………19	スリーコーター式………64
	種子根……………19	
……さ……	種子消毒……………18	……せ……
在来品種……………6	種子バーナリゼーション…25	整枝……………22
作型……………9	手動播種機……………91	生体調節機能……………33
砂耕……………71	種皮……………16	成長調節物質……………28
挿し接ぎ……………83	順化……………84	性フェロモン……………77
殺菌剤……………77	ジュンサイ……………238	生分解性マルチ………59
雑種強勢……………6	旬の野菜……………11	西洋系メロン……………124
雑種第一代……………6	子葉……………16	生理障害……………56
サツマイモ……………238	小花……………26	セーフガード……………13
産業廃棄物管理票制度…62	ショウガ……………238	赤色光 / 遠赤色光(R/Fr)比…44
三相分布……………49	消化中毒剤……………77	節間……………22
三要素……………43, 53	蒸気消毒……………52	接触剤……………77
産地直結販売（産直）……14	蒸散……………43	絶対湿度……………46
	蒸散作用……………37	雪中貯蔵……………38
……し……	硝酸態窒素……………54	施肥……………54
CEC……………49	小葉……………23	セル成型育苗……………87
CA 貯蔵……………39	植物工場……………44	セル成型苗……………85
シードテープ……………18	植物組織培養……………11	セルトレイ……………90
シェード栽培……………65	植物体バーナリゼーション…25	浅根性……………20
紫外線除去……………76	植物ホルモン……………28	全自動移植機……………89
自家受精……………27	しり腐れ果……………102, 115	全面全層施肥……………55
自家不和合性……………27	しり太り果……………123	せん葉……………89
師管……………19	しり細り果……………123	
市場流通……………14	シロウリ……………238	

……… そ ………

- ソイルブロック育苗……………86
- 総合的有害生物管理（IPM）…79
- 双子葉植物……………………23
- 相対湿度………………………46
- 側条施肥………………………55
- 促成栽培…………………………9
- 促成床土………………………82
- 蔬菜………………………………2
- 速効性肥料……………………55
- 外張り…………………………61
- ソラマメ………………………238

……… た ………

- 耐性菌…………………………78
- 太陽熱消毒……………………52
- 大量誘殺法……………………77
- 他家受精………………………27
- タケノコ………………………238
- 立レタス………………………198
- タデ……………………………238
- 種なしスイカ…………………27
- 他発休眠………………………31
- 玉レタス………………………198
- 多目的利用細霧システム……68
- 単為結果………………………28
- たん液型水耕…………………70
- 短花柱花………………………106
- 断根挿し接ぎ…………………83
- 担根体…………………………22
- 短日植物………………………25
- 単子葉植物……………………23
- 単棟式…………………………64
- 団粒構造………………………49

……… ち ………

- チコリー…………………198, 238
- 地床育苗………………………86
- 地方品種…………………………6
- 着色果…………………………115
- 着果周期………………………113
- 着花習性………………………26
- 着果標識………………………134
- 中花柱花………………………106
- 中間ダイズ……………………173
- 中国野菜…………………………5
- 抽根性…………………………21
- 中性植物………………………25
- 抽だい……………………22, 141
- 虫媒……………………………132
- 長花柱花………………………106
- 長日植物………………………25
- 頂端分裂組織…………………22
- 直接販売（直売）……………14
- 直根類…………………………20
- チョロギ………………………238
- ちりめんキャベツ……………142

……… つ ………

- 追熟現象………………………103
- 接ぎ木…………………………83
- 接ぎ木ロボット………………11
- ツケナ類………………………238
- ツルムラサキ…………………238
- つやなし果……………………109

……… て ………

- 低温暗黒処理…………………221
- 低温伸長性……………………133
- 低温要求量……………………31
- 低温流通機構…………………14
- 抵抗性台木……………………75
- ディバーナリゼーション……25
- DIF………………………………45
- 摘果……………………………30
- 摘花……………………………30
- 電気伝導度……………………55
- 電照……………………………222
- 電照栽培………………………65
- 天敵の利用……………………76
- 田畑輪換………………………51

……… と ………

- トウガラシ……………………238
- トウガン………………………238
- 道管……………………………19
- 透光性…………………………58
- とう立ち………………………22
- トウナ…………………………238
- トウミョウ……………………176
- 東洋系メロン…………………124
- 特別栽培農産物………………11
- 床土……………………………82
- 土壌消毒………………………52
- トッピング……………………89
- 飛び節型………………………26
- 飛び節性親づる・子づる型…120
- 飛び節性子づる型……………120
- 共台……………………………84
- トンネル………………………60
- トンブリ………………………238

……… な ………

- 苗の貯蔵………………………92
- 夏ダイズ………………………173
- 斜め接ぎ………………………83
- ナバナ…………………………238
- 軟質フィルム…………………58

……… に ………

- ニガウリ………………………238
- 二酸化炭素（炭酸ガス）施用 46, 67
- 二次育苗………………………85
- 日射量比例制御………………69
- 日長……………………………44
- ニラ……………………………238
- ニンニク………………………238

……… ね ………

- ネイキッド種子………………18
- ネット型………………………124
- 根鉢……………………………91

根ミツバ……………210	ヒュージーヘッド…………153	ホワイトアスパラガス………192
……の……	品質要素……………32	**……ま……**
農ビ………………58	**……ふ……**	埋土貯蔵……………38
農PO………………61	ファイブ・ア・デイ・プログラム 12	曲がり果……………123
農ポリ………………58	フィルム包装…………39	巻きひげ……………116
ノーネット型…………124	フェロモントラップ………77	窓あき果……………102
軒…………………64	フェンロー型…………64	マルチング…………59
……は……	フキ………………238	丸屋根式……………64
バーナリゼーション………25	複合環境制御…………69	実エンドウ…………176
胚…………………16	複合耐病性品種………75	**……み……**
胚軸………………16	不耕起栽培…………52	水切り………………129
培地詰め機…………91	節成り型……………26	ミストかん水…………91
胚乳………………16	節成性親づる型………120	みぞ施肥……………55
胚培養………………10	節成性親づる・子づる型……120	ミョウガ……………238
培養液………………72	不織布………………58	**……む……**
ハス………………238	双子ナス……………109	棟…………………64
鉢上げ………………83	フダンソウ……………238	無胚乳種子……………16
発芽器………………91	不定根………………19	紫キャベツ……………142
発芽促進処理…………18	不稔花粉……………105	**……め……**
発生予察……………79	踏み込み温床………10, 81	雌花………………26
パプリカ……………110	プラスチックハウス………64	**……も……**
早出し栽培……………63	ブルーム……………121	木部………………19
葉レタス……………198	ブルームレス…………121	木部肥大型……………21
ハヤトウリ……………238	分岐根………………19	もみがら耕……………71
半自動移植機…………89	分げつ………………24	モロヘイヤ……………238
……ひ……	噴霧耕………………72	もやし………………166
pH…………………52	**……へ……**	**……や……**
pF…………………43	平床育苗……………81	薬剤抵抗性害虫………78
BT剤………………76	ペーパーポット育苗……88	やく培養……………10
ビート………………238	ベジタブルガーデン……3	やけ症……………200
光反射テープ…………76	べたがけ……………60	ヤマゴボウ……………238
肥効調節型肥料………54	**……ほ……**	夜冷育苗……………221
微生物資材……………47	ホウキグサの実………238	**……ゆ……**
必須元素……………53	飽差………………46	ユウガオ……………238
被覆資材……………58	ポット育苗………81, 221	
被覆種子……………18	ボトニング……………153	
被覆性肥料……………55	保肥力………………49	
日焼け果……………115	ホルモン処理…………101	

有機食品の検査認証制度 ……… 14
有機農産物 …………………… 11
有機物の施用 ………………… 51
有効水分 ……………………… 43
有色野菜 ……………………… 7
有胚乳種子 …………………… 16
ユリネ ………………………… 238

●●●●●●● よ ●●●●●●●

陽イオン交換容量 …………… 49
養液土耕 ……………………… 56
幼芽 …………………………… 16
葉茎菜類 ……………………… 4
葉形比 ………………………… 24
幼根 …………………………… 16
ヨウサイ ……………………… 238
葉菜類 ………………………… 4
葉重増加期 …………………… 147
葉重〈包被〉型 ……………… 148
葉序 …………………………… 23
葉身 …………………………… 23
葉数〈抱合〉型 ……………… 148
養分保持力 …………………… 49
葉柄 …………………………… 23

要防除水準 …………………… 79
葉面散布 ……………………… 57
抑制栽培 ……………………… 9
予措 …………………………… 37
呼び接ぎ ……………………… 83
予冷 …………………………… 38

●●●●●●● ら ●●●●●●●

ラッキョウ …………………… 238
乱形果 …………………… 102, 223
ランナー ……………………… 217

●●●●●●● り ●●●●●●●

リーキ ………………………… 238
リーフィヘッド ……………… 153
リサージェンス ……………… 78
両性花 ………………………… 26
両屋根式 ……………………… 64
緑黄色野菜 …………………… 7
緑肥作物の導入 ……………… 51
りん茎 ………………………… 23
輪作 …………………………… 50
リン酸の固定 ………………… 54

●●●●●●● れ ●●●●●●●

冷床育苗 ……………………… 81
れき耕 ………………………… 71
裂果 …………………………… 102
裂根 …………………………… 157
レンコン ……………………… 238
連作障害 ……………………… 57
連棟式 ………………………… 64

●●●●●●● ろ ●●●●●●●

露地（普通）栽培 …………… 9
露地メロン …………………… 124
ロゼット ……………………… 31
ロックウール耕 ……………… 72

●●●●●●● わ ●●●●●●●

ワケギ ………………………… 238
ワサビ ………………………… 238
割り接ぎ ……………………… 83

[著作者]

| 池田 英男 | 大阪府立大学大学院生命環境科学研究科教授 |
| 川城 英夫 | 千葉県農業総合研究センター北総園芸研究所東総野菜研究室長 |

寺林　敏	京都府立大学農学研究科准教授
小寺 孝治	東京都農業試験場園芸部主任研究員
金井 幸男	群馬県農業技術センター野菜グループ副主任研究員
新井 敏夫	埼玉県立熊谷農業高等学校長
池淵　健	前兵庫県立但馬農業高等学校教諭
斎藤 義弘	東京都立瑞穂農芸高等学校教諭

（所属は執筆時）

レイアウト・図版　　㈱河源社，オオイシファーム，久郷博子
写真撮影・提供　　赤松富仁，飯塚明夫，小倉隆人，千葉　寛，皆川健次郎，鮎沢義雄，
　　　　　　　　　西沢　務，枇杷倶楽部，九物食品工業，共同通信社

農学基礎セミナー
新版 野菜栽培の基礎

2005年3月25日　第1刷発行
2025年5月25日　第27刷発行

編著者　池田英男・川城英夫　他

発行所　一般社団法人　農山漁村文化協会
郵便番号　335-0022　埼玉県戸田市上戸田2-2-2
電話　048(233)9351(営業)　048(233)9355(編集)
FAX　048(299)2812　　振替　00120-3-144478
URL　https://www.ruranet.or.jp/

ISBN978-4-540-04394-9　　　製作／㈱河源社
〈検印廃止〉　　　　　　　　　印刷／㈱光陽メディア
Ⓒ 2005　　　　　　　　　　　製本／根本製本㈱
Printed in Japan　　　　　　　定価はカバーに表示
乱丁・落丁本はお取りかえいたします。

― 農文協・図書案内 ―

トマト大事典
農文協編
B5判 1188頁
20000円+税

栽培の基礎から最新研究、全国のトップ農家による栽培事例まで収録した国内最大級の実践的技術書。カラー口絵16頁、索引付き。大玉、中玉、ミニ、加工用トマトを網羅。話題の「環境制御技術」や養液栽培も収録。

イチゴ大事典
農文協編
B5判 764頁
20000円+税

原産・来歴から、品種、生理、栽培、病害虫対策まで収録した国内最大級のイチゴ栽培事典。カラー口絵32頁。第一線の研究者ら約70名による執筆。全国の主要品種の生理と栽培法、優れた生産者事例24例も収録。

天敵活用大事典
農文協編
B5判 824頁（カラー口絵144頁） 23000円+税

天敵280余種を網羅し、1000点超の貴重な写真を掲載。「天敵温存植物」「バンカー法」など天敵の保護・強化法、野菜・果樹11品目20地域の天敵活用事例も充実。

だれにもできる、よくわかる 土つくりの基本シリーズ 全4冊

土壌診断の読み方と肥料計算
JA全農肥料農薬部著
1800円+税

診断数値の読み方と、肥料代を抑えた無駄のない施肥設計や、堆肥の成分を考慮した計算方法をイラスト入りでわかりやすく解説。

土の物理性診断と改良
JA全農肥料農薬部編／安西徹郎著
2000円+税

収量アップは土の物理性改善が肝。豊富な写真と実例でスコップ2掘りでできる土の診断と、それに基づく改良法をやさしく解説。

土と肥料のハンドブック
JA全農肥料農薬部編 肥料・施肥編 2800円+税
土壌改良編 2700円+税

排水不良や塩類集積への対策、土壌診断と土壌改良の手法、各種土壌改良材の特性と使い方、さまざまな肥料の特性と使い方、各種栽培品目の省力・効率的施肥法、作物栄養と生理障害など、豊富な図版で平易かつ簡潔に解説。

まんがでわかる 土と肥料
根っこから見た土の世界
村上敏文著
1400円+税

楽しいまんがと図解で、土壌の化学基礎、診断データの測り方・使い方から、土の生きものと有機物、土づくりの実際まで、ビックリするほどよくわかる。根っこのルートさんがガイドする土のワンダーランドへようこそ！

[ビジュアル大事典] 農業と人間
編者／西尾敏彦
A4変型判 340頁 9000円+税

工業の原理とは根本的にちがう農業の本質と豊かさ、農耕のしくみと暮らしの知恵を描き、自然と人間の調和、環境と人間のかかわりを考える。

① 農業は生きている《三つの本質》
② 農業が歩んできた道《持続する農業》
③ 農業は風土とともに《伝統農業のしくみ》
④ 地形が育む農業《景観の農業》
⑤ 生きものと作るハーモニー①作物
⑥ 生きものたちの楽園《田畑の生物》
⑦ 生きものと作るハーモニー②家畜
⑧ 生きものと人間をつなぐ《農具の知恵》
⑨ 農業のかたち《広がる利用》
⑩ 日本列島の自然のなかで《環境と調和》

【自然の中の人間シリーズ】 微生物と人間編（全10巻）
監修／農林水産省農林水産技術会議事務局 著者／西尾道徳ほか
A4変型判 各2000円+税 セット20000円+税

地球をつくったのも土をつくり森をつくったのも微生物。からだのなかの腸内細菌は健康やみそをつくるのもチーズを守っている。微生物の世界から、生活と産業、地球環境の今と未来を考え提案するビジュアルサイエンス。

① 微生物が地球をつくった
② 微生物が森を育てる
③ からだのなかの微生物
④ 微生物が食べものをつくる
⑤ 微生物から食べものを守る
⑥ 微生物は安全な工場
⑦ 未来に広がる微生物利用
⑧ 畑をつくる微生物
⑨ 水田をつくる微生物
⑩ 地球環境を守る微生物

（価格は改定になることがあります）